U0732143

房地产开发与管理系列经典教材

房地产会计学

（第二版）

包红霏　主编

Real Estate
Accounting

大连理工大学出版社

图书在版编目(CIP)数据

房地产会计学 / 包红霏主编. — 2版. — 大连：
大连理工大学出版社，2013.2(2018.1重印)
房地产开发与管理系列经典教材
ISBN 978-7-5611-7659-7

Ⅰ.①房…　Ⅱ.①包…　Ⅲ.①房地产业—会计学—教
材　Ⅳ.①F293.33

中国版本图书馆 CIP 数据核字(2013)第 029620 号

大连理工大学出版社出版
地址：大连市软件园路 80 号　　邮政编码：116023
发行：0411-84708842　　邮购：0411-84708943　　传真：0411-84701466
E-mail：dutp@dutp.cn　　URL：http://dutp.dlut.edu.cn
大连力佳印务有限公司印刷　　　　大连理工大学出版社发行

幅面尺寸：170mm×240mm　　印张：25　　字数：490 千字
2008 年 7 月第 1 版　　　　　　　　2013 年 2 月第 2 版
2018 年 1 月第 6 次印刷

责任编辑：邵　婉　　　　　　　　　　责任校对：杨柏林
封面设计：波　朗

ISBN 978-7-5611-7659-7　　　　　　　定　价：40.00 元

本书如有印装质量问题，请与我社发行部联系更换。

房地产开发与管理
系列经典教材编委会

主 任 委 员： 刘亚臣　沈阳建筑大学　教授

副主任委员： 刘志杰　大连理工大学　教授　博士生导师

　　　　　　 刘志虹　辽宁省建设厅　教授级高级工程师

　　　　　　 赵　昱　中房集团辽宁置业有限公司

　　　　　　　　　　　　　　　　　教授级高级工程师

委　　　员：（按姓氏笔画为序）

　　　　　　 孔凡文　沈阳建筑大学　教授

　　　　　　 白　明　辽宁石油化工大学　教授

　　　　　　 包红霏　沈阳建筑大学　副教授

　　　　　　 齐宝库　沈阳建筑大学　教授

　　　　　　 刘　迪　沈阳建筑大学　教授

　　　　　　 刘晓伟　辽宁工业大学　教授

　　　　　　 李闫岩　沈阳建筑大学　副教授

　　　　　　 张沈生　沈阳建筑大学　教授

　　　　　　 张　舒　辽宁大学　教授

　　　　　　 姚宏涛　沈阳建筑大学　教授

　　　　　　 战　松　沈阳建筑大学　副教授

　　　　　　 栾世红　沈阳建筑大学　副教授

　　　　　　 常春光　沈阳建筑大学　副教授

　　　　　　 黄　凯　沈阳万科房地产开发有限公司

　　　　　　　　　　　　　　　　　高级工程师

丛 书 序

    1987 年,我国在深圳特区率先开展土地使用权有偿出让和转让试点,在改革开放近 10 年的时候开始了新时代真正的房地产经营管理。在过去的 20 多年里,中国的经济取得了举世瞩目的快速增长,房地产业的发展速度也明显加快,在部分大中城市已经成为具有支柱产业性质的行业,在国民经济中的地位不断提高。在纪念改革开放 30 年的今天,随着中国社会主义市场经济的发展,随着房地产市场日趋成熟,中国房地产开发企业正面临着越来越激烈的市场竞争,政府和行业管理者同样面对着复杂多变的局面。如何提升房地产经营管理者的领导力及执行力,已成为应该深刻思考和热切关注的问题。全球化的市场又为中国房地产业带来了国际市场竞争的机遇与挑战,这些机遇与挑战要求中国房地产业的创业者与业内人士必须关注中国经验的实践与理论,必须关注中国特色的提升与完善,必须关注房地产业的趋势与明天。

    我们一直关注和参与中国特色房地产业的实践和发展,一直关注和参与中国特色房地产业的建设和完善,一直关注和参与中国特色房地产业的专业教育和人才培养。1993 年,我们在与大连理工大学出版社策划"房地产开发与管理系列教材"时我就说过:"高等教育应该为房地产业的科学化、规范化、规模化和高移化做出贡献(刘亚臣,1993)"。在由我主编的这套丛书多次再版时,我也多次重复这样的观点。今天,应广大房地产业人士与学生的要求,为了便于房地产从业人员充分了解和认识我国的房地产政策,掌握有关房地产经营与管理方面的理论知识和实践技巧,提升行业水平,我们与大连理工大学出版社重新策划组织筛选了一批精品教材,再版为"房地产开发与管理系列经典教材",奉献给我国高校房地产专业的老师和学生以及广大业内人士,并向我国改革开放 30 周年献礼。

本系列教材的编者以沈阳建筑大学骨干师资力量为主体,并吸收了大连理工大学、辽宁大学、辽宁工业大学、辽宁石油化工大学的骨干教师及政府管理部门的人员。1993 年,沈阳建筑大学成为我国最早独立设置房地产经营与管理本科专业的院校之一。1998 年国家教育部学科目录调整后,沈阳建筑大学管理学院一直独立设置房地产学系,其工程管理专业也一直设有房地产经营管理方向。2006 年,国家教育部批准沈阳建筑大学重新设置房地产经营管理本科专业(目录外),并开始面向全国招生。所以,此套教材的编著是以沈阳建筑大学管理学院为主体的参编人员,通过长期的、大量的辛苦工作凝结而成的。为应对房地产经营理论与模式的不断创新,我们在多年教学讲义的基础上,几易其稿,多次与国内外有关专家学者及实践工作者交流探讨,完善该系列教材各学科的知识体系。

本系列教材从房地产开发建设及管理入手,囊括房地产经营管理和房地产开发与管理专业课程设置中的房地产经营管理、房地产市场营销、房地产物业管理、房地产投资分析、房地产估价、房地产会计学、房地产法学、房地产金融与保险、房地产经纪人、房地产经济学和房地产管理信息系统等方面内容。整套教材具有内容简明扼要、通俗易懂、覆盖面宽、理论联系实际、实践指导性强等特色。

本系列教材以中国房地产经营管理体制改革的理论与实践为指导,结合了当前市场的需求,全方位、多角度、深层次地揭示了房地产开发经营各环节可能出现的问题,为房地产开发经营管理、物业管理和中介服务从业人员提供了重要参考。本系列教材既可作为房地产经营管理、房地产开发与管理、工程管理、工商管理专业的相应课程教材或阅读参考书使用,同时也可以作为其他专业了解房地产行业以及房地产有关活动的入门书。我们希望读者能在阅读参考中掌握房地产开发管理的真谛,使本系列教材成为地产人士的良师益友。

刘亚臣
2011 年 8 月

第二版前言

　　房地产会计是在城市建设综合发展、土地有偿使用和住房商品化的经济条件下,适应房地产企业经营管理的需要而发展起来的专业会计,既有很强的理论性,又有很强的实践性。本书适应社会发展的需要,以《中华人民共和国会计法》及财政部 2006 年最新颁布的 39 项企业会计准则及其应用指南等为依据,针对房地产行业性质,结合编者多年的教学经验编写而成。

　　本书一共分为 14 章。首先是会计核算原理与方法,其次以会计要素为线索,涵盖了房地产开发企业的货币资金和金融资产核算、存货核算、固定资产和无形资产核算、长期股权投资和投资性房地产核算、负债核算、所有者权益核算、开发成本核算、收入费用和利润核算,最后是房地产开发企业财务报告。此次再版更注重房地产行业特色,对部分思考题和习题进行了修订。

　　本书第 3 章到第 13 章由包红霏撰写,第 1 章和第 2 章由孟笑梅撰写,第 14 章由董岩撰写。本书在撰写过程中参考了一些书籍和文献,在此向相关的作者表示衷心的感谢。

编　者

2013 年 1 月

第一版前言

20世纪90年代以来,我国房地产业得到了迅猛发展。为了使房地产业得到更科学、更健康的发展,专业人才培养将是重中之重。在城市建设综合开发、土地有偿使用和住房商品化的经济条件下,房地产会计是为满足房地产开发企业经营管理的需要而发展起来的专业会计。本书就是为适应专业会计人才的培养和高校房地产专业的教学需要而编写的专业书籍。

2006年,财政部发布了包括1项基本准则和38项具体准则在内的新的企业会计准则体系,对包括房地产开发企业在内的相关企业财务制度进行了大幅度调整。本书将最新的会计改革、税制改革与现行的《企业会计制度》等内容融为一体,力求更好地理解新会计准则变化的精髓,更好地把握新出现的概念和处理方法,以适应行业发展和会计改革的需要。

本书以房地产开发企业的实际经济业务为例,介绍了主要会计事项的处理方法(体现与其他企业会计的共性)。在此基础上,特别针对房地产开发企业的收入、成本费用、投资性房地产等特殊会计事项的处理方法进行了重点阐述(体现与其他企业会计的区别),从而达到理论性与实践性、指导性与可操作性的有机结合。

为了符合循序渐进的学习原则,本书由浅及深分为三篇。第一篇为基础部分,介绍会计学的基本理论,使初学者打下坚实的理论基础;第二篇为实务部分,以会计要素为线索,全面系统地介绍房地产开发企业的主要会计事项处理方法;第三篇为综合部分,介绍房地产开发企业基本的会计报表。

　　本书可作为房地产经营管理、工程管理、物业管理、土木工程等专业本科学生的专业教材使用,也可作为从事房地产经营管理及相关工作人员的学习参考书和培训教材。

　　本书第一章和第二章由孟笑梅撰写,第十四章由董岩撰写,其余部分由沈阳建筑大学教师包红霏撰写。此书还得到了沈阳建筑大学管理学院的其他教师的大力支持,在此表示感谢。

　　本书在编写过程中参考了一些书籍和文献,并引用了有关的观点和资料,在此向相关的作者表示衷心的感谢。在撰写本书过程中,作者投入了大量的时间和精力,但由于理论水平和实践经验有限,疏漏与不足在所难免,恳请各位专业学者及广大读者批评指正。

编　者
2008 年 5 月

目　录

第二篇 实务篇

第三篇　综合篇

【第一篇　基础篇】

第1章

会计学的基本概念

1.1 会计概述

1.1.1 会计的起源与定义

会计是随着人类社会生产的发展和经济管理的需要而产生、发展并不断完善起来的。在生产活动中,为了获得一定的劳动成果,必然要耗费一定的人力、物力和财力。其中人们一方面关心劳动成果的多少,另一方面也注重劳动耗费的高低。通常,人们将结绳记事、刻石计数作为会计的萌芽。随着生产活动的发展,产生了对生产活动进行专门计量与记录的会计。之后,人类文明不断进步,社会经济活动不断革新,生产力不断提高,会计的核算内容、核算方法等也得到了较大发展,逐步由简单的计量与记录行为,发展成为以货币单位综合地反映和监督经济活动过程的一种经济管理工作,并在参与单位经营管理决策、提高资源配置效率、促进经济健康持续发展方面发挥积极作用。

会计的内涵是什么?尽管会计从产生到现在已经有几千年的历史,但是,对于这一基本问题,却一直没有一个明确、统一的说法。因为人们对会计本质的认识不同,对应着对会计含义的理解也就不同。中外会计学界针对会计本质问题形成了两种主流学派,分别是:会计信息系统论和会计管理活动论。

所谓的会计信息系统论,就是把会计理解为一个经济信息系统。会计信息系统是指在企业或其他组织范围内,旨在反映和控制企业或组织的各种经济活动,由若干具有内在联系的程序、方法和技术所组成,由会计人员加以管理,用以处理经济数据、提供财务信息和其他有关经济信息的有机整体。

会计管理活动论认为会计的本质是一种经济管理活动。会计是以货币为主要计量单位,对企事业、机关单位或其他经济组织的经济活动进行连续、系统、全面地反映和监督的一项经济管理活动。在企业,会计主要反映企业的财务状况、经营成果和现金流量,并对企业经营活动和财务收支进行监督。

本书将"会计"界定为"会计工作",选择"会计管理活动论"作为会计的定义。

1.1.2 会计的职能

会计的职能是指会计在经济管理中所具有的功能或能够发挥的作用。随着经济的发展和管理要求的提高,会计职能是不断变化的并且彼此联系的。现代会计的基本职能是进行核算,实行监督。

一、会计核算

会计核算是会计的首要职能,它是以货币计量为主要单位,对各种单位经济业务活动或者预算执行情况及其结果进行连续、系统、全面的记录和计量,并据以编制会计报表。它要求各单位必须根据实际发生的经济业务事项进行会计核算。其特点表现在如下的三个方面:

(1)会计核算主要是从价值量上反映各经济主体的经济活动状况。会计核算是对各单位的一切经济业务,以货币计量为主,进行记录、计算,以保证会计记录和反映的完整性。

(2)会计核算具有连续性、系统性和完整性。各单位必须对客观发生的所有经济业务,即涉及资金运动或资金增减变化的事项,采用系统的核算方法体系,按时间顺序,无一遗漏地进行记录。

(3)会计核算应对各单位经济活动的全过程进行反映。随着商品经济的发展,市场竞争日趋激烈,会计在对已经发生的经济活动进行事中、事后的记录、核算、分析,反映经济活动的现实状况及历史状况的同时,发展到事前核算、分析和预测经济前景。

二、会计监督

会计监督职能,是指会计具有按照一定的目的和要求,利用会计反映职能所提供的经济信息,对企业和行政事业单位的经济活动进行控制,使之达到预期目标的功能。会计的控制职能主要具有以下特点:

(1)会计监督主要是通过价值量指标来进行监督工作的。由于基层单位进行的经济活动,同时都伴随着价值运动,表现为价值量的增减和价值形态的转化,因此,会计通过价值量指标可以全面、及时、有效地控制各个单位的经济活动。

(2)会计监督同样也包括事前、事中和事后的全过程的监督。

会计监督的依据有合法性和合理性两种依据。合法性的依据是国家的各项法令及法规,合理性的依据是经济活动的客观规律及企业自身在经营管理方面的要求。

会计核算与会计监督是相互作用、相辅相成的。核算是监督的基础,没有核算,监督就无从谈起;而监督是会计核算质量的保证。

会计所要核算和监督的内容称为会计的对象,在社会主义制度下,就是社会再生产过程中的资金运动。房地产开发企业的会计对象,将在第三章第二节进行详细介绍。

1.1.3 会计目标

会计目标是指在一定的历史条件下,人们通过会计所要实现的目的或达到的最终结果。由于会计是整个经济管理的重要组成部分,会计目标当然从属于经济管理的总目标,或者说会计目标是经济管理总目标下的子目标。在将提高经济效益作为会计终极目标的前提下,我们还需要研究会计核算的目标,即向谁提供信息、为何提供信息和提供何种信息。

根据会计的定义,我们可以得知会计核算的目标是向有关各方提供会计信息,以帮助决策。会计的目标,决定于会计资料使用者的要求,也受到会计对象、会计职能的制约。我国《企业会计准则》中对于会计核算的目标作了明确规定:会计的目标是向财务会计报告使用者提供与企业财务状况、经营成果和现金流量等有关的会计信息,反映企业管理层受托责任履行情况,有助于财务会计报告使用者作出经济决策。

上述会计核算的目标,实质上是对会计信息质量提出的要求。它可以划分为两个方面:

第一方面是满足于对企业管理层的监管需要。如资金委托人对受托管理层是否很好管理其资金的评价和监督;工会组织对管理层是否保障工人基本权益的评价;政府及有关部门对企业绩效评价和税收的监管;社会公众对企业履行社会职能的监督等等。

第二方面是满足于相关团体的决策需要。如满足潜在投资者投资决策需要;满足债权人是否进行借贷决策需要等等。

会计的目标是会计管理运行的出发点和最终要求。会计的目标决定和制约着会计管理活动的方向,在会计理论结构中处于最高层次;同时在会计实践活动中,会计目标又决定着会计管理活动的方向。随着社会生产力水平的提高,科学技术的进步,管理水平的改进及人们对会计认识的深化,会计目标会随之而发展。

1.2　会计方法

1.2.1　会计方法的概述

会计方法是指用何种手段去实现会计的任务,完成会计核算和监督的职能。会计的方法包括会计核算、会计分析、会计考核、会计预测和会计决策方法等。其中,会计核算方法是最基本、最主要的方法。本节只介绍会计核算的方法,它是初学者学习会计必须掌握的基础知识。

1.2.2　会计核算的方法

会计核算的方法,是对会计对象进行连续、系统、全面地核算和监督所应用的方法。由以下七种专门方法构成了一个完整的、科学的方法体系:设置会计科目及账户、复式记账、填制和审核凭证、登记账簿、成本计算、财产清查、编制财务报告。

一、设置会计科目及账户

设置会计科目及账户,是对会计对象具体内容进行分类反映和监督的方法。会计对象包含的内容纷繁复杂,设置会计科目及账户就是根据会计对象具体内容的不同特点和经济管理的不同要求,选择一定的标准进行分类,并事先规定分类核算项目,在账簿中开设相应的账户,以取得所需要的核算指标。

正确、科学地设置会计科目及账户,细化会计对象,提供会计核算的具体内容,是满足经营管理需要,完成会计核算任务的基础。

二、复式记账

复式记账是指对每一项经济业务都要在两个或两个以上的相互联系的账户中进行登记的一种方法。复式记账有着明显的特点:一方面能全面地、系统地反映经济业务引起资金运动增减变化的来龙去脉;另一方面通过账户之间的一种平衡关系,检查会计记录的正确性。例如,用银行存款 1 000 元购买材料,采用复式记账法一方面在"原材料"账户中记增加 1 000 元;另一方面在"银行存款"账户中记减少 1 000 元。这样既可以了解这笔经济业务的具体内容,又可以反映该项经济活动的来龙去脉,完整、系统地记录资金运动的过程和结果。

三、填制和审核凭证

填制和审核凭证是指为了审查经济业务是否合理合法,保证账簿记录正确、完整而采用的一种专门方法,它可以提高会计核算的质量。会计凭证是记录经济业务,明确经济责任的书面证明,是登记账簿的依据。各单位发生的任何会计事项都必须取得原始凭证,证明其经济业务的发生或完成。原始凭证要送交会计进行审核,审核其填制的内容是否完备、手续是否齐全、业务的发生是否合理合法等,经审核无误后,才能编制记账凭证。记账凭证是记账的依据,原始凭证和记账凭证统称为会计凭证。

四、登记账簿

账簿是具有一定格式,用来记账的簿籍。登记账簿就是根据会计凭证,采用复式记账法,把经济业务分门别类、内容连续地在有关账簿中进行登记的方法。借助于账簿,就能将分散的经济业务进行分类汇总,系统地提供每一类经济活动的完整资料,了解一类或全部经济活动发展变化的全过程,更加适应经济管理的需要。在账簿中把所有的经济业务记入相应的账户中后,还应定期计算和累计各项核算指标,并定期结账和对账,使账证之间、账账之间、账实之间保持一致。账簿记录的各种数据资料,也是编制会计报表的重要依据。

五、成本计算

成本计算是按照一定对象归集和分配生产经营过程中发生的各种费用,以便确定每个对象的总成本和单位成本的一种专门方法。例如房地产开发企业要计算开发产品的成本,就要把企业进行开发活动所发生的各项费用加以归集,并计算开发产品的总成本和单位成本。产品成本是综合反映企业生产经营活动的一项重要指标。正确地进行成本计算,可以考核生产经营过程的费用支出水平,同时又是确定企业盈亏和制定产品价格的基础,并为企业进行经营决策,提供重要数据。

六、财产清查

财产清查就是通过对各项财产物资、货币资金进行实物盘点,对往来款项进行核对,以查明实存数同账存数是否相符的一种专门方法。在财产清查中,发现财产、资金账面数额与实存数额不符,应该及时调整账簿记录,使账实相符,并查明账实不符的原因,明确责任。通过财产清查,可以查明各项财产物资、债权债务、所有者权益的情况,可以促进企业加强物资管理,保证财产的完整,并能为编制会计报表提供真实、准确的资料。

七、编制财务报告

编制财务报告是根据账簿记录的数据资料,采用一定的表格形式,概括、综合地反映各单位在一定时期内经济活动过程和结果的一种方法。编制财务报告是对日常核算工作的总结,是在账簿记录基础上对会计核算资料的进一步加工整理。财务报告提供的资料是进行会计分析、会计检查的重要依据。

从填制会计凭证到登记账簿、编制完成财务报告,一个会计期间(一般指一个月)的会计核算工作即告结束,然后按照上述程序进入新的会计期间,如此循环往复,持续不断地进行下去,这个过程被称为会计循环。上述会计核算的方法是相互联系、密切配合的。这些方法相互配合运用的程序是:(1)经济业务发生后,取得和填制会计凭证;(2)按会计科目对经济业务进行分类核算,并运用复式记账法在有关会计账簿中进行登记;(3)对生产经营过程中各种费用进行成本计算;(4)对账簿记录通过财产清查加以核实,保证账实相符;(5)期末,根据账簿记录资料和其他资料,进行必要的加工计算,编制财务报告。会计核算的这七种方法相互联系,缺一不可,构成了一个完整的核算方法体系。

1.3　会计基本假设与会计基础

1.3.1　会计基本假设

会计基本假设是企业会计确认、计量和报告的前提,是对会计核算所处时间、空间环境等所作的合理设定。会计基本假设包括会计主体、持续经营、会计分期和货币计量。

一、会计主体

会计主体,是指企业会计确认、计量和报告的空间范围。为了向财务报告使用者反映企业财务状况、经营成果和现金流量,提供与其决策有用的信息,会计核算和财务报告的编制应当集中于反映特定对象的活动,并将其与其他经济实体区别开来,才能实现财务报告的目标。

在会计主体假设下,企业应当对其本身发生的交易或者事项进行会计确认、计量和报告,反映企业本身所从事的各项生产经营活动。明确界定会计主体是开展会计确认、计量和报告工作的重要前提。

首先,明确会计主体,才能划定会计所要处理的各项交易或事项的范围。在会计工作中,只有那些影响企业本身经济利益的各项交易或事项才能加以确认、计量和报告,那些不影响企业本身经济利益的各项交易或事项则不能加以确认、计量和报告。会计工作中通常所讲的资产、负债的确认,收入的实现,费用的发生等,都是针对特定会计主体而言的。

其次,明确会计主体,才能将会计主体的交易或者事项与会计主体所有者的交易或者事项以及其他会计主体的交易或者事项区分开来。例如,企业所有者的经济交易或者事项是属于企业所有者主体所发生的,不应纳入企业会计核算的范围,但是企业所有者投入到企业的资本或者企业向所有者分配的利润,则属于企业主体所发生的交易或者事项,应当纳入企业会计核算的范围。

会计主体不同于法律主体。一般来说,法律主体必然是一个会计主体。例如一个企业作为一个法律主体,应当建立财务会计系统,独立反映其财务状况、经营成果和现金流量。但是,会计主体不一定是法律主体。例如,在企业集团的情况下,一个母公司拥有若干子公司,母子公司虽然是不同的法律主体,但是母公司对于子公司拥有控制权,为了全面反映企业集团的财务状况、经营成果和现金流量,就有必要将企业集团作为一个会计主体,编制合并财务报表。再如,由企业管理的证券投资基金、企业年金基金等,尽管不属于法律主体,但属于会计主体,应当对每项基金进行会计确认、计量和报告。

【例1-1】 某母公司拥有10家子公司,母子公司均属于不同的法律主体,但母公司对子公司拥有控制权,为了全面反映由母子公司组成的企业集团整体的财务状况、经营成果和现金流量,就需要将企业集团作为一个会计主体,编制合并财务报表。

【例1-2】 某基金管理公司管理了10只证券投资基金。对于该公司来讲,一方面公司本身既是法律主体,又是会计主体,需要以公司为主体核算公司的各项经济活动,以反映整个公司的财务状况、经营成果和现金流量;另一方面每只基金尽管不属于法律主体,但需要单独核算,并向基金持有人定期披露基金财务状况和经营成果等,因此,每只基金也属于会计主体。

二、持续经营

持续经营,是指在可以预见的将来,企业将会按当前的规模和状态继续经营下去,不会停业,也不会大规模削减业务。在持续经营的前提下,会计确认、计量和报告应当以企业持续、正常的生产经营活动为前提。

企业是否持续经营,在会计原则、会计方法的选择上有很大差别。一般情况下,应当假定企业将会按照当前的规模和状态继续经营下去。明确这个基本假设,就意味着会计主体将按照既定用途使用资产,按照既定的合约条件清偿债务,会计人员就可以在此基础上选择会计原则和会计方法。如果判断企业会持续经营,就可以假定企业的固定资产会在持续经营的生产经营过程中长期发挥作用,并服务于生产经营过程,固定资产就可以根据历史成本进行记录,并采用折旧的方法,将历史成本分摊到各个会计期间或相关产品的成本中。如果判断企业不会持续经营,固定资产就不应采用历史成本进行记录并按期计提折旧。

【例 1-3】　某企业购入一条生产线,预计使用寿命为 10 年,考虑到企业将会持续经营下去,因此可以假定企业的固定资产会在持续经营的生产经营过程中长期发挥作用,并服务于生产经营过程,即不断地为企业生产产品,直至生产线使用寿命结束。为此固定资产就应当根据历史成本进行记录,并采用折旧的方法,将历史成本分摊到预计使用寿命期间所生产的相关产品成本中。

但是,如果一个企业在不能持续经营时还假定企业能够持续经营,并仍按持续经营基本假设选择会计确认、计量和报告原则与方法,就不能客观地反映企业的财务状况、经营成果和现金流量,会误导会计信息使用者的经济决策。

三、会计分期

会计分期,是指将一个企业持续经营的生产经营活动划分为一个个连续的、长短相同的期间。会计分期的目的,在于通过会计期间的划分,将持续经营的生产经营活动划分成连续、相等的期间,据以结算盈亏,按期编报财务报告,从而及时向财务报告使用者提供有关企业财务状况、经营成果和现金流量的信息。在会计分期假设下,企业应当划分会计期间,分期结算账目和编制财务报告。会计期间通常分为年度和中期。中期,是指短于一个完整的会计年度的报告期间。

根据持续经营假设,一个企业将按当前的规模和状态持续经营下去,要想最终确定企业的生产经营成果,只能等到企业在若干年后歇业时核算一次盈亏。但是,无论是企业的生产经营决策还是投资者、债权人等的决策都需要及时的信息,因此,需要将企业持续的生产经营活动划分为一个个连续的、长短相同的期间,分期确认、计量和报告企业的财务状况、经营成果和现金流量。明确会计分期假设意义重大,由于会计分期,才产生了当期与以前期间、以后期间的差别,才使不同类型的会计主体有了记账的基准,进而出现了应收、应付、折旧、摊销等会计处理方法。

四、货币计量

货币计量,是指会计主体在财务会计确认、计量和报告时以货币计量,反映会计主体的生产经营活动。

在会计的确认、计量和报告过程中之所以选择货币为基础进行计量,是由货币的本身属性决定的。货币是商品的一般等价物,是衡量一般商品价值的共同尺度,具有价值尺度、流通手段、贮藏手段和支付手段等特点。其他计量单位,如重量、长度、容积、台、件等,只能从一个侧面反映企业的生产经营情况,无法在量上进行汇总和比较,不便于会计计量和经营管理。只有选择货币尺度进行计量,才能充分反映企业的生产经营情况,所以,基本准则规定,会计确认、计量和报告选择货币作为计量单位。但是,统一采用货币计量也存在缺陷,例如,某些影响企业财务状况和经营成果的因素,如企业经营战略、研发能力、市场竞争力等,往往难以用货币来计量,但这些信息对于使用者决策也很重要。为此,企业可以在财务报告中补充披露有关非财务信息来弥补上述缺陷。

1.3.2　会计基础

企业会计的确认、计量和报告应当以权责发生制为基础。权责发生制基础要求,凡是当期已经实现的收入和已经发生或应当负担的费用,无论款项是否收付,都应当作为当期的收入和费用,计入利润表;凡是不属于当期的收入和费用,即使款项已在当期收付,也不应当作为当期的收入和费用。

在实务中,企业交易或者事项的发生时间与相关货币收支时间有时并不完全一致。为了更加真实、公允地反映特定会计期间的财务状况和经营成果,基本准则明确规定,企业在企业确认、计量和报告中应当以权责发生制为基础。例如,A 企业 12 月 20 日销售商品 25 万元,货款在第二年的 1 月 10 日收到,在权责发生制的原则下,A 企业销售行为是在 12 月发生,收入应在 12 月份确认,即使没有收到货款,也是属于 12 月份的收入。而第二年 1 月即使收到款项,由于当月没有发生销售行为,也不能作为 1 月份的收入确认。

收付实现制是与权责发生制相对应的一种会计基础,它是以收到或支付的现金作为确定收入和费用等的依据。目前,我国的行政单位会计采用收付实现制,事业单位会计除经营业务可以采用权责发生制外,其他大部分业务采用收付实现制。

1.4　会计信息质量要求

会计信息质量要求是对企业财务报告中所提供会计信息质量的基本要求,是使财务报告中所提供会计信息对投资者等使用者决策有用应具备的基本特征,它主要包括可靠性、相关性、可理解性、可比性、实质重于形式、重要性、谨慎性和及时性等。

1.4.1　可靠性

可靠性要求企业应当以实际发生的交易或者事项为依据进行确认、计量和报告。如实反映符合确认和计量要求的各项会计要素及其他相关信息,保证会计信息真实可靠、内容完整。

会计信息要有用,必须以可靠为基础,如果财务报告所提供的会计信息是不可靠的,就会给投资者等使用者的决策产生误导甚至损失。为了贯彻可靠性要求,企业应当做到:

(1)企业应当以实际发生的交易或者事项为依据进行确认、计量,将符合会计要素定义及其确认条件的资产、负债、所有者权益、收入、费用和利润等如实反映在财务报表中,不得根据虚构的、没有发生的或者尚未发生的交易或者事项进行确认、计量和报告。

(2)企业应当在符合重要性和成本效益原则的前提下,保证会计信息的完整性,其中包括应当编报的报表及其附注内容等应当保持完整,不能随意遗漏或者减少应予披露的信息,与使用者决策相关的有用信息都应当充分披露。

【例1-4】　某公司于2007年末发现公司销售萎缩,无法实现年初确定的销售收入目标。但考虑到在2008年春节前后,公司销售可能会出现较大幅度的增长,公司为此提前预计库存商品销售。在2007年末制作了若干存货出库凭证,并确认销售收入实现。公司这种处理不是以其实际发生的交易事项为依据的,而是虚构的交易事项,违背了会计信息质量要求的可靠性原则,也违背了我国会计法的规定。

1.4.2　相关性

相关性要求企业提供的会计信息应当与投资者等财务报告使用者的经济决策需要相关,有助于投资者等财务报告使用者对企业过去、现在或者未来的情况作出评价或者预测。

会计信息是否有用,是否具有价值,关键是看其与使用者的决策需要是否相关,是否有助于决策或者提高决策水平。相关的会计信息应当能够有助于使用者评价企业过去的决策,证实或者修正过去的有关预测,因而具有反馈价值。相关的会计信息还应当具有预测价值,有助于使用者根据财务报告所提供的会计信息预测企业未来的财务状况、经营成果和现金流量。例如区分收入和利得、费用和损失,区分流动资产和非流动资产、流动负债和非流动负债以及适度引入公允价值等,都可以提高会计信息的预测价值,进而提升会计信息的相关性。

会计信息质量的相关性要求,需要企业在确认、计量和报告会计信息的过程中,充分考虑使用者的决策模式和信息需要。但是,相关性是以可靠性为基础的,两者之间并不矛盾,不应将两者对立起来。也就是说,会计信息在可靠性前提下,尽可能地做到相关性,以满足投资者等财务报告使用者的决策需要。当然,对于某些特定目的或者用途的信息,财务报告可能无法完全提供,企业可以通过其他形式予以提供。

1.4.3　可理解性

可理解性要求企业提供的会计信息应当清晰明了,便于投资者等财务报告使用者理解和使用。

企业编制财务报告、提供会计信息的目的在于使用,而要使使用者有效使用会计信息,应当能让其了解会计信息的内涵,弄懂会计信息的内容,这就要求财务报告所提供的会计信息应当清晰明了,易于理解。只有这样,才能提高会计信息的有用性,实现财务报告的目标,满足向投资者等财务报告使用者提供决策有用信息的要求。

鉴于会计信息是一种专业性较强的信息产品,因此,在强调会计信息的可理解性要求的同时,还应假定使用者具有一定的有关企业生产经营活动和会计核算方面的知识,并且愿意付出努力去研究这些信息。对于某些复杂的信息,例如,交易本身较为复杂或者会计处理较为复杂,但其对使用者的经济决策是相关的,就应当在财务报告中予以披露,企业不能仅仅以该信息会使某些使用者难以理解而将其排除在财务报告所应披露的信息之外。

1.4.4　可比性

可比性要求企业提供的会计信息应当相互可比,主要包括两层含义:

一、同一企业不同时期可比

为了便于投资者等财务报告使用者了解企业的财务状况、经营成果和现金流量及其变化趋势,比较企业在不同时期的财务报告信息,全面、客观地评价过去、预测未来,从而作出决策。会计信息质量的可比性要求同一企业不同时期发生的相同或者相似的交易或者事项,应当采用一致的会计政策,不得随意变更。但是,满足会计信息质量可比性要求,并非表明企业不得变更会计政策,如果按照规定或者在会计政策变更后可以提供更可靠、更相关的会计信息的,可以变更会计政策。有关会计政策变更的情况,应当在附注中予以说明。

二、不同企业相同时期可比

为了便于投资者等财务报告使用者评价不同企业的财务状况、经营成果和现金流量及其变动情况,会计信息质量的可比性要求不同企业同一会计期间发生的相同或者相似的交易或者事项,应当采用规定的会计政策,确保会计信息口径一致、相互可比,以使不同企业按照一致的确认、计量和报告要求提供有关会计信息。

1.4.5　实质重于形式

实质重于形式要求企业应当按照交易或者事项的经济实质进行会计确认、计量和报告,不仅仅以交易或者事项的法律形式为依据。

企业发生的交易或事项在多数情况下,其经济实质和法律形式是一致的。但在有些情况下,会出现不一致。

【例 1-5】 以融资租赁方式租入的资产,虽然从法律形式来讲企业并不拥有其所有权,但是由于租赁合同中规定的租赁期相当长,接近于该资产的使用寿命;租赁期结束时承租企业有优先购买该资产的选择权;在租赁期内承租企业有权支配资产并从中受益等。因此,从其经济实质来看,企业能够控制融资租入资产所创造的未来经济利益,在会计确认、计量和报告上就应当将以融资租赁方式租入的资产视为企业的资产,列入企业的资产负债表。

【例1-6】 企业按照销售合同销售商品但又签订了售后回购协议,虽然从法律形式上实现了收入,但如果企业没有将商品所有权上的主要风险和报酬转移给购货方,没有满足收入确认的各项条件,即使签订了商品销售合同或者已将商品交付给购货方,也不应当确认销售收入。

1.4.6　重要性

重要性要求企业提供的会计信息应当反映与企业财务状况、经营成果和现金流量有关的所有重要交易或者事项。

在实务中,如果会计信息的省略或者错报会影响投资者等财务报告使用者据此作出决策的,该信息就具有重要性。重要性的应用需要依赖职业判断,企业应当根据其所处环境和实际情况,从项目的性质和金额大小两方面加以判断。

【例1-7】 我国上市公司要求对外提供季度财务报告,考虑到季度财务报告披露的时间较短,从成本效益原则的考虑,季度财务报告没有必要像年度财务报告那样披露详细的附注信息。因此,中期财务报告准则规定,公司季度财务报告附注应当以年初至本中期末为基础编制,披露自上年度资产负债表日之后发生的、有助于理解企业财务状况、经营成果和现金流量变化情况的重要交易或者事项。这种附注披露就体现了对会计信息质量的重要性要求。

1.4.7　谨慎性

谨慎性要求企业对交易或者事项进行会计确认、计量和报告应当保持应有的谨慎,不应高估资产或者收益、低估负债或者费用。

在市场经济环境下,企业的生产经营活动面临着许多风险和不确定性,如应收款项的可收回性、固定资产的使用寿命、无形资产的使用寿命、售出存货可能发生的退货或者返修等。会计信息质量的谨慎性要求,需要企业在面临不确定性因素的情况下作出职业判断时,应当保持应有的谨慎,充分估计到各种风险和损失,既不高估资产或者收益,也不低估负债或者费用。例如,要求企业对可能发生的资产减值损失计提资产减值准备、对售出商品可能发生的保修义务等确认预计负债等,就体现了会计信息质量的谨慎性要求。

但是,谨慎性的应用不允许企业设置秘密准备,如果企业故意低估资产或者收益,或者故意高估负债或者费用,将不符合会计信息的可靠性和相关性要求,损害会计信息质量,扭曲企业实际的财务状况和经营成果,从而对使用者的决策产生误导,这是会计准则所不允许的。

1.4.8　及时性

及时性要求企业对于已经发生的交易或者事项,应当及时进行确认、计量和报告,不得提前或者延后。

会计信息的价值在于帮助所有者或者其他方面作出经济决策,具有时效性。即使是可靠、相关的会计信息,如果不及时提供,就失去了时效性,对于使用者的效用就大大降低甚至不再具有实际意义。在会计确认、计量和报告过程中贯彻及时性,一是要求及时收集会计信息,即在经济交易或者事项发生后,及时收集整理各种原始单据或者凭证;二是要求及时处理会计信息。即按照会计准则的规定,及时对经济交易或者事项进行确认或者计量,并编制财务报告;三是要求及时传递会计信息,按照国家规定的有关时限,及时地将编制的财务报告传递给财务报告使用者,便于其及时使用和决策。

【例 1-8】　我国上市公司需要按时公开披露年度财务报告的同时,还需要按季披露季度财务报告,这就是会计信息及时性的具体体现。

1.5　会计要素及其确认与计量原则

会计要素,是指按照交易或者事项的经济特征所确定的财务会计对象的基本分类,分为反映企业财务状况的会计要素和反映企业经营成果的会计要素。它既是会计确认和计量的依据,也是确定会计报表结构和内容的基础。

我国企业会计要素按照其性质分为资产、负债、所有者权益、收入、费用和利润。其中,资产、负债、所有者权益要素侧重于反映企业的财务状况,收入、费用和利润要素侧重于反映企业的经营成果。会计要素的界定和分类可以使财务会计系统更加科学严密,并可为使用者提供更加有用的信息。

1.5.1 资产的定义及其确认条件

一、资产的定义

资产是指企业过去的交易或者事项形成的,由企业拥有或者控制的,预期会给企业带来经济利益的资源。根据资产的定义,资产具有以下几个方面的特征:

1.资产预期会给企业带来经济利益

资产预期会给企业带来经济利益,是指资产直接或者间接导致现金和现金等价物流入企业的潜力。这种潜力可以来自企业日常的生产经营活动,也可以是非日常活动;带来的经济利益可以是现金或者现金等价物,或者是可以转化为现金或者现金等价物的形式,或者是可以减少现金或者现金等价物流出的形式。

资产预期能否会为企业带来经济利益是资产的重要特征。例如,企业采购的原材料、购置的固定资产等可以用于生产经营过程,制造商品或者提供劳务,对外出售后收回货款,货款即为企业所获得的经济利益。如果某一项目预期不能给企业带来经济利益,那么就不能将其确认为企业的资产。前期已经确认为资产的项目,如果不能再为企业带来经济利益的,也不能再确认为企业的资产。

【例1-9】 某企业在2007年末盘点存货时,发现存货毁损100万元,企业以该存货管理责任不清为由,将毁损的存货计入"待处理财产损溢",因为"待处理财产损溢"预期不能为企业带来经济利益,应根据制度的规定将其转入费用或损失。

2.资产应为企业拥有或者控制的资源

资产作为一项资源,应当由企业拥有或者控制,具体是指企业享有某项资源的所有权,或者虽然不享有某项资源的所有权,但该资源能被企业所控制。

企业享有资产的所有权,通常表明企业能够排他性地从资产中获取经济利益。通常在判断资产是否存在时,所有权是考虑的首要因素。在有些情况下,资产虽然不为企业所拥有,即企业并不享有其所有权,但企业控制了这些资产,同样表明企业能够从资产中获取经济利益,符合会计上对资产的定义。反之,如果企业既不拥有也不控制资产所能带来的经济利益,就不能将其作为企业的资产予以确认。

【例1-10】 某企业以融资租赁方式租入一项固定资产,尽管企业并不拥有其所有权,但是如果租赁合同规定的租赁期相当长,接近于该资产的使用寿命,企业控制了该资产的使用及其所能带来的经济利益,应当将其作为企业资产予以确认、计量和报告。

3. 资产是由企业过去的交易或者事项形成的

资产应当由企业过去的交易或者事项所形成,过去的交易或者事项包括购买、生产、建造行为或者其他交易或事项。换句话说,只有过去的交易或者事项才能产生资产,企业预期在未来发生的交易或者事项不形成资产。

【例 1-11】　甲企业和乙施工单位签订了一项厂房建造合同,建造合同尚未履行,即建造行为尚未发生,因此不符合资产的定义,甲企业不能因此而确认在建工程或者固定资产。

二、资产的确认条件

将一项资源确认为资产,需要符合资产的定义,还应同时满足以下两个条件:

1. 与该资源有关的经济利益很可能流入企业

从资产的定义可以看到,能否带来经济利益是资产的一个本质特征,但在现实生活中,由于经济环境瞬息万变,与资源有关的经济利益能否流入企业或者能够流入多少,实际上带有不确定性。因此,资产的确认还应与经济利益流入的不确定性程度的判断结合起来,如果根据编制财务报表时所取得的证据,与该资源有关的经济利益很可能流入企业,那么就应当将其作为资产予以确认;反之,不能确认为资产。

【例 1-12】　某企业赊销一批商品给某一客户,从而形成了对该客户的应收账款,由于企业最终收到款项与销售实现之间有时间差,而且收款又在未来期间,因此带有一定的不确定性,如果企业在销售时判断未来很可能收到款项或者能够确定收到款项,企业就应当将该应收账款确认为一项资产;如果企业判断在通常情况下很可能部分或者全部无法收回,表明该部分或者全部应收账款已经不符合资产的确认条件,应当计提坏账准备,减少资产的价值。

2. 该资源的成本或者价值能够可靠地计量

可计量性是所有会计要素确认的重要前提,资产的确认同样需要符合这一要求。只有当有关资源的成本或者价值能够可靠地计量时,资产才能予以确认。

企业取得的许多资产一般都是发生了实际成本的,比如企业购买或者开发的存货,企业购置的厂房或者设备等,对于这些资产,只要实际发生的购买或者开发成本能够可靠地计量的,就应视为符合资产的可计量性确认条件。在某些情况下,企业取得的资产没有发生实际成本或者发生的实际成本很小,例如企业持有的某些衍生金融工具形成的资产,对于这些资产,尽管它们没有实际成本或者发生的实际成本很小,但是如果其公允价值能够可靠地计量的话,也被认为符合资产可计量性的确认条件。

因此,关于资产的确认,除了应当符合定义外,上述两个条件缺一不可,只有在同时满足的情况下,才能将其确认为一项资产。

【例1-13】 甲企业为一家高科技企业,于2007年度发生研究支出5 000万元,该研究支出尽管能够可靠地计量,但是很难判断其能否为企业带来经济利益或者有关经济利益能否流入企业有很大的不确定性,因此,不能将其作为资产予以确认。

【例1-14】 乙企业是一家咨询服务企业,人力资源丰富,而且这些人力资源很可能为企业带来经济利益,但是人力资源的成本或者价值往往无法可靠地计量,因此,在现行会计系统中,人力资源通常不确认为企业的一项资产。

1.5.2 负债的定义及其确认条件

一、负债的定义

负债是指企业过去的交易或者事项形成的,预期会导致经济利益流出企业的现时义务。根据负债的定义,负债具有以下几个方面的特征:

1. 负债是企业承担的现时义务

负债必须是企业承担的现时义务,它是负债的一个基本特征。其中,现时义务是指企业在现行条件下已承担的义务。未来发生的交易或者事项形成的义务,不属于现时义务,不应当确认为负债。

现时义务可以是法定义务,也可以是推定义务。其中法定义务是指具有约束力的合同或者法律、法规规定的义务,通常在法律意义上需要强制执行。例如,企业购买原材料形成应付账款,企业向银行贷款所形成的借款,企业按照税法规定应当交纳的税款等,均属于企业承担的法定义务,需要依法予以偿还。推定义务是指根据企业多年来的习惯做法、公开的承诺或者公开宣布的政策而导致企业将承担的责任,这些责任也使有关各方形成了企业将履行义务解脱责任的合理预期。例如,某企业多年来制定有一项销售政策,对于售出商品提供一定期限内的售后保修服务,预期将为售出商品提供的保修服务就属于推定义务,应当将其确认为一项负债。

2. 负债预期会导致经济利益流出企业

预期会导致经济利益流出企业也是负债的一个本质特征,只有企业在履行义务时会导致经济利益流出企业的,才符合负债的定义,如果不会导致企业经济利益流出的,就不符合负债的定义。在履行现时义务清偿负债时,导致经济利益流出企业的形式多种多样,例如用现金偿还或以实物资产形式偿还;以提供劳务形式偿还;部分转移资产、部分提供劳务形式偿还;将负债转为资本等。

3. 负债是由企业过去的交易或者事项形成的

负债应当由企业过去的交易或者事项所形成,换句话说,只有过去的交易或者事项才形成负债,企业将在未来发生的承诺、签订的合同等交易或者事项,不形成负债。

【例 1-15】 某企业向银行借款 1 000 万元,即属于过去的交易或者事项所形成的负债。企业同时还与银行达成了 2 个月后借入 3 000 万元的借款意向书,该交易就不属于过去的交易或者事项,不应形成企业的负债。

二、负债的确认条件

将一项现时义务确认为负债,需要符合负债的定义,还需要同时满足以下两个条件:

1. 与该义务有关的经济利益很可能流出企业

从负债的定义可以看到,预期会导致经济利益流出企业是负债的一个本质特征。在实务中,履行义务所需流出的经济利益带有不确定性,尤其是与推定义务相关的经济利益通常需要依赖于大量的估计,因此,负债的确认应当与经济利益流出的不确定性程度的判断结合起来,如果有确凿证据表明,与现时义务有关的经济利益很可能流出企业,就应当将其作为负债予以确认;反之,如果企业承担了现时义务,但是会导致企业经济利益流出的可能性很小,就不符合负债的确认条件,不应将其作为负债予以确认。

【例 1-16】 某企业涉及的未决诉讼和为销售商品提供的质量保证,如果很可能会导致企业的经济利益流出企业的,就应当视为符合负债的确认条件。反之,如果企业虽然承担了现时义务,但是会导致企业经济利益流出的可能性很小的,则不符合负债的确认条件,不应当将其作为负债予以确认。

2. 未来流出的经济利益的金额能够可靠地计量

负债的确认在考虑经济利益流出企业的同时,对于未来流出的经济利益的金额应当能够可靠计量。对于与法定义务有关的经济利益流出金额,通常可以根据合同或者法律规定的金额予以确定,考虑到经济利益流出的金额通常在未来期间,有时未来期间较长,有关金额的计量需要考虑货币时间价值等因素的影响。对于与推定义务有关的经济利益流出金额,企业应当根据履行相关义务所需支出的最佳估计数进行估计,并综合考虑有关货币时间价值、风险等因素的影响。

1.5.3　所有者权益的定义及其确认条件

一、所有者权益的定义

所有者权益是指企业资产扣除负债后,由所有者享有的剩余权益。公司的所有者权益又称为股东权益。所有者权益是所有者对企业资产的剩余索取权,它是企业资产中扣除债权人权益后应由所有者享有的部分,既可反映所有者投入资本的保值增值情况,又体现了保护债权人权益的理念。

二、所有者权益的来源构成

所有者权益的来源包括所有者投入的资本、直接计入所有者权益的利得和损失、留存收益等,通常由股本(或实收资本)、资本公积(含股本溢价或资本溢价、其他资本公积)、盈余公积和未分配利润构成。

所有者投入的资本是指所有者所有投入企业的资本部分,它既包括构成企业注册资本或者股本部分的金额,也包括投入资本超过注册资本或者股本部分的金额,即资本溢价或者股本溢价,这部分投入资本在我国企业会计准则体系中被计入了资本公积,并在资产负债表中的资本公积项目下反映。

直接计入所有者权益的利得和损失,是指不应计入当期损益、会导致所有者权益发生增减变动的、与所有者投入资本或者向所有者分配利润无关的利得或者损失。其中,利得是指由企业非日常活动所形成的、会导致所有者权益增加的、与所有者投入资本无关的经济利益的流入。损失是指由企业非日常活动所发生的、会导致所有者权益减少的、与向所有者分配利润无关的经济利益的流出。直接计入所有者权益的利得和损失主要包括可供出售金融资产的公允价值变动额、现金流量套期中套期工具公允价值变动额(有效套期部分)等。

留存收益是企业历年实现的净利润留存于企业的部分,主要包括累计计提的盈余公积和未分配利润。

三、所有者权益的确认条件

所有者权益体现的是所有者在企业中的剩余权益,因此,所有者权益的确认主要依赖于其他会计要素,尤其是资产和负债的确认,所有者权益金额的确定也主要取决于资产和负债的计量。例如,企业接受投资者投入的资产,在该资产符合企业资产确认条件时,就相应地符合了所有者权益的确认条件;当该资产的价值能够可靠计量时,所有者权益的金额也就可以确定。

1.5.4 收入的定义及其确认条件

一、收入的定义

收入是指企业在日常活动中形成的、会导致所有者权益增加的、与所有者投入资本无关的经济利益的总流入。根据收入的定义,收入具有以下几方面的特征:

1. 收入是企业在日常活动中形成的

日常活动是指企业为完成其经营目标所从事的经常性活动以及与之相关的活动。例如,工业企业制造并销售产品、商业企业销售商品、保险公司签发保单、咨询公司提供咨询服务、软件企业为客户开发软件、安装公司提供安装服务、商业银行对外贷款、租赁公司出租资产等,均属于企业的日常活动。明确界定日常活动是为了将收入与利得相区分,因为企业非日常活动所形成的经济利益的流入不能确认为收入,而应当计入利得。

2. 收入是与所有者投入资本无关的经济利益的总流入

收入应当会导致经济利益的流入,从而导致资产的增加。例如,企业销售商品,必须要收到现金或者有权利将收到现金,才表明该交易符合收入的定义。但是,企业经济利益的流入有时是由所有者投入资本的增加所导致的,所有者投入资本的增加不应当确认为收入,应当将其直接确认为所有者权益,因此,与收入相关的经济利益的流入应当将所有者投入的资本排除在外。

3. 收入会导致所有者权益的增加

与收入相关的经济利益的流入应当会导致所有者权益的增加,不会导致所有者权益增加的经济利益的流入不符合收入的定义,不应确认为收入。

【例 1-17】 某企业向银行借入款项 2 000 万元,尽管该借款导致了企业经济利益的流入,但是该流入并不会导致所有者权益的增加,反而使企业承担了一项现时义务,因此,企业对于因借入款项所导致的经济利益的增加,不应将其确认为收入,而应当确认为一项负债。

二、收入的确认条件

收入的确认除了应当符合定义外,还应当满足严格的确认条件。收入只有在经济利益很可能流入,从而导致企业资产增加或者负债减少、且经济利益的流入额能够可靠计量时才能予以确认。因此,收入的确认至少应当同时符合下列条件:

(1)与收入相关的经济利益很可能流入企业;

(2)经济利益流入企业的结果会导致企业资产的增加或者负债的减少;

(3)经济利益的流入额能够可靠地计量。

1.5.5 费用的定义及其确认条件

一、费用的定义

费用是指企业在日常活动中发生的、会导致所有者权益减少的、与向所有者分配利润无关的经济利益的总流出。根据费用的定义,费用具有以下几方面的特征:

1. 费用是企业在日常活动中形成的

费用必须是企业在其日常活动中所形成的,这些日常活动的界定与收入定义中涉及的日常活动的界定相一致。因此日常活动所产生的费用通常包括销售成本、职工薪酬、折旧费、无形资产摊销费等。将费用界定为日常活动所形成的,目的是为了将其与损失相区分,企业非日常活动所形成的经济利益的流出不能确认为费用,而应当计入损失。

2. 费用是与向所有者分配利润无关的经济利益的总流出

费用的发生应当会导致经济利益的流出,从而导致资产的减少或者负债的增加(最终也会导致资产的减少)。其表现形式包括现金或者现金等价物的流出,存货、固定资产和无形资产等的流出或者消耗等。鉴于企业向所有者分配利润也会导致经济利益的流出,而该经济利益的流出显然属于所有者权益的抵减项目,不应确认为费用,应当将其排除在费用之外。

3. 费用会导致所有者权益的减少

与费用相关的经济利益的流出应当会导致所有者权益的减少,不会导致所有者权益减少的经济利益的流出不符合费用的定义,不应确认为费用。

【例 1-18】　某企业用银行存款 500 万元购买生产用原材料,该购买行为尽管使企业经济利益流出了 500 万元,但并不会导致企业所有者权益的减少,它使企业增加了另外一项资产(存货),在这种情况下,就不应当将该经济利益的流出确认为费用。

【例 1-19】　某企业用银行存款偿还了一笔短期借款 1 000 万元,该偿付行为尽管导致企业经济利益流出 1 000 万元,但是该流出没有导致企业所有者权益的减少,而是使企业负债(短期借款)减少了,因此不应将该经济利益的流出作为费用予以确认。

二、费用的确认条件

费用的确认除了应当符合定义外,也应当满足严格的条件,即费用只有在经济利益很可能流出,从而导致企业资产减少或者负债增加、且经济利益的流出额能够可靠计量时才能予以确认。因此,费用的确认至少应当符合以下条件:

(1)与费用相关的经济利益应当很可能流出企业;

(2)经济利益流出企业的结果会导致资产的减少或者负债的增加;

(3)经济利益的流出额能够可靠计量。

1.5.6　利润的定义及其确认条件

一、利润的定义

利润是指企业在一定会计期间的经营成果。通常情况下,如果企业实现了利润,表明企业的所有者权益将增加,业绩得到了提升;反之,如果企业发生了亏损(即利润为负数),表明企业的所有者权益将减少,业绩下滑了。因此,利润往往是评价企业管理层业绩的一项重要指标,也是投资者等财务报告使用者进行决策时的重要参考。

二、利润的来源构成

利润包括收入减去费用后的净额、直接计入当期利润的利得和损失等。其中收入减去费用后的净额反映的是企业日常活动的业绩,直接计入当期利润的利得和损失反映的是企业非日常活动的业绩。直接计入当期利润的利得和损失,是指应当计入当期损益、最终会引起所有者权益发生增减变动的、与所有者投入资本或者向所有者分配利润无关的利得或者损失。企业应当严格区分收入和利得、费用和损失之间的区别,以更加全面地反映企业的经营业绩。

三、利润的确认条件

利润反映的是收入减去费用、利得减去损失后的净额的概念,因此,利润的确认主要依赖于收入和费用以及利得和损失的确认,其金额的确定也主要取决于收入、费用、利得和损失金额的计量。

1.5.7 会计要素计量属性及其应用原则

一、会计要素计量属性

会计计量是为了将符合确认条件的会计要素登记入账,并列报于财务报表而确定其金额的过程。企业应当按照规定的会计计量属性进行计量,确定相关金额。计量属性是指所要计量的某一要素的特性,如桌子的长度、铁矿的重量、楼房的高度等。从会计角度,计量属性反映的是会计要素金额的确定基础,主要包括历史成本、重置成本、可变现净值、现值和公允价值等。

1. 历史成本

历史成本,又称为实际成本,就是取得或制造某项财产物资时所实际支付的现金或者现金等价物金额。在历史成本计量下,资产按照其购置时支付的现金或者现金等价物的金额,或者按照购置资产时所付出的对价的公允价值计量。负债按照其因承担现时义务而实际收到的款项或者资产的金额,或者承担现时义务的合同金额,或者按照日常活动中为偿还负债预期需要支付的现金或者现金等价物的金额计量。

2. 重置成本

重置成本,又称现行成本,是指按照当前市场条件,重新取得同样一项资产所需支付的现金或现金等价物金额。在重置成本计量下,资产按照现在购买相同或者相似资产所需支付的现金或者现金等价物的金额计量。负债按照现在偿付该项债务所需支付的现金或者现金等价物的金额计量。

3. 可变现净值

可变现净值,是指在正常生产经营过程中以预计售价减去进一步加工成本和销售所需的预计税金、费用后的净值。在可变现净值计量下,资产按照其正常对外销售所能收到现金或者现金等价物的金额扣减该资产至完工时估计将要发生的成本、估计的销售费用以及相关税金后的金额计量。

4. 现值

现值,是指对未来现金流量以恰当的折现率进行折现后的价值,是考虑货币时间价值等因素的一种计量属性。在现值计量下,资产按照预计从其持续使用和最终处置中所产生的未来净现金流入量的折现金额计量。负债按照预计期限内需要偿还的未来净现金流出量的折现金额计量。

5. 公允价值

公允价值,是指在公平交易中,熟悉情况的交易双方自愿进行资产交换或者债务清偿的金额。在公允价值计量下,资产和负债按照在公平交易中,熟悉情况的交易双方自愿进行资产交换或者债务清偿的金额计量。

如何更好地理解这些定义,以资产为例,实际上可以这样理解:在某一个时点上对资产进行计量时,历史成本是这项资产取得时的公允价值;重置成本是这个时点上取得这项资产的公允价值;可变现净值是这个时点上出售这项资产的公允价值;现值是这个时点上,不重新购买,也不出售,继续持有会带来的经济利益的公允价值;公允价值是在任何时候的公平交易中双方愿意收到或支付的价值。

对五种计量属性的理解列示见表 1-1。

表 1-1 五种计量属性的理解

计量属性	对资产的计量	对负债的计量
历史成本	按照购置时的金额	按照承担现时义务时的金额
重置成本	按照现在购买时的金额	按照现在偿还时的金额
可变现净值	按照现在销售时的金额	—
现值	按照将来时的金额折现	
公允价值	在公平交易中,熟悉情况的交易双方自愿进行资产交换或者债务清偿的金额	

二、会计计量属性之间的应用原则

会计计量属性尽管包括历史成本、重置成本、可变现净值、现值和公允价值等,但是企业在对会计要素进行计量时,应当严格按照规定选择相应的计量属性。一一般情况下,对于会计要素的计量,应当采用历史成本计量属性,例如,企业购入存货、建造厂房、生产产品等,应当以所购入资产发生的实际成本作为资产计量的金额。

但是在某些情况下,如果仅仅以历史成本作为计量属性,可能难以达到会计信息的质量要求,不利于实现财务报告的目标,有时甚至会损害会计信息质量,影响会计信息的有用性。例如,企业持有的衍生金融工具往往没有实际成本,或者即使有实际成本,实际成本也与其价值相差甚远。因此,如果按照历史成本对衍生金融工具进行计量的话,大量的衍生金融工具交易将成为表外事项,与衍生金融工具有关的价值及其风险信息将无法得到充分披露。在这种情况下,为了提高会计信息的有用性,向使用者提供与决策更为相关的信息,就有必要采用其他计量属性(比如公允价值)进行会计计量,以弥补历史成本计量属性的缺陷。

鉴于应用重置成本、可变现净值、现值、公允价值等其他计量属性,往往需要依赖于估计,为了使所估计的金额在提高会计信息的相关性的同时,又不影响其可靠性,企业会计准则要求企业应当保证根据重置成本、可变现净值、现值、公允价值所确定的会计要素金额能够取得并可靠计量;如果这些金额无法取得或者可靠地计量,则不允许采用其他计量属性。

思考题

1. 会计假设包括哪些内容?各自的含义是什么?

2. 我国会计准则中关于会计要素是如何定义的?

3. 什么是会计信息质量特征?它包括哪些质量特征?

4. 会计信息质量特征之间有何关系?如何权衡它们之间的关系?

5. 会计要素确认与计量的含义是什么?在进行确认与计量时,应遵循哪些要求?

第2章

账户与复式记账

2.1 会计等式

2.1.1 会计等式的含义

会计等式也称为会计平衡公式,它是表明各会计要素之间基本关系的恒等式。会计对象可概括为资金运动,具体表现为会计要素,每发生一笔经济业务,都是资金运动的一个具体过程,每一资金运动过程都必然涉及相应的会计要素,从而使全部资金运动所涉及的会计要素之间就存在一定的相互联系,会计要素之间的这种内在关系,就可以通过会计平衡等式表现出来,这种平衡等式就叫会计平衡公式。

一、基本会计等式

企业要从事生产经营活动,必须拥有一定数量的资产。这些资产以各种不同的形态分布于企业生产经营活动的各个阶段,成为企业生产经营活动的基础。这些资产要么来源于债权人,从而形成企业的负债;要么来源于投资者,从而形成企业的所有者权益。我们可以认为债权人和投资者将其拥有的资本供给企业使用,对企业运用这些资本所获得的各项资产就相应享有一种权益,即为"权益"。由此可见,资产与权益是相互依存,有一定数额的资产,必然有相应数额的权益;反之亦然。由此可以推出:

$$资产=负债+所有者权益$$

该等式反映了资产的归属关系,是会计对象的公式化,其经济内容和数学上的等量关系,即是资金平衡的理论依据,也是设置账户、复式记账和编制资产负债表的理论依据。因此,会计上又称为基本会计等式,在会计核算体系中有着举足轻重的地位。

二、扩展的会计等式

资金运动在动态情况下,其循环周转所发生的收入、费用和利润,也存在着平衡关系(这里忽略利得和损失),其平衡公式如下:

$$收入-费用=利润$$

如果考虑收入、费用和利润这三个会计要素,则基本会计等式就会演变为:

$$资产＝负债＋所有者权益＋(收入－费用)$$

我们将这一等式称之为扩展的会计等式。下面,我们来考察企业经济业务的发生对该等式的影响:

(1)企业收入的取得,或者表现为资产要素和收入要素同时、同等金额的增加,或者表现为收入要素的增加和负债要素同等金额的减少,结果,等式仍然保持平衡。

(2)企业费用的发生,或者表现为负债要素和费用要素同时、同等金额的增加,或者表现为费用要素的增加和资产要素同等金额的减少,结果,等式仍然保持平衡。

(3)在会计期末,将收入与费用相减得出企业的利润。利润在按规定程序进行分配以后,留存企业的部分(包括盈余公积金和未分配利润)转化为所有者权益的增加(或减少),同时,要么是资产要素相应增加(或减少),要么是负债要素相应减少(或增加),结果,等式仍然保持平衡。

以上分析说明,资产、负债、所有者权益、收入、费用和利润这六大会计要素之间存在着一种恒等关系。会计等式反映了这种恒等关系,因而,它始终成立,任何经济业务的发生都不会破坏会计等式的平衡关系。下面举例说明该等式的恒等性。

【例 2-1】 甲企业 2006 年 12 月 31 日拥有 2 000 万元资产,其中现金 0.4 万元,银行存款 57.6 万元,应收账款 282 万元,存货 960 万元,固定资产 700 万元。该工厂接受投资形成实收资本 1 100 万元,银行借款 400 万元,应付账款 400 万元,尚未支付的职工薪酬 100 万元。可用表 2-1 反映资产、负债、所有者权益间的平衡关系:

表 2-1　　　　　　　　　　资产负债表　　　　　　　　　　单位:万元

资产		负债及所有者权益	
库存现金	0.4	银行借款	400
银行存款	57.6	应付账款	400
应收账款	282	应付职工薪酬	100
存货	960	实收资本	1 100
固定资产	700		
合计	2 000	合计	2 000

上面例子中,资产总额等于负债及所有者权益总额,反映某一时点上企业会计

要素之间的平衡关系,这是一种静态关系。

当企业在继续经营时,发生的经济业务会引起各个会计要素金额上增减变化,这些变化归纳起来不外乎以下四种类型(具体可以划分为九类):

(1)资金进入企业:资产和权益等额增加,即资产增加,负债及所有者权益增加,会计等式保持平衡。

【例2-2】 承前例,东方化工厂2007年1月份从银行取得贷款800万元,现已办妥手续,款项已划入本企业存款账户。这项经济业务对会计等式的影响为:

$$资产+银行存款增加=(负债+所有者权益)+银行借款增加$$

$$2\,000万元+800万元=2\,000万元+800万元$$

$$资产2\,800万元=(负债+所有者权益)2\,800万元$$

可以看出,会计等式两方等额增加800万元,等式保持平衡。

(2)资金退出企业:资产和权益等额减少,即资产减少,负债及所有者权益减少,会计等式保持平衡。

【例2-3】 承前例,东方化工厂支付上年未还的应付货款,已从企业账户中开出转账支票300万元。该经济业务对会计等式的影响为:

$$资产-银行存款减少额=(负债+所有者权益)-应付账款减少额$$

$$2\,800万元-300万元=2\,800万元-300万元$$

$$资产2\,500万元=(负债+所有者权益)2\,500万元$$

可以看出,会计等式两方等额减少300万元,等式保持平衡。

(3)资产形态变化:一种资产项目增加,另一种资产项目等额减少,会计等式保持平衡。

【例2-4】 承前例,东方化工厂开出现金支票2万元,以备日常开支使用。该项经济业务对会计等式的影响为:

$$资产-银行存款减少额+库存现金增加额=负债+所有者权益$$

$$2\,500万元-2万元+2万元=2\,500万元$$

$$资产2\,500万元=(负债+所有者权益)2\,500万元$$

可以看出,该企业一种资产项目增加2万元,另一种资产项目等额减少,等式左方总额没有变化,等式保持平衡。

(4)权益类别转化:一种权益项目增加,另一种权益项目等额减少,即负债类内部项目之间、所有者权益类内部项目之间或者负债类项目与所有者权益类项目之间此增彼减,会计等式也保持平衡。

【例2-5】 承前例,东方化工厂应付给三洋公司的应付账款100万元,经协商同意转作三洋公司对东方化工厂的投资款。该项经济业务对会计等式影响为:

$$资产＝负债＋所有者权益－应付账款减少＋接受长期投资$$
$$2\,500\,万元＝2\,500\,万元－100\,万元＋100\,万元$$
$$资产\,2\,500\,万元＝（负债＋所有者权益）2\,500\,万元$$

可以看出,东方化工厂的负债类项目减少 100 万元,所有者权益类项目增加 100 万元,等式右方总额没有变化,等式保持平衡。

经过上述变化后的资产负债见表 2-2。

表 2-2　　　　　　　　　科目余额表　　　　　　　单位:万元

资产		负债及所有者权益	
库存现金	2.4	银行借款	1 200
银行存款	555.6	应付账款	0
应收账款	282	应付职工薪酬	100
存货	960	实收资本	1 200
固定资产	700		
合计	2 500	合计	2 500

2.2　会计科目

2.2.1　会计科目的概念

企业在经营过程中发生的各种各样的经济业务,会引起各项会计要素发生增减变化。由于企业的经营业务错综复杂,即使涉及同一种会计要素,也往往具有不同性质和内容。例如,固定资产和银行存款虽然都属于资产,但它们的经济内容以及在经济活动中的周转方式和所引起的作用各不相同;又如应付票据和长期借款,虽然都是负债,但它们的形成原因和偿付期限也是各不相同的;再如所有者投入的实收资本和企业的利润,虽然都是所有者权益,但它们的形成原因与用途却不大一样。为了实现会计的基本职能,要从数量上反映各项会计要素的增减变化,就不但需要取得各项会计要素增减变化及其结果的总括数字,而且要取得一系列更加具体的分类和数量指标。因此还要对会计要素作进一步的分类,这种对会计要素对象的具体内容进行分类核算的项目称为会计科目。

会计科目是进行各项会计记录和提供各项会计信息的基础,设置会计科目是复式记账中编制、整理会计凭证和设置账簿的基础,并能提供全面、统一的会计信息,便于投资者、债权人以及其他会计信息使用者掌握和分析企业的财务状况、经营成果和现金流量。

2.2.2　设置会计科目的原则

会计科目作为反映会计要素的构成情况及其变化情况,为投资者、债权人、企业管理者等提供会计信息的重要手段,在其设置过程中应努力做到科学、合理、实用,因此在设计会计科目时应遵循下列基本原则:

一、设置会计科目要符合国家的会计法规体系的规定

国家的会计法规体系,体现了国家对财务会计工作的要求,因此,设计会计科目首先要以此为依据,设置的会计科目,应尽量符合《会计法》以及《企业会计准则》等规定,以便编制会计凭证,登记账簿,查阅账目,实行会计电算化。

二、设置会计科目要结合所反映会计要素的特点,具有一定的灵活性

设置会计科目必须对会计要素的具体内容进行分类,以分门别类地反映和监督各项经营业务,不能有任何遗漏,即所设置的会计科目应能覆盖企业所有的要素。例如,工业企业要制造产品,根据这一业务特点就必须设置反映和监督其经营情况和生产过程的会计科目,如"主营业务收入"、"生产成本"等;而农业企业就可以需要设置"消耗性生物资产"、"生产性生物资产";金融企业则应设置反映和监督吸收和贷出存款相关业务,可以设置"利息收入"、"利息支出"等科目。此外,为了便于发挥会计的管理作用,企业可以根据实际情况自行增设、减少或合并某些会计科目的明细科目。

三、设置会计科目要全面反映企业经济业务内容

在会计要素的基础上对会计对象的具体内容作进一步分类时,为了全面而概括地反映企业生产经营活动情况,会计科目的设置要保持会计指标体系的完整,企业所有能用货币表现的经济业务,都能通过所设置的某一会计科目进行核算。

四、会计科目名称力求简明扼要,内容确切

每一科目,原则上反映一项内容,各科目之间不能相互混淆。企业可以根据本企业具体情况,在不违背会计科目使用原则的基础上,确定适合本企业的会计科目名称。

2.2.3　会计科目的内容和级别

一、会计科目的内容

各个会计科目并不是彼此孤立的,而是相互联系、相互补充,组成一个完整的会计科目体系。通过这些会计科目,可以全面、系统、分类地反映和监督会计要素的增减变动情况及其结果,为经营管理提供所需要的一系列核算指标。根据财政部颁布的《企业会计准则——应用指南》,现将企业常用的会计科目列示如下,见表2-3:

表 2-3　　　　　　　　会计科目表

编号	会计科目名称	编号	会计科目名称	编号	会计科目名称
	一、资产类	1521	投资性房地产	2501	长期借款
1001	库存现金	1531	长期应收款	2502	应付债券
1002	银行存款	1532	未实现融资收益	2701	长期应付款
1012	其他货币资金	1601	固定资产	2702	未确认融资费用
1101	交易性金融资产	1602	累计折旧	2711	专项应付款
1121	应收票据	1603	固定资产减值准备	2801	预计负债
1122	应收账款	1604	在建工程	2901	递延所得税负债
1123	预付账款	1605	工程物资		三、共同类
1131	应收股利	1606	固定资产清理	3101	衍生工具
1132	应收利息	1701	无形资产	3201	套期工具
1221	其他应收款	1702	累计摊销	3202	被套期项目
1231	坏账准备	1703	无形资产减值准备		四、所有者权益类
1321	代理业务资产	1711	商誉	4001	实收资本
1401	材料采购	1801	长期待摊费用	4002	资本公积
1402	在途物资	1811	递延所得税资产	4101	盈余公积
1403	原材料	1901	待处理财产损溢	4103	本年利润
1404	材料成本差异		二、负债类	4104	利润分配
1405	库存商品	2001	短期借款	4201	库存股
1406	发出商品	2101	交易性金融负债		五、成本类
1407	商品进销差价	2201	应付票据	5001	生产成本
1408	委托加工物资	2202	应付账款	5101	制造费用
1411	周转材料	2203	预收账款	5201	劳务成本
1471	存货跌价准备	2211	应付职工薪酬	5301	研发支出
1501	持有至到期投资	2221	应交税费	5401	工程施工
1502	持有至到期投资减值准备	2231	应付利息	5402	工程结算
1503	可供出售金融资产	2232	应付股利	5403	机械作业
1511	长期股权投资	2241	其他应付款		六、损益类
1512	长期股权投资减值准备	2401	递延收益	6001	主营业务收入

（续表）

编号	会计科目名称	编号	会计科目名称	编号	会计科目名称
6051	其他业务收入	6402	其他业务成本	6701	资产减值损失
6101	公允价值变动损益	6403	营业税金及附加	6711	营业外支出
6111	投资收益	6601	销售费用	6801	所得税费用
6301	营业外收入	6602	管理费用	6901	以前年度损益调整
6401	主营业务成本	6603	财务费用		

注：(1)共同类项目的特点是既可能是资产也可能是负债。在某些条件下是一项权益,形成经济利益的
　　流入,就是资产;在某些条件下是一项义务,将导致经济利益流出企业,这时就是负债。
　　(2)损益类项目的特点是其项目是形成利润的要素。反映收益类科目,例如"主营业务收入";反映
　　费用类科目,例如"主营业务成本"。

二、会计科目的级别

在生产经营过程中,由于经济管理的要求不同,所需要的核算指标的详细程度也就不同。根据经济管理的要求,既需要设置提供总括核算指标的总账科目,又需要设置提供详细核算资料的二级明细科目和三级明细科目。

1.总账科目

总账科目即一级科目,也称总分类会计科目,是对会计要素的具体内容进行总括分类的会计科目,是进行总分类核算的依据。为了满足会计信息使用者对信息质量的要求,总账科目是由财政部《企业会计准则——应用指南》统一规定的。

2.明细科目

明细科目也称为明细分类会计科目、细目,是在总账科目的基础上,对总账科目所反映的经济内容进行进一步详细分类的会计科目,以提供更详细、更具体的会计信息的科目。如在"原材料"科目下,按材料类别开设"原料及主要材料","辅助材料"、"燃料"等明细科目。明细科目的设置,除了要符合财政部统一规定外,一般根据经营管理需要,由企业自行设置。

对于明细科目较多的科目,可以在总账科目和明细科目之间设置二级科目(也称子目),如在"原料及主要材料"下,再根据材料规格、型号等开设三级明细科目。

实际工作中,并不是所有的总账科目都需要开设二级和三级明细科目,根据会计信息使用者所需不同信息的详细程度,有些只需设一级总账科目,有些只需要设一级总账科目和二级明细科目,不需要设置三级科目等。会计科目的级别见表2-4：

表 2-4　　　　　　　"原材料"总账和明细账会计科目

总账科目 (一级科目)	明细科目	
	二级科目（子目）	三级科目（细目）
原材料	原料及主要材料	圆钢、角钢
	辅助材料	润滑剂、石炭酸
	燃料	汽油、原煤

3.总分类核算与明细分类核算

在实际工作中,为满足会计信息使用者的不同需求,各会计主体应分别按总分类科目开设总分类账户,按明细分类科目开设明细分类账户。总分类账户提供的是总括分类核算指标,因而一般只用货币计量;明细分类账户提供的是明细分类核算指标,因而除用货币量度外,有的还用实物量度(如吨、千克、件、台等)。对经济业务通过总分类账户进行的核算,称为总分类核算;通过有关明细分类账户进行的核算,称为明细分类核算。

三、会计科目运用举例:

【例 2-6】　从银行提取现金 800 元备用。

该项业务应设置"银行存款"和"库存现金"科目。

【例 2-7】　购买材料 6 000 元,款项尚未支付。

该项业务应设置"原材料"和"应付账款"科目。

【例 2-8】　某投资者向企业投入设备一台,价值 500 000 元。

该项业务应设置"实收资本"和"固定资产"科目。

【例 2-9】　某企业实现销售产品一批,价值 3 000 元,货款尚未收到。

该项业务应设置"主营业务收入"和"应收账款"科目。

2.3　账　户

2.3.1　会计账户的概念

会计科目只是对会计对象的具体内容(会计要素)进行分类的项目。为了能够分门别类地对各项经济业务的发生所引起会计要素的增减变动情况及其结果进行全面、连续、系统、准确的反映和监督,为经营管理提供所需要的会计信息,必须设置一种方法或手段,能核算指标的具体数字资料,于是必须根据会计科目开设账户。所谓会计账户,是指具有一定格式,用来分类、连续地记录经济业务,反映会计要素增减变动及其结果的一种核算工具,是对会计要素的内容所作的科学再分类。每个账户都有一个科学而简明的名称,账户的名称就是会计科目。设置账户是会计核算的一种专门方法,运用账户,把各项经济业务的发生情况及由此引起的资产、负债、所有者权益、收入、费用和利润各要素的变化,系统地、分门别类地进行核算,以便提供所需要的各项指标。

会计科目与账户是两个既相互区别,又有联系的不同概念。它们的共同点是:会计科目是设置会计账户的依据,是会计账户的名称,会计账户是会计科目的具体运用,会计科目所反映的经济内容,就是会计账户所要登记的内容。它们之间的区别在于:会计科目只是对会计要素具体内容的分类,本身没有结构;会计账户则有相应的结构,是一种核算方法,能具体反映资金运用状况。因此,会计账户比会计科目分类更为明细,内容更为丰富。

2.3.2 账户的基本结构

账户是用来记录经济业务的,必须具有一定的结构和内容。随着会计主体会计事项的不断发生,会计要素的具体内容也必然随之发生变化,而且这种变化不管多么错综复杂,从数量上看不外乎增加和减少两种情况。所以用来积累企业在某一会计期间内各种有关数据的账户,在结构上就应分为两方,即左方和右方,一方登记增加数,另一方则登记减少数。至于哪一方登记增加,哪一方登记减少,则由所采用的记账方法和所记录的经济内容而决定,这就是账户的基本结构。这一基本结构,不会因企业实际所使用的账户具体格式不同而发生变化。

当然对于一个完整的账户而言,除了必须有反映增加数和减少数两栏外,还应包括其他栏目,以反映其他相关内容。一个完整的账户结构应包括:(1)账户名称,即会计科目;(2)会计事项发生的日期;(3)摘要,即经济业务的简要说明;(4)凭证号数,即表明账户记录的依据;(5)金额,即增加额、减少额和余额。

通常用一条水平线和一条将水平线平分的垂直线来表示账户,称为"T"形账户(亦称"丁"字形账户),其格式如下:

左方	账户名称（会计科目）	右方

每个账户一般有四个金额要素，即期初余额、本期增加发生额、本期减少发生额和期末余额。账户如有期初余额，应当在记录增加额的那一方首先登记，会计事项发生后，要将增减内容记录在相应的栏目内。一定期间记录到账户增加方的数额合计，称为增加发生额；记录到账户减少方的数额合计，称为减少发生额。正常情况下，账户四个数额之间的关系如下：

$$账户期末余额＝账户期初余额＋本期增加发生额－本期减少发生额$$

账户本期的期末余额转入下期，即为下期的期初余额。每个账户的本期发生额反映的是该类经济内容在本期内变动的情况，而期末余额则反映变动的结果。例如，某企业在某一期间"银行存款"账户的记录如下：

左方		银行存款	右方
期初余额	10 000		
本期增加额	8 000	本期减少额	11 000
本期发生额	8 000	本期发生额	11 000
期末余额	7 000		

根据账户的上述记录，可知企业期初在银行的存款为 10 000 元，本期增加了 8 000 元，本期减少了 11 000 元，到期末，企业还有 7 000 元存款余额。

2.4　借贷记账法

2.4.1　复式记账法

一、记账方法

记账方法，是指按照一定的规则，使用一定的符号，在账户中登记各项经济业务的技术方法。会计上的记账方法，最初是单式记账法，随着社会经济的发展和人们的实践与总结,单式记账法逐步改进,从而演变为复式记账法。

二、复式记账法的含义

所谓复式记账法,是指对任何一项经济业务,都必须用相等的金额在两个或两个以上的有关账户中相互联系地进行登记,借以反映会计对象具体内容增减变化的一种记账方法。例如,企业以现金 500 元支付办公费用。采用复式记账法,这项经济业务除了要在有关的现金账户中做减少 500 元的登记外,还要在有关费用账户中做增加 500 元的记录。这样登记的结果表明,企业现金的付出同费用的发生两者之间是相互联系的。又如,企业向某厂购入一批材料,计价 1 000 元,货已收到,款尚未支付。采用复式记账法,这项经济业务除了要在结算债务账户中做增加 1 000 元的登记外,还要在有关的材料账户中做增加 1 000 元的记录。这样登记的结果,就使得债务的发生同材料的购进两者之间的关系一目了然。

由上可见,复式记账法的主要特征是:需要设置完整的账户体系,不仅记录货币资金的收付和债权、债务的发生,而且要对所有财产和全部权益的增减变化,以及经营过程中所发生的费用和获得的收入做全面、系统的反映;对每项经济业务,都要在两个或两个以上的账户中进行等额双重记录,以便反映其来龙去脉;根据会计等式的平衡关系,可以对一定时期所发生的全部经济业务的会计记录进行综合试算,以检查账户记录是否正确。

复式记账法根据记账符号、记账规则的不同,又可分为借贷记账法、增减记账法和收付记账法。其中,借贷记账法是世界各国普遍采用的一种记账方法,我国颁布的《企业会计准则》明文规定中国境内的所有企业都应该采用借贷记账法记账。

2.4.2　借贷记账法

借贷记账法是以"借"、"贷"二字作为记账符号,记录会计要素增减变动情况的一种复式记账法。下面分别从记账符号、理论基础、账户结构和记账规则这几方面进行介绍。

一、记账符号

记账符号,是会计核算中采用的一种抽象标记,表示经济业务的增减变动和记账方向。"借"和"贷"是借贷记账法的记账符号。记账符号,要同借贷记账法的账户结构统一起来应用,才能真正反映出它们分别代表的会计对象要素增减变动的内容。

二、理论基础

借贷记账法的对象是会计要素的增减变动过程及其结果。这个过程及结果可用公式表示:资产＝负债＋所有者权益。这一恒等式揭示了三个方面的内容:

第一,会计主体各要素之间的数字平衡关系。有一定数量的资产,就必然有相应数量的权益(负债和所有者权益)与之相对应,任何经济业务所引起的要素增减变动,都不会影响这个等式的平衡。如果把等式的"左"、"右"两方,用"借"、"贷"两方来表示的话,就是说每一次记账的借方和贷方是平衡的;一定时期账户的借方、贷方的金额是平衡的;所有账户的借方、贷方金额的合计数是平衡的。

第二,各会计要素增减变化的相互联系。任何经济业务都会引起两个或两个以上相关会计项目发生金额变动,因此当经济业务发生后,在一个账户中记录的同时必然要有另一个或两个以上账户的记录与之对应。

第三,等式有关因素之间是对立统一的。当我们用左边(借方)表示资产类项目增加时,就要用右边(贷方)来记录资产类项目减少。与之相反,当我们用右方(贷方)记录负债和所有者权益增加额时,我们就需要通过左方(借方)来记录负债和所有者权益的减少额。

这三个方面的内容贯穿了借贷记账法的始终。会计等式对记账方法的要求决定了借贷记账法的账户结构、记账规则、试算平衡的基本理论,因此说会计恒等式是借贷记账法的理论基础。

三、账户结构

在借贷记账法中,账户的基本结构是:左方为借方,右方为贷方。但哪一方登记增加,哪一方登记减少,这要根据各个账户所反映的经济内容,也就是它的性质来决定。

1. 资产类账户

资产类账户的结构是:账户的借方登记资产的增加额,贷方登记资产的减少额;由于资产的减少额不可能大于它的期初余额与本期增加额之和,所以,这类账户期末如有余额,必定在借方。该类账户期末余额的计算公式如下:

资产类账户期末借方余额＝期初借方余额＋本期借方发生额－本期贷方发生额

资产类账户的简化结构,如下所示:

借方	资产类账户		贷方
期初余额 ×××			
增加额	×××	减少额	×××
本期发生额	×××	本期发生额	×××
期末余额	×××		

2. 负债及所有者权益类账户

由资产＝负债＋所有者权益的会计等式所决定,负债及所有者权益类账户的结构与资产类账户的正好相反,其贷方登记负债及所有者权益的增加额,借方登记负债及所有者权益的减少额;由于负债及所有者权益的增加额与期初余额之和,通常也要大于其本期减少额,所以,这类账户期末如有余额,必定在贷方。该类账户期末余额的计算公式如下:

负债及所有者权益类账户期末贷方余额＝期初贷方余额＋本期贷方发生额－本期借方发生额

负债及所有者权益类账户的简化结构,如下所示:

借方	负债及所有者权益类账户		贷方
		期初余额	×××
减少额	×××	增加额	×××
本期发生额	×××	本期发生额	×××
期末余额	×××		

3. 成本费用类账户

企业在生产经营过程中要有各种耗费,有成本的发生,可以将其看做一种资产。如"生产成本"归集在生产过程中某项产品所发生的所有耗费,但在尚未完工结转入库前,反映的是企业在产品这项资产的金额。同时成本费用与资产同处于等式的左方,因此其结构与资产类账户的结构基本相同,只是由于借方记录的费用的增加额一般都要通过贷方转出,所以费用类账户通常没有期末余额。如果因某种情况有余额,也表现为借方余额。费用类账户的简化结构,如下所示:

借方	费用类账户		贷方
增加额	×××	减少额	×××
本期发生额	×××	本期发生额	×××

4. 收入类账户

收入类账户的结构则与负债及所有者权益的结构一样,收入的增加额记入账户的贷方,收入转出(减少额)则应记入账户的借方,由于贷方记录的收入增加额一般要通过借方转出,所以该类账户通常也没有期末余额。收入类账户的简化结构,如下所示:

借方		收入类账户	贷方	
减少额	×××	增加额		×××
本期发生额	×××	本期发生额		×××

综上所述可以看出,"借"、"贷"二字作为记账符号所表示的经济含义是不一样的,分别为:

借	贷
资产增加	资产减少
负债及所有者权益减少	负债及所有者权益增加
费用成本增加	费用成本转出
收入转出	收入增加

四、记账规则

记账规则是进行会计记录和检查账簿登记是否正确的依据和规律。不同的记账方法,具有不同的记账规则。借贷记账法的记账规则可以用一句话概括:"有借必有贷,借贷必相等"。这一记账规则要求对每项经济业务都要以相等的金额,相反的方向,登记在两个或两个以上的账户中。

2.4.3　借贷记账法的运用

我们在实际运用借贷记账法的记账规则登记经济业务时,一般要按三个步骤进行:

首先,根据发生的经济业务设置相应的会计科目和账户并判断其增加还是减少。

其次,根据上述分析,确定它所涉及的账户的性质,是哪些要素增加,哪些要素减少,或者都是增加,都是减少。

最后,决定该账户的结构,即应记录的方向是借方还是贷方以及各账户应计金额。凡涉及资产及成本费用的增加,负债及所有者权益的减少,收入的减少转出,都应记入各类账户的借方;凡是涉及资产及成本费用的减少,负债及所有者权益的增加,收入的增加,都应记入各类账户的贷方。

【例 2-10】 甲企业 2006 年 12 月 31 日资产、负债及所有者权益各账户的期末余额如下表 2-5:

表 2-5   科目余额表   金额单位:元

资产类	金 额	负债及所有者权益类	金 额
库存现金	1 000	短期借款	150 000
银行存款	49 000	应付账款	100 000
应收账款	80 000	应付职工薪酬	30 000
原材料	220 000	应付利润	40 000
固定资产	230 000	实收资本	180 000
		资本公积	80 000
总计	580 000	总计	580 000

甲企业 2007 年 1 月份,发生以下业务:

(1)甲企业 2007 年 1 月投资者追加投入货币资金 200 000 元,手续已办妥,款项已转入本公司的存款账户。

该项业务的发生说明,甲企业在拥有 260 000 元资本金的前提下,继续扩大规模,投入货币资金 200 000 元。这样对于甲企业来讲,一方面使企业"银行存款"增加,另一方面企业"实收资本"的规模也扩大。经进一步分析,"银行存款"属于资产类账户,"实收资本"属于所有者权益账户。根据借贷记账法下的账户结构,资产的增加通过账户的借方反映;所有者权益的增加通过账户的贷方反映。最后确定,借记"银行存款"200 000 元,贷记"实收资本"200 000 元。该业务属于等式两边资产与所有者权益等额增加业务。

借	银行存款	贷	借	实收资本	贷
(1)200 000					(1)200 000

(2)甲企业向乙公司购买所需原材料,但由于资金周转紧张,购料款 70 000 元尚未支付。

该项业务的发生说明,由于购料款未付,一方面使企业"原材料"增加,另一方面使企业欠款"应付账款"增加。经分析,"原材料"属于资产类账户,"应付账款"属于负债类账户。根据借贷记账法下的账户结构,资产的增加通过账户的借方反映;负债的增加通过账户的贷方反映。最后确定,借记"原材料"70 000 元,贷记"应付账款"70 000 元。该业务属于等式两边资产与负债等额增加业务。

借	原材料	贷		借	应付账款	贷
(2)70 000					(2)70 000	

(3)甲企业通过银行转账支付本月到期的银行借款 80 000 元。

该项业务说明,由于归还以前的银行贷款,一方面使企业的"银行存款"减少 80 000 元,另一方面使企业"短期借款"减少 80 000 元。"银行存款"属于资产类账户,"短期借款"属于负债类账户。根据借贷记账法下的账户结构,资产的减少通过账户的贷方反映;负债的减少通过账户的借方反映。最后确定,借记"短期借款" 80 000 元,贷记"银行存款"80 000 元。该业务属于等式两边的资产与负债同时等额减少业务。

借	短期借款	贷		借	银行存款	贷
(3)80 000					(3)80 000	

(4)上级主管部门按法定程序将一台价值 100 000 元的设备调出,以抽回国家对甲企业的投资。

该项业务的发生说明,由于国家调出设备,抽回投资,一方面使企业"固定资产"减少 100 000 元,另一方面企业"实收资本"减少 100 000 元。"固定资产"属于资产账户,"实收资本"属于所有者权益账户。根据借贷记账法下的账户结构,资产的减少,通过账户的贷方反映;所有者权益的减少通过账户的借方反映。最后确定,借记"实收资本"100 000 元,贷记"固定资产"100 000 元,从而导致等式两边的资产与所有者权益同时等额减少。

借	实收资本	贷		借	固定资产	贷
(4)100 000					(4)100 000	

(5)甲企业开出转账支票 40 000 元,购买 1 台电子仪器。

该项业务的发生说明,由于购买仪器设备款已付,一方面使企业新的电子仪器"固定资产"增加 40 000 元,另一方面使"银行存款"减少 40 000 元。"固定资产"和

"银行存款"都属于资产账户。根据借贷记账法下的账户结构,资产的增加通过账户的借方反映;资产的减少通过账户的贷方反映。最后确定,借记"固定资产"40 000元,贷记"银行存款"40 000元。该业务属于等式左边的资产内部一增一减业务。

借	固定资产	贷		借	银行存款	贷
(5)40 000					(5)40 000	

(6)甲企业开出一张面值为50 000元的商业汇票,以抵偿原欠乙公司的购料款。

该项经济业务说明,由于商业汇票抵偿原欠购料款,一方面使企业的"应付票据"增加了50 000元的金额,另一方面属于企业的债务"应付账款"减少50 000元。"应付票据"和"应付账款"都属于负债账户。根据借贷记账法下的账户结构,负债的增加通过账户的贷方反映;负债的减少通过账户的借方反映。最后确定,借记"应付账款"50 000元,贷记"应付票据"50 000元。该业务属于等式右边的负债内部一增一减业务。

借	应付账款	贷		借	应付票据	贷
(6)50 000					(6)50 000	

(7)甲企业按法定程序将资本公积60 000元转增资本金。

该业务的发生说明,由于将资本公积60 000元转增资本金,一方面使企业的"实收资本"增加60 000元,另一方面使"资本公积"减少60 000元。"资本公积"和"实收资本"都属于所有者权益类账户。根据借贷记账法下的账户结构,所有者权益的增加通过账户的贷方反映;所有者权益的减少通过账户的借方反映。最后确定,借记"资本公积"60 000元,贷记"实收资本"60 000元。该业务属于等式右边的所有者权益内部一增一减业务。

借	资本公积	贷		借	实收资本	贷
(7)60 000					(7)60 000	

(8)甲企业按法定程序将应支付给投资者的利润20 000元转增资本金。

该业务的发生说明,由于将应付利润转增资本金,一方面使企业"实收资本"增加 20 000 元,另一方面使"应付利润"减少 20 000 元。"实收资本"属于所有者权益类账户,"应付利润"属于负债类账户。根据借贷记账法下的账户结构,所有者权益的增加通过账户的贷方反映;负债的减少通过账户的借方反映。最后确定,借记"应付利润"20 000 元,贷记"实收资本"20 000 元。该业务属于等式右边的所有者权益与债权人权益等额一增一减的业务。

借　　应付利润　　贷	借　　实收资本　　贷
(8)20 000	(8)20 000

(9)甲企业已承诺代丙企业偿还其前欠丁企业的货款 90 000 元,但款项尚未支付。与此同时,办妥相关手续,冲减丙企业在甲企业的投资。

该业务的发生说明,一方面由于甲企业已承诺但未支付一笔欠款,是甲企业的"应付账款"增加 90 000 元,另一方面由于代丙企业支付其欠款的同时减少丙企业对自己的投资,使本企业的"实收资本"减少 90 000 元。"实收资本"属于所有者权益类账户,"应付账款"属于负债类账户。根据借贷记账法下的账户结构,负债的增加通过账户的贷方反映;所有者权益的减少通过账户的借方反映。最后确定,借记"实收资本"90 000 元,贷记"应付账款"90 000 元。导致等式右边的负债及所有者权益类项目之间一增一减的业务。

借　　实收资本　　贷	借　　应付账款　　贷
(9)90 000	(9)90 000

以上举例,已经概括了企业的所有业务类型,而无论哪种类型的经济业务,都是以相等的金额同时记入有关账户的借方和另一账户的贷方。

2.4.4　借贷记账法下的会计分录

一、账户的对应关系

从以上举例可以看出,在运用借贷记账法处理经济业务时,一笔业务所涉及的有关账户之间必然存在着应借、应贷的相互关系,这种相互依存的关系称为账户的对应关系。存在对应关系的账户称为对应账户。例如,上银行提取现金 1 000 元,就要在"库存现金"账户的借方和"银行存款"账户的贷方进行记录。这样"库存现金"与"银行存款"账户就发生了对应关系,两个账户也就成了对应账户。掌握账户的对应关系很重要,通过账户的对应关系可以了解经济业务的内容,检查对经济业务的处理是否合理合法。

二、会计分录

在借贷记账法下,会计分录是指标明某项经济业务应借、应贷方向,科目名称和金额的记录。会计分录有简单会计分录与复合会计分录两种。只涉及两个账户的会计分录就是简单会计分录,以上列举的会计分录都是简单会计分录。将以上例子的核算用会计分录表示为:

(1)借:银行存款　　　　　　　　　　　　　　200 000

　　　贷:实收资本　　　　　　　　　　　　　　　　200 000

(2)借:原材料　　　　　　　　　　　　　　　70 000

　　　贷:应付账款　　　　　　　　　　　　　　　　70 000

(3)借:短期借款　　　　　　　　　　　　　　80 000

　　　贷:银行存款　　　　　　　　　　　　　　　　80 000

(4)借:实收资本　　　　　　　　　　　　　　100 000

　　　贷:固定资产　　　　　　　　　　　　　　　　100 000

(5)借:固定资产　　　　　　　　　　　　　　40 000

　　　贷:银行存款　　　　　　　　　　　　　　　　40 000

(6)借:应付账款　　　　　　　　　　　　　　50 000

　　　贷:应付票据　　　　　　　　　　　　　　　　50 000

(7)借:资本公积　　　　　　　　　　　　　　60 000

　　　贷:实收资本　　　　　　　　　　　　　　　　60 000

(8)借:应付利润　　　　　　　　　　　　　　20 000

　　　贷:实收资本　　　　　　　　　　　　　　　　20 000

(9)借:实收资本　　　　　　　　　　　　　　90 000

　　　贷:应付账款　　　　　　　　　　　　　　　　90 000

凡涉及两个以上账户的会计分录就是复合会计分录。在实际工作中,不允许将多项经济业务合并编制为复合会计分录,但若是一项经济业务时可编制复合会计分录。对复合分录举例如下:

【例2-11】　某公司购买原材料一批,价值98 000元,其中银行存款支付48 000元,其余款项尚未支付。

该项业务涉及资产类账户的"原材料"账户、"银行存款"账户和负债类账户的"应付账款"账户,编制复合会计分录如下:

借:原材料　　　　　　　　　　　　　　　98 000
　贷:银行存款　　　　　　　　　　　　　　48 000
　　应付账款　　　　　　　　　　　　　　50 000

三、过账

各项经济业务编制会计分录以后,即应记入有关账户,这个记账步骤通常称为"过账"。过账以后,一般要在月末进行结账,即结算出各账户的本期发生额合计和期末余额,现将甲企业2007年1月发生以上经济业务的会计分录记入下列各账户。

借　　库存现金　　贷		借　　应付职工薪酬　　贷	
期初余额　1 000			期初余额　30 000
本期发生额　—	本期发生额　—	本期发生额　—	本期发生额　—
期末余额　1 000			期末余额　30 000

借　　银行存款　　贷		借　　应付账款　　贷	
期初余额　49 000			期初余额　100 000
(1)200 000	(3)80 000	(6)50 000	(2)70 000
	(5)40 000		(9)90 000
本期发生额:200 000	本期发生额:120 000	本期发生额　50 000	本期发生额:160 000
期末余额　129 000			期末余额 210 000

借　　原材料　　贷		借　　短期借款　　贷	
期初余额　220 000			期初余额　150 000
(2)70 000			(3)80 000
本期发生额:70 000	本期发生额:—	本期发生额　80 000	本期发生额:—
期末余额　290 000			期末余额　70 000

借　　固定资产　　贷		借　　应付票据　　贷	
期初余额　230 000			期初余额　0
(5)40 000	(4)100 000		(6)50 000
本期发生额:40 000	本期发生额:100 000	本期发生额:—	本期发生额:50 000
期末余额　170 000			期末余额　50 000

借　　应付利润　　贷		借　　资本公积　　贷	
	期初余额　40 000		期初余额　80 000
(8)20 000		(7)60 000	
本期发生额:20 000	本期发生额:—	本期发生额:60 000	本期发生额:—
期末余额　20 000			期末余额　20 000

借　　应收账款　　贷		借　　实收资本　　贷	
期初余额　80 000			期初余额　180 000
本期发生额:—	本期发生额:—	(4)100 000	(1)200 000
		(9)90 000	(7)60 000
			(8)20 000
期末余额　80 000		本期发生额:190 000	本期发生额:280 000
			期末余额 270 000

2.4.5 借贷记账法的试算平衡

所谓借贷记账法的试算平衡是指根据会计恒等式的平衡原理,以及借贷记账法的记账规则,通过汇总计算和比较,来检查所有账户记录的正确性和完整性。包括发生额试算平衡和余额试算平衡。

一、发生额试算平衡

采用借贷记账法,由于对任何经济业务都是按照"有借必有贷,借贷必相等"的记账规律记入各有关账户的,所以不仅每一笔会计分录借贷发生额相等,而且当一定会计期间的全部经济业务都记入相关账户后,所有账户的借方发生额合计数必然等于贷方发生额合计数。账户发生额的试算平衡计算公式为:

全部账户借方发生额合计＝全部账户贷方发生额合计

在实际工作中,本项工作是通过编制发生额试算平衡表来进行的,见表2-6:

表 2-6　　　　　　发生额试算平衡表　　　　单位:元

会计科目	本期发生额	
	借方	贷方
库存现金		
银行存款	200 000	120 000
应收账款		
原材料	70 000	
固定资产	40 000	100 000
短期借款	80 000	
应付票据		50 000
应付账款	50 000	160 000
应付职工薪酬		
应付利润	20 000	
实收资本	190 000	280 000
资本公积	60 000	
合计	710 000	710 000

二、余额试算平衡

余额平衡是指所有账户的借方余额之和与所有账户的贷方余额之和相等。这是由"资产＝负债＋所有者权益"的恒等关系决定的。在某一时点上，有借方余额的账户应是资产类账户，有贷方余额的账户应是权益类账户，分别合计其金额，即是具有相等关系的资产与权益总额。余额试算平衡是根据此恒等关系，来检验本期记录是否正确的方法。这种关系也可用下列公式表示：

全部账户的借方余额合计＝全部账户的贷方余额合计

在实际工作中，此项工作是通过编制余额试算平衡表来进行的，见表 2-7：

表 2-7　　　　余额试算平衡表　　　　单位：元

会计科目	期末余额	
	借方	贷方
库存现金	1 000	
银行存款	129 000	
应收账款	80 000	
原材料	290 000	
固定资产	170 000	
短期借款		70 000
应付票据		50 000
应付账款		210 000
应付职工薪酬		30 000
应付利润		20 000
实收资本		270 000
资本公积		20 000
合计	670 000	670 000

在实际工作中也可将发生额及余额试算平衡表合并，见表 2-8：

表 2-8　　　　　　发生额及余额试算平衡表　　　　单位：元

会计科目	期初余额		本期发生额		期末余额	
	借方	贷方	借方	贷方	借方	贷方
库存现金	1 000				1 000	
银行存款	49 000		200 000	120 000	129 000	
应收账款	80 000				80 000	
原材料	220 000		70 000		290 000	
固定资产	230 000		40 000	100 000	170 000	

（续表）

会计科目	期初余额		本期发生额		期末余额	
	借方	贷方	借方	贷方	借方	贷方
短期借款		150 000	80 000			70 000
应付票据				50 000		50 000
应付账款		100 000	50 000	160 000		210 000
应付职工薪酬		30 000				30 000
应付利润		40 000	20 000			20 000
实收资本		180 000	190 000	280 000		270 000
资本公积		80 000	60 000			20 000
合计	580 000	580 000	710 000	710 000	670 000	670 000

必须指出,在编制试算平衡表时应注意以下问题:

(1)必须保证所有账户的余额均已记入试算平衡表。因为会计等式是针对六项会计要素整体而言的,缺少任何一个账户的余额,都会造成借方与贷方余额合计不相等。

(2)如果借贷不平衡,肯定账户记录有错误,应认真查找,直到实现平衡为止。

(3)即使试算平衡表中借贷金额相等,也不足以说明账户记录完全没有错误。因为有些错误并不影响借贷双方的平衡,通过试算也就无法发现,如漏记或重记某项经济业务、借贷记账方向颠倒或方向正确但记错了账户等等。因此,根据试算平衡的结果,只能确认账户记录是否基本正确。

思考题

1.什么是账户?设置账户应遵循哪些原则?

2.账户的基本结构如何?账户中各项金额要素之间的关系是怎样的?

3.什么是会计科目?会计科目与账户有何异同?

4.什么是复式记账?其理论依据是什么?

5.何谓借贷记账法?如何理解其"借"、"贷"二字的含义?

6.借贷记账法下各类账户的结构是怎样的?

7.什么是借贷记账法的记账规则?

8.什么是会计分录?其一般表达形式是怎样的?

第3章

房地产开发企业
会计概述

3.1 房地产开发企业经营的特点

房地产业是指从事房地产投资、开发、经营、管理和服务等业务的经济实体所组成的产业部门。房地产开发是指以房屋、土地为对象的生产经营活动。本书所指的房地产开发企业是指从事房地产开发、经营、管理以及接受委托承包维修、装饰等业务，具有独立的法人资格，实行自主经营、独立核算、自负盈亏的经济组织。其会计核算与其他企业会计核算有明显区别，特征显著。要探讨房地产开发企业会计核算，首先应明确房地产的含义及其经营特点。

3.1.1 房地产的含义

房地产是土地和房屋等财产的总称，它作为基本生产要素和稀缺资源，是人类赖以生存的基础。房地产有狭义和广义之分。狭义的房地产是指土地、建筑物和固着在土地、建筑物上不可分离的部分及其衍生的权利与义务关系的总和。房地产中的建筑物有两类，一是房屋，二是构筑物。其中，房屋是指直接供人们在其内部进行生产、生活或其他活动的场所，是经人工建造，由建筑材料、构配件与房屋设备（如给排水、采暖、电照、煤气、消防、安全监控等）组成的整体物，如住宅、写字楼、商场、宾馆、工业厂房、仓库以及文化、教育、体育、卫生等各类用房等；构筑物是指人们一般不直接在其内部进行生产、生活或进行其他活动的建筑物，如道路、桥梁、大坝、电视塔等。固着在土地、建筑物上不可分离的部分是指固定在土地或建筑物之上，与土地、建筑物不能分离，或分离后会破坏土地、建筑物的完整性、使用价值或功能，或使土地、建筑物的使用价值或环境受到影响的部分。由于其不可分离的部分通常被视为土地或建筑物的组成或附属，因此房地产本质上包括土地和建筑物两大部分。广义的房地产是指除上述内容以外，还包括诸如水、矿藏、森林等自然资源。本书所述"房地产"仅指狭义而言。

房地产虽然包括土地和建筑物两大部分，但并不意味着只有土地与建筑物在空间上成为统一体时才称为房地产。单纯的土地或单纯的建筑物都属于房地产，都是房地产的一种存在形态。归纳起来，房地产存在三种形态，即单纯的土地、单纯的建筑物、土地和建筑物结合的"房地"。

一、土地

最简单的情形是一块空地,这块空地既可以是没有任何投入的土地,也可以是经过了一定的投入,如进行了土地平整,敷设了地下管线,修筑了道路等;另一种情形是地上已有部分建筑物或附着物,但无视其建筑物或附着物的存在,把土地设想为无建筑的空地。

二、建筑物

建筑物虽然必须建造在土地之上,在实物形态上与土地连为一体,但建筑物有很大的独立性,在许多情况下可以把它单独作为一项资产看待。

三、房地

在实物形态上,土地与建筑物合为一体,体现了房地产的完整实物形态。在物质形态上,房产与地产总是联结在一起的,土地和建筑物不论是以独立的形式存在还是以结合的形式存在,都属于房地产,是房地产的一个组成部分,也是房地产开发企业会计核算的主要内容。

3.1.2　房地产开发企业的业务范围

在我国,法律上规定土地为国家所有,地产经营只是一种以土地使用权为对象的有偿开发经营活动;而房产经营在其投资、经营与转让等方面体现着严格的所有权界限及价值规律的要求,具有完全的商品交换性质。目前,我国房地产开发企业的业务范围主要有以下几方面:

一、土地的开发与经营

土地是城市建设及房地产开发的前提和首要条件。土地开发和建设是指对征用或受让的土地按城市总体规划进行地面平整、建筑物拆除、地下管道铺设和道路、基础设施的建设,将"生地"变为"熟地",以便扩大对土地的有效使用范围,提高土地的利用程度,满足不断发展的社会生产和人民生活的需要。企业将有偿获得的土地开发完成后,既可有偿转让给其他单位使用,也可自行组织建造房屋和其他设施,然后作为商品作价出售,还可以开展土地出租业务。

二、房屋的开发与经营

房屋的开发是指在已经开发建设完工的土地上继续进行房屋建设,其业务范围包括:可行性研究、规划设计、工程施工、竣工验收、交付使用等工作内容。房地产开发企业对于已开发完成的房屋,按其用途可分为商品房、投资性房地产、周转房、安置房和代建房等。商品房是指为销售而开发建设的房屋;投资性房地产是指用于出租经营的各种房屋;周转房是指用于安置动迁居民周转使用的房屋;代建房是指受地方政府和其他单位委托而开发的房屋。

三、城市基础设施和公共配套设施的开发与建设

城市基础设施和公共配套设施的开发是指根据城市建设总体规划开发建设的大配套设施项目,包括:开发小区内营业性公共配套设施,如商店、银行、邮局等;开发小区内非营业性公共配套设施,如小学、文化站、医院等;开发项目外为居民服务的给排水、供电、供气的增容增压、交通道路等。

四、代建房屋或工程的开发与建设

代建工程的开发是企业接受政府和其他单位委托,代为开发的各种工程项目,包括土地开发工程、房屋建设工程、敷设、供水、供气、供热管道以及其他市政公用的设施等。

此外,房地产开发企业还广泛开展多种经营业务,其经营的目的,一是为市场提供房源,提高社会经济效益;二是降低开发成本,增加企业盈利;三是搞好基础设施和配套设施建设。

3.1.3　房地产开发企业的经营特点

房地产开发企业是从事房地产开发、经营、管理和服务的企业,它既是房地产产品的生产者,又是房地产商品的经营者,它的经营特点主要体现在以下几个方面:

一、开发经营的计划性

房地产开发企业征用的土地、建设的房屋和基础设施以及其他设施都必须严格控制在国家的计划范围之内,按照规划、征地、设计、施工、配套、管理"六统一"原则和企业的建设计划和销售计划进行开发经营。随着国家经济体制的改革以及相

关法规的不断完善,开发企业将根据市场供求来调节企业的建设计划和销售计划。

二、开发产品的商品化

房地产开发企业开发的产品随着市场经济体制的确立而进入流通领域。房地产产品与其他经济产品比较起来,既有一般商品的属性,又有其特殊性,是一种特殊商品。一般按照供求双方合同或协议规定的价格或者市场价格作价销售。

三、开发经营业务的复杂性和建设的多样性

复杂性体现在:一是业务内容的复杂。企业除了土地开发和房屋建设以外,还包括相应的基础设施和公共配套设施的建设,这就包括了从征地、拆迁、勘察、设计、施工、销售到售后服务等全过程的业务内容。二是涉及范围较广,经济往来对象多。企业不仅因购销关系与设备、材料物资供应单位发生经济往来,而且因工程的发包和招标与勘探设计单位、施工单位发生经济往来,还会因受托待建开发产品、出租开发产品等与委托单位和承租单位发生经济往来。

多样性体现在:一是建筑产品的多样性。根据不同的购买需求,房屋的建设是多种多样的,如房屋的式样、结构形式、层高、装修以及设备等都不完全相同,这与标准化的工业产品大不相同。二是企业经营方式的多样性。开发商进行房地产建设,目的各不相同,有的为了销售,有的从事有偿转让,有的作为周转房使用,也有些企业开展售后服务工作,如房屋维修、水电管理等。

四、开发建设周期长、投资数额大

房地产企业开发产品的建设周期从规划设计开始,经过可行性研究、征地拆迁、安置补偿、七通一平、建筑安装、配套工程、绿化环卫工程等几个开发阶段,需要一年甚至数年才能完成。另外,上述每一个开发阶段都需要投入大量资金,而且,开发的产品造价较高,一个建设项目,少则投资几百万元,高则需要上亿元的资金。所以,如何筹集资金,以及筹集到的资金如何运用,如何加速资金的周转、提高资金的使用效率,就成为提高企业经济效益的关键所在。

五、开发经营的风险较大

因项目所需投资数额较大,房地产开发企业一般都为高额负债经营。一旦决策失误,销路不畅,将会造成大量开发产品积压,使企业资金周转不灵,从而导致企业陷入困境。另外,房地产开发企业受国家宏观调控影响较大,如果盲目投资会给企业带来巨大的风险。

3.2 房地产开发企业会计的对象

房地产开发企业会计的对象是指房地产开发企业会计所要核算和监督的内容。在社会主义制度下,房地产开发企业会计的对象就是房地产开发企业再生产过程中的资金运动,指房地产开发企业的各项开发、经营、管理和服务过程中能够用货币表现的经济活动。

为了进行开发业务活动,企业必须拥有一定数量的房屋、设备、材料等财产物资。企业利用这些财产物资从事供应、开发建设和销售三个主要经营过程的经济活动。随着开发经营活动的持续进行,便形成了资金运动。资金运动是会计对象的重要组成内容,从其动态表现看,可以归纳为资金进入企业的运动、资金在企业内部的循环与周转运动、权益转化运动。

3.2.1 资金进入企业的运动

根据我国法律及有关规定,房地产开发企业在设立时必须要有法定的资本金。所谓法定的资本金,又叫法定最低资本金,是指国家规定的开办企业必须筹集的最低资本金数额,即企业设立时必须要有最低限额的本钱,否则企业不能获准设立。资金进入企业时一般有两种情况:一是企业所有者投入的资本金;二是企业举借债务,即企业资金不足时,可向银行、金融机构、其他企事业单位、职工或个人借款。当房地产开发企业收到投资者的资本金和借入款项时,就形成了资金进入企业的活动。

3.2.2 资金在企业内部的循环与周转运动

房地产开发企业的开发经营活动包括供应、开发建设和销售三个阶段。在供应阶段,企业用货币资金购买各种材料、库存设备等物资,为开发建设进行必要的储备,这时货币资金就转化为储备资金形态。在开发建设阶段,领用各种材料、库存设备等物资,发生材料、库存设备的消耗;利用机器设备对土地、房屋进行开发建设,发生折旧费;劳动者对劳动对象进行加工,发生工资费用,这时储备资金及一部分货币资金就转化为在建资金。当开发产品建设完成时,在建资金形态就转化为成品资金形态,即开发产品。在销售阶段,企业将开发产品出售给购买单位或个人收回工程价款,这时成品资金形态又转化为货币资金形态。这样,资金从货币形态开始,经过三个阶段的运动,依次顺序转化,改变其原有的形态,最后又回到货币形态的过程,称为资金循环。资金周而复始地循环,称为资金周转。这种资金的循环和周转运动如图 3-1 所示:

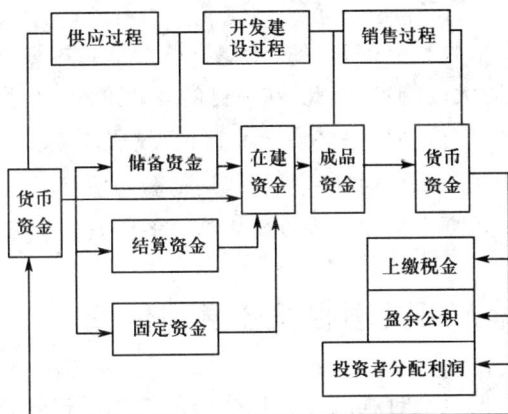

图 3-1

在这个循环往复的运动过程中,房地产开发企业投资实现了价值的增值,房地产开发企业也得以生存和可持续发展。只有了解房地产开发企业资金运动过程,并依照其内在时序行事,才能使资金运动各阶段有条不紊地进行,避免不必要的损失和浪费。

3.2.3　权益转化的运动

通过资金的循环与周转,一方面资产的总量有所增减,另一方面在权益内部,所包括的负债种类有多种,在开发经营活动中,有时需要变换负债的种类,这将影响负债的总量;又由于企业是由所有者投资而组成的,因此企业实现的利润只能属于企业所有者。利润的实现表明所有者在企业中所有者权益增加;反之,企业发生亏损,也只能由所有者承担,表明所有者在企业中所有者权益减少。企业实现利润(或发生亏损)以后,要进行利润分配(或亏损的弥补),也就是要将利润(或亏损)转化为负债和所有者权益。另外,还包括负债与所有者权益之间,以及所有者权益各项目之间的增减变动。由于负债和所有者权益实际上都是对企业资产的权益,因此,以上各方面的运动可概括为权益转化运动。

了解和掌握企业资金及其运动的特点和规律,是组织会计核算、正确选择和确定房地产开发企业会计核算方法和程序的前提和基础。

3.3 房地产开发企业会计核算的特点

房地产开发企业会计核算的特点在于核算的对象是房地产项目,房地产项目具有投入资金多、风险大的特点,因此,在项目的规划阶段,必须对项目的投资与成本费用进行准确的估算,以便作出经济效益评价、投资决策,这就是通常所讲的房地产开发项目投资费用估算。而项目投资费用估算与项目会计核算之间存在一定的联系和区别,因此,需要介绍项目投资费用估算的一般内容和方法。

3.3.1 房地产开发项目投资费用估算

房地产开发项目的投资过程就是房地产商品的生产过程,投资估算与成本费用应合二为一。房地产开发项目投资与成本费用估算包括土地购置成本、土地开发成本、建筑安装工程造价、管理费用、销售费用、财务费用及开发期间的税费等全部投资。对于一般房地产开发项目而言,投资及成本费用由开发成本和开发费用两大部分组成。

一、开发成本

1. 土地使用权出让金

国家以土地所有者身份,将一定年限内的土地使用权有偿出让给土地使用者。土地使用者支付土地出让金的估算可参照政府前期出让的类似地块的出让金数额并进行时间、地段、用途、临街状况、建筑容积率、土地出让年限、周围环境状况及土地现状等因素的修正得到;也可依据所在城市人民政府颁布的城市基准地价或平均标定地价,根据项目所在地段等级、用途、容积率、使用年限等因素修正得到。

2. 土地征用及拆迁安置补偿费

(1)土地征用费。国家建设征用农村土地发生的费用主要有土地补偿费、劳动力安置补助费、水利设施维修分摊、青苗补偿费、耕地占用税、耕地垦复基金、征地管理费等。农村土地征用费的估算可参照国家和地方有关规定进行。

（2）拆迁安置补偿费。在城镇地区,国家和地方政府可以依据法定程序,将国有储备土地或已由企、事业单位或个人使用的土地出让给房地产开发项目或其他建设项目使用。因出让土地给原用地单位或个人造成经济损失的,新用地单位应按规定给予补偿。它包括两部分费用,即拆迁安置费和拆迁补偿费。

3. 前期工程费

前期工程费指在取得土地开发权之后,项目开发前期的筹建、规划、设计、可行性研究、水文地质勘察、测绘、"三通一平"等前期费用。通常规划及设计费为建安工程费的 3% 左右。水文地质勘探费可根据所需工作量结合有关收费标准估算。"三通一平"等土地开发费用主要包括地上原有建筑物、构筑物拆除费用,场地平整费用和通水、通电、通路的费用等,这些费用可以根据实际工作量,参照有关计费标准估算。

4. 建安工程费

建安工程费是指直接用于建安工程建设的总成本费用。主要包括建筑工程费(建筑、特殊装修工程费)、设备及安装工程费(给排水、电气照明、电梯、空调、燃气管道、消防、防雷、弱电等设备及安装)以及室内装修工程费等。在可行性研究阶段,建安工程费可采用单元估算法、单位指标估算法、工程量近似匡算法、概算指标估算法以及类似工程经验估算法等估算。

5. 基础设施费

基础设施费又称红线内工程费,包括供水、供电、供气、道路、绿化、排污、排洪、电信、环卫等工程费用,通常采用单位指标估算法来计算。

6. 公共配套设施费

公共配套设施费主要包括不能有偿转让的开发小区内公共配套设施发生的支出。其估算可参照建安工程费的估算方法。

7. 不可预见费

不可预见费包括基本预备费和涨价预备费。依据项目的复杂程度和前述各项费用估算的准确程度,以上述 6 项之和为基数,按 3%～5% 计算。

8. 开发期间税费

开发期间税费是指项目在开发过程中所负担的各种税金和地方政府或有关部门征收的费用。在一些大中城市,这部分费用在开发建设项目投资构成中占较大比重,应根据当地有关法规标准估算。

二、开发费用

开发费用是指与房地产开发项目有关的管理费用、销售费用和财务费用。

1. 管理费用

管理费用可以项目开发成本构成中前 6 项之和为基数,按 3% 左右计算。

2. 销售费用

销售费用指开发建设项目在销售产品过程中发生的各项费用以及专设销售机构或委托销售代理的各项费用,占销售收入的 4%～6%。主要包括以下三项:

(1)广告宣传费。为销售收入的 2%～3%。

(2)销售代理费。为销售收入的 1.5%～2%。

(3)其他销售费用。为销售收入的 0.5%～1%。

3. 财务费用

财务费用是指为筹集资金而发生的各项费用,主要为借款利息和其他财务费用(如汇兑损失等)。

3.3.2 房地产项目会计核算的特点

一、开发模式决定会计核算

建设方式和经营模式可以统称为开发模式,不同的开发模式涉及的会计核算方法存在较大的差异。例如,对于开发任务,是成立分公司还是成立子公司进行管理,其会计核算方法存在根本的不同。

子公司是相对于母公司而言的,具有独立法人资格;分公司是相对于总公司而言的,没有独立法人资格,一般不具有独立核算条件,企业所得税由总公司汇总缴纳。对于房地产企业来讲,负责具体项目开发的子公司,通常叫做项目公司;而负责具体项目开发的分公司,通常叫做项目经理部。

目前大多数房地产企业在开发项目时,选择成立项目公司,即子公司。如果成立分公司,他们会担心分公司的开发业务涉及的纳税风险乃至经营风险牵连到总公司。但随着我国公司法的不断完善,以及房地产企业抵抗风险能力的不断加强,越来越多的大型房地产企业会选择分公司的开发模式。

二、针对总承包单位的核算

房地产开发企业在进行项目开发时,一般不是自行建造产品,而是与具体的建筑施工企业签订建筑施工合同,委托施工企业进行施工建设。对于规模较大、施工要求复杂的房地产施工工程,需要有不同的专业施工单位进行分工合作,但为了便于管理,一般由一家具有资金和技术实力的施工单位总承包,然后再由总承包单位将工程分包给其他施工单位。在房地产企业与施工企业间的承发包关系中存在着诸多会计核算问题,针对承包单位的核算将对房地产企业的开发成本产生直接的影响。

三、开发节点与收入、成本核算

房地产开发企业的会计核算与其他行业企业相比,在收入与成本结转上存在差异。开发产品的建设周期长,建设过程中的预售收入作为预收账款处理,并在项目竣工后结转为销售收入。开发建设中的支出计入开发成本,在项目竣工后结转为销售成本。因此,从会计核算的角度看,项目开发节点对房地产企业会计核算结果将产生直接的影响。

四、借款费用的核算

房地产行业是资金密集型的行业,房地产开发企业在开发项目时要投入大量的资金,除了企业具备一定数量的自有资金外,一般情况下要通过银行贷款筹措资金。因此,借款费用是房地产项目开发成本中较大的支出项目之一,借款费用的核算对于房地产开发企业来讲至关重要。

五、公共配套设施的核算

为了满足购房者除居住外的其他需求,房地产开发企业在开发项目时,往往会在开发区域内建造一些配套设施。房地产开发企业将其提供给居民作为有偿或无偿使用,一般不会对外转让这些配套设施的产权。对于房地产开发企业在开发区内建造的配套设施,有以下两种处理方式:一是房地产企业自留产权,房地产开发企业可以取得这部分资产的经营收益;二是房地产企业不留产权,房地产企业不能取得这部分资产的经营收益。对于以上不同的处理方式,其会计核算方法也存在较大差异。

3.4 房地产开发企业的会计制度和账簿设置

3.4.1 房地产开发企业的会计制度

会计制度是组织和从事会计工作必须遵循的规范。为了正确地组织房地产开发企业的会计工作,必须有一套完整的、科学的会计制度。制定会计制度必须遵循统一领导、分级管理的原则。

一、全国性的会计制度

全国性的会计制度必须由国家统一制定,会计的基本准则、指标体系及核算方法,都应在全国范围内统一起来。我国统一的会计制度是由财政部制定颁发的,有些重要的会计法令还要通过国务院颁发。国家性的会计制度主要包括会计准则和会计制度。

会计准则的内容主要有:企业会计准则、企业会计准则——应用指南、企业会计准则释疑和注册会计师审计准则。会计制度的内容主要有:会计工作规范、会计科目(包括科目设置、会计事项的处理程序和方法)、会计报表(包括报表的格式、报表的编制和报送)、会计核算规程、会计监督和检查、会计档案管理、会计人员的职责和权限等方面的规定。

目前,房地产开发企业采用的会计制度,有财政部1993年颁发的《房地产开发企业会计制度》和2001年颁发的《企业会计制度》,后者是上市股份制开发企业必须采用的会计制度。从2007年1月1日起上市股份制房地产开发企业必须采用2006年2月15日财政部颁布的《企业会计准则》。

二、企业制定的会计制度

除了国家规定的会计制度外,企业为了加强内部管理,在不违背统一会计制度规定的前提下,可以制定一些必要的核算办法,如材料、设备核算办法,出租房、周转房核算办法,工资核算办法,财产清查办法,会计循环程序等。

制定会计制度是一项很严肃的工作,必须深入基层,调查研究,周密考虑。既要符合企业会计准则,又要顾及企业的实际情况。在制定会计报告、会计科目和核算方法时,还要正确处理繁与简的关系。会计指标体系和会计核算方法的繁与简,不能仅仅以指标的多少、工作量的大小或掌握核算业务的难易来判断,还应看它在反映开发经营活动和经营成果等方面是否必要,不能任意取消必要的指标和核算工作,也不能离开会计的基本准则和要求片面追求会计核算方法的简化。在科学地、全面地、正确地反映企业开发经营活动及其经营成果的前提下,应当尽可能简化核算手续和方法,既要避免盲目增加报表和指标,也要避免把反映开发经营活动的基本情况、记录经济业务发生和变化过程的必要指标、必要手续和方法等简化掉。

3.4.2   房地产开发企业的账簿设置

为了全面系统地进行会计核算,房地产开发企业必须设置以下三类账簿。

一、总分类账

总分类账是按总账科目(一级科目)开设账户,以提供企业总括的会计信息。总分类账必须采用订本式账簿,其账页格式为三栏式,具体账页格式见表 3-1。

表 3-1   总分类账

年		凭证		摘　要	借　方	贷　方	借或贷	余　额
月	日	字	号					

二、日记账

日记账是按经济业务发生的先后顺序,逐日逐笔进行记录的一种账簿。房产开发企业至少要设置"现金日记账"和"银行存款日记账"。"现金日记账"和"银行存款日记账"也必须采用订本式账簿,其账页格式与总分类账的账页格式是相同的,见表 3-2。

表 3-2　　　　　　　　　　　　　　　现金日记账

年		凭证		摘　要	对方科目	收　入	支　出	结　余
月	日	字	号					

三、明细账

明细账是对某些总账科目的数据进一步明细记录和反映的账簿。大部分总账科目都需要设置明细账。明细账要按明细科目开设账户,以反映更详细的会计数据。

例如,"应收账款"除需要在总账中开设账户外,还要专门设"应收账款明细账",按应收账款的对方单位开设明细账户,以反映应收账款的明细情况。在"原材料"总账科目之外,要设置"原材料明细账",按材料的名称或类别,分别记录不同材料收发和结存情况。

明细账一般采用活页式账簿,但要注意,不同明细账的账页格式的要求是不同的。反映金额的明细账可以采用三栏式,与总分类账的格式相同;反映存货的明细账一般需要数量金额式;反映开发成本和各项费用的明细账需要多栏式,以便于对各种不同的成本、费用项目分别进行记录和反映。

数量金额式明细账(以原材料为例)和多栏式明细账(以房屋开发成本为例)格式见表 3-3、表 3-4。

表 3-3　　　　　　　　　　　　　　　原材料明细账

材料名称:　　　编号:　　类别:

金额计量单位:元

数量计量单位:千克

年		凭证		摘要	借　方			贷　方			余　额		
月	日	字	号		数量	单价	金额	数量	单价	金额	数量	单价	金额

表 3-4 房屋开发成本明细账

开发项目： 单位:元

年		凭证		摘要	借方	贷方	借方余额	借方明细科目		
月	日	字	号					土地征用及拆迁补偿费	……	开发间接费用

思考题

1. 什么是房地产开发企业？简述房地产开发企业的业务范围和特点。

2. 房地产开发企业会计的对象是什么？具体内容有哪些？

3. 房地产开发企业的主要会计业务包括哪些？

【第二篇　实务篇】

第 **4** 章

货币资金

4.1 货币资金概述

货币资金是企业资产的重要组成部分,是企业资产中流动性较强的一种资产。任何企业要进行生产经营活动都必须拥有货币资金,持有货币资金是进行生产经营活动的基本条件。货币资金从本质上讲属于金融资产范畴,由于其会计处理的特殊性,本章单独加以阐述。根据货币资金的存放地点及其用途的不同,货币资金分为库存现金、银行存款及其他货币资金。

4.1.1 库存现金

现金是流动性最强的一种货币性资产,可以随时用其购买所需的物资,支付有关费用,偿还债务,也可以随时存入银行。现金的定义有狭义和广义之分。狭义的现金是指企业的库存现金;广义的现金是指除了库存现金外,还包括银行存款和其他符合现金定义的票证等。本章所指现金的定义是指狭义的现金,即库存现金,包括人民币现金和外币现金。

4.1.2 银行存款

银行存款就是企业存放在银行或其他金融机构的货币资金。按照国家有关规定,凡是独立核算的单位都必须在当地银行开设账户。企业在银行开设账户以后,除按核定的限额保留库存现金外,超过限额的现金必须存入银行;除了在规定的范围内可以用现金直接支付的款项外,在经营过程中所发生的一切货币收支业务,都必须通过银行存款账户进行结算。

根据中国人民银行有关支付结算办法的规定,目前企业发生的货币资金收付业务通过银行办理转账结算的,可以采用以下几种方式:

一、银行汇票

银行汇票是汇款人将款项交存当地出票银行,由出票银行签发的,由其在见票时,按照实际结算金额无条件支付给收款人或持票人的票据。银行汇票具有使用灵活、票随人到、兑现性强等特点,适用于先收款后发货或钱货两清的商品交易。单位和个人的各种款项结算,均可使用银行汇票。

银行汇票可以用于转账,填明"现金"字样的银行汇票也可以用于支取现金。银行汇票的付款期限为自出票日起 1 个月内。超过付款期限不获付款的,持票人须在票据权利时效内向出票银行作出说明,并提供本人身份证件或单位证明,持银行汇票和解讫通知向出票银行请求付款。

企业支付购货款等款项时,应向出票银行填写"银行汇票申请书",填明收款人名称、支付金额、申请人名称、申请日期等事项并签章,签章为其预留银行的印鉴。银行受理银行汇票申请书,收妥款项后签发银行汇票,并用压数机压印出票金额,然后将银行汇票和解讫通知一并交给汇款人。

申请人取得银行汇票后即可持银行汇票向填明的收款单位办理结算。银行汇票的收款人可以将银行汇票背书转让给他人。背书转让以不超过出票金额的实际结算金额为限,未填写实际结算金额或实际结算金额超过出票金额的银行汇票不得背书转让。

收款企业在收到付款单位送来的银行汇票时,应在出票金额以内,根据实际需要的款项办理结算,并将实际结算金额和多余金额准确、清晰地填入银行汇票和解讫通知的有关栏内,银行汇票的实际结算金额低于出票金额的,其多余金额由出票银行退交申请人。收款企业还应填写进账单并在汇票背面"持票人向银行提示付款签章"处签章,签章应与预留银行的印鉴相同,然后,将银行汇票和解讫通知、进账单一并交开户银行办理结算,银行审核无误后,办理转账。

二、银行本票

银行本票是银行签发的,承诺自己在见票时无条件支付确定的金额给收款人或者持票人的票据。

银行本票由银行签发并保证兑付,而且见票即付,具有信誉高、支付功能强等特点。用银行本票购买材料物资,销货方可以见票付货,购货方可以凭票提货;债权债务双方可以凭票清偿;收款人将本票交存银行,银行即可为其入账。无论单位或个人,在同一票据交换区域支付各种款项,都可以使用银行本票。

银行本票分定额本票和不定额本票。定额本票面值分别为 1 000 元、5 000 元、10 000 元和 50 000 元。在票面划去转账字样的,为现金银行本票。

银行本票的付款期限为自出票日起最长不超过 2 个月,在付款期内银行本票见票即付。超过提示付款期限不获付款的,持票人须在票据权利时效内向出票银行作出说明,并提供本人身份证件或单位证明,持银行本票向银行请求付款。

企业支付购货款等款项时,应向银行提交"银行本票申请书",填明收款人名称、申请人名称、支付金额、申请日期等事项并签章。申请人或收款人为单位的,银行不予签发现金银行本票。出票银行受理银行本票申请书,收妥款项后签发银行本票。不定额银行本票用压数机压印出票金额,出票银行在银行本票上签章后交给申请人。

申请人取得银行本票后,即可向填明的收款单位办理结算。收款单位可以根据需要在票据交换区域内背书转让银行本票。

收款企业在收到银行本票时,应该在提示付款时在本票背面"持票人向银行提示付款签章"处加盖预留银行印鉴,同时填写进账单,连同银行本票一并交开户银行转账。

三、商业汇票

商业汇票是出票人签发的,委托付款人在指定日期无条件支付确定的金额给收款人或者持票人的票据。在银行开立存款账户的法人以及其他组织之间须具有真实的交易关系或债权债务关系,才能使用商业汇票。商业汇票的付款期限由交易双方商定,但最长不得超过6个月。商业汇票的提示付款期限为自汇票到期日起10日内。

存款人领购商业汇票,必须填写"票据和结算凭证领用单"并加盖预留银行印鉴,存款账户结清时,必须将剩余的空白商业汇票全部交回银行注销。

商业汇票可以背书转让。商业汇票按承兑人不同分为商业承兑汇票和银行承兑汇票两种。符合条件的商业承兑汇票的持票人可持未到期的商业承兑汇票连同贴现票证,向银行申请贴现。

1. 商业承兑汇票

商业承兑汇票由银行以外的付款人承兑。商业汇票由销货企业或购货企业签发但由购货企业承兑。承兑不得附有条件,否则视为拒绝承兑。汇票到期时,购货企业的开户银行凭票将票款划给销货企业或贴现银行。销货企业应在提示付款期限内通过开户银行委托收款或直接向付款人提示付款。汇票到期时,如果购货企业的存款不足支付票款,开户银行应将汇票退还销货企业,银行不负责付款。

2. 银行承兑汇票

银行承兑汇票由银行承兑,由在承兑银行开立存款账户的存款人签发。承兑银行按票面金额向出票人收取万分之五的手续费。

购货企业应在汇票到期前将票款足额交存开户银行,以备承兑银行在汇票到期日或到期后的见票当日支付票款。销货企业应在汇票到期时将汇票连同进账单交开户银行以便转账收款,承兑银行凭汇票将承兑款项无条件转给销货企业。如果购货企业于汇票到期日未能足额交存款项,承兑银行除凭票向持票人无条件付款外,对出票人尚未支付的汇票金额按照每天万分之五计收罚息。

四、支票

支票是单位或个人签发的,委托办理支票存款业务的银行在见票时无条件支付确定的金额给收款人或者持票人的票据。

支票结算方式是同城结算中应用比较广泛的一种结算方式。单位和个人在同一票据交换区域的各种款项结算,均可以使用支票。支票由银行统一印制,支票上印有"现金"字样的为现金支票。支票上印有"转账"字样的为转账支票,转账支票只能用于转账。未印有"现金"或"转账"字样的为普通支票,普通支票可以用于支取现金,也可以用于转账。在普通支票左上角划两条平行线的,为划线支票,划线支票只能用于转账,不得支取现金。

支票的提示付款期限为自出票日起 10 日内,中国人民银行另有规定的除外。超过提示付款期限的,持票人开户银行不予受理,付款人不予付款。转账支票可以根据需要在票据交换区域内背书转让。

存款人领购支票,必须填写"票据和结算凭证领用单"并加盖预留银行印鉴。存款账户结清时,必须将剩余的空白支票全部交回银行注销。

企业财会部门在签发支票之前,出纳人员应该认真查明银行存款的账面结余数额,防止签发超过存款余额的空头支票。签发空头支票,银行除退票外,还按票面金额处以 5% 但不低于 1 000 元的罚款。持票人有权要求出票人赔偿支票金额 2% 的赔偿金。签发支票时,应使用蓝黑墨水或碳素墨水,将支票上的各要素填写齐全,并在支票上加盖其预留银行印鉴。出票人预留银行的印鉴是银行审核支票付款的依据。银行也可以与出票人约定使用支付密码,作为银行审核支付支票金额的条件。

五、信用卡

信用卡是指商业银行向个人和单位发行的,凭以向特约单位购物、消费和向银行存取现金,且具有消费信用的特制载体卡片。

信用卡按使用对象分为单位卡和个人卡;按信誉等级分为金卡和普通卡。凡在中国境内金融机构开立基本存款账户的单位可申领单位卡。单位卡可申领若干张,持卡人资格由申领单位法定代表人或其委托的代理人书面指定和注销,持卡人不得出租或转借信用卡。单位卡账户的资金一律从其基本存款账户转账存入,在使用过程中,需要向其账户续存资金的,也一律从其基本存款账户转账存入,不得交存现金,不得将销货收入的款项存入其账户。单位卡一律不得用于 10 万元以上的商品交易、劳务供应款项的结算,不得支取现金。

信用卡在规定的限额和期限内允许善意透支,透支期限最长为 60 天。透支利息自签单日或银行记账日起 15 日内按日息万分之五计算,超过 15 日按日息万分之十计算,超过 30 日或透支金额超过规定限额的,按日息万分之十五计算。透支计算不分段,按最后期限或者最高透支额的最高利率档次计息。超过规定限额或规定期限,并且经发卡银行催收无效的透支行为称为恶意透支。持卡人使用信用卡不得发生恶意透支。严禁将单位的款项存入个人卡账户中。

单位或个人申领信用卡,应按规定填制申请表,连同有关资料一并送交发卡银行。符合条件并按银行要求交存一定金额的备用金后,银行为申领人开立信用卡存款账户,并发给信用卡。

六、汇兑

汇兑是汇款人委托银行将其款项支付给收款人的结算方式。单位和个人的各种款项的结算,均可使用汇兑结算方式。

汇兑分为信汇、电汇两种。信汇是指汇款人委托银行通过邮寄方式将款项划转给收款人;电汇是指汇款人委托银行通过电报将款项划给收款人。汇兑结算方式适用于异地之间的各种款项结算。这种结算方式划拨款项简便、灵活。

采用这一结算方式,付款单位汇出款项时,应填写银行印发的汇款凭证,列明收款单位名称、汇款金额及汇款的用途等项目,送达开户银行,委托银行将款项汇往收汇银行。收汇银行将汇款收进单位存款账户后,向收款单位发出收款通知。

七、委托收款

委托收款是收款人委托银行向付款人收取款项的结算方式。无论单位还是个人都可以凭付款人债务证明办理收取同城或异地的款项。委托收款还适用于收取电费、电话费等有关款项。委托收款结算款项划回的方式分为电报和邮寄两种。采用委托收款结算方式,银行只承担代为收款的义务,不承担审查拒付理由的责任,一旦结算双方发生争议,由双方自行处理。

企业委托开户银行收款时,应填制银行印制的委托收款凭证和有关债务证明。在委托收款凭证中写明付款单位名称、收款单位名称、账号及开户银行、委托收款金额的大小写、款项内容、委托收款凭据名称及附寄单证张数等。企业的开户银行受理委托收款后,将委托收款凭证寄交付款单位开户银行,由付款单位开户银行审核,并通知付款单位。

付款单位收到银行交给的委托收款凭证及债务证明后,应签收并在 3 日内审查债务证明是否真实,是否是本单位的债务,确认之后通知银行付款。

付款单位应在收到委托收款通知的次日起 3 日内,主动通知银行是否付款。如果不通知银行,银行视同企业同意付款,并在第 4 日从单位账户中付出此笔委托收款款项。

付款单位在 3 日内审查有关债务证明后,认为债务证明或与此有关的事项符合拒绝付款的规定,应出具拒绝付款理由书和委托收款凭证第五联及持有的债务证明,向银行提出拒绝付款。

八、托收承付

托收承付是根据购销合同由收款人发货后委托银行向异地付款人收取款项,由付款人向银行承认付款的结算方式。使用托收承付结算方式的收款单位和付款单位,必须是国有企业、供销合作社以及经营管理较好,并经开户银行审查同意的城乡集体所有制工业企业。办理托收承付结算的款项必须是商品交易,以及因商品交易而产生的劳务供应的款项。代销、寄销、赊销商品的款项,不得办理托收承付结算。

托收承付款项划回方式分为邮寄和电报两种。收款单位办理托收承付,必须具有商品发出的证明或其他证明。托收承付结算每笔的金额起点为 10 000 元,按照《支付结算办法》的规定,承付货款分为验单付款和验货付款两种,验单付款的承付期为 3 天,验货付款的承付期为 10 天。

采用这种结算方式时,销货企业按照购销合同发货后,填写托收承付凭证,盖章后连同发运证件或其他符合托收承付结算的有关证明和交易单证送交开户银行办理托收手续,并取得回单联作为账务处理的依据。银行将其他结算凭证寄往购货单位开户银行,由购货单位开户银行通知购货单位承认付款。如果购货单位在承付期内对收到的凭证没有提出异议,就视为同意付款,并在承付期满的次日上午银行开始营业时,将款项主动从付款人的账户内划给销货企业。购货企业提出拒绝付款时,必须填写"拒绝付款理由书",注明拒绝付款理由,向开户银行办理拒付手续。

九、信用证

信用证结算方式是国际结算的一种主要方式。经中国人民银行批准经营结算业务的商业银行总行以及经商业银行总行批准开办信用证结算业务的分支机构,也可以办理国内企业之间商品交易的信用证结算业务。

采用信用证结算方式的,收款单位收到信用证后,即备货装运,签发有关发票账单,连同运输单据和信用证,送交银行,根据退还的信用证等有关凭证编制收款凭证;付款单位在接到开证行的通知时,根据付款的有关单据编制付款凭证。

4.1.3　其他货币资金

在企业的经营资金中,有些货币资金的存放地点和用途与库存现金和银行存款不同,这些资金在会计核算上统称为"其他货币资金"。由于所处行业的特点不同,房地产开发企业不同于生产或商业企业,房地产开发企业的其他货币资金主要包括按揭贷款保证金、银行承兑汇票保证金和在途货币资金等。

4.2　货币资金业务的会计处理

4.2.1　库存现金业务的会计处理

"库存现金"账户核算企业库存现金的收付和结存情况。企业收到现金,借记本科目,贷记相关科目;支出现金,做相反的会计分录;期末余额在借方,表示库存现金的结存数。有外币现金收支业务的房地产开发企业,应分别按人民币现金和各种外币现金设置现金账户进行明细核算。企业内部周转使用的备用金,可以单独设置"备用金"科目核算。

为了加强库存现金管理,随时掌握现金的收付和结存情况,保证现金的安全,房地产开发企业必须设置"库存现金日记账",对现金业务序时核算,由出纳人员根据经过审核无误的原始凭证和现金收、付款凭证逐日逐笔及时登记日记账。每日终了,应根据登记的"库存现金日记账"的结余数与实际库存数核对;月份终了,"库存现金日记账"的余额必须与"库存现金"总账余额核对,做到账实相符,日清月结。

为了加强管理,出纳人员还应于每日终了清点核对库存现金,并由清查小组对库存现金进行定期或不定期的清查。库存现金清查的方法是实地盘点。清查结束,应将账面结存数和实际清点数填入库存现金盘存报告单。如果发现实际库存现金与账面结存数不符,应查明原因,并将现金短缺或溢余,通过"待处理财产损溢"科目进行核算:属于现金短缺,应按实际短缺的金额,借记"待处理财产损溢——待处理流动资产损溢"科目,贷记"库存现金"科目;属于现金溢余,按实际溢

余的金额,借记"库存现金"科目,贷记"待处理财产损溢——待处理流动资产损溢"。待查明原因后,作如下处理:

(1)如为现金短缺,属于应由责任人赔偿的部分,借记"库存现金"或"其他应收款——应收现金短缺款(××个人)"科目,贷记"待处理财产损溢——待处理流动资产损溢"科目;属于应由保险公司赔偿的部分,借记"银行存款"或"其他应收款——应收保险赔款"科目,贷记"待处理财产损溢——待处理流动资产损溢"科目;属于无法查明的其他原因,根据管理权限,经批准后处理,借记"管理费用——现金短缺"科目,贷记"待处理财产损溢——待处理流动资产损溢"科目。

(2)如为现金溢余,属于应支付给有关人员或单位的,应借记"待处理财产损溢——待处理流动资产损溢"科目,贷记"其他应付款——应付现金溢余款(××个人或单位)"科目;属于无法查明原因的现金溢余,经批准后,借记"待处理财产损溢——待处理流动资产损溢"科目,贷记"营业外收入——现金溢余"科目。

【例 4-1】　甲房地产开发公司在现金清查中发现现金短缺 2 000 元,原因待查。作以下分录入账:

借:待处理财产损溢——待处理流动资产损溢	2 000
贷:库存现金	2 000

经查明,上述现金短缺其中 300 元为出纳员李明失职造成,应由责任人赔偿,其余金额无法查明原因。作以下分录入账:

借:其他应收款——应收现金短缺款(李明)	300
管理费用——现金短缺	1 700
贷:待处理财产损溢——待处理流动资产损溢	2 000

【例 4-2】　甲房地产开发公司在现金清查中发现现金溢余 200 元,无法查明原因。作以下分录入账:

(1)发现现金溢余时

借:库存现金	200
贷:待处理财产损溢——待处理流动资产损溢	200

(2)经批准后

借:待处理财产损溢——待处理流动资产损溢	200
贷:营业外收入——现金溢余	200

企业有内部周转使用的备用金的,可以单独设置"备用金"科目,也可以设"其他应收款——备用金"科目反映备用金的增减及结存情况。财务部门拨付备用金时,借记"备用金(或其他应收款——备用金)"科目,贷记"库存现金"或"银行存款"科目。自备用金中支付零星开支,应根据有关的支出凭单,定期编制备用金报销清

单。财务部门根据内部各单位提供的备用金报销清单,定期补足备用金,借记"管理费用"等科目,贷记"库存现金"或"银行存款"科目。除了增加或减少拨入的备用金外,使用或报销有关备用金支出时不再通过"备用金"科目核算。

【例4-3】 甲房地产开发公司行政科月初领取备用金3 000元,月末行政科报销日常开支1 800元,编制会计分录如下:

(1)预付备用金时

借:备用金　　　　　　　　　　　　　　　　　　　　　　　　3 000

　　贷:库存现金　　　　　　　　　　　　　　　　　　　　　　3 000

(2)报销并补足备用金定额时

借:管理费用　　　　　　　　　　　　　　　　　　　　　　　1 800

　　贷:库存现金　　　　　　　　　　　　　　　　　　　　　　1 800

4.2.2　银行存款业务的会计处理

房地产开发企业为了记录存入银行或其他金融机构的货币资金的收付变动和结余情况,需要设置"银行存款"账户进行核算。企业将款项存入银行等金融机构时,借记"银行存款"科目,贷记"库存现金"等科目;提取或支付在银行等金融机构中的存款时,借记"库存现金"等科目,贷记"银行存款"科目。

企业在银行的其他存款,如外埠存款、银行本票存款、银行汇票存款、信用卡存款等,在"其他货币资金"科目核算,不通过"银行存款"科目进行会计处理。

有外币业务的企业,应在"银行存款"科目下按照人民币和各种外币分别设置"银行存款日记账"进行明细核算。

【例4-4】 2006年2月12日,甲房地产开发公司实现商品房销售收入400 000元,款项已存入银行。编制以下分录入账:

借:银行存款　　　　　　　　　　　　　　　　　　　　　　400 000

　　贷:主营业务收入　　　　　　　　　　　　　　　　　　　400 000

【例4-5】 2006年2月16日,甲房地产开发公司用银行存款支付工程款56 000元。编制以下分录入账:

借:应付账款——应付工程款　　　　　　　　　　　　　　　56 000

　　贷:银行存款　　　　　　　　　　　　　　　　　　　　　56 000

由于房地产开发企业的资金流量大,为了加强对企业银行存款的管理,保证企业的偿债能力,应定期对银行存款进行检查。存在银行或其他金融机构的款项已经部分不能收回或者全部不能收回的,应当查明原因进行处理,有确凿证据表明无法收回的,如吸收存款的单位已宣告破产,其破产财产不足以清偿的部分,或全部不能清偿的,应当根据企业管理权限报经批准后,作为当期损失,借记"营业外支出"科目,贷记"银行存款"科目。

为了全面、及时掌握银行存款的收付动态和结余情况,企业应当设置"银行存款日记账",由出纳人员根据银行存款的收款、付款凭证和库存现金存入银行时的现金付款凭证,按照业务发生的先后,逐日逐笔顺序登记。每日终了,应结出余额。"银行存款日记账"应定期与"银行对账单"核对,至少每月核对一次。月末,企业银行存款账面余额与银行对账单余额之间如有差额,应按月编制"银行存款余额调节表"调节至相符。

在同一时期内,若企业银行存款账上的余额与银行对账单上的存款余额不一致,除了记账差错外,还可能由于存在"未达账项"。所谓未达账项,是指企业与银行之间由于凭证传递上的时间差,一方已经入账,而另一方尚未入账的款项。

未达账项的发生,通常有如下四种情况:

(1)企业存入各种款项,企业已经记作存款增加,但银行尚未办妥入账手续;

(2)企业开出支票或其他付款凭证,企业已记作存款减少,但银行尚未办理支付手续;

(3)企业委托银行代收的款项,银行已于收到日记作企业存款增加,但企业尚未收到银行收款通知,没有入账;

(4)企业委托银行代付的款项,银行已于付款日记作企业存款减少,但企业尚未收到银行付款通知,没有入账。

对于未达账项,将银行的对账单同企业的银行存款日记账的收支记录逐笔进行核对,查明后编制"银行存款余额调节表",然后再进行核对。现举例说明"银行存款余额调节表"的编制方法:

【例 4-6】 甲房地产开发公司 2006 年 5 月 31 日的银行存款日记账余额是46 000元,"银行对账单"的余额是 64 000 元,经逐笔核对有以下未达账项:

(1)30 日,公司收到转账支票 3 000 元,将进账单送交银行,银行尚未处理转账手续。

(2)30 日,公司开出转账支票,支付货款 19 000 元,持票人尚未到银行办理转账。

(3)25 日,公司委托银行代收某公司货款 11 000 元,银行已经收款入账,但公司尚未收到转账通知。

(4)29 日,银行代扣水电费 9 000 元,公司尚未收到银行转账通知。

根据以上资料,企业可编制如表 4-1 所示的"银行存款余额调节表"。

表 4-1   银行存款余额调节表

项　目	金额	项　目	金额
企业账面的存款余额	46 000	银行对账单的存款余额	64 000
加：银行已收、公司未收的贷款	11 000	加：公司已收、银行未收的转账支票	3 000
减：银行已付、公司未付的水电费	9 000	减：公司已付、银行未付的转账支票	19 000
调整后的存款余额	48 000	调整后的存款余额	48 000

调整后的双方存款余额如果相等，一般表明双方记账没有差错；如果不等，表明一方的银行存款日记账有差错，要进一步查明原因，加以更正。但对于未达账项所引起的余额不一致，既不能将银行存款余额调节表作为编制记账凭证的依据，更不能作为调整账面记录的依据。这一差异要等有关银行结算凭证到达企业后再进行账务处理。经调整后的存款余额，表示企业在月末可以动用的存款实有额。

4.2.3　其他货币资金业务的会计处理

在"其他货币资金"账户下，根据房地产企业的特点，应设置"按揭贷款保证金"、"银行承兑汇票保证金"、"在途货币资金"等明细账户，进行明细核算。

一、按揭贷款保证金的核算

购房人用贷款购买商品房的，由房地产企业提供阶段性保证担保，并按贷款总额的一定比例存入贷款银行，作为按揭贷款保证金。待产权证办妥完成抵押登记，结束保证担保责任后，房地产企业可以办理保证金使用手续。

房地产企业在收到按揭贷款银行出具的入账通知时，按进入企业按揭贷款结算户的金额，借记"银行存款"科目，按进入企业按揭贷款保证金户的金额，借记"其他货币资金——按揭贷款保证金"科目，按银行发放的按揭贷款总额，贷记"预收账款"等科目。

当按揭贷款购房人所购商品房产权证办理完成，并办理了抵押登记，按揭贷款银行将保证金转入按揭贷款结算户后，根据转入金额，借记"银行存款"科目，贷记"其他货币资金——按揭贷款保证金"。

【例 4-7】　2008 年 6 月 22 日，甲房地产开发公司收到银行发放的购房人李某按揭贷款总计 70 万元，其中按揭贷款结算户收到 63 万元，保证金户收到 7 万元（保证金比例为 10%）。应根据按揭贷款银行开具的入账通知填制收款凭证，会计分录如下：

借:银行存款	630 000
其他货币资金——按揭贷款保证金	70 000
贷:预收账款	700 000

【例 4-8】 2009 年 6 月 30 日,甲房地产公司为购房人王某办理了商品房产权证,并办妥了按揭贷款银行的抵押登记手续。银行将按揭贷款保证金 7 万元,由按揭贷款保证金户转入按揭贷款结算户。根据按揭贷款银行开具的转账通知填制收款凭证,会计分录如下:

| 借:银行存款 | 70 000 |
| 贷:其他货币资金——按揭贷款保证金 | 70 000 |

二、银行承兑汇票保证金的核算

银行承兑汇票保证金是指向银行申请开具承兑汇票时,银行对申请企业所收取的一定金额的保证金。对于房地产企业来讲,一方面,收取银行按揭款是销售回款的主要渠道;另一方面,房地产企业为了融资的需要,往往以银行承兑汇票方式对外支付工程款或设备款。因此,按揭贷款保证金和银行承兑汇票保证金是房地产企业货币资金的重要组成部分。

房地产企业开出银行承兑汇票,按银行承兑汇票票面金额,借记“开发成本”、“应付账款”等科目,贷记“应付票据”科目。按交付的银行承兑汇票保证金金额,借记“其他货币资金——银行承兑汇票保证金”科目,贷记“银行存款”科目。

银行承兑汇票到期,按房地产企业支付的票款,借记“应付票据”科目,按从银行承兑汇票保证金账户支付的金额,贷记“其他货币资金——银行承兑汇票保证金”科目,按从企业其他银行账户支付的金额,贷记“银行存款”科目。

【例 4-9】 2009 年 1 月 5 日,甲地产公司向银行申请开具了一张面额为 100 万元的银行承兑汇票,用于支付工程款。并按约定,向银行交付了 50%,即 50 万元的保证金。根据相应手续填制付款凭证,会计分录如下:

| 借:开发成本 | 1 000 000 |
| 贷:应付票据 | 1 000 000 |

同时,

| 借:其他货币资金——银行承兑汇票保证金 | 500 000 |
| 贷:银行存款 | 500 000 |

【例 4-10】 2009 年 7 月 4 日,甲房地产公司开具的银行承兑汇票到期,银行收到贴现银行转来的账单,从甲房地产公司的基本户中扣划 50 万元,从保证金户扣划 50 万元。企业应根据相应手续填制付款凭证,会计分录如下:

借:应付票据	1 000 000
贷:银行存款	500 000
其他货币资金——银行承兑汇票保证金	500 000

三、在途货币资金的核算

在途货币资金是指企业与所属单位或上下级之间汇解款项,在月终尚未到达,处于在途的资金。

在途货币资金的核算一般只在月末结账时进行。企业收到所属单位汇出款项的通知,但未收到开户银行收账通知的款项,属于在途货币资金。在月末结账时,企业应借记"其他货币资金——在途货币资金"账户,贷记有关账户;待下月初收到汇入款项时,再借记"银行存款"账户,贷记"其他货币资金——在途货币资金"账户。由于在途货币资金属于银行之间划拨款项时间差所引起,在途时间不会很长,月中发生的在途款项,可以不进行账务处理,以简化核算手续。

【例4-11】 2009年6月30日,甲房地产公司收到集团总部汇出款项通知,已汇出款项5 000万元,但甲房地产公司开户银行当天未收到该款项。应根据集团总部汇出款项通知填制收款凭证,会计分录如下:

借:其他货币资金——在途货币资金	50 000 000
贷:其他应收款——内部往来	50 000 000

【例4-12】 2009年7月2日,甲房地产公司收到汇款时,根据银行通知编制如下会计分录:

借:银行存款	50 000 000
贷:其他货币资金——在途货币资金	50 000 000

4.3 货币资金管理与控制

4.3.1 货币资金管理与控制的原则

货币资金是企业资产中流动性较强的资产,加强对其管理和控制,对于保障企业资产安全完整,提高货币资金周转速度和使用效益,具有重要的意义。加强对货币资金的控制,应当结合企业生产经营特点,制定相应的控制制度,并监督其实施。一般来说,货币资金的管理和控制应当遵循如下原则:

一、严格职责分工

即将涉及货币资金不相容的职责分由不同的人员担任,形成严密的内部牵制制度,以减少和降低货币资金管理上舞弊的可能性。

二、实行交易分开

即将现金支出业务和现金收入业务分开进行处理,防止将现金收入直接用于现金支出的坐支行为。

三、实施内部稽核

即设置内部稽核单位和人员,建立内部稽核制度,以加强对货币资金管理的监督,及时发现货币资金管理中存在的问题,以及时改进对货币资金的管理、控制。

四、实施定期轮岗制度

即对涉及货币资金管理和控制的业务人员实行定期轮换岗位。通过轮换岗位,减少货币资金管理和控制中产生舞弊的可能性,并及时发现有关人员的舞弊行为。

4.3.2　国家有关货币资金的管理规定

为了加强国家对生产和流通的监督和管理,提高货币资金的运用效率,有效地防范舞弊,我国已制定的有关货币资金管理规定,包括以下几个方面:

一、现金的管理规定

按照国务院颁布的《现金管理暂行条例》规定,企业收支的各种款项必须在规定的范围内使用现金,即现金结算方式用来办理企业与职工之间、企业与不能转账的集体或个人之间的款项的结算。房地产开发企业的货币资金,除按规定在限额以内可以保存少量的现金以外,都应存入银行。企业的一切经济往来,除在规定范围以内可以采用现金结算以外,都应通过银行办理转账结算。规定可用现金结算的有:

(1)职工工资、津贴;

(2)个人劳务报酬;

（3）根据国家规定颁发给个人的科学技术、文化艺术、体育等各种奖金；

（4）各种劳保、福利费用以及国家规定的对个人的其他支出；

（5）向个人收购农副产品和其他物资的价款；

（6）出差人员必须随身携带的差旅费；

（7）零星支出；

（8）中国人民银行确定需要支付现金的其他支出。

属于现金结算范围的支出，企业可根据需要向银行提取现金支付。为了满足企业日常零星开支的需要，每个房地产开发企业可以根据国家规定，经常保留一定数额的库存现金。企业必须严格遵守规定的库存现金限额，超过限额的现金，必须及时送存银行。

房地产开发企业支付现金，可以从本企业库存现金限额或从开户银行中提取支付，不准用现金收入，如销售、转让开发产品给不能办理转账结算的集体或个人的经营收入，及企业职工交回的剩余差旅费等直接支付支出（即坐支）。特殊情况下需要坐支现金的，应事先报经开户银行审查批准其限额和范围。

房地产开发企业经营收入的现金，应及时送存银行，为了便于银行的监督，企业向银行送存现金时，应在送款单上注明款项的来源；支取现金时，应在现金支票上注明款项的用途。

备用金视同货币资金管理，企业必须严格执行备用金制度，加强备用金管理，及时办理备用金报账、清理业务。定期进行备用金检查，严禁长期占用、挪用备用金。

二、银行存款的管理规定

根据国家有关规定，凡独立核算的房地产开发企业应在当地银行开立账户，办理存款、取款和转账等结算。企业除按规定留存少量现金以备日常零星开支外，其余的货币资金都应存入银行。除了在规定范围内可以用现金结算方式外，企业一切货币资金的收支一律通过银行存款账户进行结算。银行结算方式可以监督交易双方及时交货、付款，做到钱货两清，维护购销双方的正当权益，有利于加强结算纪律，加速社会资金周转。

房地产开发企业办理银行结算时，应认真按照中国人民银行1997年颁布的《支付结算办法》的规定，不签发没有资金保证的票据或远期支票，套取银行信用；不签发、取得和转让没有真实交易和债权债务的票据，套取银行和他人资金；不无理拒绝付款，任意占用他人资金；不准违反规定开立和使用账户。

三、企业货币资金的内部控制

为了规范企业的内部会计控制,财政部于 2001 年 6 月 22 日发布了《内部会计控制规范——基本规范(试行)》和《内部会计控制规范——货币资金(试行)》。该规范规定,单位负责人对本单位货币资金内部控制的建立健全和有效实施以及货币资金的安全完整负责。该规范规定:

(1)单位应当建立货币资金业务的岗位责任制,明确相关部门和岗位的职责权限,确保办理货币资金业务的不相容岗位相互分离、制约和监督。出纳人员不得兼任稽核、会计档案保管和收入、支出、费用、债权债务账目的登记工作。单位不得由一人办理货币资金业务的全过程。

(2)办理货币资金业务,应当配备合格的人员,并根据单位的具体情况进行岗位轮换。办理货币资金业务的人员应当具备良好的职业道德,忠于职守,廉洁奉公,遵纪守法,客观公正,不断提高会计业务素质和职业道德水平。

(3)单位应当对货币资金业务建立严格的授权批准制度,明确审批人对货币资金业务的授权批准方式、权限、程序、责任和相关控制措施,规定经办人办理货币资金业务的职责范围和工作要求。审批人应当根据货币资金授权批准制度的规定,在授权范围内进行审批,不得超越审批权限。经办人应当在职责范围内,按照审批人的批准意见办理货币资金业务。对于审批人超越授权范围审批的货币资金业务,经办人员有权拒绝办理,并及时向审批人的上级授权部门报告。单位对于重要货币资金支付业务,应当实行集体决策和审批,并建立责任追究制度,防范贪污、侵占、挪用货币资金等行为。严禁未经授权的机构或人员办理货币资金业务或直接接触货币资金。

(4)单位应当加强与货币资金相关的票据的管理,明确各种票据的购买、保管、领用、背书转让、注销等环节的职责权限和程序,并专设登记簿进行记录,防止空白票据的遗失和被盗用。

(5)单位应当加强银行预留印鉴的管理。财务专用章应由专人保管,个人名章必须由本人或其授权人员保管。严禁一人保管支付款项所需的全部印章。按规定需要有关负责人签字或盖章的经济业务,必须严格履行签字或盖章手续。

(6)单位应当建立对货币资金业务的监督检查制度,明确监督检查机构或人员的职责权限,定期和不定期地进行检查。

思考题

资料:某房地产开发企业 2007 年 3 月的有关业务如下:

(1)3 月 3 日,职工王刚因公出差,预借差旅费 400 元,以现金支付。

(2)3 月 9 日,签发现金支票一张,提取现金 40 000 元,以备发放工资。

(3)3 月 10 日,以现金 40 000 元发放本月工资。

(4)3 月 15 日,以现金支付厂部办公用品费 100 元。

(5)3 月 18 日,职工王刚出差回来,报差旅费 350 元,交回现金 50 元。

(6)3 月 22 日,向银行借入短期借款 30 000 元,存入银行。

(7)3 月 31 日,收到应收账款 10 000 元,存入银行。

要求:根据上述资料,编制该企业的会计分录。

第 5 章

金融资产

5.1 金融资产的定义与分类

金融资产属于企业资产的重要组成部分,主要包括:库存现金、银行存款、应收账款、应收票据、其他应收款项、股权投资、债权投资、衍生工具形成的资产等。

本章不涉及以下金融资产的会计处理:

(1)货币资金;

(2)对子公司、联营企业、合营企业投资以及在活跃市场上没有报价的长期股权投资。

企业应当结合自身业务特点和风险管理要求,将取得的金融资产在初始确认时分为以下几类:

(1)以公允价值计量且其变动计入当期损益的金融资产;

(2)持有至到期投资;

(3)贷款和应收款项;

(4)可供出售的金融资产。上述分类一经确定,不得随意变更。

5.2 以公允价值计量且其变动计入当期损益的金融资产

5.2.1 以公允价值计量且其变动计入当期损益的金融资产概述

以公允价值计量且其变动计入当期损益的金融资产,可以进一步分为交易性金融资产和直接指定为以公允价值计量且其变动计入当期损益的金融资产。

一、交易性金融资产

金融资产符合以下条件之一的,应当划分为交易性金融资产:

(1)持有金融资产的目的,主要是为了近期内出售或回购;

(2)金融资产是企业采用短期获利模式进行管理的金融工具投资组合中的一部分;

(3)属于衍生金融工具。

二、指定为以公允价值计量且其变动计入当期损益的金融资产

企业将某项金融资产指定为以公允价值计量且其变动计入当期损益的金融资产,通常是指该金融资产不满足确认为交易性金融资产条件的,企业仍可在符合某些特定条件时将其按公允价值计量,并将其公允价值变动计入当期损益。

通常情况下,只有符合下列条件之一的金融资产,才可以在初始确认时指定为以公允价值计量且其变动计入当期损益的金融资产:

(1)该指定可以消除或明显减少由于该金融资产的计量基础不同所导致的相关利得或损失在确认或计量方面不一致的情况。

(2)企业风险管理或投资策略的正式书面文件已载明,该金融资产组合或该金融资产和金融负债组合,以公允价值为基础进行管理、评价并向关键管理人员报告。

5.2.2　以公允价值计量且其变动计入当期损益的金融资产的会计处理

(1)企业取得交易性金融资产,按其公允价值,借记"交易性金融资产——成本"科目,按发生的交易费用,借记"投资收益"科目,按已到付息期但尚未领取的利息或已宣告但尚未发放的现金股利,借记"应收利息"或"应收股利"科目,按实际支付的金额,贷记"银行存款"等科目。

(2)交易性金融资产持有期间被投资单位宣告发放的现金股利,或在资产负债表日按分期付息、一次还本债券投资的票面利率计算的利息,借记"应收股利"或"应收利息"科目,贷记"投资收益"科目。

(3)资产负债表日,交易性金融资产的公允价值高于其账面余额的差额,借记"交易性金融资产——公允价值变动"科目,贷记"公允价值变动损益"科目;公允价值低于其账面余额的差额做相反的会计分录。

(4)出售交易性金融资产,应按实际收到的金额,借记"银行存款"等科目,按该金融资产的账面余额,贷记"交易性金融资产"科目,按其差额,贷记或借记"投资收益"科目。同时,将原计入该金融资产的公允价值变动转出,借记或贷记"公允价值变动损益"科目,贷记或借记"投资收益"科目。

【例 5-1】　甲房地产开发公司 2005 年 12 月 1 日购入股票 100 000 股,作为交易性金融资产,当时每股市价 4.8 元,交易费用 960 元,12 月 31 日,市价为每股

5元。该公司 2006 年 4 月 1 日将上述股票出售,每股 5.2 元,交易费用 1 040 元。相关账务处理如下:

(1)12 月 1 日购入时:

借:交易性金融资产——成本	480 000
投资收益	960
贷:银行存款	480 960

(2)12 月 31 日:

借:交易性金融资产——公允价值变动	20 000
贷:公允价值变动损益	20 000

(3)将股票出售时:

借:银行存款	518 960
贷:交易性金融资产——成本	480 000
——公允价值变动	20 000
投资收益	18 960
借:公允价值变动损益	20 000
贷:投资收益	20 000

【例 5-2】 2007 年 1 月 1 日,甲房地产开发公司从二级市场支付价款 1 020 000元(含已到付息期但尚未领取的利息 20 000 元)购入某公司发行的债券,另发生交易费用 20 000 元。该债券面值 1 000 000 元,剩余期限为 2 年,票面年利率为 4%,每半年付息一次,甲房地产开发公司将其划分为交易性金融资产。

甲房地产开发公司的其他资料如下:

(1)2007 年 1 月 5 日,收到该债券 2006 年下半年利息 20 000 元;

(2)2007 年 6 月 30 日,该债券的公允价值为 1 150 000 元(不含利息);

(3)2007 年 7 月 5 日,收到该债券 2007 年上半年利息;

(4)2007 年 12 月 31 日,该债券的公允价值为 1 100 000 元(不含利息);

(5)2008 年 1 月 5 日,收到该债券 2007 年下半年利息;

(6)2008 年 3 月 31 日,甲房地产开发公司将该债券出售,取得价款 1 180 000元(含 1 季度利息 10 000 元)。

假定不考虑其他因素,则甲房地产开发公司的账务处理如下:

(1)2007 年 1 月 1 日,购入债券:

借:交易性金融资产——成本　　　　　　　　　　　　　1 000 000

　　应收利息　　　　　　　　　　　　　　　　　　　　20 000

　　投资收益　　　　　　　　　　　　　　　　　　　　20 000

　　贷:银行存款　　　　　　　　　　　　　　　　　　1 040 000

(2)2007 年 1 月 5 日,收到该债券 2006 年下半年利息:

借:银行存款　　　　　　　　　　　　　　　　　　　　20 000

　　贷:应收利息　　　　　　　　　　　　　　　　　　20 000

(3)2007 年 6 月 30 日,确认债券公允价值变动和投资收益:

借:交易性金融资产——公允价值变动　　　　　　　　150 000

　　贷:公允价值变动损益　　　　　　　　　　　　　150 000

借:应收利息　　　　　　　　　　　　　　　　　　　　20 000

　　贷:投资收益　　　　　　　　　　　　　　　　　　20 000

(4)2007 年 7 月 5 日,收到该债券 2007 年上半年利息:

借:银行存款　　　　　　　　　　　　　　　　　　　　20 000

　　贷:应收利息　　　　　　　　　　　　　　　　　　20 000

(5)2007 年 12 月 31 日,确认债券公允价值变动和投资收益:

借:公允价值变动损益　　　　　　　　　　　　　　　　50 000

　　贷:交易性金融资产——公允价值变动　　　　　　　50 000

借:应收利息　　　　　　　　　　　　　　　　　　　　20 000

　　贷:投资收益　　　　　　　　　　　　　　　　　　20 000

(6)2008 年 1 月 5 日,收到该债券 2007 年下半年利息:

借:银行存款　　　　　　　　　　　　　　　　　　　　20 000

　　贷:应收利息　　　　　　　　　　　　　　　　　　20 000

(7)2008 年 3 月 31 日,将该债券予以出售:

借:应收利息　　　　　　　　　　　　　　　　　　　　10 000

　　贷:投资收益　　　　　　　　　　　　　　　　　　10 000

借:银行存款　　　　　　　　　　　　　　　　　　　1 170 000

　　公允价值变动损益　　　　　　　　　　　　　　　100 000

　　贷:交易性金融资产——成本　　　　　　　　　　1 000 000

　　　　　　　　　　　——公允价值变动　　　　　　100 000

　　　　投资收益　　　　　　　　　　　　　　　　　170 000

借:银行存款　　　　　　　　　　　　　　　　　　　　10 000

　　贷:应收利息　　　　　　　　　　　　　　　　　　10 000

5.3 持有至到期投资

5.3.1 持有至到期投资概述

持有至到期投资,是指到期日固定、回收金额固定或可确定,且企业有明确意图和能力持有至到期的非衍生金融资产。企业不能将下列非衍生金融资产划分为持有至到期投资:

(1)初始确认时即被指定为以公允价值计量且其变动计入当期损益的非衍生金融资产;

(2)初始确认时被指定为可供出售的非衍生金融资产;

(3)符合贷款和应收款项的定义的非衍生金融资产。

如果企业管理层决定将某项金融资产持有至到期,则在该金融资产未到期前,不能随意地改变其"最初意图"。也就是说,投资者在取得投资时意图就应当是明确的,除非遇到一些企业所不能控制、预期不会重复发生且难以合理预计的独立事件,否则将持有至到期。

一、到期日固定、回收金额固定或可确定

到期日固定、回收金额固定或可确定,是指相关合同明确了投资者在确定的期间内获得或应收取现金流量(例如,投资利息和本金等)的金额和时间。因此从投资者角度看,如果不考虑其他条件,在将某项投资划分为持有至到期投资时可以不考虑可能存在的发行方重大支付风险。其次,由于要求到期日固定,从而权益工具投资不能划分为持有至到期投资。再次,如果符合其他条件,不能由于某债务工具投资是浮动利率投资而不将其划分为持有至到期投资。

二、有明确意图持有至到期

有明确意图持有至到期,是指投资者在取得投资时意图就是明确的,除非遇到一些企业所不能控制、预期不会重复发生且难以合理预计的独立事项,否则将持有至到期。存在下列情况之一的,表明企业没有明确意图将金融资产投资持有至到期:

（1）持有该金融资产的期限不确定。

（2）发生市场利率变化、流动性需要变化、替代投资机会及其投资收益率变化、融资来源和条件变化、外汇风险变化等情况时，将出售该金融资产。但是，无法控制、预期不会重复发生且难以合理预计的独立事项引起的金融资产出售除外。

（3）该金融资产的发行方可以按照明显低于其摊余成本的金额清偿。

（4）其他表明企业没有明确意图将该金融资产持有至到期的情况。

据此，对于发行方可以赎回的债务工具，如发行方行使赎回权，投资者仍可收回其几乎所有初始净投资（含支付的溢价和交易费用），那么投资者可以将此类投资划分为持有至到期投资。但是，对于投资者有权要求发行方赎回的债务工具投资，投资者不能将其划分为持有至到期投资。

三、有能力持有至到期

有能力持有至到期，是指企业有足够财务资源，并不受外部因素影响将投资持有至到期。

存在下列情况之一的，表明企业没有能力将具有固定期限的金融资产投资持有至到期：

（1）没有可利用的财务资源持续地为该金融资产投资提供资金支持，以使该金融资产投资持有至到期；

（2）受法律、行政法规的限制，使企业难以将该金融资产投资持有至到期；

（3）其他表明企业没有能力将具有固定期限的金融资产投资持有至到期的情况。

企业应当于每个资产负债表日对持有至到期投资的意图和能力进行评价。发生变化的，应当将其重分类为可供出售金融资产进行处理。

四、到期前处置或重分类对所持有剩余非衍生金融资产的影响

企业将持有至到期投资在到期前处置或重分类，通常表明其违背了将投资持有到期的最初意图。如果处置或重分类为其他类金融资产的金额相对于该企业没有重分类或在出售或重分类前的总额较大，则企业在处置或重分类后立即将其剩余的持有至到期投资（即全部持有至到期投资扣除已处置或重分类的部分）重分类为可供出售金融资产。

需要说明的是，遇到以下情况时可以例外：

(1)出售日或重分类日距离该项投资到期日或赎回日较近(如到期前三个月内),且市场利率变化对该项投资的公允价值没有显著影响。

(2)根据合同约定的偿付方式,企业已收回几乎所有初始本金。

(3)出售或重分类是由于企业无法控制、预期不会重复发生且难以合理预计的独立事件所引起。此种情况主要包括:

①因被投资单位信用状况严重恶化,将持有至到期投资予以出售;

②因相关税收法规取消了持有至到期投资的利息税前可抵扣政策,或显著减少了税前可抵扣金额,将持有至到期投资予以出售;

③因发生重大企业合并或重大处置,为保持现行利率风险头寸或维持现行信用风险政策,将持有至到期投资予以出售;

④因法律、行政法规对允许投资的范围或特定投资品种的投资限额作出重大调整,将持有至到期投资予以出售;

⑤因监管部门要求大幅度提高资产流动性,或大幅度提高持有至到期投资在计算资本充足率时的风险权重,将持有至到期投资予以出售。

5.3.2　持有至到期投资的会计处理

持有至到期投资的会计处理,着重于该金融资产的持有者打算"持有至到期"。未到期前通常不会出售或重分类,因此,持有至到期投资的会计处理主要应解决该金融资产实际利率的计算、摊余成本的确定、持有期间的收益确认及将其处置时损益的处理。

相关的账务处理如下:

(1)企业取得的持有至到期投资,应按该投资的面值,借记"持有至到期投资——成本"科目,按支付的价款中包含的已到付息期但尚未领取的利息,借记"应收利息"科目,按实际支付的金额,贷记"银行存款"等科目,按其差额,借记或贷记"持有至到期投资——利息调整"科目。

(2)资产负债表日,持有至到期投资为分期付息、一次还本债券投资的,应按票面利率计算确定的应收未收利息,借记"应收利息"科目,按持有至到期投资摊余成本和实际利率计算确定的利息收入,贷记"投资收益"科目,按其差额,借记或贷记"持有至到期投资——利息调整"科目。

持有至到期投资为一次还本付息债券投资的,应于资产负债表日按票面利率计算确定的应收未收利息,借记"持有至到期投资——应计利息"科目,按持有至到期投资摊余成本和实际利率计算确定的利息收入,贷记"投资收益"科目,按其差额,借记或贷记"持有至到期投资——利息调整"科目。

(3)将持有至到期投资重分类为可供出售金融资产的,应在重分类日按其公允价值,借记"可供出售金融资产"科目,按其账面余额贷记"持有至到期投资——成本、利息调整、应计利息"科目,按其差额贷记或借记"资本公积——其他资本公积"科目。已计提减值准备的,还应同时结转减值准备。

(4)出售持有至到期投资,应按实际收到的金额,借记"银行存款"等科目,按其账面余额贷记"持有至到期投资——成本、利息调整、应计利息"科目,按其差额贷记或借记"投资收益"科目。已计提减值准备的,还应同时结转减值准备。

【例 5-3】 2000 年 1 月 1 日,甲房地产开发公司支付价款 1 000 元(含交易费用)从活跃市场上购入某公司 5 年期债券,面值 1 250 元,票面利率 4.72%,按年支付利息(即每年 59 元),本金最后一次性支付。合同约定,该债券的发行方在遇到特定情况时可以将债券赎回,且不需要为提前赎回支付额外款项。甲房地产开发企业在购买该债券时,预计发行方不会提前赎回。不考虑所得税、减值损失等因素。已知实际利率 r 为 10%。

表 5-1 期末摊余成本计算表 单位:元

年份	期初摊余成本(a)	实际利息(b)	现金流入(c)	期末摊余成本(d=a+b-c)
2000	1 000	100	59	1 041
2001	1 041	104	59	1 086
2002	1 086	109	59	1 136
2003	1 136	114*	59	1 191
2004	1 191	118**	1 250+59	0

* 数字四舍五入取整;** 数字考虑了计算过程中出现的尾差。

根据上述数据,甲房地产开发公司的有关账务处理如下:

(1)2000 年 1 月 1 日,购入债券:

借:持有至到期投资——成本 1 250

　　贷:银行存款 1 000

　　　　持有至到期投资——利息调整 250

(2)2000 年 12 月 31 日,确认实际利息收入、收到票面利息等:

借：应收利息 59

　　持有至到期投资——利息调整 41

　　　贷：投资收益 100

借：银行存款 59

　　　贷：应收利息 59

(3)2001 年 12 月 31 日，确认实际利息收入、收到票面利息等：

借：应收利息 59

　　持有至到期投资——利息调整 45

　　　贷：投资收益 104

借：银行存款 59

　　　贷：应收利息 59

(4)2002 年 12 月 31 日，确认实际利息收入、收到票面利息等：

借：应收利息 59

　　持有至到期投资——利息调整 50

　　　贷：投资收益 109

借：银行存款 59

　　　贷：应收利息 59

(5)2003 年 12 月 31 日，确认实际利息收入、收到票面利息等：

借：应收利息 59

　　持有至到期投资——利息调整 55

　　　贷：投资收益 114

借：银行存款 59

　　　贷：应收利息 59

(6)2004 年 12 月 31 日，确认实际利息收入、收到票面利息等：

借：应收利息 59

　　持有至到期投资——利息调整 59

　　　贷：投资收益 118

借：银行存款 59

　　　贷：应收利息 59

借：银行存款 1 250

　　　贷：持有至到期投资——成本 1 250

假定在 2002 年 1 月 1 日,甲房地产开发公司预计本金的一半(即 625 元)将会在该年末收回,而其余的一半本金将于 2004 年末付清。遇到这种情况时,甲房地产开发公司应当调整 2002 年初的摊余成本,计入当期损益。调整时采用最初确定的实际利率。

据此,调整上述表中相关数据后如表 5-2 所示:

表 5-2   **期末摊余成本计算表**   单位:元

年份	期初摊余成本(a)	实际利息(b)	现金流入(c)	期末摊余成本(d=a+b−c)
2002	1 138*	114**	684	568
2003	568	57	30***	595
2004	595	60	655	0

* $1\ 138 = 684 \times (1+10\%)^{-1} + 30 \times (1+10\%)^{-2} + 655 \times (1+10\%)^{-3}$(四舍五入)

** $114 = 1\ 138 \times 10\%$(四舍五入)

*** $30 = 625 \times 4.72\%$(四舍五入)

根据上述调整,甲房地产开发公司的账务处理如下:

(1)2002 年 1 月 1 日,调整期初摊余成本:

借:持有至到期投资——利息调整   52

    贷:投资收益   52

(2)2002 年 12 月 31 日,确认实际利息、收回本金等:

借:应收利息   59

    持有至到期投资——利息调整   55

    贷:投资收益   114

借:银行存款   59

    贷:应收利息   59

借:银行存款   625

    贷:持有至到期投资——成本   625

(3)2003 年 12 月 31 日,确认实际利息等:

借:应收利息   30

    持有至到期投资——利息调整   27

    贷:投资收益   57

借:银行存款   30

    贷:应收利息   30

(4)2004 年 12 月 31 日,确认实际利息、收回本金等:

借:应收利息	30	
持有至到期投资——利息调整	30	
贷:投资收益		60
借:银行存款	30	
贷:应收利息		30
借:银行存款	625	
贷:持有至到期投资——成本		625

假定甲房地产开发公司购买的债券不是分次付息,而是到期一次还本付息,且利息不是以复利计算。此时,甲房地产开发公司所购买债券的实际利率 r,可以计算得出 $r \approx 9.05\%$。

据此,调整上述表中相关数据后见表 5-3:

表 5-3　　　　　　　　　　　　　　　　　　　　　　　　　　单位:元

年份	期初摊余成本(a)	实际利息(b)	现金流入(c)	期末摊余成本(d=a+b−c)
2000	1 000	90.5	0	1 090.5
2001	1 090.5	98.69	0	1 189.19
2002	1 189.19	107.62	0	1 296.81
2003	1 296.81	117.36	0	1 414.17
2004	1 414.17	130.83*	1 545	0

* 考虑了计算过程中出现的尾差。

根据上述数据,甲房地产开发公司的有关账务处理如下:

(1)2000 年 1 月 1 日,购入债券:

借:持有至到期投资——本金	1 250	
贷:银行存款		1 000
持有至到期投资——利息调整		250

(2)2000 年 12 月 31 日,确认实际利息收入:

借:持有至到期投资——应计利息	59	
——利息调整	31.5	
贷:投资收益		90.5

(3)2001 年 12 月 31 日,确认实际利息收入:

借:持有至到期投资——应计利息	59	
——利息调整	39.69	
贷:投资收益		98.69

（4）2002 年 12 月 31 日：

借:持有至到期投资——应计利息　　　　　　　　　　59

　　　　　　　　　——利息调整　　　　　　　　　48.62

　　贷:投资收益　　　　　　　　　　　　　　　　107.62

（5）2003 年 12 月 31 日,确认实际利息：

借:持有至到期投资——应计利息　　　　　　　　　　59

　　　　　　　　　——利息调整　　　　　　　　　58.36

　　贷:投资收益　　　　　　　　　　　　　　　　117.36

（6）2004 年 12 月 31 日,确认实际利息、收到本金和名义利息等：

借:持有至到期投资——应计利息　　　　　　　　　　59

　　　　　　　　　——利息调整　　　　　　　　　71.83

　　贷:投资收益　　　　　　　　　　　　　　　　130.83

借:银行存款　　　　　　　　　　　　　　　　　1 545

　　贷:持有至到期投资——本金　　　　　　　　　1 250

　　　　　　　　　　——应计利息　　　　　　　　295

5.4　可供出售金融资产

5.4.1　可供出售金融资产概述

可供出售金融资产,是指初始确认时即被指定为可供出售的非衍生金融资产,以及除下列各类资产以外的金融资产。

（1）贷款和应收款项；

（2）持有至到期投资；

（3）以公允价值计量且其变动计入当期损益的金融资产。

5.4.2　可供出售金融资产的会计处理

可供出售金融资产的会计处理,与以公允价值计量且其变动计入当期损益的金融资产的会计处理有些类似,例如,均要求按公允价值进行后续计量。但是,也有一些不同,例如,可供出售金融资产取得时发生的交易费用应当计入初始入账金额等。

另外,以下几点需要特别说明:

(1)企业因持有意图或能力发生改变,使某项投资不再适合划分为持有至到期投资的,应当将其重分类为可供出售金融资产,并以公允价值进行后续计量。重分类日,该投资的账面价值与公允价值之间的差额计入所有者权益,在该可供出售金融资产发生减值或终止确认时转出,计入当期损益。

(2)持有至到期投资部分出售或重分类的金额较大,且不属于例外情况,使该投资的剩余部分不再适合划分为持有至到期投资的,企业应当将该投资的剩余部分重分类为可供出售金融资产,并以公允价值进行后续计量。重分类日,该投资剩余部分的账面价值与其公允价值之间的差额计入所有者权益,在该可供出售金融资产发生减值或终止确认时转出,计入当期损益。

(3)因持有意图或能力发生改变,或可供出售金融资产的公允价值不再能够可靠计量(极少出现),或可供出售金融资产持有期限已超过企业会计准则所指"两个完整的会计年度",使金融资产不再适合按照公允价值计量时,企业可以将该金融资产改按成本或摊余成本计量,该成本或摊余成本为重分类日该金融资产的公允价值或账面价值。

可供出售金融资产的相关账务处理如下:

(1)企业取得的可供出售金融资产为股票投资的,应按其公允价值与交易费用之和,借记"可供出售金融资产——成本"科目,按支付的价款中包含的已宣告但尚未发放的现金股利,借记"应收股利"科目,按实际支付的金额,贷记"银行存款"等科目。

企业取得的可供出售金融资产为债券投资的,应按债券的面值,借记"可供出售金融资产——成本"科目,按已到付息期但尚未领取的利息,借记"应收利息"科目,按实际支付的金额,贷记"银行存款"等科目。按差额,借记或贷记"可供出售金融资产——利息调整"科目。

(2)持有的可供出售债券如为分期付息、一次还本付息债券投资,应于资产负债表日按票面利率计算确定的应收未收利息,借记"应收利息"科目,按可供出售债券摊余成本和实际利率计算确定的利息收入,贷记"投资收益"科目,按其差额,借记或贷记"可供出售金融资产——利息调整"科目。

如为一次还本付息债券投资,应于资产负债表日按票面利率计算确定的应收未收利息,借记"可供出售金融资产——应计利息"科目,按可供出售债券摊余成本和实际利率计算确定的利息收入,贷记"投资收益"科目,按其差额,借记或贷记"可供出售金融资产——利息调整"科目。

(3)资产负债表日,按照公允价值调整,对于公允价值与账面价值之间的差额计入权益,资产终止确认时转出,并计入当期损益。可供出售金融资产的公允价值高于其账面余额的差额,借记"可供出售金融资产——公允价值变动"科目,贷记"资本公积——其他资本公积"科目;公允价值低于其账面余额的差额,做相反的会计分录。

(4)将持有至到期投资重分类为可供出售金融资产的,应在重分类日按其公允价值,借记"可供出售金融资产"科目,按其账面余额,贷记"持有至到期投资"科目,按其差额,贷记或借记"资本公积——其他资本公积"科目。

(5)出售可供出售金融资产时,应按实际收到的金额,借记"银行存款"等科目,按可供出售金融资产的账面余额,贷记"可供出售金融资产——成本、公允价值变动、利息调整、应计利息"科目,按应从所有者权益中转出的公允价值累计变动额,借记或贷记"资本公积——其他资本公积"科目,按其差额,贷记或借记"投资收益"科目。

【例 5-4】　甲房地产开发公司于 2006 年 7 月 13 日从二级市场购入股票 1 000 000 股,每股市价 15 元,手续费 30 000 元;初始确认时,该股票划分为可供出售金融资产。

甲房地产开发公司至 2006 年 12 月 31 日仍持有该股票,该股票当时的市价为 16 元。

2007 年 2 月 1 日,甲房地产开发公司将该股票售出,售价为每股 13 元,另支付交易费用 30 000 元。假定不考虑其他因素,甲房地产开发公司的账务处理如下:

(1)2006 年 7 月 13 日,购入股票:

借:可供出售金融资产——成本　　　　　　　　　　　 15 030 000

　　贷:银行存款　　　　　　　　　　　　　　　　　　　 15 030 000

(2)2006 年 12 月 31 日,确认股票价格变动:

借:可供出售金融资产——公允价值变动　　　　　　　　 970 000

　　贷:资本公积——其他资本公积　　　　　　　　　　　 970 000

(3)2007 年 2 月 1 日,出售股票:

借:银行存款　　　　　　　　　　　　　　　　　　　　12 970 000

　　资本公积——其他资本公积　　　　　　　　　　　　 970 000

　　投资收益　　　　　　　　　　　　　　　　　　　　 2 060 000

　　贷:可供出售金融资产——成本　　　　　　　　　　　 15 030 000

　　　　　　　　　　——公允价值变动　　　　　　　　　 970 000

【例 5-5】　2001 年 5 月 6 日,甲房地产开发公司支付价款 10 160 000 元(含交易费用 10 000 元和已宣告但尚未发放的现金股利 150 000 元),购入乙公司发行的股票 2 000 000 股,占乙公司有表决权股份的 0.5%。甲房地产开发公司将其划分为可供出售金融资产。其他资料如下:

(1)2001 年 5 月 10 日,甲房地产开发公司收到乙公司发放的现金股利 150 000元。

(2)2001 年 6 月 30 日,该股票市价为每股 5.2 元。

(3)2001 年 12 月 31 日,甲房地产开发公司仍持有该股票;当日,该股票市价为每股 5 元。

(4)2002 年 5 月 9 日,乙公司宣告发放股利 40 000 000 元。

(5)2002 年 5 月 13 日,甲房地产开发公司收到乙公司发放的现金股利。

(6)2002 年 5 月 20 日,甲房地产开发公司以每股 4.9 元的价格将该股票全部转让。

假定不考虑其他因素的影响,甲房地产开发公司的账务处理如下:

(1)2001 年 5 月 6 日,购入股票:

借:应收股利	150 000
可供出售金融资产——成本	10 010 000
贷:银行存款	10 160 000

(2)2001 年 5 月 10 日,收到现金股利:

借:银行存款	150 000
贷:应收股利	150 000

(3)2001 年 6 月 30 日,确认股票的价格变动:

借:可供出售金融资产——公允价值变动	390 000
贷:资本公积——其他资本公积	390 000

(4)2001 年 12 月 31 日,确认股票价格变动:

借:资本公积——其他资本公积	400 000
贷:可供出售金融资产——公允价值变动	400 000

(5)2002 年 5 月 9 日,确认应收现金股利:

借:应收股利	200 000
贷:投资收益	200 000

(6)2002 年 5 月 13 日,收到现金股利:

借:银行存款	200 000
贷:应收股利	200 000

(7)2002 年 5 月 20 日,出售股票:

借:银行存款　　　　　　　　　　　　　　　　　9 800 000

　投资收益　　　　　　　　　　　　　　　　　　210 000

　可供出售金融资产——公允价值变动　　　　　　10 000

　贷:可供出售金融资产——成本　　　　　　　　10 010 000

　　资本公积——其他资本公积　　　　　　　　　10 000

5.5 应收款项

5.5.1 应收票据

一、应收票据概述

应收票据是企业持有的、尚未到期兑现的票据。我国的应收票据主要是指商业汇票。

我国商业汇票的期限一般较短,为 6 个月,利息金额相对来说不大,用现值记账不但计算复杂,而且其折价还要逐期摊销,核算过于繁琐,因此,应收票据一般按面值入账。但对于带息的应收票据,按照现行制度规定,应于期末,即在中期期末和年度终了,按应收票据的票面价值和确定的利率计提利息,计提的利息应增加应收票据的账面价值。

在我国会计实务中,不对应收票据计提坏账准备,其原因是应收票据发生坏账的风险较应收账款小。但对可能收不回的应收票据应转作应收账款,对应收账款计提坏账准备。

二、应收票据利息及到期值的计算

应收票据的利息是以票面价值、票面利率以及票据的期限计算确定的。其计算公式如下:

$$应收票据利息＝本金×利率×期限$$

式中的"本金"是应收票据的票面价值;"利率"是票面载明的利率,通常指年利率;"期限"是指从票据出票之日起到票据到期日止的时间间隔,通常按月或日表示。票据期限按月表示时,应以到期月份中与出票日相同的那一天为到期日。如

6月18日签发的一个月票据,则到期日为7月18日。月末签发的票据,不论月份大小,都应以到期月份的月末一天为到期日。如5月31日签发的一个月票据,到6月30日到期。另外,由于票据所规定的利率通常指年利率,因此,计算时要换算成月利率(年利率÷12)。

票据的期限按日表示时,应从出票日起按实际经历天数计算,通常出票日和到期日只能算其中一天,即"算头不算尾"或"算尾不算头"。例如,3月18日签发的90天票据,则到期日为6月16日。与此相适应,计算利息使用的利率也要换算成日利率。日利率等于年利率除以360天。

应收票据的到期值是指票据的面值与票据的利息合计数。

三、应收票据的会计处理

为了反映和监督应收票据的取得及款项收回情况,企业应设置"应收票据"账户。该账户借方登记应收票据的面值及按期计提的利息,贷方登记背书转让或到期收回,或因未能收取的票款而转作应收账款的应收票据的账面价值,期末借方余额反映未到期应收票据的账面价值。

企业除了应设置"应收票据"总账以外,还应按不同票据种类进行明细分类核算。为了便于加强对各种应收票据的管理与控制,应设置"应收票据登记簿",逐笔记录每一应收票据的种类、编号及出票日、到期日、面值、利率、付款人、承兑人、背书人、交易合同号数及贴现情况、收款情况等具体内容。待应收票据到期收取票款后,再将应收票据在登记簿中逐笔注销。

企业收到应收票据,应按票据面值借记"应收票据"科目,贷记"主营业务收入"等科目。

不带息应收票据在票据到期收回票款时,借记"银行存款"等科目,贷记"应收票据"科目。

对于带息应收票据,应计算票据利息。企业应于中期期末和年度终了,按规定计算票据利息并借记"应收利息",同时冲减财务费用。在到期收回款项时,按应收到的本息借记"银行存款"科目。按应收票据的账面价值贷记"应收票据"科目,按已计利息货记"应收利息",按其差额贷记"财务费用"科目。若汇票到期时,承兑人违约拒付或无力偿还票款,收款企业应将到期票据的本金和利息转入"应收账款"科目。

【例5-6】 甲房地产开发公司2006年9月1日销售商品房给乙公司,发票上注明的销货款为234万元。收到乙公司交来的商业承兑汇票一张,期限为6个月。

(1)甲房地产开发公司收到票据时,按面值入账。编制会计分录如下:

借:应收票据——乙公司　　　　　　　　　　　　　　2 340 000
　　贷:主营业务收入　　　　　　　　　　　　　　　　　　 2 340 000

(2)假如该商业承兑汇票年利率为12％。编制会计处理如下:

①年度终了(2006 年 12 月 31 日),计提票据利息:

票据利息＝2 340 000×12％×4÷12＝93 600(元)

借:应收利息——乙公司　　　　　　　　　　　　　　　93 600
　　贷:财务费用　　　　　　　　　　　　　　　　　　　　 93 600

②票据到期日,甲房地产开发公司收回票款:

到期值＝2 340 000×(1＋12％÷12×6)＝2 480 400(元)

剩余的票据利息＝2 340 000×12％×2÷12＝46 800(元)

借:银行存款　　　　　　　　　　　　　　　　　　　2 480 400
　　贷:应收票据——乙公司　　　　　　　　　　　　　　 2 340 000
　　　　应收利息——乙公司　　　　　　　　　　　　　　　 93 600
　　　　财务费用　　　　　　　　　　　　　　　　　　　　 46 800

四、应收票据贴现的业务

1. 应收票据贴现的概念

房地产企业在需要资金时,将从购房人处收到的未到期承兑汇票经过背书转让给银行,先向银行贴付利息,银行以票面余额扣除贴现利息后的票款付给房地产企业,汇票到期时,银行凭票向购房人收取现款。

票据贴现必须以真实的贸易背景为基础;贴现期限从贴现之日起至汇票到期日止最长不超过 6 个月;贴现利率在中国人民银行规定的范围内由企业和银行协商确定。

2. 票据贴现的条件

申请票据贴现需要满足以下条件:

(1)申请票据贴现的单位必须是具有法人资格或实行独立核算、在银行开立有基本账户并依法从事经营活动的经济单位。

(2)贴现申请人应具有良好的经营状况,具有到期还款能力。贴现申请人持有的票据必须真实,票式填写完整、盖印、压数无误,凭证在有效期内,背书连续完整。

(3)贴现申请人在提出票据贴现的同时,应出示贴现票据项下的商品交易合同原件(对于房地产企业来说,一般指商品房销售或预售合同)并提供复印件或其他能够证明票据合法性的凭证,同时还应提供能够证明贴现票据项下商品交易确已履行的凭证(对于房地产企业来说,一般指不动产销售发票等复印件)。

3. 票据贴现息的计算

房地产企业可以持未到期的商业汇票向商业银行进行贴现,以寻求短期资金融通。贴现息是由商业银行扣收的短期贷款利息。贴现息的决定因素是票据的票面金额、贴现率和贴现期。其中:

贴现率就是商业银行贴现时用的贴现利率;

贴现期就是票据贴现日起至票据到期前一日止的时间,整月(对日)的按 30 天算,零星天数按实际天数算,算头不算尾。

计算公式为:

$$贴现净值＝票据到期值－贴现息$$

$$票据到期值＝票据的面值×(1＋票面利率×期限)$$

$$贴现期＝票据期限－企业已持有票据期限$$

$$贴现息＝票据到期值×贴现率×贴现期$$

4. 票据贴现的核算

房地产企业用收到的商业汇票向商业银行申请贴现,按实际收到的金额,借记"银行存款"科目,按银行扣除的贴现利息金额,借记"财务费用"科目,按商业汇票的票面金额,贷记"应收票据"科目。

根据《企业会计准则》的规定,企业发生的借款费用,可直接归属于符合资本化条件的资产购建或者生产的,应当予以资本化,计入相关资产成本;其他借款费用,应当在发生时根据其发生额确认为费用,计入当期损益。

房地产企业票据的贴现利息是因为销售业务发生的借款费用,并不是直接用于购建资产,因此,不符合资本化的条件,应计入当期损益。

【例 5-7】 甲房地产开发公司 2009 年 6 月 20 日收到了客户交付的一张面值为 200 万元的银行承兑汇票,此时,客户所购房屋未竣工交付。甲房地产公司在收到票据的当日向银行进行贴现,支付贴现息 3 万元,其余资金已转入企业银行账户。根据相关原始凭证,编制会计分录如下:

借:银行存款 1 970 000

　　财务费用 30 000

　　贷:应收票据 2 000 000

5. 贴现票据到期后的核算

贴现票据到期,付款人按期付款给银行,则贴现企业的责任完全解除。该企业应在备查簿中注销该票据。

贴现的商业承兑汇票到期,因承兑人的银行存款账户不足支付,申请贴现的企业收到银行退回的商业承兑汇票时,按商业汇票的票面金额,借记"应收账款"科目,贷记"银行存款"科目。

申请贴现企业的银行存款账户余额不足,银行做逾期贷款处理,借记"应收账款"科目,贷记"短期借款"科目。

【例 5-8】 承前例,两个月后,贴现的承兑汇票到期,而购房人的存款账户不足,贴现银行将甲房地产开发公司贴现的承兑汇票退回给甲房地产开发公司,甲房地产开发公司按票面金额将款项支付给贴现银行。根据相关原始凭证,编制会计分录如下:

借:应收账款　　　　　　　　　　　　　　　　　2 000 000
　　贷:银行存款　　　　　　　　　　　　　　　　　　2 000 000
如果甲房地产开发公司银行存款账户余额不足,编制会计分录如下:
借:应收账款　　　　　　　　　　　　　　　　　2 000 000
　　贷:短期借款　　　　　　　　　　　　　　　　　　2 000 000

5.5.2　应收账款

一、应收账款概述

应收账款是指企业因销售商品、产品或提供劳务而形成的债权。具体来说,房地产开发企业的应收账款是指因转让、销售开发产品,提供出租房屋和提供劳务等业务,应向购买、接受和租用单位或个人收取的款项。

二、应收账款的计价

应收账款通常应按实际发生额计价入账。计价时还需要考虑商业折扣和现金折扣等因素。

1. 商业折扣

商业折扣是企业根据市场供需情况,或针对不同的顾客,在商品标价上给予的扣除,它是企业常用的一种促销手段。

由于商业折扣在交易发生时已经确定,不需要在购销双方的账簿上反映。因此,在存在商业折扣的情况下,企业应收账款的入账价值应按实际成交价格予以确认。

2. 现金折扣

现金折扣是指企业在以赊销方式销售商品或提供劳务的交易中,为了鼓励客户在规定的期限内付款,而向客户提供的债务扣除。现金折扣一般用符号"折扣/付款期限"表示。例如:客户在 15 天内付款可按售价给予 3% 的折扣,用符号"3/15"表示,在 30 天内付款,则不给折扣,用符号"n/30"表示。

我国的会计实务中规定采用总价法。总价法是将原售价金额作为实际售价,据以确认应收账款入账价值的方法。这种方法把给客户的现金折扣视为融资的理财费用,会计上作为"财务费用"处理。

【例 5-9】 甲房地产开发公司出售商品房 10 套给丙房地产经营公司,房款总额为 5 000 000 元,已办理房屋产权转移手续,付款条件为"3/10,n/30"。

(1)甲房地产开发公司编制会计分录如下:

借:应收账款——丙公司   5 000 000

 贷:主营业务收入   5 000 000

(2)如果上述款项丙公司在 10 天内汇到甲房地产开发公司银行账户,则应按售价 5 000 000 元的 3% 享受 150 000 元的现金折扣,甲房地产开发公司实际收到金额为 4 850 000 元,编制会计分录如下:

借:银行存款   4 850 000

 财务费用   150 000

 贷:应收账款——丙公司   5 000 000

三、坏账的会计处理

坏账是企业无法收回的应收账款。由于发生坏账而造成的损失称为坏账损失。现行制度规定,确认坏账损失应符合下列条件:

(1)因债务人死亡,以其遗产清偿后,仍然不能收回的应收账款。

(2)因债务人破产,以其破产财产清偿后,仍然不能收回的应收账款。

(3)因债务人较长时期内未履行偿债义务,并有足够的证据表明无法收回或收回的可能性极小的应收账款。

企业发生的坏账,在会计上一般有直接转销法和备抵法两种处理方法。

直接转销法是指在实际发生坏账损失时,确认坏账损失,计入当期损益,同时注销该笔应收账款的方法。

直接转销法财务处理简单,但不符合权责发生制及收入与费用相配比的会计原则,而且容易虚增利润,夸大前期资产负债表上应收账款的可实现价值。

备抵法是指按期估计坏账损失,形成坏账准备,当某一应收账款全部或部分被确认为坏账时,应根据其金额冲减坏账准备,同时转销相应的应收账款金额的方法。备抵法能避免企业在利润上的虚增现象,使企业应收账款账面净值接近实际,便于报表使用者更好地了解企业财务状况,并作出正确的决策。我国现行制度规定,企业的坏账损失只能采用备抵法核算。

采用备抵法估计坏账损失的方法常用的有应收账款余额百分比法、账龄分析法、销货百分比法三种。

1. 应收账款余额百分比法

应收账款余额百分比法是指根据会计期末应收账款的余额乘以估计坏账率,得出当期应估计的坏账损失数额,据此提取坏账准备的方法。如果企业应提取的坏账准备大于其账面余额,应按其差额补提坏账准备;如果应提取的坏账准备小于其账面余额,则按其差额冲减坏账准备。

【例 5-10】　甲房地产开发公司 2006 年 12 月 31 日应收账款余额为 15 000 000元。估计坏账百分比为 4‰,若在计提坏账准备前"坏账准备"账户有贷方余额10 000元,应编会计分录如下:

借:资产减值损失　　　　　　　　　　　　　　　50 000
　　贷:坏账准备　　　　　　　　　　　　　　　　　　50 000

若在计提坏账准备前"坏账准备"账户有贷方余额 70 000 元,则应编制会计分录如下:

借:坏账准备　　　　　　　　　　　　　　　　　10 000
　　贷:资产减值损失　　　　　　　　　　　　　　　　10 000

2. 账龄分析法

账龄分析法是根据应收账款账龄时间长短来估计坏账损失的方法。采用这种方法的基本原理是:应收账款被拖欠的时间越长,发生坏账损失的可能性越大,估计坏账的比率就越高。

3. 销货百分比法

销货百分比法是以当期赊销金额的一定百分比估计坏账损失的方法。

采用销货百分比法,由于坏账损失的百分比是根据历史资料估计的,不一定与本期经营情况相适应,因此,每年应当检查百分比的合理性,假如发现偏高或偏低,应当及时调整。

5.5.3 预付账款

一、预付账款的概述

预付账款是指房地产开发企业按照合同规定预付给工程承包单位的工程款和备料款,以及按照购货合同规定预付给供应单位的购货款。预付账款是一项债权。

二、预付账款的会计处理

对预付账款的会计处理可以采用两种方式。为了加强对预付账款的管理,一般应单独设置"预付账款"账户进行核算。对于预付账款不多的企业也可以将发生的预付账款的款项记入"应付账款"账户的借方。但在编制会计报表时,仍然要将"预付账款"和"应付账款"的金额分开报告。

"预付账款"账户应设置"预付承包单位款"和"预付供应单位款"两个明细账户。

"预付账款——预付承包单位款"账户,用来核算企业按照出包工程合同的规定,预付给施工单位的工程进度款,包括向施工企业预付备料款。企业预付给承包单位工程款和备料款时,借记"预付账款——预付承包单位款"科目,贷记"银行存款"科目;企业拨付承包单位抵作备料款的材料时,借记"预付账款——预付承包单位款"科目,贷记"原材料"等科目。企业与承包单位结算工程款时,根据承包单位提交的"工程价款结算账单"承付工程款,借记"开发成本"科目,贷记"应付账款——应付工程款"科目,同时,从应付的工程款中扣回预付的工程款和备料款,借记"应付账款——应付工程款"科目,贷记"预付账款——预付承包单位款"科目。

"预付账款——预付供应单位款"科目,用来核算企业因购买材料物资,根据购货合同的约定预付给销货企业的货款。企业按照购货合同的规定预付货款时,按预付金额借记"预付账款——预付供应单位款"科目,贷记"银行存款"科目。企业收到预定的货物时,应根据发票账单等列明的应计入购入货物成本的金额,借记"原材料"等科目,贷记"预付账款——预付供应单位款"科目;补付货款时,借记"预付账款——预付供应单位款"科目,贷记"银行存款"科目。退回多付的款项时,借记"银行存款"科目,贷记"预付账款——预付供应单位款"科目。

【例 5-11】 甲房地产开发公司按照合同规定,预付承包施工企业工程款100万元,拨付原材料30万元,10个月后,承包施工企业转来"工程价款结算账

单",结算已完工程款175万元(包括材料款)。编制会计分录如下:

(1)预付工程款和拨付原材料时:

借:预付账款——预付承包单位款 1 300 000

　　贷:银行存款 1 000 000

　　　　原材料 300 000

(2)结算工程款时:

借:开发成本 1 750 000

　　贷:应付账款——应付工程款 1 750 000

借:应付账款——应付工程款 1 300 000

　　贷:预付账款——预付承包单位款 1 300 000

房地产开发企业的预付账款,如有确凿证据表明其不符合预付账款性质,或者因供货单位破产、撤销等原因已无望再收到所购货物的,应将原记入预付账款的金额转入其他应收款,并对其他应收款计提坏账准备。

5.5.4　其他应收款

其他应收款是指企业因非购销活动产生的应收债权,包括应收的各种罚款、存出保证金、备用金以及应向职工收取的各种垫付款项等。将其他应收款与应收账款和预付账款分开,单独归类反映,便于会计信息使用者分析和利用。

企业发生的应收未收其他款项时,借记"其他应收款"科目,贷记有关科目;收回各种其他应收款项时,借记"库存现金"或"银行存款"科目,贷记"其他应收款"科目。

企业应当定期或者至少于每年年度终了对其他应收款进行检查,预计其可能发生的坏账损失,并计提坏账准备。对于不能收回的其他应收款应查明原因,追究责任。对确实无法收回的其他应收款,应按照企业的管理权限,经股东大会或董事会或经理(厂长)会议或类似机构批准作为坏账损失,冲减提取的坏账准备,借记"坏账准备"科目,贷记"其他应收款"科目。

【例 5-12】 甲房地产开发公司开出转账支票代职工小王支付水费15 000元。

编制会计分录如下:

借:其他应收款——小王 15 000

　　贷:银行存款 15 000

5.6 金融资产减值

5.6.1 金融资产减值损失的确认

房地产开发公司应当在资产负债表日对交易性金融资产以外的金融资产的账面价值进行检查,有客观证据表明该企业金融资产发生减值的,应当计提减值准备。

企业判断金融资产是否发生减值,应当以表明金融资产发生减值的客观证据为基础。表明金融资产发生减值的客观证据,是指金融资产初始确认后实际发生的、对该金融资产的预计未来现金流量有影响,且企业能够对该影响进行可靠计量的事项。这些客观证据主要包括下列各项:

(1)发行方或债务人发生严重财务困难;

(2)债务人违反了合同条款,如偿付利息或本金发生违约或逾期等;

(3)债权人出于经济或法律等方面因素的考虑,对发生财务困难的债务人作出让步;

(4)债务人很可能倒闭或进行其他财务重组;

(5)因发行方发生重大财务困难,该金融资产无法在活跃市场继续交易;

(6)无法辨认一组金融资产中的某项资产的现金流量是否已经减少,但根据公开的数据对其进行总体评价后发现,该组金融资产自初始确认以来的预计未来,现金流量确已减少且可计量,如该组金融资产的债务人支付能力逐步恶化,或债务人所在国家或地区失业率提高、担保物在其所在地区的价格明显下降、所处行业不景气等;

(7)债务人经营所处的技术、市场、经济或法律环境等发生重大不利变化,使权益工具投资人可能无法收回投资成本;

(8)权益工具投资的公允价值发生严重或非暂时性下跌;

(9)其他表明金融资产发生减值的客观证据。

5.6.2 金融资产减值损失的计量

一、持有至到期投资减值损失的计量

持有至到期投资和应收款项以摊余成本后续计量,其发生减值时,应当将该金融

资产的账面价值减记至预计未来现金流量(不包括尚未发生的未来信用损失)现值,减记的金额确认为资产减值损失,借记"资产减值损失"科目,贷记有关准备科目。

对持有至到期投资确认减值损失后,如有客观证据表明该金融资产价值已恢复,且客观上与确认该损失后发生的事项有关(如债务人的信用评级已提高等),原确认的减值损失应当予以转回,在原已计提的减值准备金额内,按恢复增加的金额,借记有关准备科目,贷记"资产减值损失"科目。

短期应收款项的预计未来现金流量与其现值差额很小的,在确定相关减值损失时,可不对其预计未来现金流量进行折现。

【例 5-13】　甲房地产开发公司 2005 年 1 月购入一批乙公司发行并上市交易的债券,作为持有至到期投资,2005 年 12 月 31 日,该债券的账面价值(摊余成本)为 500 万元。该债券的发行方乙公司在 2005 年亏损 1 500 万元,出现了较为严重的财务问题,经分析判断该债券出现了减值的迹象。按照该债券的实际利率,将该债券预计未来现金流量折成的现值为 480 万元。2006 年乙公司实现净利润为 800 万,年末估计该债券未来现金流量现值为 510 万元。

因该债券 2005 年末预计未来现金流量现值 480 万元,低于其账面价值 500 万元,应当计提持有至到期投资减值准备 20 万元,作为资产减值损失计入当期损益。

借:资产减值损失　　　　　　　　　　　　　　　　　　200 000
　　贷:持有至到期投资减值准备　　　　　　　　　　　　　　200 000

2006 年末该项投资的账面金额为 480 万元,低于其预计未来现金流量现值为 510 万元,应转回原已提的减值准备 20 万元。

借:持有至到期投资减值准备　　　　　　　　　　　　　200 000
　　贷:资产减值损失　　　　　　　　　　　　　　　　　　200 000

二、可供出售金融资产减值损失的计量

可供出售金融资产发生减值的,按应减记的金额,借记"资产减值损失"科目,按应从所有者权益中转出原计入资本公积的累计损失金额,贷记"资本公积——其他资本公积"科目,按其差额,贷记"可供出售金融资产——公允价值变动"科目。

对于已确认减值损失的可供出售金融资产,在随后会计期间内公允价值已上升且客观上与确认原减值损失事项有关的,应按原确认的减值损失,借记"可供出售金融资产——公允价值变动"科目,贷记"资产减值损失"科目;但可供出售金融资产为股票等权益工具投资的(不含在活跃市场上没有报价、公允价值不能可靠计量的权益工具投资),借记"可供出售金融资产——公允价值变动"科目,贷记"资本公积——其他资本公积"科目。

可供出售金融资产发生减值后,利息收入应当按照确定减值损失时对未来现金流量进行折现采用的折现率作为利率确认。

【例5-14】 2006年1月1日,甲房地产开发公司从股票市场以每股15元的价格购入宏坤公司发行的股票2 000 000股,占宏坤公司有表决权股份的5%,对宏坤公司无重大影响,划分为可供出售金融资产。

2006年5月10日,甲公司收到宏坤公司发放的上年现金股利400 000元。

2006年12月31日,该股票的市场价格为每股13元。甲公司预计该股票的价格下跌是暂时的。

2007年,宏坤公司因违犯相关证券法规,受到证券监管部门查处。受此影响,宏坤公司股票的价格发生下跌。至2007年12月31日,该股票的市场价格下跌到每股6元。

2008年,宏坤公司整改完成,加之市场宏观面好转,股票价格有所回升,至12月31日,该股票的市场价格上升到每股10元。

假定2007年和2008年均未分派现金股利,不考虑其他因素,则甲公司的账务处理如下:

(1)2006年1月1日购入股票:

借:可供出售金融资产——成本   30 000 000
  贷:银行存款   30 000 000

(2)2006年5月确认现金股利:

借:应收股利   400 000
  贷:可供出售金融资产——成本   400 000
借:银行存款   400 000
  贷:应收股利   400 000

(3)2006年12月31日确认股票公允价值变动:

借:资本公积——其他资本公积   3 600 000
  贷:可供出售金融资产——公允价值变动   3 600 000

(4)2007年12月31日,确认股票投资的减值损失:

借:资产减值损失   17 600 000
  贷:资本公积——其他资本公积   3 600 000
    可供出售金融资产——公允价值变动   14 000 000

(5)2008年12月31日确认股票价格上涨:

借:可供出售金融资产——公允价值变动   8 000 000
  贷:资本公积——其他资本公积   8 000 000

思考题

1.北方公司 2003 年 4 月有关经济业务如下:

(1)5 日,出售商品房给甲公司合计 500 000 元,货款尚未收到。

(2)8 日,按规定预付给承包单位工程款 60 000 元。

(3)13 日,将开发完成的写字楼出租给某单位使用,并当即收到租金 10 000 元,其余 50 000 元暂欠。

(4)15 日,公司收到甲公司的 400 000 元转账支票和面值为 100 000 元的商业汇票。

(5)26 日,将 100 000 元的商业汇票申请贴现,贴现息为 600 元。

(6)29 日,公司与承包单位结算工程款 80 000 元,并用银行存款补付 20 000元。

要求:根据上述资料,编制会计凭证。

2.某房地产开发公司 2005 年 10 月 1 日购入 A 股票 2 000 股,作为交易性金融资产,当时每股市价 5 元,交易费用 200 元,12 月 31 日,市价为每股 5.5 元。2006 年 3 月 1 日以市价每股 5.2 元的价格出售。要求作出相关的会计分录。

3.某房地产企业 2003 年 1 月 2 日购入 N 企业 2003 年 1 月 1 日发行的 3 年期债券,票面利率 4%,债券面值 1 000 元,A 企业支付价款 1 028.29 万元,债券的实际利率为 3%。该债券每年付息一次(1 月 1 日),最后一年还本金并付最后一次利息。假定 A 企业按年计算利息。

要求:编制 A 企业 2003 年 1 月 2 日至 2006 年 1 月 1 日与债券投资有关业务的会计分录。

第6章

存　货

6.1 存货的内容和计价

6.1.1 房地产开发企业存货的组成

房地产开发企业的存货,是指房地产开发企业在开发经营过程中持有的以备出售的产成品或商品、处于开发过程中的在产品、在开发经营过程或提供劳务过程中耗用的材料和物料等。显然,拥有存货的最终目的是为了出售(不论是可以直接出售,还是需要进一步加工才能出售),而不是自用。这一特征可以使存货区分于固定资产等长期资产。由于房地产开发企业主要从事土地、房屋、城市基础设施和公共配套设施、代建工程的开发或经营活动,依建设项目的类型不同而有其自身的特点,因而其存货包含的范围较广。一般来说,房地产开发企业按存货用途的不同,大体可以分为以下几大类:

(1)库存材料:是指企业购入的用于房地产开发经营的各种材料,包括主要材料、结构件、机械配件、其他材料等。

(2)库存设备:是指企业在开发产品过程中作为劳动对象使用的各种通用设备,如变压器、电梯、通风设备等。

(3)低值易耗品:是指企业购入的、单位价值较低、容易损坏、未达到固定资产标准的各种用具及物品等劳动资料。

(4)委托加工材料:是指企业因技术和经济原因而委托外单位代为加工的各种材料。

(5)开发产品:是指企业已经开发完成并已验收合格,可以按照合同规定的条件移交购货单位,或者可以作为商品对外销售的产品。

(6)分期收款开发产品:是指企业以分期收款方式销售的开发产品。

(7)出租开发产品:是指企业已开发完成用于出租经营的土地和房屋。

(8)周转房:是指企业已开发完成用于安置拆迁居民周转使用的房屋。

6.1.2 存货的确认与初始计量

一、存货的确认

按照企业会计准则的规定,存货在同时满足以下两个条件时,才能加以确认。

1. 与存货有关的经济利益很可能流入企业

存货的所有权和控制权是存货包含的经济利益很可能流入企业的一个重要标志。例如,根据销售合同已经售出的存货,由于已取得现金或收取现金的权利,该存货的所有权已经转移,因其经济利益已不能流入原企业,故不能再作为企业的存货进行核算。

2. 该存货的成本能够可靠地计量

存货的成本能够可靠地计量是存货核算的基本条件。要可靠计量,必须取得确凿、可靠、可验证的证据。如企业的订货约定由于并未发生实际的购货行为,不能可靠确定成本,不能作为企业的一项存货。

判断一个项目是否为存货,首先要符合存货的概念,在此前提下,应当符合上述存货确认的两个条件。

二、存货的初始计量

企业会计准则规定,存货应以其成本入账。这表明企业在持续经营的前提下,存货入账价值的基础应采用历史成本为计价原则。存货成本包括采购成本、加工成本和其他成本。不同的存货的成本构成内容不同。

原材料、设备、低值易耗品等通过购买而取得,成本由采购成本构成;产成品、在产品、半成品、委托加工物资等通过进一步加工而取得的存货,成本应由采购成本、加工成本,以及使存货达到目前场所和状态所发生的其他成本组成。

1. 存货采购成本的构成

存货采购成本包括购买价款、相关税费、运输费、装卸费、保险费以及其他可归属于存货采购成本的费用。

一般情况下,购买价款是指企业购入的材料或设备等的发票账单上列明的价款,但不包括按规定可以抵扣的增值税款。发生购货折扣的情况下,购货价格是指已扣除商业折扣但包括现金折扣的金额。在折扣期内付款获得的现金折扣,作为理财收益,不抵减该项存货的成本。

相关税费是指企业购买、自制或委托加工存货发生的消费税、资源税和不能从销项税额中抵扣的增值税进项税额等。

可归属于存货采购成本的费用是指企业购入存货在入库前所要支付的各种费用,包括购入存货发生的包装费、运输费、装卸费、保险费以及其他可归属于存货采购成本的费用,如存货采购过程中发生的仓储费、运输途中的合理损耗、入库前的挑选整理费用等。若这些费用能分清负担对象的,应直接计入相应存货的采购成本;不能分清负担对象的,应选择合理的分配方法,如按所购存货的重量或采购价格比例,分配计入有关存货的采购成本。

2. 存货加工成本的构成

存货加工成本,由直接费和间接费构成,其实质是企业在进一步加工存货的过程中追加发生的生产成本或开发成本。有关开发产品成本的构成将在第十二章系统介绍。

3. 存货的其他成本

存货的其他成本是指除采购成本、加工成本以外的,使存货达到目前场所和状态所发生的其他支出。但要注意的是,下列费用在发生时不应计入存货成本,而应当在其发生时确认为当期费用。

(1)非正常消耗,如自然灾害而发生的直接材料、直接人工及制造费用。由于这些费用的发生不是使该存货达到目前场所和状态的必要的支出,不应计入存货成本,而应计入当期损益。

(2)仓储费用。企业在采购入库后发生的储存费用,应计入当期损益。但在生产中为达到下一个生产阶段所必需的仓储费用则应计入存货成本。

(3)不能归属于存货达到目前场所和状态的其他支出。

三、存货的计价方法

由于各种存货是分次购入或分批生产形成的,同一种类的存货往往是以不同的单位成本购入或生产出来的。要确定发出存货的价值,就需要选择和确定一定的计算方法。存货的计价方法是指对发出的存货价值和每次发出后存货结存价值确定的方法。只有正确计算和确定发出的存货价值,才能准确地计算开发成本和销售成本。

我国存货的计价方法包括用实际成本计价的方法和用计划成本计价的方法。

1. 用实际成本计价的方法

实际成本法是指企业在日常核算中,对存货的收入、发出和结存均按实际成本计价。按照现行会计制度的规定,房地产开发企业领用或发出存货,用实际成本计价的,可以采用先进先出法、加权平均法、移动平均法、个别计价法等方法确定其实际成本。

(1)先进先出法

先进先出法是假定先收到的存货先发出,并根据这一假定的成本流转程序,对发出存货和期末存货进行计价的方法。采用这种方法,收入存货时要逐笔登记购进的存货的数量、单价和金额;发出存货时先购入的存货成本在后购入的存货成本之前转出,并逐笔登记存货发出和结存金额。

采用这种方法,存货的成本流动与存货的实物流动较为接近,期末的存货成本比较接近现行的市场价值。但是这种方法工作量比较大,当物价上涨时,会高估企业当期利润和存货价值;反之,则会低估企业当期利润和存货价值。

(2)加权平均法

加权平均法是指以本月全部进货数量与月初存货结存数量作为权数,去除本月全部进货成本加上月初存货成本,计算出存货的加权平均单位成本,从而确定存货的发出成本和库存成本的方法。其计算公式为

存货单位成本=(月初库存存货的实际成本+本月各批进货的实际单位成本×

各批进货的数量)÷(月初库存存货数量+本月各批进货数量之和)

本月发出存货的成本=本月发出存货的数量×存货单位成本

本月月末库存存货的成本=月末库存存货的数量×存货单位成本

采用这种方法,平时工作量较少,只在月末计算一次加权平均单位成本,比较简单;且单位成本平均化,对存货成本的分摊较为折中。但是,这种方法平时无法从账上提供发出和结存存货的单价及金额,因而不利于加强对存货的管理。

(3)移动平均法

移动平均法也称移动加权平均法,指本次进货成本与原有库存成本之和除以

本次进货数量与原有库存数量之和,据以计算新的加权平均单价,并对发出存货和库存存货进行计价的方法。其计算公式为:

$$新加权平均单位成本＝(新进存货成本＋$$

$$原结存存货成本)÷(新进存货数量＋原结存存货数量)$$

采用这种方法,便于企业及时了解存货的结存情况,且计算的平均单位成本以及发出和结存的存货成本比较客观。但采用这种方法,每次进货都要重新计算加权平均单位成本,工作量较大。

(4)个别计价法

个别计价法是指发出的存货要根据该存货购入时的实际单位成本作为计价依据。采用这种方法,一般须具备两个条件:一是存货项目必须是可以辨别认定的;二是必须要有详细的记录据以了解每一存货或每批存货项目的具体情况。

采用这种方法,得出的发出存货成本和期末存货成本比较合理、准确。但分别记录各批存货的单价和数量,实务操作的工作量较大且困难,进货批次较多时不宜。

房地产开发企业可以根据不同情况,选择上述几种方法确定各种存货发出时的实际成本。但是,计价方法一经确定,不得随意变更。

关于存货发出时的实际成本计价,现举例说明如下:

【例6-1】 甲房地产开发公司 W 存货的期初结存和本期购入情况如下:

6月1日　　期初结存　150件　单价60元/件　计9 000元

6月8日　　发出　　　70件

6月15日　　购进　　　100件　单价62元/件　计6 200元

6月20日　　发出　　　50件

6月24日　　发出　　　90件

6月28日　　购进　　　200件　单价68元/件　计13 600元

6月30日　　发出　　　60件

(1)根据上述实例,采用先进先出法计算本期发出存货成本和期末结存存货成本如下:

本期发出存货成本＝70×60＋50×60＋30×60＋60×62＋40×62＋20×68＝16 560(元)

期末结存存货成本＝180×68＝12 240(元)

或　　　　　　　　＝9 000＋6 200＋13 600－16 560＝12 240(元)

存货采用先进先出法计价,W 存货明细分类账的登记结果,见表6-1。

表 6-1　　　　　　　　　　　　　　**库存存货明细账**

品名:W 存货　　　　　　　　　　　　　　　　　　　　　　　　　　　　　　单位:元/件

2006 年		摘要	收入			发出			结存		
月	日		数量	单价	金额	数量	单价	金额	数量	单价	金额
6	1	期初结存							150	60	9 000
	8	发出				70	60	4 200	80	60	4 800
	15	购进	100	62	6 200				80 100	60 62	11 000
	20	发出				50	60	3 000	30 100	60 62	8 000
	24	发出				30 60	60 62	1 800 3 720	40	62	2 480
	28	购进	200	68	13 600				40 200	62 68	16 080
	30	发出				40 20	62 68	2 480 1 360	180	68	12 240
		本期发出成本				270		16 560			

(2)仍以上例,采用一次加权平均法计算本期发出存货成本和期末结存存货成本如下:

加权平均单价=(9 000+6 200+13 600)/(150+100+200)=64(元/件)

本期发出存货成本=(70+140+60)×64=17 280(元)

期末结存存货成本=180×64=11 520(元)

或　　　　　　　　=9 000+6 200+13 600-17 280=11 520(元)

存货采用一次加权平均法计价,W 存货明细分类账的登记结果,见表 6-2。

表 6-2　　　　　　　　　　　　　　**库存存货明细账**

品名:W 存货　　　　　　　　　　　　　　　　　　　　　　　　　　　　　　单位:元/件

2006 年		摘要	收入			发出			结存		
月	日		数量	单价	金额	数量	单价	金额	数量	单价	金额
6	1	期初结存							150	60	9 000
	8	发出				70			80		
	15	购进	100	62	6 200				180		
	20	发出				50			130		
	24	发出				90			40		
	28	购进	200	68	13 600				240		
	30	发出				60			180	64	11 520
		本期发出成本				270	64	17 280			

(3)仍以上例,采用移动加权平均法计算本期发出存货成本和期末结存存货成本如下:

第一批存货购入后的平均单价为:

移动加权平均单价=(4 800+6 200)/(80+100)=61.11(元/件)

第二批存货购入后的平均单价为:

移动加权平均单价=(2 444+13 600)/(40+200)=66.85(元/件)

本期发出存货成本=70×60+50×61.11+90×61.11+60×66.85=16 767(元)

期末结存存货成本=180×66.85=12 033(元)

或   =9 000+6 200+13 600−16 767=12 033(元)

存货采用移动加权平均法计价,W存货明细分类账的登记结果,见表6-3。

表6-3　　　　　　　　　　　**库存存货明细账**

品名:W存货　　　　　　　　　　　　　　　　　　　　　　　　　单位:元/件

2006年		摘要	收入			发出			结存		
月	日		数量	单价	金额	数量	单价	金额	数量	单价	金额
6	1	期初结存							150	60	9 000
	8	发出				70	60	4 200	80	60	4 800
	15	购进	100	62	6 200				180	61.11	11 000
	20	发出				50	61.11	3 056	130	61.11	7 944
	24	发出				90	61.11	5 500	40	61.11	2 444
	28	购进	200	68	13 600				240	66.85	16 044
	30	发出				60	66.85	4 011	180	66.85	12 033
		本期发出成本				270		16 767			

(4)仍以上例,若通过辨认确定各批发出存货的购进批别为:6月8日发出的70件存货系期初结存的存货;6月20日发出的50件存货系6月15日的进货;6月24日发出的90件存货中有60件系期初结存的存货,有30件系6月15日的进货;6月30日发出的60件存货中有5件系期初结存的存货,有10件系6月15日的进货,有45件系6月28日的进货。

按个别计价法计算本期发出存货成本和期末结存存货成本如下:

本期发出存货成本=70×60+50×62+60×60+30×62+5×60+10×62+45×68=16 740(元)

期末结存存货成本=15×60+10×62+155×68=12 060(元)

或   =9 000+6 200+13 600−16 740=12 060(元)

表 6-4 库存存货明细账

品名：W存货　　　　　　　　　　　　　　　　　　　　　　　单位：元/件

2006 年		摘要	收入			发出			结存		
月	日		数量	单价	金额	数量	单价	金额	数量	单价	金额
6	1	期初结存							150	60	9 000
	8	发出				70	60	4 200	80	60	4 800
	15	购进	100	62	6 200				80 100	60 62	11 000
	20	发出				50	62	3 100	80 50	60 62	7 900
	24	发出				60 30	60 62	3 600 1 860	20 20	60 62	2 440
	28	购进	200	68	13 600				20 20 200	60 62 68	16 040
	30	发出				5 10 45	60 62 68	300 620 3 060	15 10 155	60 62 68	12 060
		本期发出成本				270		16 740			

2. 用计划成本计价的方法

计划成本法是指企业存货的收入、发出和结存均按预先制定的计划成本计价，同时另设"材料成本差异"科目，分类登记实际成本与计划成本的差额。待月份终了，再将本月发出存货应负担的成本差异进行分摊，随同本月发出存货的计划成本记入有关账户，从而将发出存货的计划成本调整为实际成本。采用计划成本法的企业必须先制定每一品种的存货的计划成本目录，严格规定存货的分类、名称、规格、计量单位和计划单位成本，一经制定在年度内不得随意调整。采用计划成本法有利于考核企业材料供应部门和用料部门的工作效果，也有利于减轻存货品种繁多、收发频繁的企业的会计核算的工作量。

计划成本法下，存货的总分类核算和明细分类核算均按计划成本计价。计划成本的组成内容与实际成本的构成相一致。

采用计划成本法应对发出的材料按计划成本计价，但在月末，需要通过结转"材料成本差异"账户，按发出材料的计划成本分摊其应负担的材料成本差异，从而将发出存货和期末存货的成本调整为实际成本。通常，这一核算业务是借助企业发出材料时按照领料单位和材料的用途将本月领、退料凭证进行分类、汇总、编制的"材料发出汇总表"来完成的。"材料发出汇总表"在采用实际成本法核算发出材料成本中同样有效，但与计划成本法不同的是，表中除填列发出材料的计划成本外,还要根据材料成本差异率计算并填列发出材料的计划成本应负担的材料成本差异额,将发出材料的计划成本调整为实际成本。

发出材料应负担的成本差异应当按月分摊,不得在季末或年末一次计算。发出材料应负担的成本差异,除委托外部加工发出材料可按月初成本差异率计算外,都应使用当月的实际差异率;月初成本差异率与本月成本差异率相差不大的,也可按月初成本差异率计算。计算方法一经确定,不得随意变更。材料成本差异率的计算公式如下:

本月材料成本差异率=(月初结存材料的成本差异+本月收入材料的成本差异)÷
(月初结存材料的计划成本+本月收入材料的计划成本)×100%

月初材料成本差异率=月初结存材料的成本差异÷月初结存材料的计划成本×100%

发出材料应负担的成本差异=发出材料的计划成本×材料成本差异率

【例6-2】 甲房地产开发公司7月份钢材月初结存节约差为800元,月初结存的计划成本为50 000元;本月收入超支差8 000元,本月收入的计划成本为550 000元。本月发出钢材的计划成本为450 000元;关于本月发出钢材应负担的材料成本差异额的计算过程如下:

本月原材料成本差异率=(−800+8 000)÷(50 000+550 000)×100%=1.2%

本月发出材料应负担的材料成本差异额=450 000×1.2%=5 400(元)

6.2 库存材料

6.2.1 材料按实际成本计价的核算

实际成本法下,从存货收发凭证到明细分类账全部按照实际成本计价。实际成本法一般适用于规模较小、存货品种简单、采购业务不多的企业。

一、材料取得的核算

在实际成本法下,取得原材料通过"原材料"和"在途物资"科目进行核算。"原材料"账户核算库存的各种材料,包括原料及主要材料、辅助材料、外购半成品(外购件)、修理用备件(备品备件)、包装材料、燃料等的实际成本,并应当按照材料的保管地点(仓库)、材料的类别、品种和规格等进行明细核算。本科目的期末借方余额,反映企业库存材料的计划成本或实际成本。"在途物资"科目核算的是企业采用实际成本(或进价)进行材料等物资日常核算,货款已付尚未验收入库的购入材料等物资的采购成本。该科目应当按照供应单位进行明细核算。本科目有期末借方余额,反映企业已付款,但尚未到达或尚未验收入库的在途材料等物资的采购成本。

1. 购入材料的核算

材料的采购业务,首先由工程管理部门按照开发项目、施工进度和材料消耗定额提出需要量,由采购部门结合材料的库存情况,按期编制材料供应计划和用款计划,与供应单位签订供销合同保证及时到货。然后,经仓库部门根据供应单位的发票、运输机构的提货单、银行的结算凭证和运费账单等,办理材料验收入库和货款结算两方面的手续。会计部门根据验收入库单和供应单位寄来的发票账单进行结算和记账。

由于企业采购材料的结算方式和采购地点不同,材料到达并入库与货款支付的时间通常不完全一致,其账务处理也不相同。

(1)发票账单与材料同时达到

在企业货款已付或开出、承兑商业汇票,材料已验收入库后,应根据发票账单等结算凭证确认的材料成本,借记"原材料"科目,根据取得的增值税专用发票上注明的可抵扣税额,借记"应交税费——应交增值税(进项税额)"(一般纳税人,下同),按照实际支付的款项或应付票据面值,贷记"银行存款"或"应付票据"等科目;小规模纳税人等不能抵扣增值税的,购入材料按应支付的金额,借记"原材料"科目,贷记"银行存款"或"应付票据"等科目。

(2)货款已付而材料未到

在企业已经付款或已经开出、承兑商业汇票,但材料尚未运达或尚未验收入库时,应根据发票账单等结算凭证确认的材料成本和增值税专用发票上注明的可抵扣税额,借记"在途物资"、"应交税费——应交增值税(进项税额)"科目,贷记"银行存款"或"应付票据"等科目。小规模纳税人等不能抵扣增值税的,购入材料按应支付的金额,借记"在途物资"科目,贷记"银行存款"或"应付票据"等科目。待材料到达并验收入库后,再根据收料单,借记"原材料"科目,贷记"在途物资"科目。

(3)材料已到而货款未付

在材料已到达并已验收入库,但发票账单等结算凭证未到,款项尚未支付的情况下,企业应于月末,按材料的暂估价值,借记"原材料"科目,贷记"应付账款——暂估应付账款"科目。下月初用红字作同样的记账凭证予以冲回。待下月付款或开出商业汇票后,按正常程序重新入账,借记"原材料"科目,借记"应交税费——应交增值税(进项税额)"科目,贷记"银行存款"或"应付票据"等科目;不能抵扣增值税的,购入材料按支付的金额,借记"原材料"科目,贷记"银行存款"或"应付票据"等科目。

(4)预付货款采购

在预付材料价款时,按照实际支付的价款,借记"预付账款"科目,贷记"银行存款"科目。待已经预付货款的材料验收入库时,根据发票账单所列示的价款和税款,借记"原材料"科目和"应交税费——应交增值税(进项税额)"科目;不能抵扣增值税的,购入材料按应支付的余额,借记"原材料"科目,贷记"预付账款"科目;预付款不足的,应补付货款,按补付货款借记"预付账款"科目,贷记"银行存款"科目;退回上项多付款项时,借记"银行存款",贷记"预付账款"。

【例6-3】 甲房地产开发公司为增值税一般纳税人,采购防水材料一批,取得增值税专用发票上注明的材料价款为 300 000 元,增值税额为 51 000 元。发票等结算凭证已经收到,货款已通过银行转账支付,应编制以下会计分录:

借:原材料   300 000
　　应交税费——应交增值税(进项税额)   51 000
　　贷:银行存款   351 000

【例6-4】 沿用上例资料,假设在该次采购中,购入材料的发票账单已经收到,货款已支付,但材料尚未运到。甲公司应于收到发票账单时,编制以下会计分录:

借:在途物资   300 000
　　应交税费——应交增值税(进项税额)   51 000
　　贷:银行存款   351 000

上述材料到达并验收入库时,再作以下会计处理:

借:原材料   300 000
　　贷:在途物资   300 000

【例6-5】 仍沿用例3中的基本资料,假设甲公司该次购买的材料已经运到,并验收入库,但发票账单等结算凭证尚未收到,货款尚未支付。甲公司在材料入库的当月月末,应估价入账,假设暂估价为 280 000 元。编制以下会计分录:

借:原材料   280 000
　　贷:应付账款——暂估应付账款   280 000

下月初用红字冲销以上会计分录:

借:原材料   280 000
　　贷:应付账款——暂估应付账款   280 000

收到有关结算凭证,并支付货款时:

借:原材料	300 000
应交税费——应交增值税(进项税额)	51 000
贷:银行存款	351 000

2. 自制并已验收入库的原材料的核算

自制并已验收入库的原材料,按实际成本,借记"原材料"科目,贷记"生产成本"或"开发成本"等科目。委托外单位加工完成并已验收入库的原材料,按计划成本或实际成本,借记"原材料"科目,按实际成本,贷记"委托加工物资"科目。

3. 以其他方式增加的材料的核算

以其他方式增加的材料,在材料验收入库时,按实际成本,借记"原材料"科目,按不同方式下确定的材料的实际成本,贷记有关科目。如投资者投入的原材料,应按投资各方确认的价值记入"原材料"科目,按增值税专用发票上注明的增值税额,借记"应交税费——应交增值税(进项税额)"科目,按以上两项金额合计数,贷记"实收资本(或股本)"等科目。

二、材料发出的核算

企业各项目在领用材料时,要填制"领料单",经单位主管批准后向仓库领用。"领料单"一般应一式三份,在仓库发料后填列实发数量,由发料人和领料人分别签章后一份留存仓库,一份留存领料单位,一份交会计部门。

企业对拨给工程承包单位抵作预付备料款或预付工程款的材料,应填制"拨给承包单位材料发料单",经工程管理部门批准后,向仓库办理领料手续。"拨给承包单位材料发料单"一般应一式四份,在仓库发料后填列实发数量,由发料人和领料人分别签章后一份留存仓库,一份交承包单位据以验收,一份由承包单位验收签章后留存领料部门,一份交会计部门。企业出售不需用材料时,应由供应部门填制加盖销售材料戳记的"领料单"(或"销售材料发料单"),向仓库办理领料手续。各单位领用的材料,如有多余时,要填制"退料单",及时办理退库手续。"退料单"一般应一式三份,一份在仓库验收后退回退料单位,一份留存收料仓库,一份在退库后送会计部门。对开发现场下月继续需用的已领未用材料,如需要按月计算各开发项目的各月耗用材料,可办理假退料手续,即同时填制月末退料单和下月领料单,在材料账卡办理假领假退手续,或填制"已领未用材料清单",据以在本月领用材料中减去,不在材料账卡中作退料、领料的记录。

对于开发商品房领用材料,按实际成本,借记"开发成本"、"开发间接费用"、

"销售费用"、"管理费用"等科目,贷记"原材料"科目。对于发出委托外单位加工的原材料,借记"委托加工物资"科目,贷记"原材料"科目。对于基建工程等部门领用材料,按实际成本加上不予抵扣的增值税额等,借记"在建工程"等科目,按实际成本,贷记"原材料"科目,按不予抵扣的增值税额,贷记"应交税费——应交增值税(进项税额转出)"科目。对外出售材料时,按收到或应收价款,借记"银行存款"或"应收账款"等科目,按实现的营业收入,贷记"其他业务收入"科目,按应交的增值税额,贷记"应交税费——应交增值税(销项税额)"科目,结转出售材料的实际成本时,借记"其他业务成本"科目,贷记"原材料"科目。

材料日常收发按实际成本计价时,材料的明细分类核算要同时设置"材料卡片"和"材料明细分类账"。材料卡片由仓库登记,只进行数量核算。材料明细分类账由会计部门登记,同时进行数量和金额的核算。采用这种方法,账卡资料能相互核对,有一定的制约作用,但核算工作有重复。为了避免重复记账,可以采用"账卡合一"的做法,即取消材料卡片,只设置一本既有数量又有金额的材料明细分类账,放在仓库,由仓库人员登记,会计人员定期稽核,或由仓库人员登记数量,由会计人员登记金额。

仓库管理人员在材料入库或出库后,应及时根据收料凭证和发料凭证逐笔登记材料明细分类账,并计算结存金额,然后将收发料凭证夹在登记的账页中。会计人员要定期到仓库进行稽核和计价。

6.2.2　材料按计划成本计价的核算

一、材料取得的核算

1.购入材料的核算

材料采购的核算,就是开发企业储备供应过程的核算。为了考核材料采购业务的成果,通过设置"材料采购"和"材料成本差异"两个科目,可以确定各类材料的实际成本和计划价格成本的差异。

"材料采购"科目反映企业采用计划成本进行材料日常核算而购入材料的采购成本,并应按照供应单位和物资品种进行明细核算。该科目的期末借方余额,反映企业收到发票账单已付款或已开出承兑商业汇票,但尚未到达或尚未验收入库的在途材料的采购成本。"材料成本差异"科目用以核算企业材料实际成本与计划价格成本的差异。企业根据具体情况,可以单独设置本科目,也可以在"原材料"科目设置"成本差异"明细科目进行核算。通常,该科目应当分别按照"原材料"类别或品种进行明细核算。科目的借方登记入库材料实际成本大于计划价格成本的超支额;贷方登记入库材料实际成本小于计划价格成本的节约额。另外,计划成本法下仍要设置"原材料"科目核算企业库存的各种材料,包括原料及主要材料、辅助材料、外购半成品(外购件)、修理用备件(备品备件)、包装材料、燃料等的计划成本。该科目应当按照材料的保管地点(仓库)、材料的类别、品种和规格等进行明细核算。

计划成本法下,企业购入原材料也会发生以下几种情况:

(1)发票账单与材料同时达到

对于发票账单和材料同时到达的采购业务,企业支付材料价款和运杂费等时,按应计入材料采购成本的金额,借记"材料采购"科目,按可抵扣的增值税额,借记"应交税费——应交增值税(进项税额)"科目,按实际支付或应付的款项,贷记"银行存款"、"库存现金"、"其他货币资金"、"应付账款"、"应付票据"等科目。小规模纳税人等不能抵扣增值税的,购入材料按应支付的金额,借记"材料采购"科目,贷记"银行存款"、"应付账款"、"应付票据"等科目。材料验收入库时,根据收料单,按计划成本(计划单位成本×实际入库数量)借记"原材料"科目,按实际成本贷记"材料采购"科目,实际成本大于计划成本的差异,借记"材料成本差异"科目,实际成本小于计划成本的差异,贷记"材料成本差异"科目。

(2)材料已到而货款未付

对于材料已验收入库但发票账单未到,货款未付的采购业务,为了简化核算手续,平时收料暂不作账务处理,待付款时再按"发票账单与材料同时达到"的业务作付款、收料和结转差异的会计分录;月末仍未付款的材料,才按计划成本暂估入账,借记"原材料"科目,贷记"应付账款——暂估应付账款"科目,并于下月初用红字冲销;下月付款时,再按"发票账单与材料同时达到"的业务进行账务处理。

(3)货款已付而材料未到

对于货款已付而材料尚在途中的采购业务,付款时应根据结算凭证确定的材料实际成本借记"材料采购"科目,按可抵扣的增值税额,借记"应交税费——应交增值税(进项税额)"科目,按实际支付或应付的款项,贷记"银行存款"、"库存现金"、"其他货币资金"、"应付账款"、"应付票据"等科目。小规模纳税人等不能抵扣增值税的,购入材料按应支付的金额借记"材料采购"科目,贷记"银行存款"、"库存现金"、"其他货币资金"、"应付账款"、"应付票据"等科目。待材料验收入库后,再编制按计划成本入库和结转入库材料成本差异的会计分录(其方法与"发票账单与材料同时到达"相同)。

【例6-6】 甲房地产开发公司为一般纳税人,采购水泥一批,取得的增值税专用发票上注明的材料价款为 20 000 元,增值税额为 3 400 元,发票等结算凭证已经收到,货款已通过银行转账支付,材料验收入库。该批水泥的计划成本为 21 000元。应编制以下会计分录:

借:材料采购	20 000	
应交税费——应交增值税(进项税额)	3 400	
贷:银行存款		23 400
借:原材料	21 000	
贷:材料采购		21 000
借:材料采购	1 000	
贷:材料成本差异		1 000

【例 6-7】 甲房地产开发公司采购黄沙一批,材料已经运到并验收入库,但发票账单等尚未取得,货款尚未支付,该批材料的计划成本为 30 000 元。甲公司应于月末按计划成本估价入账,会计分录如下:

借:原材料	30 000	
贷:应付账款——暂估应付账款		30 000

下月初用红字将以上分录冲销:

借:原材料	30 000	
贷:应付账款——暂估应付账款		30 000

下月收到有关结算凭证,增值税专用发票上注明的材料价款为 27 000 元,增值税额为 4 590 元,货款已通过银行转账支付。应编制以下会计分录:

借:材料采购	27 000	
应交税费——应交增值税(进项税额)	4 590	
贷:银行存款		31 590
借:原材料	30 000	
贷:材料采购		30 000
借:材料采购	3 000	
贷:材料成本差异		3 000

为了简化日常的会计核算工作,以上材料验收入库和结转材料成本差异的会计分录也可以按旬或按月汇总编制,不用逐笔编制。

2.自制并已验收入库的原材料的核算

自制并已验收入库的原材料,按计划成本,借记"原材料"科目,按实际成本贷记"开发成本"等科目,按计划成本与实际成本的差异,借记或贷记"材料成本差异"科目。

委托外单位加工完成并已验收入库的原材料,按计划成本,借记"原材料"科目,按实际成本贷记"委托加工物资"科目,按计划成本与实际成本的差异,借记或贷记"材料成本差异"科目。

3. 以其他方式增加的材料的核算

以其他方式增加的材料,在材料验收入库时,按计划成本,借记"原材料"科目,按不同方式下确定的材料的实际成本,贷记有关科目,按计划成本与实际成本的差异,借记或贷记"材料成本差异"科目。

二、材料发出的核算

开发商品房过程中领用材料,按计划成本,借记"开发成本"、"开发间接费用"、"销售费用"、"管理费用"等科目,贷记"原材料"科目。发出委托外单位加工的原材料,借记"委托加工物资"科目,贷记"原材料"科目。基建工程等部门领用材料,按计划成本加上不予抵扣的增值税额等,借记"在建工程"等科目,按实际成本,贷记"原材料"科目,按不予抵扣的增值税额,贷记"应交税费——应交增值税(进项税额转出)"科目。向其他单位销售的材料,要根据盖有销售材料戳记的领料单,按其计划成本借记"其他业务成本"科目,贷记"原材料"科目。

月末,采用计划成本法的企业还应按照发出各种材料的计划成本,结转发出材料应负担的材料成本差异,按实际成本大于计划成本的差异,借记"开发成本"、"管理费用"、"销售费用"、"委托加工物资"、"其他业务成本"等科目,贷记"材料成本差异"科目;按实际成本小于计划成本的差异,编制相反的会计分录。"材料成本差异"科目的月末余额,为库存材料(周转材料收发采用计划价格计价时,还包括周转材料,以下同)的成本差异。期末借方余额,反映企业库存原材料等的实际成本大于计划成本的差异;贷方余额反映企业库存原材料等的实际成本小于计划成本的差异。库存原材料科目月末余额加或减本科目的月末成本差异,就为库存原材料的实际成本。因此,"材料成本差异"科目是为调整库存原材料等的计划成本而设置的科目。

【例6-8】 甲房地产开发公司材料存货采用计划成本记账,2006年1月份"原材料"科目某类材料的期初余额为200 000元,"材料成本差异"科目期初借方余额为10 000元,本月入库材料计划成本800 000元,成本差异为节约25 000元,本月份开发建设项目领用材料 600 000 元,行政管理部门领用材料 50 000 元。

根据上述资料应编制会计分录如下:

借:开发成本   600 000

   管理费用   50 000

  贷:原材料   650 000

经计算,本月材料成本差异率为 $-1.5\%=[(10\ 000-25\ 000)/(200\ 000+800\ 000)]$,分配材料成本差异时,应作会计分录如下:

借:材料成本差异——原材料   9 750

  贷:管理费用   750

     开发成本   9 000

6.3 委托加工物资

6.3.1 委托加工物资业务的概述

企业购入的材料有时需要经过加工后才能使用。委托其他企业加工的材料,叫做委托加工物资。对于委托外企业加工的材料,虽仍属于本企业所有,但不存放于本企业仓库,所以不能在"原材料"科目进行核算。为了反映委托外企业加工材料的成本以及有关加工、运输费用,要设置"委托加工物资"科目,并按加工合同设置明细分类账,以便核算各批加工材料的实际成本,并及时进行清理结算。

由于委托外企业加工的材料可能在当月加工完成入库,在材料日常收发按计划成本计价时,就必须在月末计算材料成本差异以前,确定发给外企业加工材料的实际成本,而这在实际上是难以做到的。因此,对发出加工材料在材料日常收发按计划成本计价时,一般都按计划成本计算,并不分摊材料成本差异;如要负担成本差异,可按上月材料成本差异率计算。

企业在将材料发给外企业加工时,要由供应部门根据加工合同和"委托加工发料单"通知仓库发料。"委托加工发料单"一般一式五份,一份由仓库发料后留存,据以登记"材料卡片"或委托加工物资明细分类账;一份连同加工材料交加工企业;一份交还供应部门,据以考核加工合同执行情况;两份送交会计部门。

6.3.2　委托加工物资业务的会计处理

"委托加工发料单"中发出材料的成本在材料日常收发按实际成本计价时,应填列实际成本;在材料日常收发按计划成本计价时,填列计划成本。

会计部门收到两份"委托加工发料单"后,应以一份印有"加工费"、"运输费"和"实际成本合计"三栏的发料单代替委托加工物资明细分类账;另一份作为发料凭证,据以记入"委托加工物资"科目的借方和"原材料"科目的贷方。对于支付的加工费和运输费,要根据受托加工企业和运输机构的账单,记入"委托加工物资"科目的借方和"银行存款"等科目的贷方。

【例6-9】　甲房地产开发公司发出原木2 m³,委托东方门窗加工厂加工纱窗150 m²。原木单价为600元/m³。则在发出2 m³原木委托加工时,应作:

借:委托加工物资　　　　　　　　　　　　　　　　　1 200
　　贷:原材料　　　　　　　　　　　　　　　　　　　　1 200

根据东方门窗加工厂账单,从银行存款支付加工费1 600元,窗纱费600元,运输费300元时,应作:

借:委托加工物资　　　　　　　　　　　　　　　　　2 500
　　贷:银行存款　　　　　　　　　　　　　　　　　　　2 500

企业收到加工完成材料时,要由收料仓库验收后填制盖有"外部加工"戳记的"收料单",会计部门根据"收料单"在代替委托加工物资明细分类账的"委托加工发料单"中结算该批加工材料的实际成本(包括发出加工材料的成本、加工费和运输费)。在材料日常收发按计划成本计价时,应将加工完成材料的计划成本与实际成本的差异,分别自"委托加工物资"科目转入"原材料"和"材料成本差异"科目,即将加工完成材料的计划成本自"委托加工物资"科目的贷方转入"原材料"科目的借方;加工完成材料的实际成本大于计划成本的成本差异,自"委托加工物资"科目的贷方转入"材料成本差异"科目的借方,加工完成材料的实际成本如果小于计划成本,做相反的处理。

在材料日常收发按实际成本计价时,应将加工完成材料的实际成本自"委托加工物资"科目的贷方转入"原材料"科目的借方。

如有剩余材料退回时,应将退回材料的计划成本或实际成本,自"委托加工物资"科目的贷方转入"原材料"科目的借方。

6.4 库存设备

设备类存货是房地产开发企业的特殊存货。企业购入的用于房地产开发经营的各种库存设备,如电器设备、卫生设备、通风设备,其性质类似于库存材料,均只能在一次开发过程中使用,并在开发过程中大都变更或消失其原有物质形态,或将其本身的物质加到开发产品的物质上去,成为开发产品的有机组成部分。由于房地产开发企业的设备和原材料在用途上相似,在会计上都作为存货核算,按照流动资产类别进行管理。

6.4.1 设备取得和发出业务的概述

房地产开发企业对用于开发工程的设备的核算,通常应由会计部门、供应部门及其所属设备仓库进行。在一般情况下,供应部门负责编制设备供应计划、签订合同和检查合同的执行情况;设备仓库负责设备的收、发、保管、清查盘点等工作;会计部门负责设备价款的结算,设备成本的计算,设备收、发价值的核算。

供应部门按照设备的供应计划组织采购,签订合同,供应部门在接到发票、托收承付结算凭证、运输机构运单、提货单等收货凭证时,应注意以下几点:

(1)检查发票所列设备名称、型号规格、数量、价格及发货日期是否与合同相符,监督并记录合同的执行情况。

(2)决定对发票中所列价款的全部承付、部分承付或拒绝承付,并在发票或结算凭证上注明。

(3)将运输机构运单或提货单交提货部门或设备仓库提取设备,发票及结算凭证交会计部门。

设备的验收是设备采购入库环节关键的一环,通常可分为初步验收和技术验收两步进行。初步验收也叫到站验收,一般是指在设备的到达站,根据运单通过查看箱件的数量、外表的完好性、是否符合装运条件、有无错算运费等等,以便分清与运输单位的责任。如发现箱件短缺,应共同作出正式记录,以便进一步检查,发现问题后提出赔偿。对国外进口设备的技术验收,也叫开箱验收,一般应在国外设备运到指定地点后立即组织有关人员进行,其目的在于验证箱内设备是否与发货清单、订货合同相符,并对设备的完好性提出鉴定意见。技术验收时,应依据发货清单或有关图纸等技术资料,在开箱后以目测结合必要的仪器、工具,查对品名、数量及应有附件,并对质量进行检查。验收完毕后,要填制验收记录。国内设备的验收,一般可参照承制厂的出厂证明,代替技术验收。

经技术验收后的设备,应办理入库手续,由仓库管理人员填制设备入库单。设备入库单除了包括设备及其验收的有关记录外,还可考虑在其中两份印上:出库单号数、发出数量金额、结存数量金额等栏,用以代替仓库部门和会计部门的设备卡片,以免另行登记设备卡片。

各工程项目调出库存设备进行安装时,必须认真办理出库手续,由领用单位填制设备出库单,经供应部门审查签字后交由设备仓库发货,并填写实发数量。设备出库单通常一式四份:一份由领料单位留存;三份在提取设备后交设备仓库,其中一份由仓库据以登记设备卡片,一份送供应部门,一份交会计部门作为发出设备的核算凭证。设备经仓库人员当面逐件一次验交清楚,出库后,不再进行二次验交。对直达工地的设备,由供应部门在工地直接向安装单位办理验交手续。设备出库后,领用单位应负责妥善保管,严防丢失、损坏和盗窃等事故。

6.4.2 设备采购、收发业务的会计处理

房地产开发企业通常可以增设"库存设备"科目对库存的各种设备进行总分类核算,在性质上类似于设置"原材料"科目核算库存的各种材料。"库存设备"应按每一设备名称、型号、规格在开设的设备卡片中进行收发的明细分类核算。

为了简化手续,设备卡片可用印有出库、结存数量和金额三栏的"设备入库单"代替(代设备卡片联)。对于登记的设备卡片,最好分别放在两个卡片箱(或卡片夹)内。一个是放置库存设备的卡片的库存箱;另一个是放置已经出库设备的卡片的出库箱。对于库存、出库的设备卡片,也可再按所需用的开发工程项目分别区分。库存设备出库时,即应将它的卡片自库存箱(或夹)内抽出放入出库箱(或夹)内。如果库存设备卡片中设备只发出一部分,尚有部分没有发出,则仍将设备卡片留存库存箱(或夹)内。季度或年度终了时,应对库存箱(或夹)内设备卡片的结存金额加总,与"库存设备"科目的余额核对,以保证账卡相符。

类似于库存材料的日常核算,企业的库存设备可以采用实际成本或计划成本核算。如果设备采用实际成本进行日常收发核算,应设置"库存设备"科目核算设备的采购成本并总括反映和考核设备采购、收、发、结存情况,另在"在途物资"科目下设置"在途设备"二级明细科目核算企业采用实际成本日常核算下货款已付尚未验收入库的购入设备的采购成本。

如果设备采用计划成本进行日常核算,则应设置"材料采购——设备"、"库存

设备"以及"材料成本差异"科目。"材料采购——设备"科目用以核算企业购入各种设备的采购成本;"库存设备"科目用以核算企业所有库存设备的计划成本。"材料成本差异"科目下设"设备"二级明细科目核算企业各种设备的实际成本与计划成本的差异。

【例 6-10】 甲房地产开发公司购入电梯一台,买价(含进项税额)800 000 元,运杂费 20 000 元,价款和运杂费已用银行存款支付。

(1)根据购货发票、银行结算凭证等作如下分录:

借:材料采购——设备		820 000
贷:银行存款		820 000

(2)电梯验收入库,电梯的计划成本为 826 400 元。

借:库存设备		826 400
贷:材料采购——设备		820 000
材料成本差异——设备		6 400

6.5 周转材料

6.5.1 周转材料业务的概述

开发企业自行组建施工队伍进行开发项目工程施工的,除使用各种一次性消耗材料外,还要使用一些在施工中多次周转仍保持其原有物质形态的材料,即通常所说的"工具性材料、材料型工具"。这些材料,一般可分为如下四类:

一、模板

指浇制混凝土用的钢、木或钢木组合的模型板,以及配合模板使用的支撑材料和滑模材料。

二、挡板

指土方工程用的挡土板及支撑材料。

三、架料

指搭脚手架用的竹、木杆、跳板以及钢脚手。

四、其他

如塔吊用的转轨、枕木等。

包装物及低值易耗品也可并入周转材料进行核算。由于上列材料与一次性消耗材料不同,企业应专设"周转材料"科目单独核算企业能够多次使用,并可基本保持原来的形态而逐渐转移其价值的各种周转材料的计划成本或实际成本,并应当按照周转材料的种类分别设置"在库"、"在用"和"摊销"三个二级科目进行核算,分别反映在库周转材料的原值(如果周转材料在购入时即与其他分开核算)、在用周转材料的原值和损耗价值。由于周转材料在施工中能反复使用,它的价值是逐渐转移于工程成本中的,在核算上要求既要反映它的原值,又要反映它的损耗价值。因此,"周转材料"科目的期末借方余额,反映企业在库周转材料的计划成本或实际成本以及在用周转材料的摊余价值。

6.5.2　周转材料业务的会计处理

周转材料主要有以下五种主要的账务处理:

(1)企业购入、自制及委托外单位加工完成并已验收入库的周转材料等,比照"原材料"科目进行处理。

(2)企业应当根据具体情况对周转材料采用一次转销法、分期摊销法、分次摊销法或者定额摊销法四种主要方法。

①一次转销法,一般应限于易腐、易损的周转材料,于领用时一次计入成本、费用。

②分期摊销法,按照周转材料的预计使用期限分期摊入有关的成本、费用。计算公式如下:

周转材料每月摊销额=周转材料原值×(1-残值率)/预计使用月数

③分次摊销法,根据周转材料的预计使用次数摊入成本、费用。计算公式如下:

转材料每使用一次摊销额=周转材料原值×(1-残值率)/预计使用次数

④定额摊销法,根据实际完成的实物工作量和预算定额规定的周转材料消耗定额,计算确认本期摊入成本、费用的金额。计算公式如下:

周转材料每月摊销额=该月完成的实际工程量×单位工程量周转材料消耗定额

（3）领用、摊销和退回周转材料。企业各工程项目领用周转材料时，必须认真办理领料出库手续，由领用单位填制"领料单"，经审查签字后交由材料仓库发货，并填写实发数量。会计部门根据仓库交来的"领料单"，将其成本自"原材料"科目的贷方转入"周转材料"科目的借方。如果周转材料在购入时即与其他材料分开核算的，则：

①采用一次转销法的，领用时应按其账面价值，借记"开发成本"等科目，贷记"周转材料"科目。

②采用其他摊销法的，领用时应按其账面价值，借记"周转材料——在用"科目，贷记"周转材料——在库"科目；摊销时应按摊销额，借记"开发成本"、"销售费用"等科目，贷记"周转材料——摊销"科目；退库时应按其价值，借记"周转材料——在库"科目，贷记"周转材料——在用"科目。

（4）周转材料报废。

①采用一次转销法的，应按报废周转材料的残料收入价值，借记"原材料"等科目，贷记"开发成本"等科目。

②采用其他摊销法的，按应补提摊销额，借记"开发成本"等科目，贷记"周转材料——摊销"科目；按报废周转材料的残料价值，借记"原材料"等科目，贷记"开发成本"等科目，同时按已提摊销额，借记"周转材料——摊销"科目，贷记"周转材料——在用"科目。

（5）采用计划成本进行周转材料日常核算的，月末结转领用周转材料应分摊的成本差异，借记"开发成本"、"销售费用"等科目，贷记"材料成本差异"科目，实际成本小于计划成本的差异编制相反的会计分录。

6.5.3 周转材料摊销方法的举例

一、分期摊销法

以木脚手板为例，采用分期摊销法摊销周转材料。首先，要预计木脚手板的使用月数，计算每立方米木脚手板的月摊销额。假设木脚手板预计可使用 48 个月，每平方米木脚手板的价格为 500 元，残值率（残值占原值的百分比）为 3％。则摊销额计算过程如下：

每立方米木脚手板月摊销额＝500×（1－3％）÷48＝10.10（元）

【例 6-11】 2006 年 3 月甲房地产开发公司在某项工程中共使用木脚手板

4 立方米,则 3 月份该项工程木脚手板的摊销额为:

$$木脚手板摊销额:4 立方米×10.10 元/立方米＝40.4(元)$$

会计分录如下:

(1)领用时:

借:周转材料——在用	2 000
贷:周转材料——在库	2 000

(2)3 月末摊销时:

借:开发成本——××工程	40.4
贷:周转材料——摊销	40.4

二、分次摊销法

以定型模板为例,采用分次摊销法摊销周转材料。首先,要预计定型模板的周转总次数,计算出每套模板平均周转一次的摊销额,然后按照各项工程实际周转次数和每次摊销额,计算各项工程的摊销额,直接计入有关工程成本。

$$每套模板周转一次摊销额＝(每套模板造价－残值)÷预计周转次数$$

也可先按下列公式计算每平方米建筑面积平均损耗的模板,然后按照各项工程完成的建筑面积计算各项工程的摊销额。

$$每平方米建筑面积的模板损耗额(即模板摊销额)＝(每套模板造价－残值)÷$$
$$(预计周转次数×每套模板一次能施工的建筑面积)$$

【例 6-12】　甲房地产开发公司所属施工单位有一套定型模板,造价为 150 000 元,每次能施工 500 平方米建筑面积,预计能周转使用 60 次,预计残值为 5 000 元,则这套定型模板的每平方米建筑面积平均损耗额为:(150 000－5 000)÷(60×500)＝4.83(元/平方米)

假设 2006 年 4 月该单位领用这套定型模板,当月完成建筑面积 2 000 平方米,则应摊销的模板费用为:

$$4.83×2 000＝9 660(元)$$

假设这套模板 2007 年 2 月报废,回收残料入库,价值 5 000 元,会计分录如下:

(1)首次领用模板:

借:周转材料——在用	150 000
贷:周转材料——在库	150 000

(2)2006 年 4 月末摊销模板:

借：开发成本——××工程   9 660

　　贷：周转材料——摊销   9 660

(3)2007 年 2 月模板报废，假设截至 2 月初已摊销模板共计 120 000 元，则应补提摊销额 30 000 元：

借：开发成本——××工程   30 000

　　贷：周转材料——摊销   30 000

报废模板的残料价值入库：

借：原材料   5 000

　　贷：开发成本   5 000

转销已报废的模板：

借：周转材料——摊销   150 000

　　贷：周转材料——在用   150 000

6.6　开发产品

6.6.1　开发产品的概述

一、开发产品的内容

开发产品是指房地产开发企业已经完成全部开发过程，并已验收合格，合乎设计标准，可以按照合同规定的条件移交购货单位或者可以作为商品对外销售的产品，包括已开发完成的土地、房屋、配套设施和代建工程等。

二、开发产品的分类

开发产品按用途的不同可分为以下几类：

1.土地

土地是指房地产开发企业为出租或有偿转让而开发的商品性建设场地。企业为建设商品房、出租房、周转房而开发的自用建设场地属于企业的中间产品，不能列入开发产品。但如果企业开发完工的自用建设场地近期不使用，可以暂时视同最终产品。

2.房屋

房屋包括为销售而开发建设的商品房、为出租而开发建设的出租房、为安置被拆迁居民周转使用而开发建设的周转房和受其他单位委托代为开发的房屋。

3.配套设施

配套设施是指属于城市建设规划中的大型配套设施,具体包括以下几项:

(1)开发项目外为居民服务的给排水、供电、供暖、供气的增容及交通道路。

(2)开发项目内的营业性公共配套设施,如银行、商店、邮局等。

(3)开发项目内的非营业性公共配套设施,如中小学、医院、文化站等。

4.代建工程

代建工程是指企业接受其他单位委托,代为开发建设的各种工程,包括建设场地、房屋及其他工程等。

三、特殊开发产品的核算

对于一些特殊的开发产品,企业应单独设置账户进行核算,这些特殊的开发产品包括:

(1)分期收款开发产品。这是指企业以分期收款方式销售的在全部款项收回之前其全部或部分产权仍归属企业的开发产品。

(2)出租开发产品。这是指房地产开发企业利用开发完成的土地和房屋,进行商业性出租的开发产品。其特点是以营利为目的,以收取租金作为经营获利的手段。

(3)周转房。这是指房地产开发企业用于安置拆迁居民周转使用、产权归本企业所有的各种房屋。具体包括:①在开发建设过程中已明确其为安置被拆迁居民周转使用的房屋;②企业开发完成的商品房,在尚未销售以前用于安置被拆迁居民周转使用的房屋;③企业搭建的用于安置被拆迁居民周转使用的临时性简易房屋。

6.6.2 开发产品的会计处理

为核算企业已完成产品的实际成本,企业应设置"开发产品"账户,该账户借方登记竣工验收开发产品的实际成本,贷方反映结转对外转让、销售和结算的开发产品的实际成本。借方余额反映尚未转让、销售和结算的开发产品的实际成本。本账户应按土地、房屋、配套设施和代建工程等设置明细账户,并在明细账户下按成本核算对象设置账页进行核算。

【例 6-13】 甲房地产开发公司开发建设的高科家园小区,本月有关业务如下:

(1)小区 2 号楼已竣工,验收合格,实际总成本 3 000 万元。应作账务处理如下:

借:开发产品——2 号楼　　　　　　　　　　　　　　　30 000 000
　　贷:开发成本——房屋开发成本——1 号楼　　　　　30 000 000

(2)企业开发的高科家园小区配套工程换热站已竣工验收,实际成本为 380 万元。应作账务处理如下:

借:开发产品——配套设施——换热站　　　　　　　　　3 800 000
　　贷:开发成本——配套设施开发成本——换热站　　　　3 800 000

(3)高科家园小区 1 号楼销售完毕,共取得销售收入 720 万元,结转销售成本 540 万元。应作账务处理如下:

借:库存现金　　　　　　　　　　　　　　　　　　　　7 200 000
　　贷:主营业务收入　　　　　　　　　　　　　　　　7 200 000
借:主营业务成本——商品房销售成本　　　　　　　　　5 400 000
　　贷:开发产品——1 号楼　　　　　　　　　　　　　5 400 000

(4)将开发的配套设施商店,作为从事第三产业的经营用房投入使用,实际成本 260 万元。应作账务处理如下:

借:固定资产——商店　　　　　　　　　　　　　　　　2 600 000
　　贷:开发产品——配套设施开发成本——商店　　　　　2 600 000

6.7　存货清查与期末计量

6.7.1　存货的盘存与清查

一、存货的盘存制度

通常,企业存货的数量要通过实地盘存制和永续盘存制来确定。

1.实地盘存制

实地盘存制,亦称定期盘存制,是指会计期末通过对全部存货进行实地盘点,以确定期末存货数量的方法。在实地盘存制下,平时只记存货的收入数量,不记发出数量,只有通过每一期末的实地盘点确定的期末存货数量才能倒挤出本期所发出存货的数量。因此,这一方法通常又称为"以存计耗"。其基本数量等式为:

本期发出存货成本＝期初存货成本＋本期收入存货成本－期末存货成本

采用这一方法,平时只记录有关存货取得的业务,不记发出,因而简化会计核算是其最大的优点。但实地盘存制增加了期末的工作量,不仅如此,由于不能随时反映存货的收、发、结存的变化情况,不便于存货的动态管理。另外,"以存计耗"的方法使存货管理中的自然和人为损失全部倒挤到存货发出成本中,从而容易掩盖存货管理的漏洞。因此,实地盘存制一般适用于那些自然消耗大、数量不稳定的鲜活商品等。

2. 永续盘存制

永续盘存制,亦称账面盘存制,是指通过对存货项目设置明细账,对存货的收入、发出进行逐笔或逐日登记,并随时结存账面金额的方法。这一方法完整地在账簿上反映了存货的收入、发出和结存的情况,无需通过期末的实物盘点确定当期发出存货和期末结存存货数量,在没有发生自然和人为的损失的情况下,存货账户的余额应与实际库存相符。但是,永续盘存制不能排除实地盘点。为了核对存货的账面记录,加强存货管理,每年至少应对存货进行一次全面盘点。永续盘存制能随时反映企业各类存货的收发和结存状态,有利于加强存货库存管理和销售管理,是其最大的优点。但平时存货明细核算的工作量较大,这一缺点在存货品种规格繁多的企业更加突出。

二、存货盘盈、盘亏的核算

为了保证材料、设备的完整,做到账实相符,房地产开发企业必须建立材料、设备清查盘点制度。由于材料、设备种类繁多,收发频繁,并分散在各个仓库、现场存储,加上有的材料计量不准、自然损耗、收发时点错数量,以及人为造成短缺等原因,经常使账面材料结存数量与实际数量不符。因此,必须通过清查盘点进行检查核实。材料、设备盘点制度不仅可以保证账实相符,给会计核算提供正确可靠的资料,同时还有以下几个方面的作用:

(1)促使企业摸清家底,积极处理积压材料、设备,加速流动资金周转。

(2)可以发现材料、设备短缺和损坏情况,揭发违法乱纪行为,以便追究责任。

(3)可以发现材料、设备供应和仓库管理方面存在的问题,促使企业改革不合理的规章制度,改善经营管理,加强经济核算。

盘点存货时,必须要确定存货盘点的范围,成立存货清查领导小组,按照一定程序进行盘点,并应当编制"存货盘存报告单",作为存货清查的原始凭证。通过核对存货的盘存记录与存货的账面记录,应对账实不符的情况作出及时记录,对于账面存货小于实际存货的盘盈、账面存货大于实际存货的盘亏要记入"待处理财产损溢"科目,经清查领导小组审查提出处理意见并按规定报有关部门审批后进行处理。

1.存货盘盈的会计处理

企业发生盘盈的存货,经查明是由于收发计量或核算上的误差等原因造成的,应及时办理存货入账的手续,增加存货的账存数量,并应按同类或类似存货的市场价格作为实际成本,借记"原材料"、"库存设备"等存货科目,贷记"待处理财产损溢——待处理流动资产损溢"科目。按规定程序经有关部门批准后,转销"待处理财产损溢——待处理流动资产损溢"科目,冲减"管理费用"。

2.存货盘亏或毁损的会计处理

企业在存货清查过程中发现盘亏或毁损时,应根据"存货盘存报告单",及时编制"存货盘点报告表"办理存货的销账手续,减少存货的账存数量。按盘亏、毁损存货的实际成本,借记"待处理财产损溢——待处理流动资产损溢"科目,贷记"原材料"、"库存设备"等相关存货科目。

对于采用计划成本法核算的盘亏、毁损的存货,则应按存货的实际成本,借记"待处理财产损溢——待处理流动资产损溢"科目;按盘亏、毁损存货的计划成本,贷记"原材料"、"库存设备"等科目;按计算的盘亏存货应负担的差异,借记或贷记"材料成本差异"科目。

经有关部门查明原因并审核批准后,应根据存货盘亏或毁损造成的原因,进行不同的会计处理:

(1)属于计量收发的差错和管理不善等原因造成的存货短缺,如能确定过失人员应负经济责任的,对赔偿款应借记"其他应收款——××"科目;能收回的保险赔偿,按应收保险公司赔款,借记"其他应收款——应收保险赔偿"科目,有残料可回收入库的,借记"原材料"科目,将扣除残料价值、可收回的保险赔偿和过失人的赔偿后的损失借记"管理费用"科目,并冲销"待处理财产损溢——待处理流动资产损溢"。

(2)属于自然灾害等非正常原因造成的存货毁损,若能收回保险赔偿,按应收保险公司赔款,借记"其他应收款——应收保险赔偿"科目;有残料可回收入库的,借记"原材料"科目;按扣除材料价值、可以收回的保险赔偿的净损失,借记"营业外支出——非常损失"，冲销"待处理财产损溢——待处理流动资产损溢"。

【例 6-14】 甲房地产开发公司在存货清查中发现盘盈甲种材料 400 千克，市场价格 60 元/千克，经查明盘盈的材料属于材料收发计量上的错误，应作如下会计处理：

(1)批准处理前：

借：原材料——甲种材料　　　　　　　　　　　　　24 000
　　贷：待处理财产损溢——待处理流动资产损溢　　　　　24 000

(2)按规定报经批准后：

借：待处理财产损溢——待处理流动资产损溢　　　　　24 000
　　贷：管理费用　　　　　　　　　　　　　　　　　24 000

【例 6-15】 甲房地产开发公司在存货清查中发现盘亏乙种材料 50 千克，实际成本 40 元/千克，经核查属于材料保管员的过失造成，按规定由个人赔偿 1 000 元，残料价值 600 元已经办理入库手续，应作如下会计处理：

(1)批准处理前：

借：待处理财产损溢——待处理流动资产损溢　　　　　2 000
　　贷：原材料——乙种材料　　　　　　　　　　　　　2 000

(2)批准处理后：

借：原材料　　　　　　　　　　　　　　　　　　　600
　　其他应收款——××　　　　　　　　　　　　　1 000
　　管理费用　　　　　　　　　　　　　　　　　　400
　　贷：待处理财产损溢——待处理流动资产损溢　　　　　2 000

6.7.2　期末存货的计量

根据企业会计准则的规定，在资产负债表日，存货应当按照成本与可变现净值孰低计量。即当可变现净值低于成本时，应按可变现净值计价，按其差额计提存货跌价准备；当成本低于可变现净值时，存货按成本计价，但原已计提存货跌价准备的，应在已计提存货跌价准备金额的范围内转回。

这里"成本"是指存货的历史成本。"可变现净值"是指资产负债表日以存货的估计售价减去至完工时估计将要发生的成本、销售费用以及相关税费后的金额。企业销售存货预计取得的现金流入，并不完全构成存货的可变现净值。由于存货在销售过程中可能发生相关税费和销售费用，以及为达到预定可销售状态还可能发生进一步的加工成本，这些相关税费、销售费用和成本支出，均构成存货销售产生现金流入的抵减项目,只有在扣除这些现金流出后,才能确定存货的可变现净值。

一、存货的可变现净值低于成本的判断

1. 存货存在下列情形之一的,表明存货的可变现净值低于成本

(1)该存货的市场价格持续下跌,并且在可预见的未来无回升的希望;

(2)企业使用该项原材料生产的产品成本大于产品的销售价格;

(3)企业原有库存原材料已不适应新产品的需要,而该原材料的市场价格又低于其账面成本;

(4)因企业所提供的商品或劳务过时或消费者偏好改变而使市场的需求发生变化,导致市场价格逐渐下跌;

(5)其他足以证明该项存货实质上已经发生减值的情形。

2. 存货存在下列情形之一的,表明存货的可变现净值为零

(1)已霉烂变质的存货;

(2)已过期且无转让价值的存货;

(3)生产中已不再需要,并且已无使用价值和转让价值的存货;

(4)其他足以证明已无使用价值和转让价值的存货。

二、可变现净值的确定

企业在确定存货的可变现净值时,应当以取得的确凿证据为基础,并且考虑持有存货的目的、资产负债表日后事项的影响等因素。

1. 确定存货的可变现净值应当以取得确凿证据为基础

确定存货的可变现净值必须建立在取得的确凿证据的基础上。这里所讲的"确凿证据"是指对确定存货的可变现净值和成本有直接影响的客观证明。

(1)存货成本的确凿证据

存货的采购成本、加工成本和其他成本及以其他方式取得的存货的成本,应当以取得外来原始凭证、生产成本账簿记录等作为确凿证据。

(2)存货可变现净值的确凿证据

存货可变现净值的确凿证据,是指对确定存货的可变现净值有直接影响的确凿证明,如产成品或商品的市场销售价格、与产成品或商品相同或类似商品的市场销售价格、销货方提供的有关资料和生产成本资料等。

2. 确定存货的可变现净值应当考虑持有存货的目的

由于企业持有存货的目的不同,确定存货可变现净值的计算方法也不同。如用于出售的存货和用于继续加工的存货,其可变现净值的计算就不相同,因此,企业在确定存货的可变现净值时,应考虑持有存货的目的。企业持有存货的目的,通常可以分为:

(1)持有以备出售,其中又分为有合同约定的存货和没有合同约定的存货;

(2)将在生产过程或提供劳务过程中耗用的存货,如材料等。

3. 确定存货的可变现净值应当考虑资产负债表日后事项等因素的影响

资产负债表日后事项应当能够确定资产负债表日存货的存在状况。即在确定资产负债表日存货的可变现净值时,不仅要考虑资产负债表日与该存货相关的价格与成本波动,而且还应考虑未来的相关事项。也就是说,不仅限于财务报告批准报出日之前发生的相关价格与成本波动,还应考虑以后期间发生的相关事项。

三、不同情况下存货可变现净值的确定

(1)开发产品和用于出售的材料等直接用于出售的存货,在正常生产和开发经营过程中,应当以该存货的估计售价减去估计的销售费用和相关税费后的金额确定其可变现净值;

(2)用于生产的材料、在建开发产品或自制半成品等需要经过加工的存货,在正常生产和开发经营过程中,应当以所生产和开发的产成品的估计售价减去至完工时估计将要发生的成本、估计的销售费用以及相关税费后的金额确定其可变现净值;

(3)为执行销售合同或者劳务合同而持有的存货,其可变现净值通常以合同价格为基础计算。企业持有存货的数量多于销售合同订购数量的,超过部分的存货可变现净值应当以一般销售价格为基础计算;若少于销售合同订购数量的,其可变取净值应以合同市场价格为基础核算。

【例 6-16】 甲房地产开发公司的某项目完工,准备将多余螺纹钢就地出售。2005 年 9 月 10 日与某公司签订销售合同,定于 2006 年 4 月 1 日前出售 300 吨,单价为每吨 3 160 元。2005 年 12 月 31 日,甲房地产开发公司库存螺纹钢 500 吨,单位成本 3 100 元/吨。2005 年 12 月 31 日,螺纹钢的市场销售价格为 3 150 元/吨。假设销售费用及税金为每吨 450 元,确定该公司 2005 年 12 月 31 日应计提的存货跌价准备金额。

由于公司期末持有存货的数量500吨多于销售合同订购数量300吨,存货可变现净值应当分有合同约定价格和没有合同约定价格两部分计算。

合同内数量的存货可变现净值＝300×(3 160－450)＝813 000(元)

超过合同数量的存货可变现净值＝200×(3 150－450)＝540 000(元)

2005年12月31日存货可变现净值＝813 000＋540 000＝1 353 000(元)

2005年12月31日应计提的存货跌价准备＝500×3 100－1 353 000＝197 000(元)

四、存货跌价准备的核算

对于存在以上情形表明资产负债表日存货的可变现净值低于成本的,企业应按照个体存货项目计提存货跌价准备。对于数量繁多、单价较低的存货,也可以按照存货类别计提存货跌价准备。

企业应单独设置"存货跌价准备"科目核算企业存货发生减值时计提的存货跌价准备。"存货跌价准备"科目是材料、设备、开发产品等存货科目的备抵科目,用以核算企业提取的存货跌价准备。

(1)资产负债表日,企业确定存货发生减值的,按存货可变现净值低于成本的差额,借记"资产减值损失"科目,贷记"存货跌价准备"科目。

(2)以前减记存货价值的影响因素已经消失的,减记的金额应予以恢复,并在原已计提跌价准备的金额内转回,转回的金额计入当期损益,即按恢复增加的金额,借记"存货跌价准备"科目,贷记"资产减值损失"科目。

(3)发出存货结转计提的存货跌价准备的,借记"存货跌价准备"科目,贷记"主营业务成本"等科目。

(4)企业(建造承包商)按建造合同准则确定合同预计总成本超过合同总收入的,应按其差额,借记"资产减值损失"科目,贷记"存货跌价准备"科目。合同完工时,借记"存货跌价准备"科目,贷记"主营业务成本"科目。

"存货跌价准备"科目的贷方余额,反映企业已提取的材料、设备等存货可变现净值低于成本的跌价准备,在编制资产负债表时,应将它从"存货"项目中减去。

【例6-17】 甲房地产开发公司2006年12月31日存货的账面成本为1 200 000元,市场价格总额为1 140 000元,假设不发生其他购买费用。由于存货的可变现净值小于账面成本,应计提的存货跌价准备为60 000元,应作如下会计处理:

借:资产减值损失　　　　　　　　　　　　　　　　60 000

　贷:存货跌价准备　　　　　　　　　　　　　　　　　60 000

思考题

1. 房地产开发企业存货组成内容有哪些?

2. 原材料按实际成本法核算与按计划成本法核算在账户设置和会计处理上有什么区别?

3. 资料:宏坤房地产开发公司3月份A材料购入和领用情况如下表所示:

3月份A材料购入和领用情况表

数量单位:千克　　　　　　　　　　　　　　　　　　　　金额单位:元

日期	摘要	收入			发出			结存		
		数量	单价	金额	数量	单价	金额	数量	单价	金额
1	期初							1 000	50	50 000
5	发出				800			200		
8	购入	500	40	20 000				700		
10	发出				400			300		
25	购入	800	45	36 000				1 100		

要求:分别用先进先出法、加权平均法计算本月发出A材料的成本及月末结存成本。

4. 某房地产开发企业所属建筑装饰分公司各项库存材料在2004年度的计划单价及8月初的结存数量见下表:

材料名称	计量单位	单价/元	8月初结存数量
钢筋	吨	3 000	30
木材	立方米	900	30
水泥	吨	150	100
黄沙	吨	80	150
石子	吨	70	300
统一砖	千块	200	60

8月初各项材料的实际成本为178 250元,在8月份内共发生下列材料采购业务:

(1)8月4日,收到钢筋10吨,每吨发票价格2 980元,运杂费共2 000元,均用银行存款支付。

(2)8月5日,收到水泥20吨,每吨发票价格125元,运杂费共600元,均用银行存款支付。

(3)8 月 8 日,收到木材 10 立方米,每立方米发票价格 800 元,料款暂欠,运杂费 1 200 元,用银行存款支付。

(4)8 月 10 日,收到黄沙 100 吨,每吨发票价格 55 元,运杂费共 1 700 元,均用银行存款支付。

(5)8 月 12 日,收到石子 150 吨,每吨发票价格 56 元,料款暂欠,运杂费 2 000 元,用银行存款支付。

(6)8 月 15 日,上列各项暂欠料款,均用银行存款支付。

(7)8 月 20 日,收到水泥 30 吨。发票账单未到,先按计划价格暂估入账。

(8)8 月 22 日,收到钢筋 10 吨,每吨发票价格 2 800 元,运杂费共 2 100 元,均用银行存款支付。

(9)8 月 25 日,20 日到货的 30 吨水泥的发票已到,发票价格 3 600 元,运杂费 900 元,均用银行存款支付。

(10)8 月 31 日,材料采购保管费按采购材料计划价格成本的 2% 摊入材料采购成本。

要求:(1)为各项经济业务编制会计分录。

(2)计算 8 月份材料成本差异率。

第7章

长期股权投资

7.1 长期股权投资的初始计量

7.1.1 长期股权投资的初始计量

长期股权投资在取得时,应按初始投资成本入账。长期股权投资的初始投资成本应分别按照企业合并和非企业合并两种情况确定。

本章所指长期股权投资,包括以下内容:

(1)投资企业能够对被投资单位实施控制的权益性投资,即对子公司投资;

(2)投资企业与其他合营方一同对被投资单位实施共同控制的权益性投资,即对合营企业投资;

(3)投资企业对被投资单位具有重大影响的权益性投资,即对联营企业投资;

(4)投资企业持有的对被投资单位不具有共同控制或重大影响,并且在活跃市场中没有报价、公允价值不能可靠计量的权益性投资。

7.1.2 企业合并形成的长期股权投资

根据投资企业与被投资企业的关系,长期股权投资分为企业合并形成的长期股权投资(又分为同一控制和非同一控制)和其他方式取得的长期股权投资。其中,企业合并是指将两个或者两个以上单独的企业合并形成一个报告主体的交易或事项。所谓同一控制下的企业合并,是指参与合并的企业在合并前后均受同一方或相同的多方最终控制且该控制并非暂时性的情况。所谓非同一控制下的企业合并,是指参与合并的各方在合并前后不受同一方或相同的多方最终控制的企业合并。

一、同一控制下企业合并形成的长期股权投资

(1)合并方以支付现金、转让非现金资产或承担债务方式作为合并对价的,应当在合并日按照取得被合并方所有者权益账面价值的份额作为长期股权投资的初始投资成本。长期股权投资初始投资成本与支付的现金、转让的非现金资产以及所承担债务账面价值之间的差额,应当调整资本公积;资本公积不足冲减的,调整

留存收益。

具体进行会计处理时,合并方在合并日按取得被合并方所有者权益账面价值的份额,借记"长期股权投资"科目,按应享有被投资单位已宣告但尚未发放的现金股利或利润,借记"应收股利"科目,按支付的合并对价的账面价值,贷记有关资产或有关负债科目,按其差额,贷记"资本公积——资本溢价或股本溢价"科目;如为借方差额,应借记"资本公积——资本溢价或股本溢价"科目,资本公积(资本溢价或股本溢价)不足冲减的,借记"盈余公积"、"利润分配——未分配利润"科目。

(2)合并方以发行权益性证券(如换股合并)作为合并对价的,应当在合并日按照取得被合并方所有者权益账面价值的份额作为长期股权投资的初始投资成本。按照发行股份的面值总额作为股本,长期股权投资初始投资成本与所发行股份面值总额之间的差额,应当调整资本公积;资本公积不足冲减的,调整留存收益。

具体进行会计处理时,在合并日应按取得被合并方所有者权益账面价值的份额,借记"长期股权投资"科目,按应享有被投资单位已宣告但尚未发放的现金股利或利润,借记"应收股利"科目,按发行权益性证券的面值贷记"股本"科目,按其差额,贷记"资本公积——资本溢价或股本溢价"科目;如为借方差额,应借记"资本公积——资本溢价或股本溢价"科目,资本公积(资本溢价或股本溢价)不足冲减的,借记"盈余公积"、"利润分配——未分配利润"科目。

【例 7-1】　2006 年 7 月 1 日,同一控制下的甲房地产开发企业以 1 000 万元现金、1 000 万元固定资产,并且承担乙企业 200 万元债务的合并对价取得乙企业 60% 的股权。乙企业合并日账面资产 4 000 万元、债务 200 万元(不含已由甲企业承担的债务)、所有者权益 3 800 万元。

甲企业取得乙企业 60% 的股权,甲企业长期股权投资的初始投资成本应确认为 2 280 万元(3 800×60%)。长期股权投资初始投资成本与支付的现金、转让的非现金资产以及所承担债务账面价值之间的差额 80 万元[2 280−(1 000＋1 000＋200)],调整资本公积。甲企业会计分录如下:

借:长期股权投资	22 800 000	
贷:银行存款		10 000 000
固定资产		10 000 000
长期借款		2 000 000
资本公积——其他资本公积		800 000

【例 7-2】　A 企业与 B 企业是同一控制下的两家房地产开发公司。A 企业 2006 年 7 月 1 日以发行股票的方式取得 B 企业 60% 的股权。A 企业发行 3 000 万股普通股,每股面值 1 元。合并日 B 企业账面净资产 4 500 万元。合并日 A 企业

资本公积为 100 万元,盈余公积 150 万元,未分配利润 500 万元。

A 企业取得 B 企业 60% 的股权,A 企业长期股权投资的初始投资成本应确认为 2 700 万元(4 500×600)。长期股权投资初始投资成本与 A 企业发行股票面值(股本 3 000 万元)之间的差额 300 万元,应调整资本公积 100 万元,调整盈余公积 150 万元,再调整未分配利润 50 万元。A 企业会计分录如下:

```
借:长期股权投资                        27 000 000
    资本公积                           1 000 000
    盈余公积                           1 500 000
    利润分配——未分配利润                  500 000
  贷:股本                                        30 000 000
```

二、非同一控制下的企业合并形成的长期股权投资

非同一控制下的企业合并中,购买方为了取得对被购买方的控制权而放弃的资产、发生或承担的负债、发行的权益性证券等均应按其在购买日的公允价值计量。

基于上述原则,购买方应当按照确定的企业合并成本作为长期股权投资的初始投资成本。企业合并成本包括购买方付出的资产、发生或承担的负债、发行的权益性证券的公允价值以及为进行企业合并发生的各项直接相关费用。其中,支付非货币性资产为对价的,所支付的非货币性资产在购买日的公允价值与其账面价值的差额应作为资产处置损益,计入企业合并当期的利润表。

无论是同一控制下的企业合并还是非同一控制下的企业合并形成的长期股权投资,其实际支付的价款或对价中包含的已宣告但尚未发放的现金股利或利润,应作为应收项目处理。

主要账务处理如下:

非同一控制下企业合并形成的长期股权投资,应在购买日按企业合并成本(不含应自被投资单位收取的现金股利或利润),借记本科目,按享有被投资单位已宣告但尚未发放的现金股利或利润,借记"应收股利"科目,按支付合并对价的账面价值,贷记有关资产或有关负债科目,按发生的直接相关费用,贷记"银行存款"等科目,按其差额,贷记"营业外收入"或借记"营业外支出"等科目。非同一控制下企业合并涉及以库存商品等作为合并对价的,应按库存商品的公允价值,贷记"主营业务收入"科目,并同时结转相关的成本。涉及增值税的,还应进行相应的处理。

【例 7-3】 甲、乙两房地产公司是非同一控制下的企业,2006 年 7 月甲公司以机器设备对乙公司进行投资,该设备原值 2 000 万元,已提折旧 200 万元。该设备

的公允价值 1 900 万元,乙公司接受甲公司投资后账面净资产为 3 000 万元,甲公司取得乙公司 60% 的股权。甲公司对乙公司的长期股权投资的初始投资成本按投出设备的公允价值 1 900 万元确定,公允价值与账面价值的差额 100 万元记入甲公司的当期损益。甲公司的会计分录如下:

借:长期股权投资　　　　　　　　　　　　　　　　19 000 000
　　累计折旧　　　　　　　　　　　　　　　　　　 2 000 000
　　贷:固定资产　　　　　　　　　　　　　　　　20 000 000
　　　营业外收入　　　　　　　　　　　　　　　　 1 000 000

乙公司的会计分录如下:

借:固定资产　　　　　　　　　　　　　　　　　　19 000 000
　　贷:实收资本　　　　　　　　　　　　　　　　18 000 000
　　　资本公积——其他资本公积　　　　　　　　　 1 000 000

7.1.3　企业合并以外其他方式取得的长期股权投资

(1)以支付现金取得的长期股权投资,应当按照实际支付的购买价款作为初始投资成本。初始投资成本包括与取得长期股权投资直接相关的费用、税金及其他必要支出,但实际支付的价款中包含的已宣告但尚未领取的现金股利,应作为应收项目单独核算。

【例 7-4】　甲公司于 2006 年 2 月 10 日,自公开市场中买入乙公司 20% 的股份,实际支付价款 8 000 万元。另外,在购买过程中支付手续费等相关费用 200 万元。甲公司取得该部分股权后,能够对乙公司的生产经营决策施加重大影响。

甲公司应当按照实际支付的购买价款作为取得长期股权投资的成本,其账务处理为:

借:长期股权投资　　　　　　　　　　　　　　　　82 000 000
　　贷:银行存款　　　　　　　　　　　　　　　　82 000 000

(2)以发行权益性证券方式取得的长期股权投资,其成本为所发行权益性证券的公允价值,但不包括应自被投资单位收取的已宣告但尚未发放的现金股利或利润。

为发行权益性证券支付给有关证券承销机构等的手续费、佣金等与权益性证券发行直接相关的费用,不构成取得长期股权投资的成本。该部分费用按照企业会计准则的规定,应自权益性证券的溢价发行收入中扣除,权益性证券的溢价收入不足冲减的,应冲减盈余公积和未分配利润。

（3）投资者投入的长期股权投资，应当按照投资合同或协议约定的价值作为初始投资成本，但合同或协议约定价值不公允的除外。

投资者投入的长期股权投资，是指投资者将其持有的对第三方的投资作为出资投入企业形成的长期股权投资。投资者投入长期股权投资时，企业应当确认对第三方的长期股权投资，同时确认该项出资形成的实收资本及资本公积（资本溢价）。

7.2 长期股权投资的后续计量

长期股权投资在持有期间，根据投资企业对被投资单位的影响程度及是否存在活跃市场、公允价值能否可靠取得等进行划分，应当分别采用成本法及权益法进行核算。

7.2.1 长期股权投资的成本法

一、成本法的定义及适用范围

成本法，是指投资按成本计价的方法。长期股权投资的成本法适用于以下情况：

（1）企业持有的能够对被投资单位实施控制的长期股权投资

控制，是指有权决定一个企业的财务和经营政策，并能据以从该企业的经营活动中获取利益。控制一般存在于以下情况，如：投资企业直接拥有被投资单位50％以上的表决权资本，投资企业直接拥有被投资单位50％或以下的表决权资本，但具有实质控制权的情况。

投资企业能够对被投资单位实施控制的，被投资单位为其子公司，投资企业应当将子公司纳入合并财务报表的合并范围。投资企业对子公司的长期股权投资，应当采用成本法核算，编制合并财务报表时按照权益法进行调整。

（2）投资企业对被投资单位不具有共同控制或重大影响，且在活跃市场中没有报价、公允价值不能可靠计量的长期股权投资

共同控制是指，按照合同约定对某项经济活动共有的控制，仅在与该项经济活动相关的重要财务和经营政策需要分享控制权的投资方一致同意时存在。投资企业与其他方对被投资单位实施共同控制的，被投资单位为其合营企业。

重大影响，是指对一个企业的财务和经营政策有参与决策的权力，但并不能够

控制或者与其他方一起共同控制这些政策的制定。投资企业能够对被投资单位施加重大影响的,被投资单位为其联营企业。当投资企业直接拥有被投资单位 20% 或以上至 50% 的表决权资本时,一般认为对被投资单位具有重大影响。

二、成本法的核算

采用成本法核算的长期股权投资,核算方法如下:

(1)初始投资或追加投资时,按照初始投资或追加投资时的成本增加长期股权投资的账面价值。

(2)被投资单位宣告分派的现金股利或利润中,投资企业按应享有的部分,确认为当期投资收益;但投资企业确认的投资收益仅限于所获得的被投资单位在接受投资后产生的累积净利润的分配额。所获得的被投资单位宣告分派的利润或现金股利超过被投资单位在接受投资后产生的累积净利润的部分,应冲减长期股权投资的账面价值。

三、应抵减初始投资成本金额的确定

按照成本法核算的长期股权投资,自被投资单位获得的现金股利或利润超过被投资单位在接受投资后产生的累积净利润的部分,应冲减投资的账面价值。

一般情况下,投资企业在取得投资当年自被投资单位分得的现金股利或利润应作为投资成本的收回。以后年度,被投资单位累积分派的现金股利或利润超过投资以后至上年末止被投资单位累积实现净损益的,投资企业按照持股比例计算应享有的部分应作为投资成本的收回。具体可按以下公式计算:

应冲减初始投资成本的金额＝[投资后至本年末(或本期末)止被投资单位分派的现金股利或利润－投资后至上年末止被投资单位累积实现的净损益]×投资企业的持股比例－投资企业已冲减的初始投资成本

应确认的投资收益＝投资企业当年获得的利润或现金股利－应冲减初始投资成本的金额

在成本法下,关于现金股利的处理涉及三个科目,即"应收股利"、"投资收益"和"长期股权投资"科目。在实际进行账务处理时,可先确定应记入"应收股利"和"长期股权投资"科目的金额,然后根据借贷平衡原理确定应记入"投资收益"科目的金额。当被投资企业宣告现金股利时,投资企业按应得部分借记"应收股利"科目。本期应冲减初始投资成本的金额应用上述公式计算时,若计算结果为正数,则为本期应冲减的投资成本,在"长期股权投资"科目贷方反映;若计算结果为负数,则为本期应恢复的投资成本,在"长期股权投资"科目借方反映,但恢复数不能大于

原冲减数。

【例7-5】 甲房地产开发公司2006年1月1日以银行存款购入C公司10%的股份,并准备长期持有。初始投资成本110 000元,采用成本法核算。C公司于2006年5月2日宣告分派2005年度的现金股利100 000元。假设C公司2006年实现净利润400 000元;2007年5月1日宣告分派现金股利300 000元。甲公司的会计处理如下:

(1)2006年1月1日投资时:

借:长期股权投资——C公司   110 000
 贷:银行存款   110 000

(2)2006年5月2日宣告发放现金股利时:

借:应收股利(100 000×10%)   10 000
 贷:长期股权投资——C公司   10 000

注:通常情况下,投资企业投资当年分得的利润或现金股利,是由投资前被投资单位实现的利润分配得来的,故一般不作为当期投资收益,而作为初始投资成本的收回。

(3)2007年5月1日宣告分派现金股利时:

$$应收股利＝300\ 000×10\%＝30\ 000\ 元$$

$$应收股利累积数＝10\ 000＋30\ 000＝40\ 000\ 元$$

$$投资后应得净利累积数＝0＋400\ 000×10\%＝40\ 000\ 元$$

因应收股利累积数等于投资后应得净利累积数,所以应将原冲减的投资成本10 000元恢复。

或:"长期股权投资"科目发生额＝(40 000－40 000)－10 000＝－10 000 元,应恢复投资成本10 000元。

借:应收股利   30 000
  长期股权投资——C公司   10 000
 贷:投资收益   40 000

假设上述C公司于2007年5月1日宣告分派现金股利450 000元,则

$$应收股利＝450\ 000×10\%＝45\ 000\ 元$$

"长期股权投资"科目发生额＝[(10 000＋45 000)－40 000]－10 000＝5 000元,应冲减投资成本5 000元。

借:应收股利   45 000
 贷:长期股权投资——C公司   5 000
   投资收益   40 000

7.2.2 长期股权投资的权益法

一、权益法的定义及其适用范围

权益法,是指投资以初始投资成本计量后,在投资持有期间根据投资企业享有被投资单位所有者权益的份额的变动对投资的账面价值进行调整的方法。

投资企业对被投资单位具有共同控制或重大影响的长期股权投资,即对合营企业投资及对联营企业投资,应当采用权益法核算。

二、权益法的核算

1. 初始投资成本的调整

投资企业取得对联营企业或合营企业的投资以后,对于取得投资时投资成本与应享有被投资单位可辨认净资产公允价值份额之间的差额,应区别情况分别处理。

(1)初始投资成本大于取得投资时应享有被投资单位可辨认净资产公允价值份额的,该部分差额从本质上是投资企业在取得投资过程中通过购买作价体现出的与所取得股权份额相对应的商誉及不符合确认条件的资产价值。初始投资成本大于投资时应享有被投资单位可辨认净资产公允价值的份额,两者之间的差额不要求对长期股权投资的成本进行调整。

(2)初始投资成本小于取得投资时应享有被投资单位可辨认净资产公允价值份额的,两者之间的差额体现为双方在交易作价过程中转让方的让步,该部分经济利益流入应作为收益处理,计入取得投资当期的营业外收入,同时调整增加长期股权投资的账面价值。

【例7-6】 甲房地产开发公司 2006 年 1 月 1 日以银行存款 200 万元购入乙公司 40% 的表决权资本。乙公司 2006 年 1 月 1 日所有者权益为 400 万元,公允价值为 450 万,假定乙公司的净资产全部为可辨认净资产。有关会计处理为:

借:长期股权投资——乙公司(成本) 　　　　　　　　　2 000 000

　　贷:银行存款 　　　　　　　　　　　　　　　　　　　　2 000 000

假定上例中乙公司所有者权益为 550 万元,公允价值为 600 万,其他条件不变,则初始投资成本 200 万元与应享有被投资单位可辨认净资产公允价值份额 240 万元的差额 40 万元,应确认为当期损益。有关会计处理为:

借:长期股权投资——乙公司(成本)　　　　　　　　2 400 000
　　贷:银行存款　　　　　　　　　　　　　　　　　　2 000 000
　　　　营业外收入　　　　　　　　　　　　　　　　　　400 000

2.投资损益的确认

企业在取得股权投资后,应当按照应享有或分担的被投资单位当年实现的净利润或发生的净亏损的份额,调整投资的账面价值,并作为当期投资损益。

企业按被投资单位净损益计算调整投资的账面价值和确认投资损益时,应以取得被投资单位股权后发生的净损益为基础。期末根据被投资单位实现的净利润或经调整的净利润计算应分享的份额,借记"长期股权投资——损益调整"科目,贷记"投资收益"科目。

投资企业在确认应享有的被投资单位净损益的份额时,应当以取得投资时被投资单位各项可辨认资产的公允价值为基础,对被投资单位的净利润进行调整后确认。

被投资单位采用的会计政策及会计期间与投资企业不一致的,应当按照投资企业的会计政策及会计期间对被投资单位的财务报表进行调整,并据以确认投资损益。

存在下列情况之一的,可以按照被投资单位的账面净损益与持股比例计算确认投资损益,但应在附注中说明这一事实及其原因:

(1)无法可靠确定投资时被投资单位各项可辨认资产等的公允价值;

(2)投资时被投资单位可辨认资产等的公允价值与其账面价值之间的差额不具有重要性的;

(3)其他原因导致无法对被投资单位净损益进行调整的。

3.取得现金股利或利润的处理

被投资单位宣告分派现金股利或利润时,企业应按持股比例计算应享有的份额,记入"应收股利"科目的借方和"长期股权投资——损益调整"科目的贷方。

4.超额亏损的确认

企业确认被投资单位发生的净亏损,以长期股权投资账面价值以及其他实质上构成对被投资单位净投资的长期权益减记至零为限,投资企业负有承担额外损失的情况除外。期末对按被投资单位发生的净亏损计算的应分担的份额,应记入"投资收益"科目的借方和"长期股权投资——损益调整"科目的贷方。

其他实质上构成对被投资单位净投资的长期权益,通常是指长期性的应收项目,比如,企业对被投资单位的长期债权,该债权没有明确的清收计划且在可预见的未来期间不准备收回,实质上构成对被投资单位的净投资。

在确认应分担被投资单位发生的亏损时,应当按照以下顺序进行处理:

首先,冲减长期股权投资的账面价值。

其次,如果长期股权投资的账面价值不足以冲减的,应当以其他实质上构成对被投资单位净投资的长期权益账面价值为限继续确认投资损失。

最后,在进行上述处理后,按照投资合同或协议约定企业仍承担额外义务的,应按预计承担的义务确认预计负债,计入当期投资损失。

企业在实务操作过程中,在发生投资损失时,应借记"投资收益"科目,贷记"长期股权投资——损益调整"科目。在长期股权投资的账面价值减记至零以后,考虑其他实质上构成对被投资单位净投资的长期权益,继续确认的投资损失,应借记"投资收益"科目,贷记"长期应收款"科目;因投资合同或协议约定导致投资企业需要承担额外义务的,按照或有事项准则的规定,对于符合确认条件的义务,应确认为当期损失,同时确认预计负债,借记"投资收益"科目,贷记"预计负债"科目。未确认的应分担的被投资单位发生的损失,在账处进行备查登记。

在确认了有关的投资损失以后,被投资单位于以后期间实现盈利的,应按以上相反顺序分别减记已确认的预计负债、恢复其他长期权益及长期股权投资的账面价值,同时确认投资收益。即应当按顺序分别借记"预计负债"、"长期应收款"、"长期股权投资"科目,贷记"投资收益"科目。

5. 被投资单位除净损益以外所有者权益的其他变动

在持股比例不变的情况下,被投资单位除净损益以外所有者权益的其他变动,如被投资单位因增资扩股而增加的所有者权益,企业按持股比例计算应享有的份额,借记"长期股权投资——其他权益变动"科目,贷记"资本公积——其他资本公积"科目。

【例 7-7】　A 房地产公司 2006 年初以银行存款 500 000 元购买了 B 公司 60％的有表决权的股份,并准备长期持有,A 公司对 B 公司的财务决策和经营决策实施重大影响。B 公司 2006 年初可辨认净资产公允价值为 1 000 000 元,当年实现净利润 70 000 元,提取盈余公积 9 000 元;2007 年 3 月份 B 公司宣告发放现金股利 30 000 元;当年发生净亏损 80 000 元。A 公司的会计分录如下:

(1)投资时:

借:长期股权投资——B公司(成本)　　　　　　　　　　600 000

　　贷:银行存款　　　　　　　　　　　　　　　　　　　500 000

　　　营业外收入　　　　　　　　　　　　　　　　　　100 000

（2）确认 2006 年度投资收益：

借：长期股权投资——B 公司（损益调整）　　　　　　42 000

　　贷：投资收益　　　　　　　　　　　　　　　　　　　42 000

（3）2007 年 3 月宣告分派现金股利时：

借：应收股利——B 公司　　　　　　　　　　　　　　18 000

　　贷：长期股权投资——B 公司（损益调整）　　　　　　18 000

（4）确认 2007 年度投资损失：

借：投资收益　　　　　　　　　　　　　　　　　　　48 000

　　贷：长期股权投资——B 公司（损益调整）　　　　　　48 000

7.2.3　成本法与权益法的转换

长期股权投资在持有期间，因各方面情况的变化，可能导致其核算需要由一种方法转换为另外的方法。

一、成本法转换为权益法

长期股权投资的核算由成本法转为权益法时，应以成本法下长期股权投资的账面价值作为按照权益法核算的初始投资成本，并在此基础上比较该初始投资成本与应享有被投资单位可辨认净资产公允价值的份额，确定是否需要对长期股权投资的账面价值进行调整。

1.原持有的对被投资单位不具有控制、共同控制或重大影响、在活跃市场中没有报价、公允价值不能可靠计量的长期股权投资，因追加投资导致持股比例上升，能够对被投资单位施加重大影响或是实施共同控制的，在自成本法转为权益法时，应区分原持有的长期股权投资以及新增长期股权投资两部分分别处理：

（1）原持有长期股权投资的账面余额与按照原持股比例计算确定应享有原取得投资时被投资单位可辨认净资产公允价值份额之间的差额，属于通过投资作价体现的商誉部分，不调整长期股权投资的账面价值；属于原取得投资时因投资成本小于应享有被投资单位可辨认净资产公允价值份额的差额，一方面应调整长期股权投资的账面价值，另一方面应同时调整留存收益。

对于原取得投资后至再次投资的交易日之间被投资单位可辨认净资产公允价值的变动相对于原持股比例的部分，属于在此期间被投资单位实现净损益中应享有份额的,一方面应当调整长期股权投资的账面价值,另一方面应同时调整留存收益;属于其他原因导致的被投资单位可辨认净资产公允价值变动中应享有的份额,在调整长期股权投资账面价值的同时,应当计入"资本公积——其他资本公积"。

(2)对于新取得的股权部分,应比较新增投资的成本与取得该部分投资时应享有被投资单位可辨认净资产公允价值的份额,其中投资成本大于投资时应享有被投资单位可辨认净资产公允价值份额的,不调整长期股权投资的成本;对于投资成本小于应享有被投资单位可辨认净资产公允价值份额的,应调整增加长期股权投资的成本,同时计入取得当期的营业外收入。

上述与原持股比例相对应的商誉或是应计入留存收益的金额与新取得投资过程中体现的商誉应计入当期损益的金额应综合考虑,在此基础上确定与整体投资相关的商誉或是因投资成本小于应享有被投资单位可辨认净资产公允价值份额应计入留存收益或是应计入当期损益的金额。

【例 7-8】 甲房地产开发公司于 2005 年 2 月取得 B 公司 10% 的股权,成本为 900 万元,取得时 B 公司可辨认净资产公允价值总额为 8 400 万元(假定公允价值与账面价值相同)。因对被投资单位不具有重大影响且无法可靠确定该项投资的公允价值,甲房地产开发公司对其采用成本法核算。本例中甲房地产开发公司按照净利润的 10% 提取盈余公积。

2006 年 4 月 10 日,甲房地产开发公司又以 1 800 万元的价格取得 B 公司 12% 的股权,当日 B 公司可辨认净资产公允价值总额为 12 000 万元。取得该部分股权后,按照 B 公司章程规定,甲房地产开发公司能够派人参与 B 公司的生产经营决策,对该项长期股权投资转为采用权益法核算。假定甲房地产开发公司在取得对 B 公司 10% 的股权后,B 公司通过生产经营活动实现的净利润为 900 万元,未派发现金股利或利润。除所实现净利润外,未发生其他计入资本公积的交易或事项。

(1)2006 年 4 月 10 日,甲房地产开发公司应确认对 B 公司的长期股权投资,账务处理为:

借:长期股权投资　　　　　　　　　　　　　　　　18 000 000

　　贷:银行存款　　　　　　　　　　　　　　　　　18 000 000

(2)对长期股权投资账面价值的调整:

确认该部分长期股权投资后,甲房地产开发公司对 B 公司投资的账面价值为 2 700 万元,其中与原持有比例相对应的部分为 900 万元,新增股权的成本为 1 800 万元。

①对于原10%股权的成本900万元与原投资时应享有被投资单位可辨认净资产公允价值份额840万元(8 400×10%)之间的差额60万元,属于原投资时体现的商誉,该部分差额不调整长期股权投资的账面价值。

对于被投资单位可辨认净资产在原投资时至新增投资交易日之间公允价值的变动(12 000-8 400)相对于原持股比例的部分360万元,其中属于投资后被投资单位实现净利润部分90万元(900×10%),应调整增加长期股权投资的账面余额,同时调整留存收益;除实现净损益外其他原因导致的可辨认净资产公允价值的变动270万元,应当调整增加长期股权投资的账面余额,同时计入资本公积(其他资本公积)。账务处理为:

借:长期股权投资　　　　　　　　　　　　　　　　3 600 000

　　贷:资本公积——其他资本公积　　　　　　　　　2 700 000

　　　　盈余公积　　　　　　　　　　　　　　　　　　90 000

　　　　利润分配——未分配利润　　　　　　　　　　810 000

②对于新取得的股权,其成本为1 800万元,取得该投资时按照持股比例计算确定应享有被投资单位可辨认净资产公允价值的份额1 440万元(12 000×12%)之间的差额为投资作价中体现出的商誉,该部分商誉不要求调整长期股权投资的成本。

2.因处置投资导致对被投资单位的影响能力由控制转为具有重大影响或是与其他投资方一起实施共同控制的情况下,首先应按处置或收回投资的比例结转应终止确认的长期股权投资成本。

在此基础上,应当比较剩余的长期股权投资成本与按照剩余持股比例计算原投资时应享有被投资单位可辨认净资产公允价值的份额,属于投资作价中体现的商誉部分,不调整长期股权投资的账面价值;属于投资成本小于应享有被投资单位可辨认净资产公允价值份额的,在调整长期股权投资成本的同时应调整留存收益。

对于原取得投资后至转变为权益法核算之间被投资单位实现净损益中按照持股比例计算应享有的份额,一方面应当调整长期股权投资的账面价值同时调整留存收益;对于被投资单位在此期间所有者权益的其他变动应享有的份额,在调整长期股权投资账面价值的同时,应当计入"资本公积——其他资本公积"。

【例7-9】　甲房地产开发公司原持有B公司60%的股权,其账面余额为9 000万元,未计提减值准备。2006年12月6日,甲房地产开发公司将其持有的对B公司20%的股权出售给某企业,出售取得价款5 400万元,当日被投资单位可辨认净资产公允价值总额为 24 000 万元。甲房地产开发公司原取得对 B 公司 60% 股权时，B 公司可辨认净资产公允价值总额为 13 500 万元（假定可辨认净资产的公允价值与账面价值相同）。自取得对 B 公司长期股权投资后至处置投资前，B 公司实现净利润 7 500 万元。假定 B 公司一直未进行利润分配。除所实现净损益外，B 公司未发生其他计入资本公积的交易和事项。本例中甲房地产开发公司按照净利润的 10% 提取盈余公积。

在出售 20% 的股份后，甲房地产开发公司对 B 公司的持股比例为 40%，在被投资单位董事会中派有代表，但不能对 B 公司生产经营决策实施控制。对 B 公司长期股权投资应由成本法改为按照权益法进行核算。

（1）确认长期股权投资处置损益，账务处理为：

借：银行存款　　　　　　　　　　　　　　　　　54 000 000

　　贷：长期股权投资　　　　　　　　　　　　　　30 000 000

　　　　投资收益　　　　　　　　　　　　　　　　24 000 000

（2）调整长期股权投资账面价值：

剩余长期股权投资的账面价值为 6 000 万元，与原投资时应享有被投资单位可辨认净资产公允值份额之间的差额 600（6 000－13 500×40%）万元为商誉，该部分商誉的价值不需要对长期股权投资的成本进行调整。

取得投资以后被投资单位可辨认净资产公允值的变动中应享有的份额为 4 200[（24 000－13 500）×40%] 万元，其中 3 000（7 500×40%）万元为被投资单位实现的净损益，应调整增加长期股权投资的账面价值，同时调整留存收益。企业应进行以下账务处理：

借：长期股权投资　　　　　　　　　　　　　　　30 000 000

　　贷：盈余公积　　　　　　　　　　　　　　　　3 000 000

　　　　利润分配——未分配利润　　　　　　　　27 000 000

二、权益法转换为成本法

因追加投资原因导致原持有的对联营企业或合营企业的投资转变为对子公司投资的，长期股权投资账面价值的调整应当按照本章第一节的有关规定处理。除此之外，因收回投资等原因导致长期股权投资的核算由权益法转换为成本法的，应以转换时长期股权投资的账面价值作为按照成本法核算的基础。未来期间，自被投资单位分得的现金股利或利润未超过转换时被投资单位账面留存收益中本企业享有份额的,应冲减长期股权投资的成本,不作为投资收益。自被投资单位取得的现金股利或利润超过转换时被投资单位账面留存收益中本企业享有份额的,确认为当期损益。

【例7-10】 甲房地产开发公司持有乙公司30%的有表决权股份,因能够对乙公司的生产经营决策施加重大影响,甲房地产开发公司对该项投资采用权益法核算。2006年10月,甲房地产开发公司将该项投资中的50%对外出售,出售以外,无法再对乙公司施加重大影响,且该项投资不存在活跃市场,公允价值无法可靠确定,出售以后甲房地产开发公司对该项投资转为采用成本法核算。出售时,该项长期股权投资的账面价值为4 800万元,其中投资成本3 900万元,损益调整为900万元,出售取得价款2 700万元。

甲房地产开发公司确认处置损益应进行以下账务处理:

借:银行存款 27 000 000
　　贷:长期股权投资 24 000 000
　　　　投资收益 3 000 000

处置投资后,该项长期股权投资的账面价值为2 400万元,其中包括投资成本1 950万元,原确认的损益调整450万元。假定在转换时被投资单位的账面留存收益为900万元,则甲房地产开发公司未来期间自乙公司分得现金股利或利润时,取得的现金股利或利润未超过按持股比例计算享有的分配原留存收益900万元的金额,应冲减长期股权投资的账面价值,超过部分确认为投资收益。

7.2.4 长期股权投资的减值和处置

(一)为了使会计核算资料能够较真实地反映长期股权投资的可收回金额,避免虚列资产价值,企业应定期或年终对长期股权投资进行检查,如有由于市价持续下跌或被投资单位经营状况恶化等原因导致其可收回金额低于其账面价值的,应当计提长期股权投资减值准备。

企业在计提长期股权投资减值准备时,对长期股权投资是否应当计提减值准备,可以根据下列迹象判断:

(1)市价持续两年低于账面价值;

(2)该项投资暂停交易1年或1年以上;

(3)被投资单位当年发生严重亏损;

（4）被投资单位持续两年发生亏损；

（5）被投资单位进行清理整顿、清算或出现其他不能持续经营的迹象。

企业计提的长期投资减值准备，应在"长期股权投资减值准备"科目进行核算。当长期股权投资的预计可收回金额低于其账面价值时，按应减记的金额，借记"资产减值损失"科目，贷记"长期股权投资减值准备"科目。资产减值损失一经确认，在以后会计期间不得转回。

（二）处置长期股权投资时，其账面价值与实际取得价款的差额，应当计入当期损益（投资收益）。采用权益法核算的长期股权投资，因被投资单位除净损益以外所有者权益的其他变动而计入所有者权益的，处置该项投资时应当将原计入所有者权益的部分按相应比例转入当期损益（投资收益）。

股权转让日应以被转让股权的所有权上的风险和报酬实质上已转移给购买方，且相关经济利益很可能流入企业为标志。在会计实务中，只有当保护相关各方权益的所有条件均能满足时，才能确认股权转让收益。这些条件包括：出售协议已获股东大会（或股东会）批准通过；与购买方已办理必要的财产交接手续；已取得购买价款的大部分（一般应超过 50％）；企业已不能再从所持有的股权中获得利益和承担风险等。如有关股权转让需要经过国家有关部门批准，则股权转让收益只有在满足上述条件且取得国家有关部门的批准文件时才能确认。

部分处置某项长期股权投资时，应按该项投资的总平均成本确定其处置部分的成本，并按相应比例结转已计提的减值准备和资本公积项目。

处置长期股权投资时，应按实际收到的金额，借记"银行存款"等科目，按其账面余额，贷记"长期股权投资"科目，按尚未领取的现金股利或利润，贷记"应收股利"科目，按其差额，贷记或借记"投资收益"科目，已计提减值准备的，还应同时结转减值准备。

采用权益法核算长期股权投资的处置，除上述规定外，还应结转原计入资本公积的相关金额，借记或贷记"资本公积——其他资本公积"科目，贷记或借记"投资收益"科目。

【例 7-11】　甲房地产开发公司原持有 B 企业 40％的股权，2006 年 12 月 20日，甲房地产开发公司决定出售 10％，出售时甲公司账面上对 B 企业长期股权投资的构成为：投资成本 1 800 万元，损益调整 480 万元，其他权益变动 300 万元。出售取得价款 705 万元。

（1）甲房地产开发公司确认处置损益的账务处理：

借:银行存款   7 050 000

   贷:长期股权投资   6 450 000

     投资收益   600 000

（2）除应将实际取得价款与出售长期股权投资的账面价值进行结转,确认出售损益以外,还应将原计入资本公积的部分按比例转入当期损益:

借:资本公积——其他资本公积   750 000

   贷:投资收益   750 000

思考题

1. 某房地产开发企业于2003年1月1日购买甲公司普通股股票100 000股,每股面值8元,支付买价及手续费805 000元。甲公司以面值共发行普通股股票4 000 000股。2003年12月甲公司实现净利润400 000元,当年按每股面值的4%发放股利,该企业收到股利32 000元。2004年甲公司全年亏损200 000元。

要求:请就以上资料作出会计处理。

2. 某房地产开发企业于2004年1月1日对甲公司长期股权投资(该项长期股权投资以银行存款购买取得)的账面价值为200 000元,持有甲公司的股份为20 000股,并按权益法核算。同年7月15日,甲公司由于发生严重火灾而使股票市价下跌为每股4元;11月20日,该项长期股权投资的市价又回升至每股6元。

要求:请就以上资料作出会计处理。

第 8 章

固定资产和无形资产

8.1 固定资产概述

8.1.1 固定资产的定义及特征

固定资产,是指为生产商品、提供劳务、出租或经营管理而持有,使用寿命超过一个会计年度的有形资产。房地产开发企业的固定资产是从事房地产开发经营的重要物质条件。作为房地产开发企业主要劳动资料的固定资产应具有如下三个基本特征:

一、使用寿命较长

企业使用固定资产的预计期间超过了1年或长于1年的一个营业周期。因此,为取得固定资产而发生的支出,属于资本性支出,而非收益性支出,从而将它与作为流动资产的包装物及低值易耗品等工具、器具区分开来。固定资产的寿命是有限的(土地除外),这说明必须将固定资产的价值采用一定的方法分摊到费用中去。

二、能多次参加开发经营过程,保持原来的实物形态

这表明固定资产作为劳动工具和劳动条件,随着使用的时间和强度,逐渐将其价值转移到开发的产品中去,长久地维持着自己的物质形态。因而根据配比原则,必须将固定资产的价值采用一定的方法分配于各个受益期费用中去,即固定资产必须按期计提折旧。这不仅是为企业保存财力重置资产,保证房地产的再开发,而且是为了实现收入与费用的正确配比。

三、取得目的是用于开发经营活动,而不是为了出售

这一特征是房地产开发企业在房屋建筑物以及设备等固定资产的核算中区别于开发产品的重要标志。房地产开发企业开发的商品房、出租房和周转房,虽然也都具有使用期限较长、在使用过程中不改变其实物形态的特征,但是它们的取得都是为了出售,只宜作为开发产品管理和核算。

房地产开发经营的特点,决定了对外销售开发产品可以采用出售和出租两种

方式,也决定了出租房、周转房和商品房三者之间用途的不稳定性。房地产开发企业可以根据自身开发经营情况、资金情况以及房产市场销售等情况,决定这些开发产品的用途。如在楼市销售看好的情况下,就可设法将出租房变为商品房对外进行出售;如楼市销售疲软但租房风盛行时,就可将商品房变为出租房对外进行出租。对周转房也是如此,当商品房暂时未出售之前,可临时用于安置动迁户,待动迁户回迁或安置完毕之后,再将空出的周转房作为出租房和商品房用于对外出租或出售。最终目的为了出售的这类房屋显然不符合固定资产的定义,而属于房地产开发企业的存货范畴。

房地产开发企业的固定资产,除了使用期限在 1 年以上的主要劳动资料外,还包括不属于劳动资料范围的一些非开发经营用房屋及单位价值在 2 000 元以上、使用期限在 2 年以上的设备。通常,机器设备的备品、备件和维修设备被确认为存货,但某些备品、备件和维修设备需要与相关固定资产组合发挥效用,比如某些设备的高价周转件,应当确认为固定资产。

8.1.2 固定资产的分类

企业的固定资产种类繁多,规格不一,为了便于考核和分析固定资产的利用情况,促使企业合理地配置固定资产,充分发挥其效用,必须根据不同的标准对其进行科学合理的分类。现行房地产开发企业会计制度要求,企业的固定资产应分别按照经营用固定资产和非经营用固定资产,并根据管理需要选择适合本企业的固定资产分类标准,进行固定资产的核算。

通常,结合固定资产的经济用途和使用状况综合进行分类,固定资产可分为以下七大类:

一、开发经营用固定资产

这是指直接服务于企业开发经营过程的各种固定资产,如开发经营用房屋、建筑物、机械设备、运输设备、试验设备及仪器以及办公管理设备等。

二、非开发经营用固定资产

这是指不直接服务于开发经营过程的各种固定资产,如职工宿舍、食堂、浴室、理发室、托儿所等使用的房屋、设备和其他固定资产。

三、租出固定资产

这是指经营租赁下出租给外单位使用的固定资产,但不包括作为投资性房地产的以经营租赁方式租出的建筑物。

四、不需用固定资产

这是指企业因生产经营条件变化等原因而导致的多余或不适用、需要处置的固定资产。及时处理不需用的固定资产,有利于挖掘企业固定资产的潜力,加快资金周转,提高资金利用率。

五、未使用的固定资产

这是指已完工或已购置的尚未交付使用的新增固定资产,以及因进行改建扩建等原因暂停使用的固定资产,但不包括因修理停用或季节性停用的固定资产。

六、融资租入固定资产

这是指企业以融资租赁方式租入的固定资产。根据实质重于形式的原则,尽管租入企业不拥有该项固定资产的所有权,但在租赁期内租入企业可视同自有固定资产使用和管理。

七、土地

这是指已经估价单独入账的土地。因征用土地而支付的土地补偿费等应计入与土地有关的房屋、建筑物的价值,不再单独计算土地的价值。企业取得的土地使用权作为无形资产核算。

8.1.3　固定资产的确认

固定资产在符合其定义的前提下,应当同时满足以下两个条件,才能加以确认:一是与该固定资产有关的经济利益很可能流入企业;二是该固定资产的成本能够可靠地计量。

房地产开发企业设置"固定资产"科目反映企业持有固定资产的原价,并应当按照固定资产类别或项目进行明细核算。"固定资产"科目期末有借方余额,反映企业固定资产的账面原值。

8.2　固定资产的初始计量

8.2.1　固定资产取得的会计处理

企业取得固定资产的来源不同,它们的会计处理方法也不相同。

一、购入固定资产的会计处理

1.购入不需要安装固定资产的会计处理

不需要安装固定资产在购入后即可直接交付使用,将其实际支付的价款(包括买价、支付的包装费、运输费、税金等)作为固定资产的原值,借记"固定资产"科目,贷记"银行存款","应付账款"、"应付票据"等科目。

【例 8-1】　2007 年 1 月 1 日,甲房地产开发公司购入一台不需要安装的设备,设备价款为 100 万元,发生运输费 5 000 元,款项全部付清。假定不考虑其他相关税费,账务处理如下:

甲公司购置设备的成本＝1 000 000＋5 000＝1 005 000(元)

借:固定资产　　　　　　　　　　　　　　　　　　　　　　1 005 000

贷:银行存款　　　　　　　　　　　　　　　　　　　　　1 005 000

2.购入需要安装的固定资产的会计处理

需要安装的固定资产在购入后要经过安装以后才能交付使用。在核算上,对购入需要安装的固定资产的价款以及发生的安装费用,均先通过"在建工程"科目,视同自行建造固定资产进行核算,安装完毕交付使用时再转入"固定资产"科目。

【例 8-2】　2007 年 2 月 1 日,甲房地产开发公司购入一台需要安装的机器设备价款为 50 万元,支付的运输费为 2 500 元,款项已通过银行支付;安装设备时,支付安装工人的工资为 4 900 元。假定不考虑其他相关税费。甲公司的账务处理如下:

(1)支付设备价款、运输费合计为 502 500 元:

借:在建工程　　　　　　　　　　　　　　　　　　　　　　502 500

贷:银行存款　　　　　　　　　　　　　　　　　　　　　502 500

(2)支付安装工人工资等费用合计为 4 900 元:

借:在建工程   4 900

  贷:应付职工薪酬   4 900

(3)设备安装完毕达到预定可使用状态:

固定资产的成本＝502 500＋4 900＝507 400(元)

借:固定资产   507 400

  贷:在建工程   507 400

3. 延期付款购买固定资产的会计处理

购入固定资产超过正常信用条件延期支付价款(如分期付款购买固定资产),实质上具有融资性质的,应按所购固定资产购买价款的现值,借记"固定资产"科目或"在建工程"科目,按应支付的金额,贷记"长期应付款"科目,按其差额,借记"未确认融资费用"科目。

【例 8-3】 2005 年 1 月 1 日,甲房地产开发公司与乙公司签订一项购货合同,甲公司从乙公司购入一台需要安装的特大型设备。合同约定,甲公司采用分期付款方式支付价款。该设备价款共计 900 万元,在 2005 年至 2009 年的 5 年内每半年支付 90 万元,每年的付款日期分别为当年 6 月 30 日和 12 月 31 日。

2005 年 1 月 1 日,设备如期运抵甲公司并开始安装,发生运杂费和相关税费 300 860 元。已用银行存款付讫。2005 年 12 月 31 日,设备达到预定可使用状态,发生安装费 97 670.60 元,已用银行存款付讫。

假定甲公司半年的折现率为 10％。

(1)购买价款的现值为:

900 000×(P/A,10％,10)＝900 000×6.1446＝5 530 140(元)

2005 年 1 月 1 日甲公司的账务处理如下:

借:在建工程   5 530 140

  未确认融资费用   3 469 860

    贷:长期应付款   9 000 000

借:在建工程   300 860

    贷:银行存款   300 860

(2)确定信用期间未确认融资费用的分摊额,见表 8-1:

表 8-1   **未确认融资费用分摊表**

2005 年 1 月 1 日   单位:元

日 期	分期付款	确认的融资费用	应付本金减少额	应付本金额
①	②	③＝期初⑤×10％	④＝②－③	期末⑤＝期初⑤－④
2005.1.1				5 530 140
2005.6.30	900 000	553 014	346 985	5 183 154
2005.12.31	900 000	518 315.40	381 684.60	4 801 469.40
2006.6.30	900 000	480 146.94	419 853.06	4 381 616.34
2006.12.31	900 000	438 161.63	461 838.37	3 919 777.97
2007.6.30	900 000	391 977.80	508 022.20	3 411 755.77
2007.12.31	900 000	341 175.58	558 824.42	2 852 931.35
2008.6.30	900 000	285 293.14	614 706.86	2 238 224.47
2008.12.31	900 000	223 822.45	676 177.55	1 562 046.92
2009.6.30	900 000	156 204.69	743 795.31	818 251.61
2009.12.31	900 000	81 748.39*	818 251.61	0
合 计	9 000 000	3 469 860	5 530 140	0

* 尾数调整:81 748.39＝900 000－818 251.61,818 251.61 为最后一期应付本金余额。

(3)2005 年 1 月 1 日至 2005 年 12 月 31 日为设备的安装期间,未确认融资费用的分摊额符合资本化条件,计入固定资产成本。

2005 年 6 月 30 日甲公司的账务处理如下:

借:在建工程   553 014
　　贷:未确认融资费用   553 014
借:长期应付款   900 000
　　贷:银行存款   900 000

2005 年 12 月 31 日甲公司的账务处理如下:

借:在建工程   518 315.40
　　贷:未确认融资费用   518 315.40
借:长期应付款   900 000
　　贷:银行存款   900 000
借:在建工程   97 670.60
　　贷:银行存款   97 670.60

固定资产的成本＝5 530 140＋300 860＋553 014＋518 315.40＋97 670.60 ＝ 7 000 000(元)

借:固定资产　　　　　　　　　　　　　　　　　　7 000 000

　　贷:在建工程　　　　　　　　　　　　　　　　　　　7 000 000

(4)2006 年 1 月 1 日至 2009 年 12 月 31 日,该设备已经达到预定可使用状态,未确认融资费用的分摊额不再符合资本化条件,应计入当期损益。

2006 年 6 月 30 日:

借:财务费用　　　　　　　　　　　　　　　　　　480 146.94

　　贷:未确认融资费用　　　　　　　　　　　　　　　480 146.94

借:长期应付款　　　　　　　　　　　　　　　　　　900 000

　　贷:银行存款　　　　　　　　　　　　　　　　　　900 000

以后期间的账务处理与 2006 年 6 月 30 日相同,略。

二、自行建造固定资产

自行建造固定资产的成本,由建造该项资产达到预定可使用状态前所发生的必要支出构成,包括工程物资成本、人工成本、交纳的相关税费、应予资本化的借款费用以及应分摊的间接费用等。

企业自行建造固定资产包括自营建造和出包建造两种方式。无论采用何种方式,所建工程都应当按照实际发生的支出确定其工程成本并单独核算。

1. 自营方式建造固定资产

企业以自营方式建造固定资产,意味着企业自行组织工程物资采购、自行组织施工人员从事工程施工。企业以自营方式建造固定资产,其成本应当按照直接材料、直接人工、直接机械施工费等计量。

企业为建造固定资产准备的各种物资应当按照实际支付的买价、不能抵扣的增值税税额、运输费、保险费等相关税费作为实际成本,并按照各种专项物资的种类进行明细核算。工程完工后,剩余的工程物资转为本企业存货的按其实际成本或计划成本进行结转。建设期间发生的工程物资盘亏、报废及毁损,减去残料价值以及保险公司、过失人等赔款后的净损失,计入所建工程项目的成本;盘盈的工程物资或处置净收益,冲减所建工程项目的成本。工程完工后发生的工程物资盘盈、盘亏、报废、毁损,计入营业外收支当中。

建造固定资产领用工程物资、原材料或库存商品,应按其实际成本转入所建工程成本。自营方式建造固定资产应负担的职工薪酬、辅助生产部门为之提供的水、电、运输等劳务,以及其他必要支出等也应计入所建工程项目的成本。上述项目涉及增值税的,还应结转其相应的增值税额。符合资本化条件,应计入所建造固定资产成本的借款费用按照企业会计准则的有关规定处理。

企业自营方式建造固定资产,发生的工程成本应通过"在建工程"科目核算,工程完工达到预定可使用状态时,从"在建工程"科目转入"固定资产"科目。

2. 出包方式建造固定资产

在出包方式下,企业通过招标方式将工程项目发包给建造承包商,由建造承包商(即施工企业)组织工程项目施工。企业要与建造承包商签订建造合同,企业是建造合同的甲方,负责筹集资金和组织管理工程建设,通常称为建设单位,建造承包商是建造合同的乙方,负责建筑安装工程施工任务。

企业以出包方式建造固定资产,其成本由建造该项固定资产达到预定可使用状态前所发生的必要支出构成,包括发生的建筑工程支出、安装工程支出以及需分摊计入各固定资产价值的待摊支出。建筑工程、安装工程支出如人工费、材料费、机械使用费等由建造承包商核算。对于发包企业而言,建筑工程支出、安装工程支出是构成在建工程成本的重要内容,发包企业按照合同规定的结算方式和工程进度定期与建造承包商办理工程价款结算,结算的工程价款计入在建工程成本。待摊支出,是指在建设期间发生的不能直接计入某项固定资产价值、而应由所建造固定资产共同负担的相关费用,包括为建造工程发生的管理费、征地费、可行性研究费、临时设施费、公证费、监理费、应负担的税费、符合资本化条件的借款费用、建设期间发生的工程物资盘亏、报废及毁损净损失以及负荷联合试车费等。

在出包方式下,"在建工程"科目主要是企业与建造承包商办理工程价款的结算科目,企业支付给建造承包商的工程价款,作为工程成本通过"在建工程"科目核算。企业应按合理估计的工程进度和合同规定结算的进度款,借记"在建工程——建筑工程(××工程)"、"在建工程——安装工程(××工程)"科目,贷记"银行存款"、"预付账款"等科目。工程完成时,按合同规定补付的工程款,借记"在建工程"科目,贷记"银行存款"等科目。企业将需安装设备运抵现场安装时,借记"在建工程——在安装设备(××设备)"科目,贷记"工程物资——××设备"科目;企业为建造固定资产发生的待摊支出,借记"在建工程——待摊支出"科目,贷记"银行存款"、"应付职工薪酬"、"长期借款"等科目。

在建工程达到预定可使用状态时,借记"固定资产"科目,贷记"在建工程——建筑工程"、"在建工程——安装工程"、"在建工程——待摊支出"等科目。

【例8-4】 2006年1月,甲房地产开发公司准备自行建造一座厂房,为此发生以下业务：

（1）购入工程物资一批，价款为250 000元，支付的增值税进项税额为42 500元，款项已用银行存款支付；

（2）1月至6月，工程先后领用工程物资272 500元（含增值税进项税额），剩余工程物资转为该公司的存货，其所含的增值税进项税额可以抵扣；

（3）领用生产用原材料一批，价值为32 000元，购进该批原材料应支付的增值税进项税额为5 440元；

（4）辅助生产车间为工程提供有关的劳务支出为35 000元；

（5）支付工程人员工资为65 800元；

（6）6月底，工程达到预定可使用状态，但尚未办理竣工决算手续，工程按暂估价值结转固定资产成本；

（7）7月中旬，该项工程决算实际成本为425 000元，经查与暂估成本的差额为应付职工工资；

（8）假定不考虑其他相关税费。

甲房地产开发公司的账务处理如下：

（1）购入为工程准备的物资：

借：工程物资   292 500

 贷：银行存款   292 500

（2）工程领用物资：

借：在建工程——厂房   272 500

 贷：工程物资   272 500

（3）工程领用原材料：

借：在建工程——厂房   37 440

 贷：原材料   32 000

  应交税费——应交增值税（进项税额转出） 5 440

（4）辅助生产车间为工程提供劳务支出：

借：在建工程——厂房   35 000

 贷：开发成本——辅助生产成本 35 000

（5）支付工程人员工资：

借：在建工程——厂房   65 800

 贷：应付职工薪酬   65 800

（6）6月底，工程达到预定可使用状态，尚未办理结算手续，固定资产成本暂估价入账：

借:固定资产——厂房　　　　　　　　　　　　　410 740

　　贷:在建工程——厂房　　　　　　　　　　　410 740

(7)剩余工程物资转作存货:

借:原材料　　　　　　　　　　　　　　　　　17 094.02

　　应交税费——应交增值税(进项税额)　　　　2 905.98

　　贷:工程物资　　　　　　　　　　　　　　　20 000

(8)7月中旬,按竣工决算实际成本调整固定资产成本:

借:固定资产——厂房　　　　　　　　　　　　14 260

　　贷:应付职工薪酬　　　　　　　　　　　　　14 260

三、融资租赁固定资产的会计处理

房地产开发企业所需的固定资产,除了自行购建外,在自有资金不足的情况下,通常采用经营租赁和融资租赁的方式,向租赁公司等单位租用。

1. 融资租赁的性质

融资租赁,是指由出租方根据承租方的要求和选择,与供货方订立购买合同支付货款;与承租方订立租赁合同,将购买的设备出租给承租方使用,收取租金的租赁业务。它主要涉及出租方、承租方和供货方三方当事人,并由两个或两个以上合同所构成。融资租赁,名为租赁,但实质上转移了与资产所有权有关的全部风险和报酬,是一项将"融资"和"融物"相结合的经济业务。

一项租赁认定为经营租赁还是融资租赁,取决于交易的实质而不是合同的形式。通常,如具有下列情况之一的,应认定为融资租赁:

(1)在租赁期届满时,租赁资产的所有权转移给承租人。

(2)承租人有购买租赁资产的选择权,所订立的购买价款预计将低于行使选择权时租赁资产的公允价值,因而在租赁开始日就可以合理确定承租人将会行使这种选择权。

(3)即使资产的所有权不转让,但租赁期占租赁资产使用寿命的大部分。

(4)承租人在租赁开始日的最低租赁付款额现值,几乎相当于租赁开始日租赁资产公允价值;出租人在租赁开始日的最低租赁收款额现值,几乎相当于租赁开始日租赁资产公允价值。

(5)租赁资产性质特殊,如果不作较大改造,只有承租人才能使用。

没有满足以上标准的租赁,应认定为经营租赁。

从法律形式上看,融资租赁资产的所有权并没有转移,但从交易的实质上看,承租人在租赁资产使用寿命的大部分时期内,获得租赁资产在使用上的各种经济利益,同时,作为取得这项权利的代价,需要支付大致等于该资产的公允价值的金额和有关财务费用。对于出租者来讲,在资产使用寿命期间的大部分时期内,让渡资产的使用权,同时取得租金作为回报。

2. 融资租赁固定资产的租赁款与租赁利率

在融资租赁的条件下,租赁设备的修理费、保险费等均由承租人负担,因此,融资租赁设备的租赁款,只包括租赁设备的购置成本、利息、手续费和一定的利润。因此,承租人在租赁期内支付的最低租赁付款额由两部分组成:一部分是由于使用租赁资产并且享有与租赁资产有关的报酬而支付的代价(即租赁开始日租赁资产的公允价值或最低租赁款付款额的现值),类似于购买资产时支付的价款,属于租赁开始日的资本性支出;另一部分是由于占有出租人的资金而支付的利息费用,属于各期间的收益性支出。

融资租赁固定资产的价值按照租赁期开始日租赁资产公允价值与最低租赁付款额现值两者孰低原则确认。最低租赁付款额是在租赁开始日,承租人应支付或被要求支付的款项,加上由承租人或其有关的第三方担保的资产余额。因此,在计算最低租赁付款额现值时,首先要确定租赁利率。租赁利率也叫内含利率,反映了承租人实际支付的筹资成本。一般而言,租赁合同都规定有合同利率,这一利率是租赁双方都接受的利率,与同期银行贷款利率相比更具有相关性,因此,如果承租人不知悉出租人的租赁内含利率,采用合同利率比较客观。但如果两者均无法知悉,采用同期银行贷款利率,尽管出租人的租赁内含利率通常高于银行贷款利率,但可使最低租赁付款额的现值较大,更符合融资租赁确认的标准。

3. 承租人的会计处理

对于承租人而言,通过融资租赁,一方面获得了一项资产,另一方面又承担一笔债务。因此,承租人应按照租赁期开始日租赁资产公允价值与最低租赁付款额现值两者孰低原则,将租入的资产确认为资产,同时将未来的付款义务确认为负债。另外,承租人在租赁谈判和签订租赁合同过程中发生的、可归属于租赁项目的手续费、律师费、差旅费、印花税等初始直接费用,也应确认为租赁资产金额的一部分。在租赁开始日,按其入账价值,借记"固定资产——融资租入固定资产"科目或"在建工程"科目(需安装的固定资产),按最低租赁付款额,贷记"长期应付款"科目,按发生的初始直接费用,贷记"银行存款"等科目,按其差额,借记"未确认融资费用"科目。租赁期届满,企业取得该项固定资产所有权的,应将该项固定资产从"固定资产——融资租入固定资产"明细科目转入有关明细科目。融资租入固定资产应采用与企业自有应折旧资产一致的折旧方案,在租赁期与使用寿命两者孰短的期限内计提完折旧。

【例 8-5】　南方房地产开发公司(简称"南方公司")与中华租赁公司签署合约租赁塑钢机一台,该机器在 2006 年 1 月 1 日取得的公允价值为 700 000 元,起租日为 2006 年 1 月 1 日,租期 3 年,每隔 6 个月月末支付租金 150 000 元,该机器的保险、维护等费用均由南方公司负担,每年约 10 000 元。租赁合同规定的年利率为 14%。租赁期满时,南方公司有优惠购买该机器的选择权,购买优惠价为 100 元,估计该租赁资产的公允价值为 80 000 元。南方房地产公司该如何进行会计处理呢?

分析:

(1)判断租赁的类型:

由于存在优惠购买选择权,优惠价 100 元远低于行使选择权日租赁资产的公允价值 80 000 元,因此在 2006 年 1 月 1 日就可以合理确定南方公司会行使这项选择权,因此这项租赁应认定为融资租赁。

(2)计算租赁开始日最低租赁付款额的现值与公允价值较低者

最低租赁付款额＝各期租金之和＋行使优惠购买选择权支付的金额＝150 000×6+100＝900 100(元)

最低租赁付款额的现值＝每期租金 150 000 元的年金现值＋优惠购买选择权行使价 100 元的复利现值＝150 000×4.767+100×0.666＝715 116.6＞公允价值 700 000

根据融资租入固定资产入账价值的孰低原则,公允价值 700 000 元为入账价值。

(3)计算未确认融资费用:

未确认融资费用＝最低租赁付款额－租赁开始日租赁资产的公允价值＝900 100－700 000＝200 100(元)

(4)编制会计分录:

借:固定资产——融资租入固定资产　　　　　　　　　　　700 000
　　未确认融资费用　　　　　　　　　　　　　　　　　200 100
　　贷:长期应付款——应付融资租赁款　　　　　　　　　　900 100

四、其他方式取得的固定资产的成本

企业取得固定资产的其他方式与存货类似,也主要包括接受投资者投资、非货币性资产交换、债务重组、企业合并等。

（1）投资者投入固定资产的成本。投资者投入固定资产的成本,应当按照投资合同或协议约定的价值确定,但合同或协议约定价值不公允的除外。在投资合同或协议约定价值不公允的情况下,按照该项固定资产的公允价值作为入账价值。

（2）通过非货币性资产交换、债务重组、企业合并等方式取得的固定资产的成本。企业通过非货币性资产交换、债务重组、企业合并等方式取得的固定资产,其成本应当分别按照《企业会计准则第 7 号——非货币性资产交换》、《企业会计准则第 12 号——债务重组》、《企业会计准则第 20 号——企业合并》等的规定确定。但是,该项固定资产的后续计量和披露应当执行固定资产准则的规定。

（3）盘盈固定资产的成本。盘盈的固定资产,作为前期差错处理,在按管理权限报经批准处理前,应先通过"以前年度损益调整"科目核算。

8.2.2 固定资产的明细分类核算

房地产开发企业为了反映各项固定资产的增减变动情况,应当按照固定资产类别或项目进行明细核算。企业对于取得的固定资产,要开设"固定资产卡片",并在按固定资产类别登记的"固定资产登记簿"中进行登记。

"固定资产卡片"是按登记对象进行固定资产明细分类核算的账簿。固定资产的登记对象,通常是指具有一定用途的独立物体或连同为完成该项资产一定功能所必不可少的基座和附属设备等的综合体。如房屋建筑物应以每一幢房屋或独立建筑物连同附属设备作为一个登记对象;机械设备应以每一独立机械设备连同基座、附属设备、工具、仪器作为一个登记对象;运输设备应以每一独立的运输设备作为一个登记对象;其他固定资产应以每一单项固定资产为一个登记对象。为了便于管理和核算,企业应对每一固定资产登记对象加以编号,以便查找核对,避免乱账、错账。

在"固定资产卡片"中,应记录有关固定资产的各项明细资料,如固定资产编号、名称、规格、技术特征、附属物、使用单位、所在地点、建造年份、开始使用日期、中间停用日期、原值和预计使用年限、折旧率、进行大修理次数和日期、减值准备计提、转移调动情况、报废清理情况等等。

"固定资产卡片"通常应一式三份,一份由固定资产使用单位保管,一份由财产管理部门保管,一份由会计部门保管。为了归类反映和便于查找,"固定资产卡片"一般应存放在卡片箱内,先按固定资产类别排列,在每一大类下,再按使用单位排列,遇有内部调动,应随时登记有关卡片,并相应转移它的存放位置,以便及时了解固定资产的存在和变动情况。会计部门保管的卡片,应定期与财产管理部门保管的卡片进行核对。

通过"固定资产卡片",可以了解每项固定资产的变动情况。但是由于卡片的数量较多,不便据以了解各类固定资产的变动情况,因此,还须设置"固定资产登记簿"进行核算。"固定资产登记簿"是按固定资产类别开设账页,用金额综合反映各类固定资产增、减、结存情况的账簿。为了了解各单位固定资产的变动情况和各类固定资产折旧的变动情况,在登记簿中除按使用、保管单位分栏登记原值外,还可设置折旧专栏,以便计算和反映各类固定资产的已提折旧。

每个年度开始时,应先在"固定资产登记簿"中登记各类固定资产在各单位的年初结余额和累计折旧额,然后按月根据有关固定资产收入、清理等凭证汇总登记它们的增加额和减少额,并结出月末结余额。为了保证会计记录的正确性,做到账账相符、账卡一致,"固定资产卡片"、"固定资产登记簿"和总分类账中"固定资产"科目的余额,应定期进行核对。

8.3　固定资产的后续计量

8.3.1　固定资产折旧

一、固定资产折旧的定义

折旧是指在固定资产的使用寿命内,按照确定的方法对应计折旧额进行的系统分摊。应计折旧额,是指应当计提折旧的固定资产的原价扣除其预计净残值后的余额。如果已对固定资产计提了减值准备,还应当扣除已计提的固定资产减值准备的累计金额。

二、影响固定资产折旧的因素

影响固定资产折旧的因素主要有以下几个方面:

1.固定资产原价,指固定资产的成本。

2.预计净残值,指假定固定资产预计使用寿命已满并处于使用寿命终了时的预期状态,企业目前从该项资产处置中获得的残值收入扣除预计处置费用后的金额。

3.固定资产减值准备,指固定资产已计提的固定资产减值准备的累计金额。

固定资产计提减值准备后,应当在剩余使用寿命内根据调整后的固定资产账面价值(固定资产账面余额扣减累计折旧和累计减值准备后的金额)和预计净残值重新计算确定折旧率和折旧额。

4.固定资产的使用寿命。指企业使用固定资产的预计期间,或者该固定资产所能生产产品或提供劳务的数量。企业确定固定资产使用寿命时,应当考虑下列因素:

(1)该项资产预计生产能力或实物产量;

(2)该项资产预计有形损耗,如设备使用中发生磨损、房屋建筑物受到自然侵蚀等;

(3)该项资产预计无形损耗,如因新技术的出现而使现有的资产技术水平相对陈旧、市场需求变化使产品过时等;

(4)法律或者类似规定对该项资产使用的限制。某些固定资产的使用寿命可能受法律或类似规定的约束。如对于融资租赁的固定资产,根据企业会计准则规定,能够合理确定租赁期届满时将会取得租赁资产所有权的,应当在租赁资产使用寿命内计提折旧;如果无法合理确定租赁期届满时能够取得租赁资产所有权的,应当在租赁期与租赁资产使用寿命两者中较短的期间内计提折旧。

三、计提折旧的固定资产范围

企业应当对所有的固定资产计提折旧,但是,已提足折旧仍继续使用的固定资产和单独计价入账的土地除外。在确定计提折旧的范围时还应注意以下几点:

1.固定资产应当按月计提折旧,并根据用途计入相关资产的成本或者当期损益。当月增加的固定资产,当月不计提折旧,从下月起计提折旧;当月减少的固定资产,当月仍计提折旧,从下月起不计提折旧。

2.固定资产提足折旧后,不论能否继续使用,均不再计提折旧,提前报废的固定资产也不再补提折旧。所谓提足折旧是指已经提足该项固定资产的应计折旧额。

3.已达到预定可使用状态但尚未办理竣工决算的固定资产,应当按照估计价值确定其成本,并计提折旧;待办理竣工决算后再按实际成本调整原来的暂估价值,但不需要调整原已计提的折旧额。

四、固定资产折旧方法

房地产开发企业应根据与固定资产有关的经济利益的预期实现方式,合理选择固定资产折旧方法。一般,我国可选用的折旧方法包括年限平均法、工作量法、双倍余额递减法和年数总和法等。

1.年限平均法

年限平均法又称直线法,是将固定资产的应计提折旧额平均分摊到各期的一种折旧方法。

$$应计提折旧额＝固定资产原价－预计净残值$$

预计净残值是指假定固定资产预计使用寿命已满并处于使用寿命终了时的预期状态,企业目前从该项资产处置中获得的残值收入扣除预计处置费用后的金额,通常用预计净残值率(预计净残值占固定资产原值的百分比)来表示。按照现行财务制度的规定,一般固定资产的净残值率在 3%~5%之间,企业如规定低于 3%或高于 5%的,应报主管财政部门备案。

固定资产年折旧额的计算公式如下:

$$年折旧率＝年折旧额/固定资产原值×100\%＝$$
$$(1－预计净残值率)/预计折旧年限×100\%$$
$$月折旧率＝年折旧率/12$$
$$月折旧额＝固定资产原值×月折旧率$$

固定资产的折旧率可以分为个别折旧率、分类折旧率和综合折旧率。上述计算的折旧率是按某项固定资产单独计算的,称为个别折旧率。分类折旧率是指按固定资产类别(指性质、结构和使用年限接近的一类固定资产)分别计算的平均折旧率。

综合折旧率是指某一期间企业全部固定资产折旧额与全部固定资产原值的比率。从折旧额计算的准确度而言,采用综合折旧率的计算结果准确性较差,而个别折旧率更合理。

采用年限平均法计算固定资产折旧虽然比较简便,但它也存在着一些明显的局限性。首先,固定资产在不同使用年限提供的经济效益是不同的。一般来讲,固定资产在其使用前期工作效率相对较高,所带来的经济利益也就多;而在其使用后期,工作效率一般呈下降趋势,因而,所带来的经济利益也就逐渐减少。年限平均法不考虑,明显是不合理的。其次,固定资产在不同的使用年限发生的维修费用也不一样。固定资产的维修费用将随着其使用时间的延长而不断增加,而年限平均法也没有考虑这一因素。

当固定资产各期负荷程度相同时,各期应分摊相同的折旧费,这时采用年限平均法计算折旧是合理的。但是,如果固定资产各期负荷程度不同,采用年限平均法计算折旧时,则不能反映固定资产的实际使用情况,提取的折旧数与固定资产的损耗程度也不相符。

2. 工作量法

工作量法,是根据固定资产的实际工作量计提折旧额的一种方法。其计算公式为:

某项固定资产月折旧额＝该项固定资产当月实际工作量×单位工作量折旧额

单位工作量的折旧额＝固定资产原值(1－净残值率)/预计工作总量

企业如有专业运输车辆和不经常使用的大型机械设备,可采用行驶里程折旧法和台班折旧法来应用工作量法计提折旧。

3. 双倍余额递减法

双倍余额递减法,是指在不考虑固定资产预计净残值的情况下,根据每期期初固定资产原值减去累计折旧后的余额和双倍的直线法折旧率计算固定资产折旧的一种方法。计算公式如下:

$$年折旧率＝2/预计使用寿命(年)×100\%$$

$$月折旧率＝年折旧率÷12$$

$$月折旧额＝固定资产账面净值×月折旧率$$

由于每年年初固定资产账面净值没有扣除预计净残值,因此,在应用这种方法计算折旧额时必须注意不能使固定资产的账面折余价值降低到其预计净残值以下,即实行双倍余额递减法计算折旧的固定资产,应在其折旧年限到期前两年内,将固定资产净值扣除预计净残值后的余额平均摊销。

【**例8-6**】 甲房地产开发公司某项设备原价为120万元,预计使用寿命为5年,预计净残值率为4%;假设甲公司没有对该机器设备计提减值准备。

甲公司按双倍余额递减法计算折旧,每年折旧额计算如下:

年折旧率＝2/5×100%＝40%

第一年应提的折旧额＝120×40%＝48(万元)

第二年应提的折旧额＝(120－48)×40%＝28.8(万元)

第三年应提的折旧额＝(120－48－28.8)×40%＝17.28(万元)

从第四年起改按年限平均法(直线法)计提折旧:

第四、五年应提的折旧额＝(120－48－28.8－17.28－120×4%)÷2＝10.56(万元)

4. 年数总和法

年数总和法,又称年限合计法,是将固定资产的原值减去预计净残值的余额乘以一个以固定资产尚可使用寿命为分子、以预计使用寿命逐年数字之和为分母的逐年递减的分数计算每年的折旧额。计算公式如下:

$$年折旧率＝尚可使用年限/预计使用寿命的年数总和×100\%$$

$$月折旧率＝年折旧率÷12$$

$$月折旧额＝(固定资产原价－预计净残值)×月折旧率$$

【例 8-7】 沿用上例资料,采用年数总和法计算的各年折旧额如表 8-2 所示:

表 8-2 　　　　　　　　　固定资产折旧的计算　　　　　　　　金额单位:元

年份	尚可使用年限	(原值－净残值)	年折旧率	年折旧额	累计折旧额
1	5	1 152 000	5/15	384 000	384 000
2	4	1 152 000	4/15	307 200	691 200
3	3	1 152 000	3/15	230 400	921 600
4	2	1 152 000	2/15	153 600	1 075 200
5	1	1 152 000	1/15	76 800	1 152 000

双倍余额递减法和年数总和法都属于加速折旧法,特点是在固定资产使用的前期多提折旧,后期少提折旧,从而使折旧额呈现递减趋势,加快折旧速度的折旧方法。

采用这两种加速折旧法的理由,主要是考虑到固定资产在使用过程中,一方面它的效率或收益能力逐年下降;另一方面它的修理费用要逐年增加。为了均衡固定资产在使用期限内各年的使用费,固定资产在早期所提的折旧额应大于后期所提的折旧额。采用加速折旧法,还可使固定资产资金能在投入使用前几年大部分回收,减少无形损耗的风险。

五、固定资产折旧的会计处理

固定资产的损耗价值即计提的折旧,不直接记入"固定资产"科目的贷方,冲减固定资产原值,而是单独登记在"累计折旧"科目的贷方。企业设置"累计折旧"科目核算对固定资产计提的累计折旧,并按固定资产的类别或项目进行明细核算。企业按月计提固定资产折旧,借记"开发间接费用"、"销售费用"、"管理费用"、"其他业务成本"、"研发支出"等科目,贷记本科目。"累计折旧"科目期末有贷方余额,反映企业固定资产已提取的累计折旧额。"累计折旧"科目实质上是"固定资产"科目的调整科目。"固定资产"科目借方余额减去"累计折旧"科目贷方余额的差额，即为固定资产净值。

企业月末可以根据固定资产的使用对象编制固定资产折旧分配表，根据固定资产折旧分配表，即可将该月计提折旧作相应分录入账。

六、固定资产使用寿命、预计净残值和折旧方法的复核

由于固定资产的使用寿命长于一年，属于企业的非流动资产，企业至少应当于每年年度终了，对固定资产的使用寿命、预计净残值和折旧方法进行复核。

在固定资产使用过程中，其所处的经济环境、技术环境以及其他环境有可能对固定资产使用寿命和预计净残值产生较大影响。例如，固定资产使用强度比正常情况大大加强，致使固定资产实际使用寿命大大缩短；替代该项固定资产的新产品的出现致使其实际使用寿命缩短，预计净残值减少等等。为真实反映固定资产为企业提供经济利益的期间及每期实际的资产消耗，企业至少应当于每年年度终了，对固定资产使用寿命和预计净残值进行复核。如果固定资产使用寿命预计数与原先估计数有差异，应当调整固定资产使用寿命；如果固定资产预计净残值预计数与原先估计数有差异，应当调整预计净残值。

固定资产使用过程中所处经济环境、技术环境以及其他环境的变化也可能致使与固定资产有关的经济利益的预期实现方式发生重大改变。如果固定资产给企业带来经济利益的方式发生重大变化，企业也应相应改变固定资产折旧方法。例如，某企业以前年度采用年限平均法计提固定资产折旧，此次年度复核中发现，与该固定资产相关的技术发生很大变化，年限平均法已很难反映该项固定资产给企业带来经济利益的方式，因此，决定变年限平均法为加速折旧法。

企业应当根据企业会计准则的规定，结合企业的实际情况，制定固定资产目录、分类方法、每类或每项固定资产的使用寿命、预计净残值、折旧方法等，并编制成册，根据企业的管理权限，经股东大会或董事会，或经理（厂长）会议或类似机构批准，按照法律、行政法规等的规定报送有关各方备案，同时备置于企业所在地，以供投资者等有关各方查阅。企业已经确定并对外报送，或备置于企业所在地的有关固定资产目录、分类方法、使用寿命、预计净残值、折旧方法等，一经确定不得随意变更，如需变更，仍然应按照上述程序，经批准后报送有关各方备案。

8.3.2 固定资产后续支出

房地产开发企业与固定资产有关的后续支出，通常包括固定资产在使用过程

中发生的修理费用、更新改造支出、房屋的装修费用等。企业与固定资产有关的后续支出,满足固定资产准则规定的固定资产确认条件的,先通过"在建工程"科目按单项工程进行明细核算,待在建工程达到预定可使用状态时,应结转在建工程成本时,借记"固定资产"等科目,贷记"在建工程——××工程";不满足固定资产确认条件的,应在"管理费用"等科目核算。

根据企业会计准则的规定,发生的后续支出资本化必须符合确认固定资产的两个特征,即与该固定资产有关的经济利益很可能流入企业,该固定资产的成本能可靠地计量,则应将其资本化计入该项固定资产的入账价值。

固定资产的修理费用,通常不符合准则规定的固定资产的确认条件,应当在发生时计入当期"管理费用"等科目,不得采用预提或待摊方式处理。

固定资产发生的更新改造支出、房屋装修费用等,一般数额较大,收益期较长(超过 1 年),若能提高原固定资产的服务效能或延长固定资产的使用年限,成本能可靠计量的,应当计入固定资产成本,同时将被替换部分的账面价值扣除;其他不符合固定资产确认条件的,应当在发生时计入当期"管理费用"。因更新改造等原因而延长了固定资产使用年限的,应调整其折旧年限和折旧率。

要注意的是,以经营租赁方式租入的固定资产发生的改良支出,如满足固定资产确认条件的装修费用等应直接在"固定资产——经营租入固定资产改良"科目中核算。

【例 8-8】　甲房地产开发公司将原办公大楼进行装修改造,更换陈旧设施,该大楼原价 350 万元,预计使用年限为 20 年,预计净残值为 15 万元,已使用 5 年,一直采用年限平均法计算折旧。装修改造中发生支出 100 万元,发生变价收入 5 万元。所有款项都以银行存款支付完毕。装修改造后新大楼预计残值为 20 万元,预计延长可使用寿命 5 年,仍采用年限平均法计算折旧。有关会计处理如下:

第一步,将原大楼投入改造:

借:在建工程——办公大楼改造工程	3 500 000
贷:固定资产——开发经营用	3 500 000

第二步,发生改造支出:

借:在建工程——办公大楼改造工程	1 000 000
贷:银行存款	1 000 000

第三步,取得变现收入:

借:银行存款	50 000
贷:在建工程——办公大楼改造工程	50 000

第四步,改造完毕交付使用:

借:固定资产——开发经营用 4 450 000

　　贷:在建工程——办公大楼改造工程 4 450 000

第五步,调整折旧额:

改造前的累计折旧额=(3 500 000−150 000)÷20×5=837 500(元)

改造前固定资产净值=3 500 000−837 500=2 662 500(元)

改造后固定资产价值=2 662 500+1 000 000−50 000=3 612 500(元)

改造后固定资产的年折旧额=(3 612 500−200 000)÷20=170 625(元)

8.4　固定资产的减值和处置

8.4.1　固定资产的减值

固定资产在使用过程中由于存在无形损耗和有形损耗等原因,会导致其可收回金额低于账面价值,即发生固定资产减值。为了较真实地反映固定资产未来的盈利能力,避免虚夸资产价值,企业应当在资产负债表日对固定资产是否存在可能发生减值的迹象进行逐项检查和判断。

(1)某项固定资产的市价在当期大幅下跌,其跌幅明显高于因时间推移或者正常使用而预计的下跌。

(2)企业经营所处的经济、技术或者法律等环境以及该项固定资产所处的市场在当期或者将在近期发生重大变化,从而对企业产生不利影响。

(3)市场利率或其他市场投资报酬率在当期已经提高,从而提高了企业计算资产预计未来现金流量现值计算的折现率,导致资产可回收金额大幅度降低。

(4)有证据表明该固定资产已经陈旧过时或实体已经损坏。

(5)资产已经或将被闲置、终止使用或者计划提前处置。

(6)其他表明某项固定资产可能已经发生减值的迹象。

如发现存在以上情况时,应当计算固定资产的可回收金额,以确定固定资产是否已经发生减值。

固定资产的可回收金额是根据该项资产的销售净价(即公允价值减去处置费用后的净额)与预计从该资产的持续使用和使用寿命结束时的处置中形成的现金流量的现值两者之间较高者确定。处置费用包括处置该固定资产有关的法律费用、相关税费、搬运费以及为使该固定资产达到可销售状态所发生的直接费用。企业预计从该资产的持续使用和使用寿命结束时的处置中形成的现金流量的现值,主要取决于该固定资产的预计使用寿命、未来所产生的现金流量和折现率的确定。预计使用寿命应以该固定资产的尚可使用寿命为限;未来所产生的现金流量一般应参照该资产在过去使用期间所产生的经济利益预计;折现率的选择应反映当前市场的货币时间价值和资产特有风险。这三个要素都需要企业运用职业知识谨慎判断,作出合理预计。

若固定资产的公允价值减去处置费用后的净额与资产预计未来现金流量的现值之中任一项超过了资产的账面价值,就表明该项固定资产没有发生减值,不需要估计另一项金额。若预计可收回金额低于其账面余值,则将其差额计提固定资产资产减值准备。

房地产开发企业应设置"固定资产减值准备"科目核算企业固定资产发生减值时计提的减值准备。固定资产减值准备应按单项资产计提。在资产负债表日,企业根据资产减值准则确定固定资产发生减值的,按应减值的金额,借记"资产减值损失——固定资产减值损失"科目,贷记"固定资产减值准备"科目。处置固定资产时,应同时结转已计提的固定资产减值准备。固定资产减值准备一经确认,在以后会计期间不得转回。

"固定资产减值准备"科目有期末贷方余额,反映企业已计提但尚未转销的固定资产减值准备。一旦固定资产减值损失确认,该资产的折旧费用应当在未来期间作相应调整,以使该固定资产在剩余使用寿命内,系统分摊调整后的资产账面价值(扣除预计净残值)。同时,各项固定资产提取的减值准备,应在固定资产明细账卡中注明。

8.4.2 固定资产的处置

一、固定资产终止确认的条件

固定资产满足下列条件之一的,应当予以终止确认:

1. 该固定资产处于处置状态

固定资产处置包括固定资产的出售、转让、报废或毁损、对外投资、非货币性资产交换、债务重组等。处于处置状态的固定资产不再用于生产商品、提供劳务、出租或经营管理,因此不再符合固定资产的定义,应予终止确认。

2.该固定资产预期通过使用或处置不能产生经济利益

固定资产的确认条件之一是"与该固定资产有关的经济利益很可能流入企业",如果一项固定资产预期通过使用或处置不能产生经济利益,那么它就不再符合固定资产的定义和确认条件,应予终止确认。

二、固定资产处置的会计处理

固定资产处置通过"固定资产清理"科目加以核算。本科目核算企业因出售、报废和毁损、对外投资、非货币性资产交换、债务重组等原因转入清理的固定资产价值以及在清理过程中所发生的清理费用和清理收入等,并按照被清理的固定资产项目进行明细核算。本科目的期末余额,反映企业尚未清理完毕固定资产的价值以及清理净损益(清理收入减去清理费用)。

固定资产清理的主要账务处理如下:

1.固定资产转入清理

出售、报废或毁损的固定资产转入清理时,按固定资产账面价值,借记"固定资产清理"科目,按已计提的累计折旧,借记"累计折旧"科目,按已计提的减值准备,借记"固定资产减值准备"科目,按固定资产原价,贷记"固定资产"科目。

2.发生的清理费用

固定资产清理过程中发生的相关税费及其他费用,借记"固定资产清理"科目,贷记"银行存款"、"应交税费"等科目。

3.收回残料或出售价款或保险赔偿

收回残料或出售价款、计算或收到应收保险公司或过失人赔偿的损失等,借记"银行存款"、"原材料"、"其他应收款"等科目,贷记"固定资产清理"科目。

4.清理净损益

固定资产清理完成后,属于生产经营期间正常的处理损失,借记"营业外支出——处置非流动资产损失"科目,贷记"固定资产清理"科目;属于自然灾害等非正常原因造成的损失,借记"营业外支出——非常损失"科目,贷记"固定资产清理"科目。如为贷方余额,借记"固定资产清理"科目,贷记"营业外收入"科目。

【例8-9】 甲房地产开发公司有一台设备,因使用期满经批准报废。该设备原价为186 700元,累计已计提折旧177 080元,已计提减值准备2 500元。在清理过程中,以银行存款支付清理费用5 000元,残料变卖收入为6 500元。

甲公司的账务处理如下：

（1）固定资产转入清理：

借：固定资产清理　　　　　　　　　　　　　　　　　　7 120

　　累计折旧　　　　　　　　　　　　　　　　　　　177 080

　　固定资产减值准备　　　　　　　　　　　　　　　　2 500

　　贷：固定资产　　　　　　　　　　　　　　　　　186 700

（2）发生清理费用：

借：固定资产清理　　　　　　　　　　　　　　　　　　5 000

　　贷：银行存款　　　　　　　　　　　　　　　　　　5 000

（3）收到残料变价收入：

借：银行存款　　　　　　　　　　　　　　　　　　　　6 500

　　贷：固定资产清理　　　　　　　　　　　　　　　　6 500

（4）结转固定资产净损益：

借：营业外支出——处置非流动资产损失　　　　　　　　5 620

　　贷：固定资产清理　　　　　　　　　　　　　　　　5 620

三、固定资产盘亏的会计处理

固定资产盘亏造成的损失，应当计入当期损益。企业在财产清查中盘亏的固定资产，按盘亏固定资产的账面价值借记"待处理财产损溢——待处理固定资产损溢"科目，按已计提的累计折旧，借记"累计折旧"科目，按已计提的减值准备，借记"固定资产减值准备"科目，按固定资产原价，贷记"固定资产"科目。按管理权限报经批准后处理时，按可收回的保险赔偿或过失人赔偿，借记"其他应收款"科目，按应计入营业外支出的金额，借记"营业外支出——盘亏损失"科目，贷记"待处理财产损溢"科目。

【例 8-10】　甲房地产开发公司年末对固定资产进行清查时，发现丢失一台冷冻设备。该设备原价 52 000 元，已计提折旧 20 000 元，并已计提减值准备 12 000元。经查，冷冻设备丢失的原因在于保管员看守不当。经批准，由保管员赔偿5 000 元。有关账务处理如下：

（1）发现冷冻设备丢失时：

借：待处理财产损溢　　　　　　　　　　　　　　　　20 000

　　累计折旧　　　　　　　　　　　　　　　　　　　20 000

　　固定资产减值准备　　　　　　　　　　　　　　　12 000

　　贷：固定资产　　　　　　　　　　　　　　　　　52 000

（2）报经批准后：

借：其他应收款　　　　　　　　　　　　　　　　　　　　　　5 000

　　营业外支出——盘亏损失　　　　　　　　　　　　　　　　15 000

　　贷：待处理财产损溢　　　　　　　　　　　　　　　　　　　20 000

8.5　无形资产

8.5.1　无形资产的概念及确认条件

一、无形资产的概念

无形资产，是指企业拥有或者控制的没有实物形态的可辨认非货币性资产，主要包括专利权、非专利技术、商标权、著作权、特许权等。无形资产具有以下特征：

1. 由企业拥有或者控制并能为其带来未来经济利益的资源

预计能为企业带来未来经济利益，是作为一项资产的本质特征，无形资产也不例外。通常情况下，企业拥有或者控制的无形资产应当拥有其所有权并且能够为企业带来未来经济利益。但在某些情况下并不需要企业拥有其所有权，如果企业有权获得某项无形资产产生的经济利益，同时又能约束其他人获得这些经济利益，则说明企业控制了该无形资产，或者说控制了该无形资产产生的经济利益，具体表现为企业拥有该无形资产的法定所有权，或者使用权并受法律的保护。比如，企业自行研制的技术通过申请依法取得专利权后，在一定期限内拥有了该专利技术的法定所有权；又比如企业与其他企业签订合约转让商标权，由于合约的签订，使商标使用权转让方的相关权利受到法律的保护。

2. 无形资产不具有实物形态

无形资产通常表现为某种权利、某项技术或是某种获取超额利润的综合能力。它们不具有实物形态，如土地使用权、非专利技术等。无形资产为企业带来经济利益的方式与固定资产不同，固定资产是通过实物价值的磨损和转移来为企业带来未来经济利益，而无形资产很大程度上是通过自身所具有的技术等优势为企业带来未来经济利益，不具有实物形态是无形资产区别于其他资产的特征之一。

需要指出的是，某些无形资产的存在有赖于实物载体，但这并不改变无形资产本身不具有实物形态的特性。在确定一项包含无形和有形要素的资产是属于固定资产,还是属于无形资产时,需要通过判断来加以确定,通常以哪个要素更重要作为判断的依据。无论是否存在实物载体,只要将一项资产归类为无形资产,则不具有实物形态仍然是无形资产的特征之一。

3. 无形资产具有可辨认性

要作为无形资产进行核算,该资产必须是能够区别于其他资产可单独辨认的,如企业持有的专利权、非专利技术、商标权、土地使用权、特许权等。从可辨认性角度考虑,商誉是与企业整体价值联系在一起的,无形资产的定义要求无形资产是可辨认的,以便与商誉清楚地区分开来。虽然商誉也是没有实物形态的非货币性资产,但不构成无形资产。符合以下条件之一的,则认为其具有可辨认性:

(1)能够从企业中分离或者划分出来,并能单独用于出售或转让等,而不需要同时处置在同一获利活动中的其他资产,则说明无形资产可以辨认。某些情况下无形资产可能需要与有关的合同一起用于出售、转让等,这种情况下也视为可辨认无形资产。

(2)产生于合同性权利或其他法定权利,无论这些权利是否可以从企业或其他权利和义务中转移或者分离。如一方通过与另一方签订特许权合同而获得的特许使用权,通过法律程序申请获得的商标权、专利权等。

4. 无形资产属于非货币性资产

非货币性资产,是指企业持有的货币资金和将以固定或可确定的金额收取的资产以外的其他资产。无形资产由于没有发达的交易市场,一般不容易转化成现金,在持有过程中为企业带来未来经济利益的情况不确定,不属于以固定或可确定的金额收取的资产,属于非货币性资产。货币性资产主要有现金、银行存款、应收账款、应收票据和短期有价证券等,它们的共同特点是直接表现为固定的货币数额,或在将来收到一定货币数额的权利。应收款项等资产也没有实物形态,其与无形资产的区别在于无形资产属于非货币性资产,而应收款项等资产则不属于非货币性资产。另外,虽然固定资产也属于非货币性资产,但其为企业带来经济利益的方式与无形资产不同,固定资产是通过实物价值的磨损和转移来为企业带来未来经济利益,而无形资产很大程度上是通过某些权利、技术等优势为企业带来未来经济利益。

二、无形资产的确认条件

某个项目要确认为无形资产,应符合无形资产的定义,并同时满足下列条件:

1.与该资产有关的经济利益很可能流入企业

作为无形资产确认的项目,必须具备产生的经济利益很可能流入企业。通常情况下,无形资产产生的未来经济利益可能包括在销售商品、提供劳务的收入中,或者企业使用该项无形资产而减少或节约的成本中,或者体现在获得的其他利益中。实务中,要确定无形资产创造的经济利益是否很可能流入企业,需要实施职业判断。在实施这种判断时,需要对无形资产在预计使用寿命内可能存在的各种经济因素作出合理估计,并且应当有明确的证据支持,比如,企业是否有足够的人力资源、高素质的管理队伍、相关的硬件设备、相关的原材料等来配合无形资产为企业创造经济利益。同时更为重要的是关注一些外界因素的影响,比如是否存在相关的新技术、新产品冲击与无形资产相关的技术或据其生产的产品的市场等。在实施判断时,企业的管理当局应对无形资产的预计使用寿命内存在的各种因素作出最稳健的估计。

2.该无形资产的成本能够可靠地计量

成本能够可靠地计量是资产确认的一项基本条件。对于无形资产来说,这个条件相对更为重要。比如,企业内部产生的品牌、报刊名等,因其成本无法可靠计量,不作为无形资产确认。又比如,一些高新科技企业的科技人才,假定其与企业签订了服务合同,且合同规定其在一定期限内不能为其他企业提供服务。在这种情况下,虽然这些科技人才的知识在规定的期限内预期能够为企业创造经济利益,但由于这些技术人才的知识难以辨认,且形成这些知识所发生的支出难以计量,因而不能作为企业的无形资产加以确认。

8.5.2 研究与开发支出

一、研究与开发阶段的区分

对于企业自行进行的研究开发项目,应当区分研究阶段与开发阶段分别进行核算。

1.研究阶段

研究阶段是指为获取新的技术和知识等进行的有计划的调查。有关研究活动的例子包括:意于获取知识而进行的活动;研究成果或其他知识的应用研究、评价和最终选择;材料、设备、产品、工序、系统或服务替代品的研究;以及新的或经改进的材料、设备、产品、工序、系统或服务的可能替代品的配制、设计、评价和最终选择等。

研究阶段是探索性的,是为进一步的开发活动进行资料及相关方面的准备,已进行的研究活动将来是否会转入开发、开发后是否会形成无形资产等均具有较大的不确定性。在这一阶段不会形成阶段性成果。因此,研究阶段的有关支出,在发生时应当费用化计入当期损益。

2. 开发阶段

开发阶段是指在进行商业性生产或使用前,将研究成果或其他知识应用于某项计划或设计,以生产出新的或具有实质性改进的材料、装置、产品等。有关开发活动的例子包括:生产前或使用前的原型和模型的设计、建造和测试;含新技术的工具、夹具、模具和冲模的设计;不具有商业性生产经济规模的试生产设施的设计、建造和运营;新的或经改造的材料、设备、产品、工序、系统或服务所选定的替代品的设计、建造和测试等。

相对于研究阶段而言,开发阶段应当是已完成研究阶段的工作,在很大程度上具备了形成一项新产品或新技术的基本条件。此时,如果企业能够证明开发支出符合无形资产的定义及相关确认条件,则可将其确认为无形资产。

二、开发阶段相关支出资本化的条件

在开发阶段,判断可以将有关支出资本化计入无形资产成本的条件包括:

(1)完成该无形资产以使其能够使用或出售在技术上具有可行性。企业在判断是否满足该条件时,应以目前阶段的成果为基础,说明在此基础上进一步进行开发所需的技术条件等已经具备,基本上不存在技术上的障碍或其他不确定性,企业在判断时,应提供相关的证据和材料。

(2)具有完成该无形资产并使用或出售的意图。开发某项产品或专利技术产品等,是使用或出售通常是根据管理当局决定该项研发活动的目的或者意图所决定,即研发项目形成成果以后,是为出售,还是为自己使用并从使用中获得经济利益,应当以管理当局意图而定。因此,企业的管理当局应能够说明其持有拟开发无形资产的目的,并具有完成该项无形资产开发并使其能够使用或出售的可能性。

(3)无形资产产生经济利益的方式,包括能够证明运用该无形资产生产的产品存在市场或无形资产自身存在市场,无形资产将在内部使用的,应当证明其有用性。作为无形资产确认,其基本条件是能够为企业带来未来经济利益。就其能够为企业带来未来经济利益的方式来讲,如果有关的无形资产在形成以后,主要是用于形成新产品或新工艺的,企业应对运用该无形资产生产的产品市场情况进行估计,应能够证明所生产的产品存在市场,并能够带来经济利益的流入;如果有关的无形资产开发以后主要是用于对外出售的,则企业应能够证明市场上存在对该类无形资产的需求,开发以后存在外在的市场可以出售并带来经济利益的流入;如果无形资产开发以后,不是用于生产产品,也不是用于对外出售,而是在企业内部使用的,则企业应能够证明在企业内部使用时对企业的有用性。

(4)有足够的技术、财务资源和其他资源支持,以完成该无形资产的开发,并有能力使用或出售该无形资产。这一条件主要包括:

①为完成该项无形资产开发具有技术上的可靠性。开发的无形资产并使其形成成果在技术上的可靠性,是继续开发活动的关键。因此,必须有确凿证据证明企业继续开发该项无形资产有足够的技术支持和技术能力;

②财务资源和其他资源支持。财务和其他资源支持是能够完成该项无形资产开发的经济基础,因此,企业必须能够证明为完成该项无形资产的开发所需的财务和其他资源,是否能够足以支持完成该项无形资产的开发;

③能够证明企业在开发过程中所需的技术、财务和其他资源,以及企业获得这些资源的相关计划等。如在企业自有资金不足以提供支持的情况下,是否存在外部其他方面的资金支持,如银行等金融机构愿意为该无形资产的开发提供所需资金的声明等来证实,并有能力使用或出售该无形资产。

(5)归属于该无形资产开发阶段的支出能够可靠地计量。企业对于开发活动发生的支出应单独核算,如发生的开发人员的工资、材料费等,在企业同时从事多项开发活动的情况下,所发生的支出同时用于支持多项开发活动的,应按照一定的标准在各项开发活动之间进行分配,无法明确分配的,应予费用化计入当期损益,不计入开发活动的成本。

三、内部开发的无形资产的计量

内部研发活动形成的无形资产成本,由可直接归属于该资产的创造、生产并使该资产能够以管理层预定的方式运作的所有必要支出组成。可直接归属成本包括:开发该无形资产时耗费的材料、劳务成本、注册费、在开发该无形资产过程中使用的其他专利权和特许权的摊销,以及按照借款费用的处理原则可资本化的利息支出。在开发无形资产过程中发生的除上述可直接归属于无形资产开发活动的其他销售费用、管理费用等间接费用、无形资产达到预定用途前发生的可辨认的无效和初始运作损失、为运行该无形资产发生的培训支出等不构成无形资产的开发成本。

值得说明的是,内部开发无形资产的成本仅包括在满足资本化条件的时点至无形资产达到预定用途前发生的支出总和,对于同一项无形资产在开发过程中达到资本化条件之前已经费用化计入当期损益的支出不再进行调整。

四、内部研究开发费用的会计处理

企业自行开发无形资产发生的研发支出,无论是否满足资本化条件,均应先在"研发支出"科目进行归集,期末,对于不符合资本化条件的研发支出,转入当期管理费用;符合资本化条件但尚未完成的开发费用,继续保留在"研发支出"科目中,待开发项目完成达到预定用途形成无形资产时,再将其发生的实际成本转入无形资产。

外购或以其他方式取得的、正在研发过程中应予资本化的项目,先计入"研发支出——资本化支出"科目,其后发生的研发支出比较上述原则进行处理。

【例 8-11】　2007 年 1 月 1 日,甲房地产开发公司经董事会批准研发某项新产品专利技术,该公司董事会认为,研发该项目具有可靠的技术和财务等资源的支持,并且一旦开发成功将降低该公司的开发成本。该公司在研发过程中发生材料费 5 000 万元,人工工资 1 000 万元,以及其他费用 4 000 万元。总计 10 000 万元,其中符合资本化条件的支出为 6 000 万元。2007 年 12 月 31 日,该专利技术已经达到预定用途。

分析:首先,甲公司经董事会批准研发某项新产品专利技术,并认为完成该项技术无论从技术上,还是财务上能够得到可靠的资源支持,并且一旦研发成功将降低公司的生产成本,因此,符合条件的开发费用可以资本化。其次,甲公司在开发该项新型技术时,累计发生 10 000 万元的研究与开发支出。其中符合资本化条件的开发支出为 6 000 万元,其符合"归属于该无形资产开发阶段的支出能够可靠地计量"的条件。

甲公司的账务处理如下:

(1)发生研发支出:

借:研发支出——费用化支出	40 000 000
——资本化支出	60 000 000
贷:原材料	50 000 000
应付职工薪酬	10 000 000
银行存款	40 000 000

(2)2007 年 12 月 31 日,该专利技术已经达到预定用途:

借:管理费用	40 000 000
无形资产	60 000 000
贷:研发支出——费用化支出	40 000 000
——资本化支出	60 000 000

8.5.3　无形资产的初始计量

无形资产应当按照成本进行初始计量。房地产开发企业取得无形资产的方式不同，其成本构成也不尽相同。

一、外购的无形资产

企业外购的无形资产应根据购买过程中所发生的全部支出作为无形资产的取得成本入账。外购无形资产的成本，包括购买价款、相关税费、法律费用以及直接归属于使该项资产达到预定用途所发生的其他支出。

购入无形资产超过正常信用条件延期支付价款，实质上具有融资性质的，应按所购无形资产购买价款的现值入账。

【例 8-12】　因甲房地产开发公司某项生产活动需要乙公司已获得的专利技术，如果使用了该项专利技术，甲公司预计其生产能力比原先提高 20%，销售利润率增长 15%。为此，甲公司从乙公司购入一项专利权，按照协议约定以现金支付，实际支付的价款为 300 万元，并支付相关税费 1 万元和有关专业服务费用 5 万元，款项已通过银行转账支付。

分析：

（1）甲公司购入的专利权符合无形资产的定义，即甲公司能够拥有或者控制该项专利技术符合可辨认的条件，同时是不具有实物形态的非货币性资产。

（2）甲公司购入的专利权符合无形资产的确认条件。首先，甲公司的某项生产活动需要乙公司已获得的专利技术，甲公司使用了该项专利技术。预计甲公司的生产能力比原先提高 20%，销售利润率增长 15%，即经济利益很可能流入；其次，甲公司购买该项专利权的成本为 300 万元，另外支付相关税费和有关专业服务费用 6 万元，即成本能够可靠计量。由此，符合无形资产的确认条件。

无形资产初始计量的成本＝300＋1＋5＝306（万元）

甲公司的账务处理如下：

借：无形资产——专利权　　　　　　　　　　　　　　　　3 060 000
　　贷：银行存款　　　　　　　　　　　　　　　　　　　　3 060 000

【例 8-13】　2005 年 1 月 8 日，甲房地产开发公司从乙公司购买一项商标权，由于甲公司资金周转比较紧张，经与乙公司协议采用分期付款方式支付款项。合同规定，该项商标权总计 1 000 万元，每年末付款 200 万元，5 年付清。假定银行同期贷款利率为 5%。为了简化核算，假定不考虑其他有关税费（已知 5 年期 5% 利率,其年金现值系数为 4.3295)。

甲公司的账务处理如下(表 8-3):

表 8-3　　　　　　　　　未确认的融资费用　　　　　金额单位:万元

年份	融资余额	利率	本年利息 融资余额×利率	付款	还本 (付款－利息)	未确认融资费用 (上年余额－本年利息)
0	865.90					134.10
1	709.19	0.05	43.29	200	156.71	90.8l
2	544.65	0.05	35.46	200	164.54	55.35
3	371.88	0.05	27.23	200	172.77	28.12
4	190 48	0.05	18.59	200	181.41	9.52
5	0	0.05	9.52	200	190.48	0
合计			134.09	1 000	865.91	

无形资产现值＝1 000×20％×4.3295＝865.9(万元)

未确认的融资费用＝1 000－865.9＝134.1(万元)

借:无形资产——商标权　　　　　　　　　　　　　8 659 000

　未确认融资费用　　　　　　　　　　　　　　　1 341 000

　　贷:长期应付款　　　　　　　　　　　　　　　　　10 000 000

2005 年底付款时:

借:长期应付款　　　　　　　　　　　　　　　　　2 000 000

　　贷:银行存款　　　　　　　　　　　　　　　　　　2 000 000

借:财务费用　　　　　　　　　　　　　　　　　　432 900

　　贷:未确认融资费用　　　　　　　　　　　　　　　432 900

2006 年底付款时:

借:长期应付款　　　　　　　　　　　　　　　　　2 000 000

　　贷:银行存款　　　　　　　　　　　　　　　　　　2 000 000

借:财务费用　　　　　　　　　　　　　　　　　　354 600

　　贷:未确认融资费用　　　　　　　　　　　　　　　354 600

2007 年底付款时:

借:长期应付款　　　　　　　　　　　　　　　　　2 000 000

　　贷:银行存款　　　　　　　　　　　　　　　　　　2 000 000

借:财务费用　　　　　　　　　　　　　　　　　　272 300

　　贷:未确认融资费用　　　　　　　　　　　　　　　272 300

2008 年底付款时：

借：长期应付款   2 000 000

 贷：银行存款   2 000 000

借：财务费用   185 900

 贷：未确认融资费用   185 900

2009 年底付款时：

借：长期应付款   2 000 000

 贷：银行存款   2 000 000

借：财务费用   95 200

 贷：未确认融资费用   95 200

二、自行开发的无形资产

企业自行开发的无形资产，其成本包括自满足无形资产确认条件后至达到预定用途前所发生的支出总额，但是对于以前期间已经费用化的支出不再进行调整。

三、投资者投入的无形资产

投资者投入的无形资产的入账成本，一般应按照投资合同或协议约定的价值确定，但合同或协议约定价值不公允的除外。

至于接受的债务人以非现金资产抵偿债务方式取得的无形资产、以非货币性交易换入、换出无形资产的成本，将按照企业会计准则的有关规定确定。

四、土地使用权的处理

企业取得的土地使用权，通常应当按照取得时所支付的价款及相关税费确认为无形资产。土地使用权用于自行开发建造厂房等地上建筑物时，土地使用权的账面价值不与地上建筑物合并计算其成本，而仍作为无形资产进行核算。但是，如果房地产开发企业取得的土地使用权用于建造对外出售的房屋建筑物的，其相关的土地使用权的价值应当计入所建造的房屋建筑物成本。

企业外购房屋建筑物所支付的价款中包括土地使用权以及建筑物的价值的，则应当对实际支付的价款按照合理的方法（例如，公允价值相对比例）在土地使用权和地上建筑物之间进行分配；如果确实无法在土地使用权和地上建筑物之间进行合理分配的，应当全部作为固定资产，按照固定资产确认和计量的原则进行处理。

企业改变土地使用权的用途，停止自用土地使用权而用于赚取租金或资本增值时,应将其账面价值转为投资性房地产。

【例 8-14】 2006 年 1 月 1 日,甲房地产开发公司购入一块土地的使用权,以银行存款转账支付 90 000 000 元,并在该土地上自行建造厂房等工程,发生材料支出 100 000 000 元,工资费用 50 000 000 元,其他相关费用 100 000 000 元等,该工程已经完工并达到预定可使用状态。假定土地使用权的使用年限为 50 年,该厂房的使用年限为 25 年,两者都没有净残值,都采用直线法进行摊销和计提折旧。为简化核算,不考虑其他相关税费。

本例中,甲公司购入的土地使用权使用年限为 50 年,表明它属于使用寿命有限的无形资产,因此,应将该土地使用权和地上建筑物分别作为无形资产和固定资产进行核算,并分别摊销和计提折旧。

甲公司的账务处理如下:

(1)支付转让价款:

借:无形资产——土地使用权	90 000 000
贷:银行存款	90 000 000

(2)在土地上自行建造厂房:

借:在建工程	250 000 000
贷:工程物资	100 000 000
应付职工薪酬	50 000 000
银行存款	100 000 000

(3)厂房达到预定可使用状态:

借:固定资产	250 000 000
贷:在建工程	250 000 000

(4)每年分期摊销土地使用权和对厂房计提折旧:

借:管理费用	1 800 000
开发间接费用	100 000 000
贷:累计摊销	1 800 000
累计折旧	10 000 000

8.5.4　无形资产的后续计量

一、无形资产后续计量的原则

无形资产初始确认和计量后,在其后使用该项无形资产的期间内应以成本减去累计摊销额和累计减值损失后的余额计量。要确定无形资产在使用过程中的累计摊销额,基础是估计其使用寿命,而使用寿命有限的无形资产才需要在估计使用寿命内采用系统合理的方法进行摊销,对于使用寿命不确定的无形资产则不需要摊销。

1. 估计无形资产的使用寿命

企业应当于取得无形资产时分析判断其使用寿命。无形资产的使用寿命如为有限的,应当估计该使用寿命的年限或者构成使用寿命的产量等类似计量单位数量;无法预见无形资产为企业带来未来经济利益期限的,应当视为使用寿命不确定的无形资产。

2. 无形资产使用寿命的确定

无形资产摊销年限的确定由管理层根据企业实际情况自行决定。来源于合同性权利或其他法定权利的无形资产,其使用寿命不应超过合同性权利或其他法定权利的期限;如果合同性权利或其他法定权利能够在到期时因续约等延续,且有证据表明企业续约不需要付出大额成本,续约期应当计入使用寿命。合同或法律没有规定使用寿命的,企业应当综合各方面情况,聘请相关专家进行论证,或与同行业的情况进行比较,以及参考历史经验等,来确定无形资产为企业带来未来经济的期限。经过上述努力仍无法合理确定无形资产为企业带来经济利益期限的,才能将其作为使用寿命不确定的无形资产。

3. 无形资产使用寿命的复核

企业至少应当于每年年度终了,对无形资产的使用寿命及摊销方法进行复核,如果有证据表明无形资产的使用寿命及摊销方法不同于以前的估计,如由于合同的续约或无形资产应用条件的改善,延长了无形资产的使用寿命,则对于使用寿命有限的无形资产,应改变其摊销年限及摊销方法,并按照会计估计变更进行处理。

对于使用寿命不确定的无形资产,如果有证据表明其使用寿命是有限的,则应视为会计估计变更,应当估计其使用寿命,并按照使用寿命有限的无形资产的处理原则进行处理。

二、使用寿命有限的无形资产

使用寿命有限的无形资产,应在其预计的使用寿命内采用系统合理的方法对应摊销金额进行摊销。应摊销金额,是指无形资产的成本扣除残值后的金额。已计提减值准备的无形资产,还应扣除已计提的无形资产减值准备累计金额。使用寿命有限的无形资产,其残值一般应当视为零。

1. 摊销期和摊销方法

无形资产的摊销期自其可供使用(即其达到预定用途)时起至终止确认时止。即无形资产摊销的起始和停止日期为:当月增加的无形资产,当月开始摊销;当月减少的无形资产,当月不再摊销。

在无形资产的使用寿命内系统地分摊其应摊销金额,存在多种方法。这些方法包括直线法、生产总量法等。企业选择的无形资产摊销方法:应当能够反映与该项无形资产有关的经济利益的预期实现方式,并一致地运用于不同会计期间。例如,受技术陈旧因素影响较大的专利权和专有技术等无形资产,可采用类似固定资产加速折旧的方法进行摊销;有特定产量限制的特许经营权或专利权,应采用产量法进行摊销。无法可靠确定其预期实现方式的,应当采用直线法进行摊销。

无形资产的摊销一般应计入当期损益,但如果某项无形资产是专门用于生产某种产品或者其他资产,其所包含的经济利益是通过转入到所生产的产品或其他资产中实现的,则无形资产的摊销费用应当计入相关资产的成本。

2. 残值的确定

除下列情况除外,无形资产的残值一般为零:

(1)有第三方承诺在无形资产使用寿命结束时购买该项无形资产;

(2)可以根据活跃市场得到无形资产预计残值信息,并且该市场在该项无形资产使用寿命结束时可能存在。

无形资产的残值意味着,在其经济寿命结束之前企业预计将会处置该无形资产,并且从该处置中取得利益。估计无形资产的残值应以资产处置时的可收回金额为基础,此时的可收回金额是指在预计出售日,出售一项使用寿命已满且处于类似使用状况下,同类无形资产预计的处置价格(扣除相关税费)。残值确定以后,在持有无形资产期间,至少应于每年年末进行复核,预计其残值与原估计金额不同的,应按照会计估计变更进行处理。如果无形资产的残值重新估计以后高于其账面价值的,则无形资产不再摊销,直至残值降低于账面价值时再恢复摊销。

3. 使用寿命有限的无形资产摊销的账务处理

使用寿命有限的无形资产应当在其使用寿命内,采用合理的摊销方法进行摊销。摊销时,应当考虑该项无形资产所服务的对象,并以此为基础将其摊销价值计入相关资产的成本或者当期损益。

房地产开发企业购入或以支付土地出让金方式取得的土地使用权,在尚未开发或建造自用项目前,作为无形资产核算,并按规定的期限分期摊销;在开发商品房或建造自用项目时,应将土地使用权的账面价值全部转入开发成本或在建工程成本,不再摊销。

【例 8-15】 2006 年 1 月 1 日,甲房地产开发公司购入一项商标权,支付价款3 000万元,款项已支付,估计该商标权的使用寿命为 15 年。假定这项无形资产的净残值为零,并按直线法摊销。

甲公司的账务处理如下:

(1)取得无形资产时:

借:无形资产——商标权   30 000 000

 贷:银行存款   30 000 000

(2)按年摊销时:

借:管理费用——商标权   2 000 000

 贷:累计摊销   2 000 000

三、使用寿命不确定的无形资产

根据可获得的相关信息判断,如果无法合理估计某项无形资产的使用寿命的,应作为使用寿命不确定的无形资产进行核算。对于使用寿命不确定的无形资产,在持有期间内不需要摊销,但应当在每个会计期间进行减值测试。

8.5.5 无形资产减值准备的会计处理

资产减值是指资产的可回收金额低于其账面价值。随着全球经济一体化和科学技术的飞速发展,企业面对日趋复杂的经营环境,无形资产等长期资产发生减值的风险越来越大。为了较真实地反映无形资产预计给企业带来未来经济利益的能力,避免虚增账面资产,企业应当在资产负债表日判断无形资产是否存在可能发生减值的迹象;对于使用寿命不确定的无形资产,无论其是否存在减值迹象,每年都应当进行减值测试。

当某项无形资产已被其他新技术等所替代,使其为企业创造经济效益的能力受到重大不利影响;或某项无形资产的市价在当期大幅下跌,在剩余摊销年限内不会恢复;以及其他足以证明某项无形资产实质上已经发生了减值的迹象时,均应对预计可收回金额低于其账面余值的部分,计提无形资产减值准备。可回收金额应当根据该资产的公介价值减去处置费用后的净额与资产预计未来现金流量的现值两者之间较高者确定。

"无形资产减值准备"科目核算企业无形资产发生减值时计提的减值准备,并按无形资产项目进行明细核算。无形资产减值准备应按单项资产计提。资产负债表中,企业根据资产减值准则确定无形资产发生减值的,按应减记的金额,借记"资产减值损失"科目,贷记"无形资产减值准备"科目。处置无形资产时,应同时结转已计提的无形资产减值准备。无形资产减值准备一经确认,在以后会计期间不得转回。

"无形资产减值准备"科目的期末贷方余额,反映企业已计提但尚未转销的无形资产减值准备。无形资产减值损失确认后,该资产的摊销费用应当在未来期间作相应调整,以使该资产在剩余使用寿命内,系统分摊调整后的资产账面价值。

【例 8-16】　2006 年 1 月 1 日,甲房地产开发公司购入一项市场领先的畅销产品的商标的成本为 6 000 万元,该商标按照法律规定还有 5 年的使用寿命,但是在保护期届满时,甲公司可每 10 年以较低的手续费申请延期,同时甲公司有充分的证据表明其有能力申请延期。此外,有关的调查表明,根据产品生命周期、市场竞争等方面情况综合判断,该商标将在不确定的期间内为企业带来现金流量。

根据上述情况,该商标可视为使用寿命不确定的无形资产在持有期间内不需要进行摊销。

2007 年年底,甲公司对该商标按照资产减值的原则进行减值测试,经测试表明该商标已发生减值。2007 年年底,该商标的公允价值为 4 000 万元。

则甲公司的账务处理如下:

(1)2006 年购入商标时:

借:无形资产——商标权　　　　　　　　　　　60 000 000

　　贷:银行存款　　　　　　　　　　　　　　60 000 000

(2)2007 年发生减值时:

借:资产减值损失(60 000 000－40 000 000)　　20 000 000

　　贷:无形资产减值准备——商标权　　　　　20 000 000

8.5.6　无形资产出售、出租及报废的会计处理

一、无形资产的出售

企业出售无形资产时,应按实际取得的转让收入,借记"银行存款"等科目,按已计提的累计摊销,借记"累计摊销"科目,原已计提减值准备的,借记"无形资产减值准备"科目,按应支付的相关税费,贷记"应交税费"等科目,按其账面余额,贷记本科目,按其差额,贷记"营业外收入——处置非流动资产利得"科目或借记"营业外支出——处置非流动资产损失"科目。

【例 8-17】 2007 年 1 月 1 日,甲房地产开发公司拥有某项专利技术的成本为 1 000 万元,已摊销金额为 500 万元,已计提的减值准备为 20 万元。该公司于 2007 年将该项专利技术出售给 C 公司,取得出售收入 600 万元,应交纳的营业税等相关税费 36 万元。

甲公司的账务处理为:

借:银行存款　　　　　　　　　　　　　　　　　　　　　6 000 000

　　累计摊销　　　　　　　　　　　　　　　　　　　　　5 000 000

　　无形资产减值准备　　　　　　　　　　　　　　　　　　200 000

　　贷:无形资产　　　　　　　　　　　　　　　　　　10 000 000

　　　　应交税费——应交营业税　　　　　　　　　　　　360 000

　　　　营业外支出——处置非流动资产利得　　　　　　　840 000

如果该公司转让该项专利技术取得的收入为 4 000 000 元,应交纳的营业税等相关税费为 240 000 元。

则甲公司的账务处理为:

借:银行存款　　　　　　　　　　　　　　　　　　　　　4 000 000

　　累计摊销　　　　　　　　　　　　　　　　　　　　　5 000 000

　　无形资产减值准备　　　　　　　　　　　　　　　　　　200 000

　　营业外支出——处置非流动资产损失　　　　　　　　1 040 000

　　贷:无形资产　　　　　　　　　　　　　　　　　　10 000 000

　　　　应交税费——应交营业税　　　　　　　　　　　　240 000

二、无形资产的出租

企业将所拥有的无形资产的使用权让渡给他人,并收取租金,在满足收入确认条件的情况下,应确认相关的收入及成本,并通过其他业务收支科目进行核算。让渡无形资产使用权而取得的租金收入,借记"银行存款"等科目,贷记"其他业务收入"等科目;摊销出租无形资产的成本并发生与转让有关的各种费用支出时,借记"其他业务成本"科目,贷记"累计摊销"等科目。

【例 8-18】 2007 年 1 月 1 日,甲房地产开发公司将一项专利技术出租给 B 企业使用,该专利技术账面余额为 500 万元,摊销期限为 10 年,出租合同规定,承租方每销售一件用该专利生产的产品,必须付给出租方 10 元专利技术使用费。假定承租方当年销售该产品 10 万件,应交的营业税金为 5 万元。

甲公司的账务处理如下:

(1)取得该项专利技术使用费时:

借:银行存款　　　　　　　　　　　　　　　　　　　　　1 000 000

贷:其他业务收入　　　　　　　　　　　　　1 000 000

(2)按年对该项专利技术进行摊销并计算应交的营业税:

借:其他业务成本　　　　　　　　　　　　　　550 000

　　贷:累计摊销　　　　　　　　　　　　　　500 000

　　　　应交税费——应交营业税　　　　　　　 50 000

三、无形资产的报废

如果无形资产预期不能为企业带来未来经济利益,例如,该无形资产已被其他新技术所替代或超过法律保护期,不能再为企业带来经济利益的,则不再符合无形资产的定义,应将其报废并予以转销,其账面价值转作当期损益。转销时,应按已计提的累计摊销,借记"累计摊销"科目;按其账面余额,贷记"无形资产"科目;按其差额,借记"营业外支出"科目。已计提减值准备的,还应同时结转减值准备。

【例 8-19】　甲房地产开发公司拥有某项专利技术,根据市场调查,用其生产的产品已没有市场,决定应予转销。转销时,该项专利技术的账面余额为 600 万元,摊销期限为 10 年,采用直线法进行摊销,已摊销了 5 年。假定该项专利权的残值为零,已累计计提的减值准备为 160 万元,假定不考虑其他相关因素。

则甲公司的账务处理如下:

借:累计摊销　　　　　　　　　　　　　　　3 000 000

　　无形资产减值准备　　　　　　　　　　　 1 600 000

　　营业外支出——处置非流动资产损失　　　　1 400 000

　　贷:无形资产——专利权　　　　　　　　　6 000 000

思考题

1.练习固定资产取得和增加的核算。

某企业 2003 年发生下列固定资产增加业务:

(1)4 月 10 日,接受国家投入营业用房一幢,价值 1 100 000 元,已交付使用。

(2)4 月 15 日,购入汽车一辆,价款 300 000 元,运费、保险费共计 6 000 元,用银行存款支付,汽车已投入使用。

(3)4 月 20 日,购入不需安装的设备一台,价款 50 000 元,包装费、运费、保险费共计 1 000 元,用银行存款支付。

(4)4 月 30 日,融资租入设备一台,租赁协议价款 500 000 元,以转账支票支付运费、包装费 4 000 元,设备不需安装即可投入使用。企业以银行存款支付第一期租赁费 50 000 元。

要求:根据上述经济业务编制会计分录。

2.甲房地产开发公司有机器设备一台,其原值为 400 000 元,预计净残值率为 2%,预计使用年限为 5 年。

要求:

(1)采用平均年限法计算年折旧额、月折旧额、年折旧率、月折旧率。

(2)采用双倍余额递减法计算各年折旧额。

(3)采用年数总和法计算各年折旧额。

3.练习固定资产清理和盘盈、盘亏的核算。

某房地产开发企业在 2002 年 12 月内,在清查盘点固定资产时,发现有下列未入账的固定资产和短缺、毁损的固定资产,并经有关部门批准,作如下处理:

(1)将一台外购未入账的经纬仪重估入账。该台经纬仪的重置完全价值为 3 600 元,经查明已用两年,估计尚可使用 10 年,预计净残值率为 0%。

(2)毁损 3 吨汽车式起重机一台,原值为 20 000 元,已提折旧 7 000 元,经查明,这台起重机的毁损是由司机王某操作事故造成的。经有关部门批准,责令王某赔偿 10 000 元(从今后 3 年工资中分月扣回)。由于该台起重机很难修复,决定进行报废清理。在清理上项起重机过程中,发生拆卸人工费 500 元,拆下零配件作价 2 000 元入库,残余废铁轮胎等出售,收入价款 3 000 元存入银行。

(3)短缺探伤用探伤机一台,原值 7 000 元,已提折旧 4 200 元,报经有关部门同意转销。

要求:根据上述经济业务编制会计分录。

4.资料:甲房地产开发公司发生下列经济业务。

(1)从某科研单位购入一项专利权,合同规定受益年限为 6 年,以银行存款支付 60 600 元。

(2)收到 M 公司投入一项非专利技术,双方确认价值 150 000 元,预计使用年限为 5 年,已办妥有关手续。

(3)自行研制某产品成功,并经法律程序申请取得专利权,在研制过程中发生研制开发费用 65 000 元,专利登记费 8 000 元,律师鉴定费 3 000 元,均符合资本化条件,法律规定该类专利的有效期为 10 年。

(4)为扩大房地产开发经营,向国家土地管理部门申请取得土地使用权,期限为 30 年,以银行存款缴纳土地出让金 1 200 000 元。

(5)将某一商标权无偿捐赠给其他单位,该项商标权的账面价值为 320 000 元。

(6)用未入账的土地使用权向 H 公司投资,以银行存款补缴土地出让金 250 000 元,投资双方协议确定土地使用权价值为 280 000 元。

要求:根据上述资料编制有关无形资产取得、按月摊销及减少的会计分录。

第9章

投资性房地产

9.1 投资性房地产的特征与范围

9.1.1 投资性房地产的定义及特征

投资性房地产，是指为赚取租金或资本增值，或者两者兼有而持有的房地产。投资性房地产主要有以下特征：

一、投资性房地产是一种经营性活动

投资性房地产的主要形式是出租建筑物、出租土地使用权，这实质上属于一种让渡资产使用权行为。房地产租金就是让渡资产使用权取得的使用费收入，是企业为完成其经营目标所从事的经营性活动以及与之相关的其他活动形成的经济利益总流入。投资性房地产的另一种形式是持有并准备增值后转让的土地使用权，尽管其增值收益通常与市场供求、经济发展等因素相关，但目的是为了增值后转让以赚取增值收益，也是企业为完成其经营目标所从事的经营性活动以及与之相关的其他活动形成的经济利益总流入。根据税法的规定，企业房地产出租、国有土地使用权增值后转让均属于一种经营活动，其取得的房地产租金收入或国有土地使用权转让收益应当缴纳营业税等。按照国家有关规定认定的闲置土地，不属于持有并准备增值后转让的土地使用权。在我国实务中，持有并准备增值后转让的土地使用权这种情况较少。

二、投资性房地产在用途、状态、目的等方面区别于作为生产经营场所的房地产和用于销售的房地产

企业持有的房地产除了用作自身管理、生产经营活动场所和对外销售之外出现了将房地产用于赚取租金或增值收益的活动，甚至是个别企业的主营业务。这就需要将投资性房地产单独作为一项资产核算和反映，与自用的厂房、办公楼等房地产和作为存货（已建完工商品房）的房地产加以区别，从而更加清晰地反映企业所持有房地产的构成情况和盈利能力。企业在首次执行投资性房地产准则时，应当根据投资性房地产的定义对资产进行重新分类，凡是符合投资性房地产定义和确认条件的建筑物和土地使用权,应当归为投资性房地产。

三、投资性房地产有两种后续计量模式

企业通常应当采用成本模式对投资性房地产进行后续计量,只有在满足特定条件的情况下,即有确凿证据表明其所有投资性房地产的公允价值能够持续可靠取得的,也可以采用公允价值模式进行后续计量。也就是说,投资性房地产准则适当引入公允价值模式,在满足特定条件的情况下,可以对投资性房地产采用公允价值模式进行后续计量,但是,同一企业只能采用一种模式对所有投资性房地产进行后续计量,不得同时采用两种计量模式。

9.1.2　投资性房地产的范围

投资性房地产的范围包括:已出租的土地使用权、持有并准备增值后转让的土地使用权以及已出租的建筑物。

一、已出租的土地使用权

已出租的土地使用权,是指企业通过出让或转让方式取得的、以经营租赁方式出租的土地使用权。企业取得的土地使用权通常包括在一级市场上以交纳土地出让金的方式取得土地使用权,也包括在二级市场上接受其他单位转让的土地使用权。例如。甲公司与乙公司签署了土地使用权租赁协议,甲公司以年租金 720 万元租赁使用乙公司拥有的 40 万平方米土地使用权。那么,自租赁协议约定的租赁期开始日起,这项土地使用权属于乙公司的投资性房地产。

对于以经营租赁方式租入土地使用权再转租给其他单位的,不能确认为投资性房地产。

二、持有并准备增值后转让的土地使用权

持有并准备增值后转让的土地使用权,是指企业取得的、准备增值后转让的土地使用权。这类土地使用权很可能给企业带来资本增值收益,符合投资性房地产的定义。例如,企业发生转产或厂址搬迁,部分土地使用权停止自用,管理层决定继续持有这部分土地使用权,待其增值后转让以赚取增值收益。

企业依法取得土地使用权后,应当按照国有土地有偿使用合同或建设用地批

准书规定的期限动工开发建设。根据 1999 年 4 月 26 日国土资源部发布的《闲置土地处理办法》的规定,土地使用者依法取得土地使用权后,未经原批准用地的人民政府同意,超过规定的期限未动工开发建设的建设用地属于闲置土地,具有下列情形之一的,也可以认定为闲置土地:

(1)国有土地有偿使用合同或者建设用地批准书未规定动工开发建设日期,自国有土地有偿使用合同生效或者土地行政主管部门建设用地批准书颁发之日起满 1 年未动工开发建设的;

(2)已动工开发建设但开发建设的面积占应动工开发建设总面积不足 1/3 或者已投资额占总投资额不足 25％且未经批准中止开发建设连续满 1 年的;

(3)法律、行政法规规定的其他情形。

《闲置土地处理办法》还规定,经法定程序批准,对闲置土地可以选择延长开发建设时间(不超过 1 年)、改变土地用途、办理有关手续后继续开发建设等处置方案。

按照国家有关规定认定的闲置土地,不属于持有并准备增值后转让的土地使用权,也就不属于投资性房地产。

三、已出租的建筑物

已出租的建筑物是指企业拥有产权的、以经营租赁方式出租的建筑物,包括自行建造或开发活动完成后用于出租的建筑物。比如,甲公司将其拥有的某栋厂房整体出租给乙公司,租赁期两年。对于甲公司而言,自租赁期开始日期,这栋厂房属于其投资性房地产。企业在判断和确认已出租的建筑物,应当把握以下要点:

(1)用于出租的建筑物是指企业拥有产权的建筑物。企业以经营租赁方式租入再转租的建筑物不属于投资性房地产。例如,甲企业与乙企业签订了一项经营租赁合同,乙企业将其持有产权的两间门面房出租给甲房地产开发企业,为期 5 年。甲房地产开发公司一开始将这两间门面房用于自行经营餐馆。两年后,由于连续亏损,甲房地产开发公司将餐馆转租给丙公司,以赚取租金差价。本例中,对于甲房地产开发公司而言,这两间门面房产权不能予以确认,也不属于其投资性房地产。对于乙企业而言,则属于其投资性房地产。

(2)已出租的建筑物是企业已经与其他方签订了租赁协议,约定以经营租赁方式出租的建筑物。自租赁协议规定的租赁期开始日起,经营租出的建筑物才属于已出租的建筑物。企业计划用于出租但尚未出租的建筑物,不属于已出租的建筑物。例如,甲房地产开发公司在当地房地产交易中心通过竞拍取得一块土地的使用权。甲房地产开发公司按照合同规定对这块土地进行了开发,并在这块土地上建造了一栋商场,拟用于整体出租,但尚未找到合适的承租人。本例中,这栋商场不属于投资性房地产。直到甲房地产开发公司与承租人签订经营租赁合同,自租赁期开始日起,这栋商场才能转为投资性房地产;同时,相应的土地使用权(无形资产)也应当转换为投资性房地产。

(3)企业将建筑物出租,按租赁协议向承租人提供的相关辅助服务在整个协议中不重大的,应当将该建筑物确认为投资性房地产。例如,企业应当将其办公楼出租,同时向承租人提供维护、保安等日常辅助服务,企业应当将其确认为投资性房地产。再如,甲企业购买一栋写字楼,共 12 层。其中 1 层经营出租给某大型超市,2~5 层经营出租给乙公司,6~12 层经营出租给丙公司。甲企业同时为该写字楼提供保安、维修等日常辅助服务。本例中甲企业将写字楼出租,同时提供的辅助服务不重大。对于甲企业而言,这栋写字楼属于甲企业的投资性房地产。

此外下列项目不属于投资性房地产:

1. 自用房地产

自用房地产是指为生产商品、提供劳务或者经营管理而持有的房地产。如企业生产经营用的厂房和办公楼属于固定资产;企业生产经营用的土地使用权属于无形资产。自用房地产的特征在于服务于企业自身的生产经营活动,其价值将随着房地产的使用而逐渐转移到企业的产品或服务中去,通过销售商品或提供服务为企业带来经济利益,在产生现金流量的过程中与企业持有的其他资产密切相关。例如,企业出租给本企业职工居住的宿舍,虽然也收取租金,但间接为企业自身的生产经营服务,因此具有自用房地产的性质。又如,企业拥有并自行经营的旅馆饭店。旅馆饭店的经营者在向顾客提供住宿服务的同时,还提供餐饮、娱乐等其他服务,其经营目的主要是通过向客户提供服务取得服务收入,因此,企业自行经营的旅馆饭店是企业的经营场所,应当属于自用房地产。

2. 作为存货的房地产

作为存货的房地产通常是指房地产开发企业在正常经营过程中销售的或为销售而正在开发的商品房和土地。这部分房地产属于房地产开发企业的存货,其生产、销售构成企业的主营业务活动,产生的现金流量也与企业的其他资产密切相关。因此,具有存货性质的房地产不属于投资性房地产。

从事房地产经营开发的企业依法取得的、用于开发后出售的土地使用权,属于房地产开发企业的存货,即使房地产开发企业决定待增值后再转让其开发的土地,也不得将其确认为投资性房地产。在实务中,存在某项房地产部分自用或作为存货出售、部分用于赚取租金或资本增值的情形。如某项投资性房地产不同用途的部分能够单独计量和出售的,应当分别确认为固定资产、无形资产、存货和投资性房地产。例如,甲房地产开发商建造了一栋商住两用楼盘,一层出租给一家大型超市,已签订经营租赁合同;其余楼层均为普通住宅,正在公开销售中。这种情况下如果一层商铺能够单独计量和出售,应当确认为甲企业的投资性房地产,其余楼层为甲企业的存货,即开发产品。

9.2 投资性房地产的确认和初始计量

9.2.1 投资性房地产的确认

将某个项目确认为投资性房地产,首先应当符合投资性房地产的概念,其次要同时满足投资性房地产的两个确认条件:
(1)与该投资性房地产相关的经济利益很可能流入企业;
(2)该投资性房地产的成本能够可靠地计量。

9.2.2 投资性房地产的初始计量

投资性房地产应当按照成本进行初始计量。
以下对外购、自行建造的投资性房地产的初始计量予以说明。

1. 外购的投资性房地产

对于企业外购的房地产,只有在购入房地产的同时开始对外出租(自租赁期开始日起,下同)或用于资本增值,才能称之为外购的投资性房地产。企业购入房地产,自用一段时间之后再改为租或用于资本增值的,应当先将外购的房地产确认为固定资产或无形资产,自租赁期开始日或用于资本增值之日起,再从固定资产或无形资产转换为投资性房地产。

在采用成本模式计量下,外购的土地使用权和建筑物,按照取得时的实际成本进行初始计量,借记"投资性房地产"科目,贷记"银行存款"等科目。取得时的实际成本包括购买价款、相关税费和可直接归属于该资产的其他支出。

在采用公允价值模式计量下,企业应当在"投资性房地产"科目下设置"成本"和"公允价值变动"两个明细科目,按照外购的土地使用权和建筑物发生的实际成本,计入"投资性房地产——成本"科目。

2. 自行建造的投资性房地产

企业自行建造(或开发,下同)的房地产,只有在自行建造或开发活动完成(即达到预定可使用状态)的同时开始对外出租或用于资本增值,才能将自行建造的房地产确认为投资性房地产。企业自行建造房地产达到预定可使用状态后一段时间才对外出租或用于资本增值的,应当先将自行建造的房地产确认为固定资产、无形资产或存货,自租赁期开始日或用于资本增值之日起,从固定资产、无形资产或存货转换为投资性房地产。

自行建造投资性房地产,其成本由建造该项资产达到预定可使用状态前发生的必要支出构成,包括土地开发费、建筑成本、安装成本、应予以资本化的借款费用、支付的其他费用和分摊的间接费用等。建造过程中发生的非正常性损失,直接计入当期损益,不计入建造成本。采用成本模式计量的,应按照确定的成本,借记"投资性房地产"科目,贷记"在建工程"或"开发产品"科目。采用公允价值模式计量的,应按照确定的成本,借记"投资性房地产——成本"科目,贷记"在建工程"或"开发产品"科目。

【例 9-1】　2007 年 1 月,甲房地产开发公司从其他单位购入一块土地的使用权,并在这块土地上开始自行建造三栋厂房。2007 年 10 月,甲公司预计厂房即将完工,与乙公司签订了经营租赁合同,将其中的一栋厂房租赁给乙公司使用。租赁合同约定,该厂房于完工(达到预定可使用状态)时开始起租。2007 年 11 月 1 日。三栋厂房同时完工(达到预定可使用状态)。该块土地使用权的成本为 600 万元;三栋厂房的实际造价均为 1 000 万元,能够单独出售。假设甲公司采用成本计量模式。

甲公司有关投资性房地产业务的账务处理如下:

土地使用权中的对应部分同时转换为投资性房地产=[600×(1 000÷3 000)]=200(万元)

借:投资性房地产——厂房	10 000 000
贷:在建工程	10 000 000
借:投资性房地产——已出租土地使用权	2 000 000
贷:无形资产——土地使用权	2 000 000

3.非投资性房地产转换为投资性房地产的确认和初始计量

非投资性房地产转换为投资性房地产,实质上是因房地产用途发生改变而对房地产进行的重新分类。自用房地产或作为存货的房地产转为出租,应当在租赁期开始日确认投资性房地产。自用土地使用权转为持有准备增值后转让的土地使用权,应当在该土地使用权确已停止自用且管理当局形成转换决议的时点,确认投资性房地产。

9.3 投资性房地产的后续计量

投资性房地产的后续计量具有成本价值和公允价值两种模式,通常应当采用成本模式计量,满足特定条件时可以采用公允价值模式计量。但是同一企业只能采用一种模式对所有投资性房地产进行后续计量,不得同时采用两种计量模式。

9.3.1 采用成本模式进行后续计量的投资性房地产

采用成本模式进行后续计量的投资性房地产,应当遵循以下会计处理:

(1)外购投资性房地产或自行建造的投资性房地产达到预定可使用状态时,按照其实际成本,借记"投资性房地产"科目,贷记"银行存款"、"在建工程"等科目。

(2)按照固定资产或无形资产的有关规定,按期(月)计提折旧或进行摊销,借记"其他业务成本"等科目,贷记"投资性房地产累计折旧(摊销)"科目。

(3)取得的租金收入,借记"银行存款"等科目,贷记"其他业务收入"等科目。

(4)投资性房地产存在减值迹象的,应当适用资产减值的有关规定。经减值测试后确定发生减值的,应当计提减值准备,借记"资产减值损失"科目,贷记"投资性房地产减值准备"科目。

9.3.2 采用公允价值模式进行后续计量的投资性房地产

一、采用公允价值模式进行后续计量的前提条件

企业只有存在确凿证据表明投资性房产的公允价值能够持续可靠取得,才可采用公允价值模式对投资性房地产进行后续计量。企业一旦选择采用公允价值计量模式,就应当对其所有投资性房地产均采用公允价值模式进行后续计量。采用

公允价值模式进行后续计量的投资性房地产,应当同时满足下列条件:

(1)投资性房地产所在地有活跃的房地产交易市场。所在地,通常是指投资性房地产所在的城市。对于大中型城市,应当为投资性房地产所在的城区。

(2)企业能够从活跃的房地产交易市场上取得同类或类似房地产的市场价格及其他相关信息,从而对投资性房地产的公允价值作出合理的估计。同类或类似的房地产,对建筑物而言,是指所处地理位置和地理环境相同、性质相同、结构类型相同或相近、新旧程度相同或相近、可使用状况相同或相近的建筑物;对土地使用权而言,是指同一城区、同一位置区域、所处地理环境相同或相近、可使用状况相同或相近的土地。

二、采用公允价值模式进行后续计量的会计处理

采用公允价值模式进行后续计量的投资性房地产,应当遵循以下会计处理:

(1)外购投资性房地产或自行建造的投资性房地产达到预定可使用状态时,按照其实际成本,借记"投资性房地产——成本"科目,贷记"银行存款"、"在建工程"等科目。

(2)不对投资性房地产计提折旧或摊销。企业应当以资产负债表日投资性房地产的公允价值为基础调整其账面价值,公允价值与原账面价值之间的差额计入当期损益。

资产负债表中,投资性房地产的公允价值高于原账面价值的差额,借记"投资性房地产(公允价值变动)"科目,贷记"公允价值变动损益"科目;公允价值低于其原账面价值的差额,编制相反的会计分录。

(3)取得的租金收入,借记"银行存款"等科目,贷记"其他业务收入"等科目。

【例 9-2】　2006 年 8 月,甲房地产开发公司与乙公司签订租赁协议,约定将甲房地产开发公司开发的一栋新装修的写字楼于开发完成的同时开始租赁给乙公司使用,租赁期为 10 年。当年 10 月 1 日,该写字楼开发完成并开始起租,写字楼的造价为 90 000 000 元。由于该栋写字楼地处商业繁华区,所在城区有活跃的房地产交易市场,而且能够从房地产交易市场上取得同类房地产的市场报价,甲房地产开发公司决定采用公允价值模式对该项出租的房地产进行后续计量。2006 年 12 月 31 日,该写字楼的公允价值为 92 000 000 元。2007 年 12 月 31 日,该写字楼的公允价值为 93 000 000 元。

甲房地产开发公司的账务处理如下:

(1)2006 年 10 月 1 日,甲房地产开发公司开发完成写字楼并出租:

借:投资性房地产——××写字楼(成本)　　　　　　　90 000 000

　　贷:开发产品　　　　　　　　　　　　　　　　　　　　90 000 000

（2）2006 年 12 月 31 日，以公允价值为基础调整其账面价值，公允价值与原账面价值之间的差额计入当期损益：

借：投资性房地产——××写字楼（公允价值变动）　　　　　2 000 000

　　贷：公允价值变动损益　　　　　　　　　　　　　　　　　2 000 000

（3）2007 年 12 月 31 日，公允价值又发生变动：

借：投资性房地产——××写字楼（公允价值变动）　　　　　1 000 000

　　贷：公允价值变动损益　　　　　　　　　　　　　　　　　1 000 000

9.3.3　投资性房地产后续计量模式的变更

企业对投资性房地产的计量模式一经确定，不得随意变更。成本模式转为公允价值模式的，应当作为会计政策变更处理，将计量模式变更时公允价值与账面价值的差额，调整期初留存收益。企业变更投资性房地产计量模式时，应当按照计量模式变更日投资性房地产的公允价值，借记"投资性房地产（成本）"科目，按照已计提的折旧或摊销，借记"投资性房地产累计折旧（摊销）"科目，原计提的减值准备，借记"投资性房地产减值准备"科目，按照原账面余额，贷记"投资性房地产"科目，按照公允价值与其账面价值之间差额，贷记或借记"利润分配——未分配利润"、"盈余公积"等科目。

已采用公允价值模式计量的投资性房地产，不得从公允价值模式转为成本模式。

【例 9-3】　甲房地产开发公司将其一栋写字楼租赁给乙公司使用，并一直采用成本模式进行后续计量。2007 年 1 月 1 日，甲公司认为，出租给乙公司使用的写字楼，其所在地的房地产交易市场比较成熟，具备了采用公允价值模式计量的条件，决定对该项投资性房地产从成本模式转换为公允价值模式计量。该写字楼的原造价为 90 000 000 元，已计提折旧 2 700 000 元，账面价值为 87 300 000 元。2007 年 1 月 1 日，该写字楼的公允价值为 95 000 000 元。假设企业按净利润的 10% 计提盈余公积。

甲公司的账务处理如下：

借：投资性房地产——××写字楼（成本）　　　　　　　　95 000 000

　　投资性房地产累计折旧　　　　　　　　　　　　　　　　2 700 000

　　贷：投资性房地产——××写字楼　　　　　　　　　　　90 000 000

　　　　利润分配——未分配利润　　　　　　　　　　　　　　6 930 000

　　　　盈余公积　　　　　　　　　　　　　　　　　　　　　770 000

9.4　投资性房地产的转换和处置

9.4.1　投资性房地产的转换

一、房地产的转换形式及转换日

房地产的转换,实质上是因房地产用途发生改变而对房地产进行的重新分类。企业有确凿证据表明房地产用途发生改变,且满足下列条件之一的,应当将投资性房地产转换为其他资产或者将其他资产转换为投资性房地产:

1. 投资性房地产开始自用

即将投资性房地产转为自用房地产。在此种情况下,转换日为房地产达到自用状态,企业开始将其用于生产商品、提供劳务或者经营管理的日期。

2. 作为存货的房地产改为出租

通常指房地产开发企业将其持有的开发产品以经营租赁的方式出租,存货相应地转换为投资性房地产。在此种情况下,转换日为房地产的租赁期开始日。租赁期开始日,是指承租人有权行使其使用租赁资产权利的日期。

3. 自用建筑物或土地使用权停止自用改为出租

即企业将原本用于生产商品、提供劳务或者经营管理的房地产改用为出租,固定资产或土地使用权相应地转换为投资性房地产。在此种情况下,转换日为租赁期开始日。

4. 自用土地使用权停止自用改用于资本增值

即企业将原本用于生产商品、提供劳务或者经营管理的土地使用权改用于资本增值,将土地使用权相应地转换为投资性房地产。在此种情况下,转换日为自用土地使用权停止自用后,确定用于资本增值的日期。

二、投资性房地产转换的会计处理

1. 成本模式下的转换

(1)采用成本模式计量的投资性房地产转为自用房地产
企业将采用成本模式计量的投资性房地产转为自用房地产时,应当按该项投资性房地产在转换日的账面余额、累计折旧或摊销、减值准备等，分别转入"固定资产"、"累计折旧"、"固定资产减值准备"等科目。按其账面余额，借记"固定资产"或"无形资产"科目，贷记"投资性房地产"科目；按已计提的折旧或摊销，借记"投资性房地产累计折旧(摊销)"科目，贷记"累计折旧"或"累计摊销"科目；原已计提的减值准备，借记"投资性房地产减值准备"科目，贷记"固定资产减值准备"或"无形资产减值准备"科目。

【例9-4】 2006年7月末，甲房地产开发公司将出租在外的厂房收回，8月1日开始用于本企业的商品开发，该厂房相应由投资性房地产转换为自用房地产。该项房地产在转换前采用成本模式计量，截至2006年7月31日，账面价值为37 650 000元，其中，原价50 000 000元，累计已提折旧12 350 000元。

甲公司2006年8月1日的账务处理如下：

借：固定资产　　　　　　　　　　　　　　　　　　　　50 000 000
　　投资性房地产累计折旧　　　　　　　　　　　　　　12 350 000
　　贷：投资性房地产——××厂房　　　　　　　　　　50 000 000
　　　　累计折旧　　　　　　　　　　　　　　　　　　12 350 000

(2)作为存货的房地产转换为采用成本模式计量的投资性房地产

企业将作为存货的房地产转换为采用成本模式计量的投资性房地产时，应当按该项存货在转换日的账面价值，借记"投资性房地产"科目；原已计提跌价准备的，借记"存货跌价准备"科目，按其账面余额，贷记"开发产品"等科目。

【例9-5】 2006年3月10日，甲房地产开发公司与乙公司签订了租赁协议，将其开发的一栋写字楼整体出租给乙公司使用，租赁期开始日为2006年4月15日，该写字楼的账面余额为450 000 000元，未计提存货跌价准备，转换后采用成本模式计量。

甲公司2006年4月15日的账务处理如下：

借：投资性房地产——××写字楼　　　　　　　　　　450 000 000
　　贷：开发产品　　　　　　　　　　　　　　　　　450 000 000

(3)自用土地使用权或建筑物转换为以成本模式计量的投资性房地产

企业将自用土地使用权或建筑物转换为以成本模式计量的投资性房地产时，应当按该项土地使用权或建筑物在转换日的原价、累计折旧、减值准备等，分别转入"投资性房地产"、"投资性房地产累计折旧(摊销)"、"投资性房地产减值准备"科目，按其账面余额，借记"投资性房地产"科目，贷记"固定资产"或"无形资产"科目，按已计提的折旧或摊销，借记"累计折旧"或"累计摊销"科目，贷记"投资性房地产累计折旧(摊销)"科目，原已计提减值准备的，借记"固定资产减值准备"或"无形资产减值准备"科目,贷记"投资性房地产减值准备"科目。

【例 9-6】　甲房地产开发公司拥有一栋办公楼,用于本公司总部办公。2007年 3 月 10 日,甲房地产开发公司与乙公司签订了经营租赁协议,将这栋办公楼整体出租给乙公司使用,租赁期开始日为 2007 年 4 月 15 日,租期 5 年。2007 年 4 月 15 日,这栋办公楼的账面余额 450 000 000 元,已计提折旧 3 000 000 元。假设甲公司所在城市没有活跃的房地产交易市场。

甲房地产开发公司 2007 年 4 月 15 日的账务处理如下:

借:投资性房地产——××写字楼　　　　　　　　　　450 000 000
　累计折旧　　　　　　　　　　　　　　　　　　　　　3 000 000
　贷:固定资产　　　　　　　　　　　　　　　　　　450 000 000
　　　投资性房地产累计折旧　　　　　　　　　　　　　3 000 000

2. 公允价值模式下的转换

(1)采用公允价值模式计量的投资性房地产转为自用房地产

企业将采用公允价值模式计量的投资性房地产转换为自用房地产时,应当以其转换当日的公允价值作为自用房地产的账面价值,公允价值与原账面价值的差额计入当期损益。转换日,按该项投资性房地产的公允价值,借记"固定资产"或"无形资产"科目;按该项投资性房地产的成本,贷记"投资性房地产(成本)"科目,按该项投资性房地产的累计公允价值变动,贷记或借记"投资性房地产(公允价值变动)"科目,按其差额,贷记或借记"公允价值变动损益"科目。

【例 9-7】　2006 年 10 月 15 日,甲房地产开发公司因租赁期满,将出租的写字楼收回,准备作为办公楼用于本公司的行政管理。2006 年 12 月 1 日,该写字楼正式开始自用,相应由投资性房地产转换为自用房地产,当日的公允价值为48 000 000 元。该项房地产在转换前采用公允价值模式计量,原账面价值为47 500 000 元,成本为 45 000 000 元,公允价值变动为增值 2 500 000 元。

甲房地产开发公司的账务处理如下:

借:固定资产　　　　　　　　　　　　　　　　　　　48 000 000
　贷:投资性房地产——××写字楼(成本)　　　　　　45 000 000
　　　　　　　　　——××写字楼(公允价值变动)　　　2 500 000
　　　公允价值变动损益　　　　　　　　　　　　　　　　500 000

(2)作为存货的房地产转换为采用公允价值模式计量的投资性房地产

企业将作为存货的房地产转换为采用公允价值模式计量的投资性房地产时,应当按该项房地产在转换日的公允价值,借记"投资性房地产(成本)"科目;原已计提跌价准备的,借记"存货跌价准备"科目,按其账面余额,贷记"开发产品"等科目。同时,转换日的公允价值小于账面价值的,按其差额,借记"公允价值变动损益"科目;转换的公允价值大于账面价值的,按其差额,贷记"资本公积——其他资本公积"科目。待该项投资性房地产处置时,因转换计入资本公积的部分应转入当期的其他业务收入,借记"资本公积——其他资本公积"科目,贷记"其他业务收入"科目。

【例9-8】 沿用上例9-5资料,假设转换后采用公允价值模式计量,2006年4月15日该写字楼的公允价值为410 000 000元,2006年12月31日,该项投资性房地产的公允价值为430 000 000元。2007年4月租赁期届满,甲公司收回该项投资性房地产,并于2007年6月以460 000 000元出售,出售款项已收讫。

甲公司的账务处理如下:

(1)2006年4月15日:

借:投资性房地产——××写字楼(成本)　　　　　　　　410 000 000

　　公允价值变动损益　　　　　　　　　　　　　　　　　 40 000 000

　　贷:开发产品　　　　　　　　　　　　　　　　　　　　　　450 000 000

(2)2006年12月31日:

借:投资性房地产——××写字楼(公允价值变动)　　　　20 000 000

　　贷:公允价值变动损益　　　　　　　　　　　　　　　　　　20 000 000

(3)2007年6月,出售时:

借:银行存款　　　　　　　　　　　　　　　　　　　　　460 000 000

　　贷:其他业务收入　　　　　　　　　　　　　　　　　　　　460 000 000

借:其他业务成本　　　　　　　　　　　　　　　　　　　430 000 000

　　贷:投资性房地产——××写字楼(成本)　　　　　　　　　410 000 000

　　　　　　　　　　——××写字楼(公允价值变动)　　　　　20 000 000

同时,将投资性房地产累计公允价值变动转入其他业务收入:

公允价值变动减值40 000 000元－公允价值变动增值20 000 000元＝累计公允价值变动减值20 000 000元。

借:其他业务收入　　　　　　　　　　　　　　　　　　　20 000 000

　　贷:公允价值变动损益　　　　　　　　　　　　　　　　　　20 000 000

【例9-9】 沿用上例,假设转换后采用公允价值模式计量,2006年4月15日该写字楼的公允价值为470 000 000元。2006年12月31日,该项投资性房地产的公允价值为480 000 000元。2007年4月租赁期届满,甲房地产开发公司收回该项投资性房地产,并于2007年6月以550 000 000元出售,出售款项已收讫。

甲房地产开发公司的账务处理如下：

(1)2006 年 4 月 15 日：

借：投资性房地产——××写字楼(成本)　　　　　　　　470 000 000

　贷：开发产品　　　　　　　　　　　　　　　　　　　　450 000 000

　　　资本公积——其他资本公积　　　　　　　　　　　　20 000 000

(2)2006 年 12 月 31 日：

借：投资性房地产——××写字楼(公允价值变动)　　　　10 000 000

　贷：公允价值变动损益　　　　　　　　　　　　　　　　10 000 000

(3)2007 年 6 月，出售时：

借：银行存款　　　　　　　　　　　　　　　　　　　　550 000 000

　贷：其他业务收入　　　　　　　　　　　　　　　　　　550 000 000

借：其他业务成本　　　　　　　　　　　　　　　　　　480 000 000

　贷：投资性房地产——××写字楼(成本)　　　　　　　470 000 000

　　　　　　　　　——××写字楼(公允价值变动)　　　10 000 000

同时，将投资性房地产累计公允价值变动转入其他业务收入：

借：公允价值变动损益　　　　　　　　　　　　　　　　10 000 000

　贷：其他业务收入　　　　　　　　　　　　　　　　　　10 000 000

同时，将转换时原计入资本公积的部分转入其他业务收入：

借：资本公积——其他资本公积　　　　　　　　　　　　20 000 000

　贷：其他业务收入　　　　　　　　　　　　　　　　　　20 000 000

(3)自用土地使用权或建筑物转换为采用公允价值模式计量的投资性房地产

企业将自用土地使用权或建筑物转换为采用公允价值模式计量的投资性房地产时，应当按该项土地使用权或建筑物在转换日的公允价值，借记"投资性房地产(成本)"科目，按其账面余额，贷记"固定资产"或"无形资产"科目；按已计提的累计摊销或累计折旧，借记"累计摊销"或"累计折旧"科目，原已计提减值准备的，借记"无形资产减值准备"、"固定资产减值准备"科目，同时转换日的公允价值小于账面价值的，按其差额，借记"公允价值变动损益"科目；转换日的公允价值大于账面价值的，按其差额，贷记"资本公积——其他资本公积"科目。待该项投资性房地产处置时，因转换计入资本公积的部分应转入当期的其他业务收入，借记"资本公积——其他资本公积"科目，贷记"其他业务收入"科目。

【例 9-10】　2006 年 6 月，甲房地产开发公司打算搬迁至新建办公楼，由于原办公楼处于商业繁华地段，甲房地产开发公司准备将其出租，以赚取租金收入。2006 年 10 月，甲房地产开发公司完成了搬迁工作，原办公楼停止自用。2006 年 12

月,甲房地产开发公司与乙公司签订了租赁协议。将其原办公楼租赁给乙公司使用,租赁期开始日为 2007 年 1 月 1 日,租赁期限为 3 年。在本例中,甲房地产开发公司应当于租赁期开始日(2007 年 1 月 1 日)将自用房地产转换为投资性房地产。由于该办公楼处于商业区,房地产交易活跃,该公司能够从市场上取得同类或类似房地产的市场价格及其他相关信息,假设甲公司对出租的办公楼采用公允价值模式计量。假设 2007 年 1 月 1 日,该办公楼的公允价值为 350 000 000 元,其原价为 500 000 000 元,已提折旧 142 500 000 元。

甲房地产开发企业 2007 年 1 月 1 日的账务处理如下:

借:投资性房地产——××办公楼(成本)　　　　　350 000 000

　　公允价值变动损益　　　　　　　　　　　　　　7 500 000

　　累计折旧　　　　　　　　　　　　　　　　　142 500 000

　　贷:固定资产　　　　　　　　　　　　　　　　　　500 000 000

9.4.2　投资性房地产的处置

当投资性房地产被处置,或者永久退出使用且预计不能从其处置中取得经济利益时,应当终止确认该项投资性房地产。

企业出售、转让、报废投资性房地产或者发生投资性房地产毁损,应当将处置收入扣除其账面价值和相关税费后的金额计入当期损益;将实际收到的处置收入计入其他业务收入,所处置投资性房地产账面价值计入其他业务成本。

一、成本模式计量的投资性房地产

处置采用成本模式计量的投资性房地产时,应当按实际收到的金额,借记"银行存款"等科目,贷记"其他业务收入"科目。按该项投资性房地产的累计折旧或累计摊销,借记"投资性房地产累计折旧(摊销)"科目;按该项投资性房地产的账面余额,贷记"投资性房地产"科目;按该项投资性房地产的账面余额,借记"其他业务成本"科目。已计提减值准备的,还应同时结转减值准备。

二、公允价值模式计量的投资性房产

处置采用公允价值模式计量的投资房地产时,应按实际收到的金额,借记"银行存款"等科目,贷记"其他业务收入"科目。按该项投资性房地产的账面余额,借记"其他业务成本"科目,按其成本贷记"投资性房地产(成本)"科目,按其累计公允价值变动贷记或借记"投资性房地产(公允价值变动)"科目;同时按该项投资性房

地产的公允价值变动,借记或贷记"公允价值变动损益"科目,贷记或借记"其他业务收入"科目。按该项投资性房地产在转换日计入资本公积的金额,借记"资本公积——其他资本公积"科目,贷记"其他业务收入"科目。

【例9-11】 甲房地产开发公司将其出租的一栋写字楼确认为投资性房地产。租赁期满后,甲房地产开发公司将该栋写字楼出售给乙公司,合同价款为300 000 000元,乙公司已用银行存款付清。

(1)假设这栋写字楼原采用成本模式计量。出售时,该栋写字楼的成本为280 000 000元,已计提折旧30 000 000元。

甲房地产开发公司的账务处理如下:

借:银行存款	300 000 000
贷:其他业务收入	300 000 000
借:其他业务成本	250 000 000
投资性房地产累计折旧	30 000 000
贷:投资性房地产——××写字楼	280 000 000

(2)假设这栋写字楼原采用公允价值模式计量。出售时,该栋写字楼的成本为210 000 000元,公允价值变动借方余额40 000 000元。

甲房地产开发公司的账务处理如下:

借:银行存款	300 000 000
贷:其他业务收入	300 000 000
借:其他业务成本	250 000 000
贷:投资性房地产——××写字楼(成本)	210 000 000
——××写字楼(公允价值变动)	40 000 000

关于该投资性房地产累计公允价值变动的结转本题从略。

思考题

1.投资性房地产的初始计量应遵循什么原则?

2.投资性房地产采用成本模式进行后续计量和采用公允价值模式进行后续计量有何不同?

3.武汉长开房地产集团公司于2006年1月1日,将一幢商品房对外出租并采取公允价值模式计量,租期为3年,每年12月1日收取租金150万元,出租时,该幢商品房的成本为3 000万元,公允价值为3 200万元。2006年12月31日,该幢房的公允价值为3 150万元,2007年12月31日,该幢房的公允价值为3 120万元,

2008 年 12 月 31 日,该幢房的公允价值为 3 050 万元,2009 年 1 月 6 日,该幢商品房对外出售,收到 3 080 万元存入银行。要求编制武汉长开房地产集团公司上述经济业务的会计分录(假设按年确认公允价值变动损益和确认租金收入)。

4.武汉长开房地产集团公司于 2006 年 12 月 1 日,将一建筑物对外出租并采取公允价值模式计量,租期为 3 年,每年 12 月 1 日收取租金 100 万元。出租时,该建筑物的成本为 2 800 万元,已提折旧 600 万元,已提减值准备 200 万元,尚可使用年限为 20 年,公允价值为 1 800 万元,2006 年 12 月 31 日,该幢房的公允价值为 1 850 万元,2007 年 12 月 31 日,该幢房的公允价值为 1 820 万元,2008 年 12 月 31 日,该幢房的公允价值为 1 780 万元,2009 年 1 月 10 日,该幢商品房对外出售,收到 1 800 万元存入银行。要求编制武汉长开房地产集团公司上述经济业务的会计分录(假设按年确认公允价值变动损益和确认租金收入)。

第10章

负债

10.1　流动负债

10.1.1　流动负债的定义

房地产开发企业负债按照承担经济义务期限的长短,分为流动负债和非流动负债。根据企业会计准则对流动负债的定义,流动负债是指将在 1 年或者超过 1 年的经营周期内偿还的债务,包括短期借款、应付票据、应付账款、预收账款、应付职工薪酬、应交税费、应付股利、其他应付款等。

10.1.2　短期借款

按照现行会计制度的规定,短期借款是指企业借入的期限在 1 年以内(含 1 年)的各种借款。根据开发产品开发经营周期较长的特点,对期限超过 1 年的流动资金借款,如属经营周期内偿还的债务,仍可考虑将它列作短期借款。

凡借入的短期借款,应在银行将贷款转入企业的存款户时,借记"银行存款"科目,贷记"短期借款"科目。

"短期借款"账户只反映借款的本金,其所发生的应付利息不在本账户核算。对于银行借款而发生的利息支出,作为期间费用,在借款受益期内计入当期的财务费用。短期借款到期偿还时,借记"短期借款"科目,贷记"银行存款"科目。

10.1.3　应付票据

应付票据是由出票人出票,委托付款人在指定日期无条件支付特定金额给收款人或持票人的票据。企业应设置"应付票据"科目进行核算。应付票据按是否带息分为带息应付票据和不带息应付票据。

一、带息应付票据的处理

如为带息票据,其票据的面值就是票据的现值。由于我国商业汇票期限较短,因此,通常在期末,对尚未支付的应付票据计提利息,计入当期财务费用;票据到期支付票款时,尚未计提的利息部分直接计入当期财务费用。

二、不带息应付票据的处理

不带息应付票据,其面值就是票据到期时的应付金额。

开出并承兑的商业承兑汇票如果不能如期支付的,应在票据到期时,将"应付票据"账面价值转入"应付账款"科目。待协商后再行处理,如果重新签发新的票据以清偿原应付票据的,再从"应付账款"科目转入"应付票据"科目。银行承兑汇票如果票据到期,企业无力支付到期票款时,承兑银行除凭票向持票人无条件付款外,对出票人尚未支付的汇票金额转作逾期贷款处理,并按照每天万分之五计收利息。企业无力支付到期银行承兑汇票,在接到银行转来的"××号汇票、无款支付转入逾期贷款户"等有关凭证时,借记"应付票据"科目,贷记"短期借款"科目。对计收的利息,按短期借款利息的处理办法处理。

10.1.4 应付账款及预收款项

一、应付账款

应付账款,是指房地产开发企业因购买材料、商品和接受劳务供应等应支付给供应商的款项。

应付账款入账时间的确定,应以与所购买的物资的所有权有关的风险和报酬已经转移或劳务已经接受为标志。在实际工作中应区别不同情况处理:

(1)在货款和发票账单同时到达的情况下,待货物验收入库后按发票账单登记入账;

(2)在物资和发票账单不是同时到达的情况下,如发票账单先到,则根据发票账单金额登记入账;如物资先到,为了简化核算,一般待发票账单到达后再据以入账。如果至月末发票账单尚未到达,则应将所购物资暂估入账,下月初再以红字冲销暂估款,等发票账单到达后再按实际应付款项确定。

为了核算应付账款的形成及偿还情况,企业应设置"应付账款"科目,并按供应商名称设置明细科目。应付账款一般按应付金额入账,而不按到期应付金额的现值入账。如果购入的资产在形成一笔应付账款时是带有现金折扣的,应付账款入账金额的确定按发票上记载的应付金额的总值(即不扣除折扣)记账,支付款项获得现金折扣时,冲减财务费用。

企业购入材料、商品验收入库,但货款尚未支付,根据有关凭证(发票账单、随货同行发票上记载的实际价款或暂估价值),借记"材料采购"、"在途物资"等科目,按可抵扣的增值税额,借记"应交税费——应交增值税(进项税额)"等科目,按应付的价款,贷记"应付账款"科目。

接受供应单位提供劳务而发生的应付未付款项,根据供应单位的发票账单,借记"生产成本"、"管理费用"等科目,贷记"应付账款"科目。偿还应付账款时,借记"应付账款"科目,贷记"银行存款"科目。开出商业汇票抵付购货款时,记入"应付账款"科目的借方和"应付票据"科目的贷方。

【例 10-1】 甲房地产开发公司 2006 年 3 月 2 日购入材料一批,价款 40 000 元,增值税税率为 17%,付款条件为 10 天内付款给予 2%折扣,甲房地产开发企业 3 月 10 日付清所有款项。材料已验收入库。(现金折扣不考虑增值税)

企业应编制如下会计分录:

(1)材料验收入库时:

借:材料采购   40 000

    应交税费——应交增值税(进项税额)   6 800

    贷:应付账款   46 800

(2)3 月 10 日支付价款:

借:应付账款   46 800

    贷:财务费用   800

    银行存款   46 000

二、预收账款

预收账款是指房地产开发企业按照合同或协议规定向购房单位或个人预收的购房订金,以及代委托单位开发建设项目,按双方合同规定向委托单位预收的开发建设资金。与应付账款不同,这一负债不是以货币偿付,而是要用以后的开发建设项目或劳务等偿付。

为了核算和监督房地产开发企业的各项预收款项的增减变动情况,需设置"预收账款"账户。当房地产开发企业预收购房单位或个人的购房订金时,根据收款通知及有关凭证,借记"银行存款"科目,贷记"预收账款"科目。当商品房竣工移交购房单位或个人时,应按商品房售价结算,借记"应收账款"科目,贷记"主营业务收入"科目,同时将预收购房订金予以抵减冲销,借记"预收账款"科目,贷记"应收账款"科目。

如果预收账款比较多的,可以设置"预收账款"科目;预收账款不多的,也可以不设置"预收账款"科目,直接记入"应收账款"科目的贷方。

【例 10-2】 甲房地产开发公司接受某公司的委托对其办公大楼进行大修,合同规定预收代建工程修理资金 600 000 元,并收到委托单位拨来的材料一批价值 50 000 元,该项工程竣工并验收交付委托单位,实际应收工程价款 680 000 元,同时收到转账支票结清代建工程款。会计分录如下:

(1)借:银行存款　　　　　　　　　　　　　　　　600 000

　　　贷:预收账款　　　　　　　　　　　　　　　　　　600 000

(2)借:原材料　　　　　　　　　　　　　　　　　50 000

　　　贷:预收账款　　　　　　　　　　　　　　　　　　50 000

(3)借:应收账款　　　　　　　　　　　　　　　　680 000

　　　贷:主营业务收入　　　　　　　　　　　　　　　　680 000

同时:

　　借:预收账款　　　　　　　　　　　　　　　　650 000

　　　贷:应收账款　　　　　　　　　　　　　　　　　　650 000

(4)借:银行存款　　　　　　　　　　　　　　　　30 000

　　　贷:应收账款　　　　　　　　　　　　　　　　　　30 000

10.1.5　应付职工薪酬

职工薪酬,是指企业为获得职工提供的服务而给予各种形式的报酬以及其他相关支出。职工薪酬包括职工工资、奖金、津贴和补贴,职工福利费,医疗保险费、养老保险费、失业保险费、工伤保险费和生育保险费等社会保险费,住房公积金,工会经费和职工教育经费,非货币性福利,因解除与职工的劳动关系给予的补偿(亦称辞退福利),其他与获得职工提供的服务相关的支出。

一、职工薪酬的确认和计量

企业在职工为其提供服务的会计期间,除解除劳动关系补偿全部计入当期费用以外,其他职工薪酬均应根据职工提供服务的受益对象,将应确认的职工薪酬(包括货币性薪酬和非货币性福利)计入相关资产成本或当期费用,同时确认为应付职工薪酬负债。

1. 货币性职工薪酬的计量

对于货币性薪酬,在确定应付职工薪酬和应当计入成本费用的职工薪酬金额时,企业应当区分两种情况:

（1）具有明确计提标准的货币性薪酬

对于国务院有关部门、省、自治区、直辖市人民政府或经批准的企业年金计划规定了计提基础和计提比例的职工薪酬项目，企业应当按照规定的计提标准，计量企业承担的职工薪酬义务和计入成本费用的职工薪酬。其中：

①"五险一金"。对于医疗保险费、养老保险费、失业保险费、工伤保险费、生育保险费和住房公积金，企业应当按照国务院、所在地政府或企业年金计划规定的标准计量应付职工薪酬义务和应相应计入成本费用的薪酬金额。

②工会经费和职工教育经费。企业应当按照国家相关规定，分别按照职工工资总额的 2% 和 1.5% 计量应付职工薪酬（工会经费、职工教育经费）义务金额和应相应计入成本费用的薪酬金额；从业人员技术要求高、培训任务重、经济效益好的企业，可根据国家相关规定，按照职工工资总额的 2.5% 计算应计入成本费用的职工教育经费。按照明确标准计算确定应承担的职工薪酬义务后，再根据受益对象计入相关资产的成本或当期费用。

（2）没有明确计提标准的货币性薪酬

对于国家（包括省、市、自治区政府）相关法律法规没有明确规定计提基础和计提比例的职工薪酬。企业应当根据历史经验数据和自身实际情况，计算确定应付职工薪酬金额和应计入成本费用的薪酬金额。

2. 非货币性职工薪酬的计量

企业以自产产品或外购商品作为非货币性福利发放给职工的，应当根据受益对象，按照该产品的成本和相关税费，计入相关资产成本或当期费用，同时确认应付职工薪酬。

企业将拥有的房屋等资产无偿提供给职工使用的，应当根据受益对象，将该住房每期应计提的折旧计入相关资产成本或当期费用，同时确认应付职工薪酬。租赁住房等资产供职工无偿使用的，应当根据受益对象，将每期应付的租金计入相关资产成本或费用，并确认应付职工薪酬。难以认定受益对象的非货币性福利，直接计入管理费用和应付职工薪酬。

二、职工薪酬的主要会计处理

企业根据有关规定应付给职工的各种薪酬在"应付职工薪酬"科目下按"工资"、"职工福利"、"社会保险费"、"住房公积金"、"工会经费"、"职工教育经费"、"解除职工劳动关系补偿"、"股份支付"等项目进行明细核算。

企业向职工支付工资、奖金、津贴等，通过"应付职工薪酬——工资"科目进行核算。每月发放工资以前，应根据工资结算汇总表中的应发金额总数，向银行提取现金,借记"现金"科目,贷记"银行存款"科目。支付工资时,根据工资结算单中盖章签收的实付工资额,借记"应付职工薪酬——工资"科目,贷记"现金"科目;应从应付工资中扣还的各种款项(代垫的家属药费、个人所得税等),应根据工资结算汇总表中的代扣金额,借记"应付职工薪酬——工资"科目,贷记"其他应收款"、"应交税费——应交个人所得税"等科目。月份终了,应将本月发生的工资进行分配。

职工福利费是企业准备用于企业职工福利方面的资金,主要用于职工个人的福利,通过"应付职工薪酬——职工福利"科目行核算。该账户贷方登记提取的福利费,借方登记使用、支付的福利费,余额一般在贷方,表示期末结余的福利费数额。企业向职工支付职工福利费,借记"应付职工薪酬——职工福利"科目,贷记"银行存款"、"现金"等科目。

【例 10-3】 甲房地产开发公司 2006 年 6 月 30 日计算的应付工资为 16 480元。其中,开发项目现场管理机构人员工资 8 500 元,专设销售机构人员的工资5 200 元,企业行政管理人员的工资 2 600 元,长期病假人员的工资 180 元。本月代扣款项合计 280 元,企业提取现金 16 200 元,发放本月工资。有关账务处理如下:

(1)从银行提取现金时:

借:现金   16 200

  贷:银行存款   16 200

(2)根据工资结算单,分配本月工资:

借:开发间接费用   8 500

  销售费用   5 200

  管理费用——公司经费   2 600

        ——劳动保险费   180

  贷:应付职工薪酬——工资   16 480

(3)根据工资结算单,计提本月职工福利费(按 14% 提取):

借:开发间接费用   1 190

  销售费用   728

  管理费用——公司经费   364

        ——劳动保险费   25.20

  贷:应付职工薪酬——职工福利   2 307.20

(4)实际发放工资时:

借:应付职工薪酬——工资   16 200

  贷:现金   16 200

借:应付职工薪酬——工资   280

  贷:其他应付款   280

10.1.6 应交税费的核算

应交税费是指房地产开发企业按照规定应向国家缴纳的各种税金,包括营业税、所得税、城市维护建设税、土地增值税、房产税、土地使用税、车船使用税、印花税等。

为了核算开发企业应缴纳的各种税金的计算和实际缴纳情况,应设置"应交税费"账户。该账户贷方登记经计算的各种应交纳税金,借方登记实际缴纳的各种税金,贷方余额反映应交纳而未交纳的各种税金。为了详细反映各种应交纳税金的核算情况,在该账户下应按照税种,分别设置"应交营业税"、"应交土地增值税"、"应交城市维护建设税"、"应交土地使用税"、"应交所得税"等若干明细账户。但是房地产企业所缴纳的印花税、耕地占用税以及其他不需预计应交纳的税金,不通过"应交税费"账户核算。

一、应交营业税

1.营业税的计算

营业税是对提供劳务、转让无形资产或销售不动产的单位和个人征收的一种税。营业税按照营业额和规定的税率计算应纳税额,其公式为:"应纳税额＝营业额×税率"。这里的营业额是指企业提供应税劳务、转让无形资产或销售不动产向对方收取的全部价款和价外费用。价外费用包括向对方收取的手续费、基金、集资费、代收款项、代垫款项及其他各种性质的价外收费。

2.营业税的会计处理

企业应交纳的营业税,应在"应交税费"科目下设置"应交营业税"明细科目进行核算。贷方登记应交纳的营业税,借方登记企业已交纳的营业税。期末贷方余额表示应交未交的营业税,借方余额表示多交的营业税。

月份终了,房地产开发企业根据预收账款,或者计算出应由当期主营业务收入负担的营业税以及项目全部竣工结算前出售、出租商品房和代建工程等取得的收入,按税法规定计算应交营业税时,借记"营业税金及附加"账户,贷记"应交税费——应交营业税"账户;计算出应由其他业务收入负担的营业税时,借记"其他业务成本"账户,贷记"应交税费——应交营业税"账户;实际缴纳营业税时,借记"应交税费——应交营业税"账户,贷记"银行存款"账户。

【例10-4】 甲房地产开发公司本月销售住宅小区商品房4栋,实现销售收入

2 000 000 元;向外转让已开发完成的土地一块,共计 10 000 平方米,每平方米售价 800 元,已办完交接手续;接受市城建部门的委托,代建的工程已竣工并办完交接手续,合同造价 500 000 元,已结算完毕;出租办公楼一栋,获得租金收入 100 000 元。编制如下会计分录:

(1)计算应交营业税时

本月应交营业税=(2 000 000+800×10 000+100 000)×5%+ 500 000× 3%=520 000(元)

借:营业税金及附加　　　　　　　　　　　　　　　520 000
　　贷:应交税费——应交营业税　　　　　　　　　　　520 000

其中,销售商品房、土地转让属于"销售不动产"范围,按 5% 的税率计算;代建工程属于"建筑业"范围,按 3% 的税率计算;出租开发产品属于"服务业"范围,按 5% 的税率计算。

(2)交纳营业税时

借:应交税费——应交营业税　　　　　　　　　　　520 000
　　贷:银行存款　　　　　　　　　　　　　　　　　520 000

二、应交土地增值税

1. 土地增值税的概念及其征税范围

土地增值税是对转让国有土地使用权、地上的建筑物及其附着物(以下简称转让房地产)并取得收入的单位和个人征收的一种税。根据税法规定,土地增值税的征税范围是:转让国有土地使用权;地上的建筑物及其附着物连同国有土地使用权一并转让。具体可以通过以下标准来界定:

(1)转让的土地使用权是否为国家所有是界定土地增值税征税范围的标准之一。

(2)房地产是否发生转让是界定土地增值税征税范围的标准之二。

(3)是否取得收入是界定土地增值税征税范围的标准之三。

对于以继承、赠与等方式无偿转让房地产、出租开发产品以及受托代建工程,均不属于土地增值税的征税范围。

2. 土地增值税的计税依据

土地增值税以纳税人转让房地产所取得的增值额为计税依据。增值额是纳税人转让房地产所取得的收入减去规定的扣除项目后的余额。纳税人转让房地产取得的收入,包括转让房地产的全部价款及有关的经济收益。

计算增值额的扣除项目,具体包括以下内容:

(1)取得土地使用权所支付的金额,包括纳税人为取得土地使用权所支付的地价款和在取得土地使用权时按国家统一规定交纳的有关费用。

(2)房地产开发成本,包括土地征用及拆迁补偿费、前期工程费、建筑安装工程费、基础设施费、公共配套设施费和开发间接费用。

(3)房地产开发费用,是指与房地产开发项目有关的销售费用、管理费用、财务费用。它包括两种情况,一是凡纳税人能够按照转让房地产项目计算分摊利息支出,并能提供金融机构的贷款证明的,其允许扣除的房地产开发费用为:利息加上述(1)和(2)两项金额之和的 5% 以内计算扣除;二是凡纳税人不能按照转让房地产项目计算分摊利息支出或不能提供金融机构贷款证明的,其允许扣除的房地产开发费用为:上述(1)和(2)两项金额之和的 10% 以内计算扣除。计算扣除的具体比例,由各省、自治区、直辖市人民政府规定。

(4)旧房及建筑物的评估价格,是指在转让已使用的房屋及建筑物时,由政府批准设立的房地产评估机构评定的重置成本价乘以成新度折扣率后的价格。评估价格须经当地税务机关确认。

(5)与转让房地产有关的税金,是指在转让房地产时缴纳的营业税、城市维护建设税和教育费附加。

(6)财政部规定的其他扣除项目,是指对从事房地产开发业务的纳税人可按上述(1)和(2)两项规定计算的金额之和,加计 20% 扣除。

3.土地增值税的计算

在计算土地增值税应纳税额之前,首先要计算增值额;其次要计算增值额与扣除项目金额之比;最后才能计算应纳税额。

土地增值税实行四级超额累进税率,其应纳税额的计算公式为

$$应纳税额＝每级距的土地增值额×适用税率$$

这种分步计算的方法比较繁琐,需汇总合计。因此,在实际工作中一般采用速算扣除法来计算土地增值税。土地增值税税率及速算扣除系数表,见表 10-1。

表 10-1　　　　　土地增值税税率表

级次	增值额占扣除项目金额比例/%	税率/%	速算扣除系数/%
1	50 以下(含 50)	30	0
2	50～100(含 100)	40	5
3	100～200(含 200)	50	15
4	200 以上	60	35

根据速算扣除法计算土地增值税应纳税额,其计算公式为

土地增值税应纳税额＝增值额×适用税率－扣除项目金额×速算扣除系数

【例 10-5】 甲房地产开发企业建造并出售了一幢写字楼,取得销售收入 1 800 万元(营业税税率为 5％,城市维护建设税税率为 7％,教育费附加征收率为 3％)。企业为建造此楼支付的地价款为 250 万元;房地产开发成本为 350 万元;房地产开发费用中的利息支出 200 万元(能够按转让房地产项目计算分摊并提供工商银行证明)。企业所在地政府规定的其他房地产开发费用的计算扣除比例为 5％。

企业土地增值税应纳税额计算过程如下:

第一,确定转让房地产的收入为 1 800 万元。

第二,确定转让房地产的扣除项目金额。

(1)取得土地使用权所支付的金额为 250 万元。

(2)房地产开发成本为 350 万元。

(3)房地产开发费用为

$$200＋(250＋350)×5％＝230(万元)$$

(4)与转让房地产有关的税金为

$$1\ 800×5％×(1＋7％＋3％)＝99(万元)$$

(5)从事房地产开发的加计扣除金额为

$$(250＋350)×20％＝120(万元)$$

(6)扣除项目金额为

$$250＋350＋230＋99＋120＝1\ 049(万元)$$

第三,转让房地产的增值额为

$$1\ 800－1\ 049＝751(万元)$$

第四,增值额与扣除项目金额的比率为

$$751÷1\ 049×100％＝71.59％$$

第五,土地增值税应纳税额为

$$751×40％－1\ 049×5％＝300.40－52.45＝247.95(万元)$$

4. 土地增值税核算的会计处理

房地产开发企业应交纳的土地增值税,在"应交税金"账户下设置"应交土地增值税"明细账户进行核算。企业计算应由当期主营业务收入负担的土地增值税时,借记"营业税金及附加"账户,贷记"应交税金——应交土地增值税"账户;转让的国有土地使用权连同地上建筑物及其附着物,一并在"固定资产"或"在建工程"账户

核算的,转让时应交纳的土地增值税借记"固定资产清理"或"在建工程"账户,贷记"应交税金——应交土地增值税"账户;企业交纳土地增值税时,借记"应交税金——应交土地增值税"账户,贷记"银行存款"账户。

企业在项目全部竣工结算前转让房地产取得的收入,按税法规定预交土地增值税时,借记"应交税金——应交土地增值税"账户,贷记"银行存款"账户;待该房地产销售收入实现时,再按上述业务的会计处理方法进行处理。待该项目全部竣工,办理结算后再进行清算,收到退回多交的土地增值税时,借记"银行存款"账户,贷记"应交税金——应交土地增值税"账户;补交土地增值税时,作相反的会计分录。

三、应交城市维护建设税

为了加强城市的建设维护,扩大和稳定城市的建设维护资金的来源,国家开征了城市维护建设税。城市维护建设税是根据纳税义务人实际缴纳的消费税、增值税、营业税的税额和适用的税率计算确定。

企业应交纳的城市维护建设税,在"应交税费"科目下设置"应交城市维护建设税"明细科目进行核算。企业按规定计算出应交纳的城市维护建设税时,借记"营业税金及附加"科目,贷记"应交税费——应交城市维护建设税"科目;实际上交时,借记"应交税费——应交城市维护建设税"科目,贷记"银行存款"科目。

四、应交房产税、土地使用税、车船使用税、印花税

房产税是国家对在城市、县城、建制镇和工矿区征收的由产权所有人缴纳的一种税。房产税依照房产原值一次减除10%至30%后的余额计算交纳,没有房产原值作为依据的,由房产所在地税务机关参考同类房产核定;房产出租的,以房产租金收入为房产税的计税依据。土地使用税是国家为了合理利用城镇土地,调节土地级差收入,提高土地使用效益,加强土地管理而开征的一种税,以纳税人实际占用的土地面积为计税依据,依照规定税额计算征收。车船使用税由拥有并且使用车船的单位和个人交纳,按照适用税额计算。

企业按规定计算应交的房产税、土地使用税、车船使用税时,借记"管理费用"科目,贷记"应交税费——应交房产税(或土地使用税、车船使用税)"科目;上交时,借记"应交税费——应交房产税(或土地使用税、车船使用税)"科目,贷记"银行存款"科目。

印花税是对书立、领受购销合同等凭证行为征收的税款,实行由纳税人根据规定自行计算应纳税额,购买并一次贴足印花税票的交纳方法。应纳税凭证包括:购

销、加工承揽、建设工程承包、财产租赁、货物运输、仓储保管、借款、财产保险、技术合同或者具有合同性质的凭证；产权转移书据；营业账簿；权利、许可证照等。纳税人根据应纳税凭证的性质，分别按比例税率或者按件定额计算应纳税额。

由于企业交纳的印花税，是由纳税人根据规定自行计算应纳税额以购买并一次贴足印花税票的方法交纳的税款。即一般情况下，企业需要预先购买印花税票，待发生应税行为时，再根据凭证的性质和规定的比例税率或者按件计算应纳税额，将已购买的印花税票粘贴在应纳税凭证上，并在每枚税票的骑缝处盖戳注销或者划销，办理完税手续。企业交纳的印花税，不会发生应付未付税款的情况，也不存在与税务机关的结算问题，不需要通过"应交税费"科目核算，在购买印花税票时，直接借记"管理费用"科目，贷记"银行存款"科目。

五、其他应付款

企业除了应付票据、应付账款、应付股利等以外，还会发生一些应付、暂收其他单位或个人的款项，如应付租入固定资产和包装物的租金、存入保证金、应付统筹退休金等。这些暂收应付款，构成了企业的一项负债。

在我国会计核算中，设置"其他应付款"科目进行核算。当发生各种应付、暂收款项时，借记"银行存款"、"管理费用"等科目，贷记"其他应付款"科目；当实际偿还、支付时，借记"其他应付款"科目，贷记"银行存款"等科目。"其他应付款"科目期末贷方余额，反映企业尚未支付的其他应付款项。

10.2　非流动负债

非流动负债是指偿还期在 1 年或超过 1 年的经营周期以上的债务。它是除了投资人投入的资本金以外，企业向债权人筹集可供企业长期使用的资金。

房地产开发企业的非流动负债包括以下内容：

10.2.1　长期借款

房地产开发企业的长期借款主要是指房地产开发贷款，是贷款人向借款人发放的用于开发、建造向市场销售、出租等房地产目的的贷款。房地产开发贷款的期限一般为 3 年，通常按月或按季还息，贷款到期时一次性还本。

房地产企业取得开发贷款的必备条件如下：具备"四证"，即土地使用权证、建设用地规划许可证、建设工程规划许可证、建筑工程施工许可证;项目资本金或所有者权益不低于项目总投资的 35%,且已在银行贷款发放前投入项目建设。

一、开发贷款本金的核算

开发贷款本金应通过"长期借款"科目进行核算。"长期借款"科目核算房地产企业向银行或其他金融机构借入的期限在 1 年以上(不含 1 年)的各项借款。开发贷款的期限一般都在 1 年以上,因此,应通过"长期借款"科目进行核算。

1. 开发贷款取得的核算

房地产企业借入开发贷款,应按实际收到的贷款金额,借记"银行存款"科目,贷记"长期借款"科目。

【例 10-6】 甲房地产开发公司于 2007 年 1 月 20 日取得农业银行开发贷款 5 亿元,甲公司根据有关原始凭证,编制会计分录如下:

借:银行存款　　　　　　　　　　　　　　　　　　　500 000 000
　　贷:长期借款　　　　　　　　　　　　　　　　　　　　500 000 000

2. 开发贷款归还的核算

房地产企业归还开发贷款,应按实际支付的本金金额,借记"长期借款"科目,贷记"银行存款"科目。

【例 10-7】 甲房地产开发公司于 2010 年 1 月 19 日归还农业银行开发贷款 5 亿元,甲公司根据有关原始凭证,编制会计分录如下:

借:长期借款　　　　　　　　　　　　　　　　　　　500 000 000
　　贷:银行存款　　　　　　　　　　　　　　　　　　　　500 000 000

二、开发贷款利息支出的核算

1. 开发贷款利息的计算

贷款利息是银行将款项借给企业,按规定向企业收取的利息。贷款利息的高低取决于利率、本金和计息期限。

$$应付利息＝本金×月利率×实际天数÷30$$
$$应付利息＝本金×年利率×实际天数÷360$$

2. 利息资本化金额的确定

根据《企业会计准则》的要求,结合房地产企业实际业务情况,房地产企业因借入开发贷款而发生的利息应按如下原则处理：

从贷款取得至开发项目竣工验收期间发生的利息，应当资本化，计入相关资产成本。

开发项目竣工验收后发生的利息，应当费用化，计入当期损益。

购建或者生产符合资本化条件的资产达到预定可使用或者可销售状态，可从下列几个方面进行判断：

符合资本化条件的资产的实体建造（包括安装）或者生产工作已经全部完成或者实质上已经完成。

所购建或者生产的符合资本化条件的资产与设计要求、合同规定或者生产要求相符或者基本相符，即使有极个别与设计、合同或者生产要求不相符的地方，也不影响其正常使用或者销售。

继续发生在所购建或生产的符合资本化条件的资产上的支出金额很少或者几乎不再发生。

可以看出，房地产企业通过项目竣工验收，也就完成上述停止资本化的几个条件。

3. 贷款利息的总分类核算

贷款利息采用预提的方式进行核算，每个月度终了，房地产企业应预提当月应付的贷款利息，贷款利息一般是按季支付。

从贷款取得至开发项目竣工验收期间发生的利息，借记"开发成本"、"在建工程"等科目，贷记"应付利息"科目。实际支付时，借记"应付利息"科目，贷记"银行存款"科目。

开发项目竣工验收后发生的利息，借记"财务费用"科目，贷记"应付利息"科目。实际支付时，借记"应付利息"科目，贷记"银行存款"科目。

【例 10-8】 甲房地产开发公司于 2007 年 1 月 20 日取得农业银行开发贷款 5 亿元用于开发销售物业，贷款年利率为 5％，每月计提利息 210 万元，2007 年 3 月 20 日支付一季度贷款利息 420 万元。甲公司根据有关原始凭证，编制会计分录如下：

(1) 每月计提应付利息时

借：开发成本　　　　　　　　　　　　　　　　　　　2 100 000

　　贷：应付利息　　　　　　　　　　　　　　　　　　　　2 100 000

(2) 支付一季度贷款利息时

借：应付利息　　　　　　　　　　　　　　　　　　　4 200 000

　　贷：银行存款　　　　　　　　　　　　　　　　　　　　4 200 000

该项目于 2008 年底竣工交付, 2009 年每月计提应付利息同样为 210 万元, 2009 年 3 月 20 日支付一季度贷款利息 630 万元。甲公司根据有关原始凭证,编制会计分录如下:

(1)每月计提应付利息时

借:财务费用   2 100 000

  贷:应付利息   2 100 000

(2)支付一季度贷款利息时

借:应付利息   6 300 000

  贷:银行存款   6 300 000

10.2.2　应付债券

一、企业债券及其发行的程序

房地产开发企业在开发经营过程中,如流动资金不足或要购建固定资产,在资金不足而又得不到银行借款时,经国务院证券管理部门批准后,可以发售债券来筹集所需的资金。

企业债券也叫公司债券,是企业为筹集所需资金而发行的有价证券,是持券人拥有企业债权的证书,它代表持券人同企业之间的债权债务关系。持券人可按期或到期取得固定利息,到期收回本金,但无权参与企业经营管理,也不参加分红,持券人对企业的经营盈亏也不承担责任。

债券按其有无抵押品,分为抵押债券和信用债券。抵押债券以发行债券企业的特定财产为担保品,如债券到期不能偿还,持券人可以行使其抵押权,拍卖抵押品作为补偿。信用债券是单凭企业的信用,凭信托契约发行的债券,企业没有指定的抵押财产作为担保品,通常由信用较好、盈利水平较高的企业发行。债券按其记名与否,分为记名债券和无记名债券。记名债券的债权人姓名登记在债券名册上,偿还本金和支付利息时,要根据名册付款,债券转让要办理过户手续。无记名债券又叫有息债券,债券上附有息票,企业见票付息还本,流通比较方便。债券按其偿还方式的不同,分为定期偿还债券和随时偿还债券。定期偿还债券包括期满偿还和分期偿还两种:前者指到期全额偿还本息;后者按规定时间分批偿还部分本息。随时偿还债券包括抽签偿还和买入偿还两种:前者按抽签确定的债券号码偿还本息;后者是发行债券企业根据资金余缺情况通知持券人还本付息。

为了加强企业债券的管理,引导资金的合理流向,有效地利用社会闲散资金,保护各方合法权益,在《公司法》中,对发行企业债券作了规范化的规定,其中明确规定国务院证券管理部门是企业债券的主管机关,企业发行债券必须经国务院证券管理部门的批准。

国有房地产开发企业发行企业债券,应由国家授权投资的机构或者国家授权的部门作出决定。房地产开发股份有限公司和两个以上的国有企业或者其他两个以上的国有投资主体投资设立的房地产开发有限责任公司发行企业债券,应由公司董事会制定方案,股东会作出决议。发行债券的企业,必须符合下列条件:

(1)股份有限公司的净资产额不低于人民币 3 000 万元,有限责任公司的净资产额不低于人民币 6 000 万元。

(2)累计债券总额不超过公司净资产额的 40%。

(3)最近 3 年平均可分配利润足以支付企业债券 1 年的利息。

(4)筹集的资金投向符合国家产业政策。

(5)债券的利率不得超过国务院限定的利率水平。

对发行企业债券筹集的资金,必须用于审批机关批准的用途,不得用于弥补亏损和非生产性支出,凡有下列情形之一的,不得再次发行企业债券:前一次发行的企业债券尚未募足的;对已发行的企业债券或者其债务有违约或者延迟支付本息的事实,且仍处于继续状态的。

房地产开发企业向国务院证券管理部门申请批准发行企业债券时,应当提交下列文件:企业登记证明、企业章程、企业债券募集办法、资产评估报告和验资报告。

发行企业债券的申请经批准后,应向社会公告企业债券募集办法,在企业债券募集办法中,应载明:企业名称、债券总额和债券的票面金额、债券发售的价格、债券的利率、还本付息的期限和方式、债券发行的起止日期、企业净资产额、已发行的尚未到期的企业债券总额、企业债券的承销机构。为了保证企业债券能在规定的偿还期还本付息,企业对发行债券筹资的项目,必须事前进行可行性研究,计算项目的经济效益,验算能否在债券规定偿还期内还清。

企业发行的债券,必须在债券上载明企业名称、债券票面金额、利率、偿还期限等事项,并由董事长签名、企业盖章。

企业发行记名债券,应在企业债券存根簿上载明:

(1)债券持有人的姓名或者名称及住所。

(2)债券持有人取得债券的日期及债券的编号。

(3)债券总额、债券的票面金额、债券的利率、债券的还本付息的期限和方式。

(4)债券的发行日期。

企业发行无记名债券,应在企业债券存根簿上载明债券总额、利率、偿还期限和方式、发行日期及债券的编号。

企业债券可以转让。转让企业债券应在依法设立的证券交易所进行。企业债券的转让价格由转让人与受让人约定。

记名企业债券,由债券持有人以背书方式或者法律、行政法规规定的其他方式转让。记名债券转让后,企业应将受让人的姓名或者名称及住所记载于企业债券存根簿。

无记名债券,由债券持有人在依法设立的证券交易所将该债券交给受让人后即发生转让的效力。

二、应付债券的会计处理

公司债券的发行有三种方式,即面值发行、溢价发行、折价发行。当债券的票面利率与银行利率一致时,可按票面价值发行,称为面值发行;当债券的票面利率高于银行利率时,可按超过债券票面价值的价格发行,即溢价发行;当债券的票面利率低于银行利率时,可按低于债券票面价值的价格发行,即折价发行。溢价发行是企业为以后各期多付利息而预先得到的补偿,而折价发行则是企业因以后各期少付利息预先给投资者的补偿,溢价或折价不能看做是发行债券企业的收益或损失,而是在债券存续期间对利息费用的一种调整。

1. 公司债券的发行

开发企业发售的企业债券,不论按票面价值发售,还是按溢价或折价发售,它的票面价值、溢价或折价和应支付的利息,都应通过"应付债券"科目的"面值"、"利息调整"、"应计利息"三个二级账户进行核算,对于分期付息到期还本的债券,另设"应付利息"账户。

企业发行债券,无论是按面值发行,还是溢价或折价发行,均按债券面值贷记"应付债券——面值"科目,按实际收到的现金净额借记"银行存款"等科目,两账户之间的差额则为溢价或折价的部分,分别贷记或借记"应付债券——利息调整"科目。

企业发行债券时,如果发行费用大于发行期间冻结资金所产生的利息收入,按发行费用减去发行期间冻结资金所产生的利息收入后的差额,根据发行债券所筹集资金的用途,分别计入财务费用或相关资产成本。如果发行费用小于发行期间冻结资金所产生的利息收入,按发行期间冻结资金所产生的利息收入减去发行费用后的差额,视同发行债券的溢价收入,在债券存续期间于计提利息时摊销,分别计入财务费用或相关资产成本。

2. 利息调整的摊销

利息调整应在债券存续期间内采用实际利率法进行摊销。实际利率法是指按照应付债券的实际利率计算其摊余成本及各期利息费用的方法;实际利率是指将应付债券在债券存续期间的未来现金流量,折现为该债券当前账面价值所使用的利率。

资产负债表日,对于分期付息、一次还本的债券,企业应按应付债券的摊余成本和实际利率计算确定的债券利息费用,借记"在建工程"、"财务费用"等科目,按票面利率计算确定的应付未付利息,贷记"应付利息"科目,按其差额,借记或贷记"应付债券——利息调整"科目。

对于一次还本付息的债券,应于资产负债表日按摊余成本和实际利率计算确定的债券利息费用,借记"在建工程"、"财务费用"等科目,按票面利率计算确定的应付未付利息,贷记"应付债券——应计利息"科目,按其差额,借记或贷记"应付债券——利息调整"科目。

3. 债券的偿还

企业发行的债券通常分为到期一次还本付息或一次还本、分期付息两种。采用一次还本付息方式的,企业应于债券到期支付债券本息时,借记"应付债券——面值、应计利息"科目,贷记"银行存款"科目。采用一次还本、分期付息方式的,在每期支付利息时,借记"应付利息"科目,贷记"银行存款"科目;债券到期偿还本金并支付最后一期利息时,借记"应付债券——面值"、"在建工程"、"财务费用"等科目,贷记"银行存款"科目,按借贷双方之间的差额,借记或贷记"应付债券——利息调整"科目。

【例 10-9】 甲房地产开发公司 2004 年 1 月 1 日发行 3 年期的长期债券,债券面值 100 000 元,年利率 12%,企业按 104 973.73 元价格出售(发行费用略),当时市场利率为 10%。发行债券的款项已送存银行。该债券年末计息,到期一次还本付息。其会计分录如下:

(1)2004 年 1 月 1 日发行时:

借:银行存款   104 973.73

    贷:应付债券——面值   100 000

           ——利息调整   4 973.73

(2)根据实际利率摊销法的原理编制利息费用一览表见表 10-2：

表 10-2		利息费用一览表		单位:元
计息日期	支付利息	利息费用	摊销的利息调整	应付债券摊余成本
2004.1.1				104 973.73
2004.12.31	12 000	10 497.37	1 502.63	103 471.10
2005.12.31	12 000	10 347.11	1 652.89	101 818.21
2006.12.31	12 000	10 181.79	1 818.21	100 000.00

根据上表编制如下会计分录：

2004 年 12 月 31 日计提利息：

借:财务费用	10 497.37
应付债券——利息调整	1 502.63
贷:应付债券——应计利息	12 000

2005 年 12 月 31 日计提利息：

借:财务费用	10 347.11
应付债券——利息调整	1 652.89
贷:应付债券——应计利息	12 000

2006 年 12 月 31 日计提利息：

借:财务费用	10 181.79
应付债券——利息调整	1 818.21
贷:应付债券——应计利息	12 000

2007 年 1 月 1 日支付本息：

借:应付债券——面值	100 000
——应计利息	36 000
贷:银行存款	136 000

10.2.3　长期应付款

长期应付款,是指企业除长期借款和应付债券以外的其他各种长期应付款项,包括应付融资租人固定资产的租赁费、以分期付款方式购入固定资产发生的应付款项等。

一、应付融资租入固定资产的租赁费

企业采用融资租赁方式租入的固定资产,应在租赁期开始日,将租赁开始日租赁资产公允价值与最低租赁付款额现值两者中较低者,加上初始直接费用,作为租入资产的入账价值,借记"固定资产"等科目,按最低租赁付款额,贷记"长期应付款"科目,按发生的初始直接费用,贷记"银行存款"等科目,按其差额,借记"未确认融资费用"科目。

企业在计算最低租赁付款额的现值时,能够取得出租人租赁内含利率的,应当采用租赁内含利率作为折现率;否则,应当采用租赁合同规定的利率作为折现率。企业无法取得出租人的租赁内含利率且租赁合同没有规定利率的,应当采用同期银行贷款利率作为折现率。租赁内含利率,是指在租赁开始日,使最低租赁收款额的现值与未担保余值的现值之和等于租赁资产公允价值与出租人的初始直接费用之和的折现率。

未确认融资费用应当在租赁期内各个期间进行分摊。企业应当采用实际利率法计算确认当期的融资费用。

二、具有融资性质的延期付款购买资产

企业购买资产有可能延期支付有关价款。如果延期支付的购买价款超过正常信用条件,实质上具有融资性质的,所购资产的成本应当以延期支付购买价款的现值为基础确定。实际支付的价款与购买价款的现值之间的差额,应当在信用期间内采用实际利率法进行摊销,计入相关资产成本或当期损益。具体来说,企业购入资产超过正常信用条件延期付款实质上具有融资性质时,应按购买价款的现值,借记"固定资产"、"在建工程"等科目,按应支付的价款总额,贷记"长期应付款"科目,按其差额,借记"未确认融资费用"科目。

思考题

1.练习长期借款的核算方法。

宏伟房地产开发企业共发生了下列有关固定资产投资借款及其使用和偿还的经济业务:

(1)2002 年 1 月 1 日,企业所属某加工厂进行厂房扩建工程,预算造价 800 000 元,因资金不足,向建设银行借入投资借款 600 000 元,期限 2 年,年利率 10%。每年计息一次,借款存入企业银行结算户。

(2)2002 年 2 月 1 日,将该项厂房扩建工程出包给华南建筑公司承建,按工程造价 25％预付备料款 200 000 元。

(3)2002 年 12 月 31 日,收到银行计息通知单,该项投资借款应计利息为 60 000 元。

(4)2003 年 1 月 31 日,该项工程完工验收,交付使用,工程款扣除预付备料款后,用银行存款 600 000 元如数付清。

(5)2004 年 1 月 1 日,收到银行计息通知单,该项投资借款应计利息为 60 000 元。

(6)2004 年 1 月底,用银行存款偿还厂房扩建工程投资借款本金及利息。

要求:根据上列资料为各项经济业务编制会计分录。

2.练习应付债券的核算。

(1)某房地产开发企业经国务院证券部门的审批,于 2000 年初委托某证券公司发售企业债券,债券面值 200 万元,期限为 4 年,年利率 10％,每季计息一次。由于债券票面利率低于市场利率,以低于票面价值的 184 万元折价发售(即票面 100 元的债券,以 92 元的价格发售),收入债券资金存入银行结算户。

(2)债券代理发行手续费和债券印刷费按债券发售价格的 5‰支付。此项债券用以建造所属加工厂的厂房,厂房在 2000 年交付使用。

(3)2004 年初用银行存款偿还债券本息。

要求:(1)计算每季应付债券利息、应摊销债券折价。

(2)为发售债券、支付代理发行手续费和印刷费、每季应计债券利息、每季应摊销债券折价、到期偿还债券本息编制会计分录。

第11章

所有者权益

11.1 实收资本

所有者权益是指企业资产扣除负债后由所有者享有的剩余权益。公司的所有者权益又称为股东权益。所有者权益的来源包括所有者投入的资产、直接计入所有者权益的利得和损失、留存收益等。所有者权益可分为实收资本(或股本)、资本公积、盈余公积和未分配利润等部分。其中,盈余公积和未分配利润统称为留存收益。

房地产开发企业要进行开发经营,必须要有一定的资金。资金可以是投入的,也可以是借来的,但无论如何,办企业总要有一笔本钱。这笔办企业的本钱,就是企业的资本金。我国企业法人登记管理条例规定:企业申请开业,必须具有符合国家规定并与其生产经营和服务规模相适应的注册资本。房地产开发企业申请开业,必须具备符合国家规定的资金数额。《公司法》规定,有限责任公司注册资本的最低限额为人民币 3 万元;股份有限公司注册资本的最低限额为 500 万元人民币。

房地产开发企业筹集的资本金,按照投资主体,分为国家资本金、法人资本金、个人资本金和外商资本金等。国家资本金为有权代表国家投资的机构以国有资产投入企业形成的资本金。法人资本金为其他法人单位以其依法可以支配的资产投入形成的资本金。个人资本金为社会个人或者本企业内部职工以个人合法财产投入企业形成的资本金。外商资本金为外国投资者以及我国香港、澳门和台湾地区投资者投入企业形成的资本金。

企业的资本金可以一次或者分期筹集。一次筹集的,从营业执照签发之日起 6 个月内筹足。分期筹集的,公司全体股东的首次出资额不得低于注册资本的 20%,也不得低于法定的注册资本最低限额,其余部分由股东自公司成立之日起两年内缴足;其中,投资公司可以在 5 年内缴足,有限责任公司注册资本的最低限额为人民币 3 万元。法律、行政法规对有限责任公司注册资本的最低限额有较高规定的,从其规定。房地产开发企业根据国家法律、法规的规定,可以采取国家投资、各方集资或者发行股票等方式筹集资本金。投资者可以用货币、实物、无形资产等形式向企业投资。企业筹集的资本金,必须聘请中国注册会计师验资并出具验资报告,由企业据以发给投资者出资证明书。房地产开发企业筹集的资本金,在开发经营期间内,投资者除依法转让外,不得以任何方式抽走。投资者按照出资比例或者合同、章程的规定,分享企业利润和分担风险和亏损。

房地产开发企业对投资人投入的资本金,在"实收资本"科目(股份制房地产开发企业在"股本"科目)进行核算,其贷方登记企业收到投资人投入企业各种资产的价值和企业用资本公积、盈余公积等转增资本的数额以及可转换公司债券按规定转为股本使得股票面值总额增加的数额;借方登记按规定程序减少注册资本的数额。贷方余额,反映企业实有的资本或股本的数额。

11.1.1　实收资本增加的会计处理

因企业组织形式的不同,投资人投入企业的资金的核算方法也不相同。现分别对股份有限公司、有限责任公司和独资公司加以说明。

一、股份有限公司投入资金的核算

房地产开发股份有限公司的资本金,是通过发行股票的股东投入的。股票是股份有限公司为筹集资本金而发行的有价证券,是持股人拥有公司股份的入股凭证,它代表股份有限公司的所有权证。股票持有者为企业的股东,股东按照公司章程,参加或监督企业的经营管理,分享红利,并依法承担以持股额为限的公司经营亏损的责任。

股份有限公司可以采取发起方式或募集方式设立。采取发起方式设立的,公司全部股份由发起人认购,不向发起人以外的任何人募集股份。发起人以书面认购公司章程规定发行的股份后,应即缴纳全部股款;以实物、工业产权、非专利技术或者土地使用权抵作股款的,应当依法办理其财产权的转移手续。

股份有限公司采取募集方式设立的,发起人认购的股份不得少于公司股份总数的 35%,其余股份应当向社会公开募集。发起人向社会公开募集股份时,必须向国务院证券管理部门递交募股申请,并报送下列主要文件:

(1)批准设立公司的文件;

(2)公司章程;

(3)经营估算书;

(4)发起人姓名或者名称,发起人认购的股份数、出资种类及验资证明;

(5)招股说明书;

(6)代收股款银行的名称及地址;

(7)承销机构名称及有关的协议。

股份有限公司的注册资本为在公司登记机关登记的实收股本总额,股份有限公司注册资本的最低限额为人民币 500 万元。

股份有限公司发行的股票,按股东权利的不同,分为普通股和优先股。普通股是任何股份有限公司都必须发行的一种基本股票,普通股的股东有权选举公司董事,并在股东大会上对需由股东决定的重要事项进行表决,在董事会宣布发放普通股股利时,有权分享公司盈利;在公司增加股本时,有权按持有股份的比例,优先认购新股;当公司结束清理时,在债权人和优先股股东的要求满足后,有权参加公司资产的分配等。优先股是在公司中比普通股享有优先分配股利的一种股票。优先股的股利须按约定的股利率支付,当年可供分配股利的利润不足以按约定的股利率支付时,由以后年度可供分配股利的利润补足,公司结束清算时,优先股股东先于普通股股东取得公司剩余财产。但优先股股东一般无权选举公司董事和参加管理。

股份有限公司发行的股票,按其记名与否,分为记名股票和无记名股票。公司向发起人、国家授权投资的机构、法人发行的股票,应当为记名股票,并应当记载该发起人、机构或者法人的名称,不得另立户名或者以代表人姓名记名。对社会公众发行的股票,可以为记名股票,也可以为无记名股票。公司发行记名股票的,应当置备股东名册,记载股东的姓名或者名称及住所、各股东所持股份数、各股东所持股票的编号、各股东取得其股份的日期。发行无记名股票的,公司应当记载其股票数量、编号及发行日期。

股票的发行价格,可以按票面金额,也可以超过票面金额,但不得低于票面金额。以超过票面金额为股票发行价格的,须经国务院证券管理部门批准。以超过票面金额发行股票所得的溢价款列入公司资本公积金。

房地产开发股份有限公司发行的股票,应按其票面金额即面值作为股本入账。在按面值发行股票的情况下,公司发行股票所得的收入,应全部作为资本金记入"股本"科目的贷方。在按超过面值溢价发行股票的情况下,公司发行股票的收入,按股票面值部分作为资本金,记入"股本"科目的贷方;超过股票面值的溢价收入,属于资本公积金,记入"资本公积——股本溢价"科目的贷方。又按现行财务制度的规定,委托证券经营机构代理发行股票所支付的手续费和股票、股票认购证印刷费等,应从股票溢价收入中扣除,因此,应将扣除股票发行费用后的股票溢价净入记入"资本公积——股本溢价"科目的贷方。在按面值发行股票的公司,由于没有股票溢价收入,只能将股票发行费用作为递延费用,记入"递延所得税资产"或"长期待摊费用"科目的借方。

【例11-1】 甲房地产开发公司为股份有限公司,经批准发行股票1 000万股,每股面值1元,委托某证券公司按每股11元发行,实收款项110 000 000元存入银行。应付证券公司代理发行手续费和股票印刷费用等30万元。则在收到发行股票收入和支付代理发行费用时,应编制会计分录如下:

借：银行存款　　　　　　　　　　　　　　109 700 000
　贷：股本　　　　　　　　　　　　　　　　10 000 000
　　资本公积　　　　　　　　　　　　　　　99 700 000

如由国有房地产开发企业改建为房地产开发股份有限公司，应按资产评估确认的价值调整原企业的账面价值和国有资金，并按调整后的净资产额换取的股份总数和每股票面金额的乘积作为国家股股本入账，记入"股本"科目的贷方；如有差额，应作为股票溢价记入"资本公积"科目的贷方。

二、有限责任公司对投资人投入资金的核算

有限责任公司是指由 50 个以下股东共同出资，每个股东以其出资额为限对公司承担责任，公司以其全部资产对公司的债务承担责任的企业法人。

有限责任公司与股份有限公司的区别，主要有：有限责任公司的全部资产不分为等额股份，公司向股东签发出资证明书而不发行股票；有限责任公司股东人数被限制在 50 人以下，而不像股份有限公司股东数没有上限，有限责任公司的注册资本为在公司登记机关登记的全体股东实缴的出资额，以开发经营为主的房地产开发有限责任公司的注册资本不得少于人民币 3 万元；而股份有限公司的注册资本不得少于人民币 500 万元。有限责任公司股东向股东以外的人转让其出资，必须经全体股东半数的同意；而股份有限公司股东持有的股票可以在依法设立的证券交易所自由转让。

有限责任公司在进行投入资本金核算时，应注意以下两个问题：

1. 各股东应按照公司章程所规定的出资方式、出资额和出资缴纳期限出资

股东以货币出资的，应当将货币出资足额存入准备设立的有限责任公司在银行开设的临时账户；以实物、工业产权、非专利技术或者土地使用权出资的，应当依法办理其财产权的转移手续。股东不按照规定缴纳所认缴的出资，应当向已足额缴纳出资的股东承担违约责任。因为有限责任公司不是独资经营，各股东怎样出资，出资数额和何时出资必须事先约定，共同遵守，否则公司的开发经营就无法正常进行，同时也破坏了公司章程中规定的股东应承担的义务。因此，一旦某一股东未按规定缴纳出资的，公司就有权向该股东追缴。经追缴仍不履行缴纳义务的，公司可以依诉讼程序，请求人民法院追究该股东的违约责任。

2. 股东投入的资本金，应区别情况进行核算

有限责任公司在设立时，各股东按公司章程投入的资本金即实缴的出资额，应全部记入"实收资本"科目的贷方。公司的实收资本应等于注册资本。公司在收到

各股东缴纳的货币资金时,借记"银行存款"、"现金"科目。收到投资者投入的固定资产、材料物资和无形资产时,按投资各方确认的价值,借记"固定资产"、"原材料"、"无形资产"等科目。

【例 11-2】 甲房地产开发公司收到乙单位投资 50 万元,存入银行;乙单位投入材料 30 万元,各方协议作价 125 万元,材料已验收入库,编制会计分录如下:

借:银行存款	500 000
原材料	250 000
贷:实收资本——法人资本金	750 000

【例 11-3】 甲房地产开发公司收到乙单位仪器设备一台,设备原价 20 万元,已折旧 5 万元,双方确认价为 10 万元,同时收到乙单位专有技术一项,双方协议 10 万元,编制会计分录如下:

借:固定资产	100 000
无形资产	100 000
贷:实收资本——法人资本金	200 000

有限责任公司在增加注册资本时,如有新股东参加,新股东缴纳的出资额中,只能将按其约定比例计算的其在注册资本中所占的份额部分,记入"实收资本"科目的贷方;出资额大于其在注册资本中所占的份额部分,不得作为资本金记入"实收资本"科目,而应作为资本溢价记入"资本公积"科目的贷方。

三、独资企业对投入资本金的核算

按照我国公司法的规定,将企业分为有限责任公司和股份有限公司。从独资企业的含义来说,应指单一所有制企业,既包括国有独资公司,也包括集体独资公司和个人企业,如以我国工商企业登记条例把企业划分为全民所有制企业、集体所有制企业、联营企业、中外合资经营企业、中外合作经营企业、外资企业、私营企业来说,独资企业也应包括全民所有制企业、集体所有制企业和私营企业中的独资企业。

独资企业对投入资本金的核算,与股份有限公司、有限责任公司不同。独资企业所有者投入企业的资金,全部作为资本金入账,记入"实收资本"科目的贷方;而股份有限公司和有限责任公司股东投入企业的资金,不一定全部都能作为资本金,记入"实收资本"科目。如股份有限公司股票采用超过面值溢价发行,在发行股票收入中超过面值的股票溢价收入,不能作为资本金记入"实收资本"科目,而应作为资金公积金记入"资本公积"科目的贷方。有限责任公司在增加注册资本时新股东缴纳的出资额,超过其按约定比例计算的其在注册资本中所占的份额部分,也不能作为资本金记入"实收资本"科目,而应作为资本公积金记入"资本公积"科目的贷方。在这两种情况下,"实收资本"科目均不反映股东投入企业的全部资金。而独资企业不发行股票,不会产生股票溢价发行收入,投资者为单一所有者,也不会在追加投资时为维持一定投资比例而产生资本公积金。因此,独资企业所有者投入企业的资金,均可作为资本金记入"实收资本"科目的贷方。

11.1.2　实收资本减少的会计处理

企业实收资本减少的原因大体有两种,一是资本过剩;二是企业发生重大亏损而需要减少实收资本。企业因资本过剩而减资,一般要发还股款。有限责任公司和一般企业发还投资的会计处理比较简单,按法定程序报经批准减少注册资本的,借记"实收资本"科目,贷记"库存现金"、"银行存款"等科目。

股份有限公司由于采用的是发行股票的方式筹集股本,发还股款时,则要回购发行的股票,发行股票的价格与股票面值可能不同,回购股票的价格也可能与发行价格不同,会计处理较为复杂。股份有限公司因减少注册资本而回购本公司股份的,应按实际支付的金额,借记"库存股"科目,贷记"银行存款"等科目。注销库存股时,应按股票面值和注销股数计算的股票面值总额,借记"股本"科目,按注销库存股的账面余额,贷记"库存股"科目,按其差额,冲减股票发行时原记入资本公积的溢价部分,借记"资本公积——股本溢价"科目,回购价格超过上述冲减"股本"及"资本公积——股本溢价"科目的部分,应依次借记"盈余公积"、"利润分配——未分配利润"等科目;如回购价格低于回购股份所对应的股本,所注销库存股的账面余额与所冲减股本的差额作为增加股本溢价处理,按回购股份所对应的股本面值,借记"股本"科目,按注销库存股的账面余额,贷记"库存股"科目,按其差额,贷记"资本公积——股本溢价"科目。

【例 11-4】　甲房地产开发公司截至 2006 年 12 月 31 日共发行股票 30 000 000 股,股票面值为 1 元,资本公积(股本溢价)6 000 000 元,盈余公积 4 000 000 元。经股东大会批准,甲公司以现金回购本公司股票 3 000 000 股并注销。假定甲公司按照每股 4 元回购股票,不考虑其他因素,甲公司的会计处理如下:

$$库存股的成本 = 3\ 000\ 000 \times 4 = 12\ 000\ 000(元)$$

借:库存股　　　　　　　　　　　　　　　　　　　　　　12 000 000

　　贷:银行存款　　　　　　　　　　　　　　　　　　　　　12 000 000

借：股本	3 000 000
资本公积——股本溢价	6 000 000
盈余公积	3 000 000
贷：库存股	12 000 000

【例 11-5】 沿用【例 11-4】，假定甲公司以每股 0.9 元回购股票，其他条件不变。甲公司的会计处理如下：

$$库存股的成本＝3\ 000\ 000×0.9＝2\ 700\ 000（元）$$

借：库存股	2 700 000
贷：银行存款	2 700 000
借：股本	3 000 000
贷：库存股	2 700 000
资本公积——股本溢价	300 000

由于甲公司以低于面值的价格回购股票，股本与库存股成本的差额 300 000 元应作增加资本公积处理。

11.2　资本公积

资本公积是企业收到投资者的超出其在企业注册资本（或股本）中所占份额的投资，以及直接计入所有者权益的利得和损失等。

资本溢价（或股本溢价）是企业收到投资者的超出其在企业注册资本（或股本）中所占份额的投资。形成资本溢价（或股本溢价）的原因有溢价发行股票、投资者超额缴入资本等。

直接计入所有者权益的利得和损失是指不应计入当期损益、会导致所有者权益发生增减变动的、与所有者投入资本或者向所有者分配利润无关的利得或者损失。

资本公积一般应当设置"资本（或股本）溢价"、"其他资本公积"明细科目核算。

11.2.1　资本溢价或股本溢价的会计处理

一、资本溢价

投资者经营的企业（不含股份有限公司），投资者依其出资份额对企业经营决策享有表决权,依其所认缴的出资额对企业承担有限责任。明确记录投资者认缴的出资额,真实地反映各投资者对企业享有的权利与承担的义务,是会计处理应注意的问题。为此,会计上应设置"实收资本"科目,核算企业投资者按照公司章程所规定的出资比例实际缴付的出资额。在企业创立时,出资者认缴的出资额全部记入"实收资本"科目。

在企业重组并有新的投资者加入时,为了维护原有投资者的权益,新加入的投资者的出资额,并不一定全部作为实收资本处理。这是因为,在企业正常经营过程中投入的资金虽然与企业创立时投入的资金在数量上一致,但其获利能力却不一致。企业创立时,要经过筹建、试生产经营、为产品寻找市场、开辟市场等等过程,从投入资金到取得投资回报,中间需要许多时间,并且这种投资具有风险性,在这个过程中资本利润率很低。而企业进行正常生产经营后,在正常情况下,资本利润率要高于企业初创阶段。而这高于初创阶段的资本利润率是初创时必要的垫支资本带来的,企业创办者为此付出了代价。因此,相同数量的投资,由于出资时间不同,其对企业的影响程度不同,由此而带给投资者的权利也不同,往往早期出资带给投资者的权利要大于后期出资带给投资者的权利。所以,新加入的投资者要付出大于原有投资者的出资额,才能取得与投资者相同的投资比例。另外,不仅原投资者原有投资从质量上发生了变化,就是从数量上也可能发生变化,这是因为企业经营过程中实现利润的一部分留在企业,形成留存收益,而留存收益也属于投资者权益,但其未转入实收资本。新加入的投资者如与原投资者共享这部分留存收益,也要求其付出大于原有投资者的出资额,才能取得与原有投资者相同的投资比例。投资者投入的资本中按其投资比例计算的出资额部分,应记入"实收资本"科目,大于部分应记入"资本公积"科目。

例如,某有限责任公司由甲、乙、丙三位股东各自出资 100 万元设立。设立时的实收资本为 300 万元。经过三年的经营,该企业留存收益为 150 万元。这时又有丁投资者有意参加该企业,并表示愿意出资 180 万元,而仅占该企业股份的25％。在会计处理时,将丁股东投入资金中的 100 万元记入"实收资本"科目,其余80 万元记入"资本公积"科目。

二、股本溢价

股份有限公司是以发行股票的方式筹集股本的,股票是企业签发的证明股东按其所持股份享有权利和承担义务的书面证明。由于股东按其所持企业股份享有权利和承担义务,为了反映和便于计算各股东所持股份占企业全部股本的比例,企业的股本总额应按股票的面值与股份总数的乘积计算。国家规定,实收股本总额应与注册资本相等。因此,为提供企业股本总额及其构成及注册资本等信息,在采用与股票面值相同的价格发行股票的情况下,企业发行股票取得的收入,应全部记入"股本"科目;在采用溢价发行股票的情况下,企业发行股票取得的收入,相当于股票面值的部分记入"股本"科目,超出股票面值的溢价收入记入"资本公积"科目。委托证券商代理发行股票而支付的手续费、佣金等,应从溢价发行收入中扣除,企业应按扣除手续费、佣金后的数额记入"资本公积"科目。

【例 11-6】 甲房地产开发公司委托 B 证券公司代理发行普通股 2 000 000 股每股面值 1 元,按每股 1.2 元的价格发行。公司与受托单位约定,按发行收入的 3% 收取手续费,从发行收入中扣除。假如收到的股款已存入银行。

根据上述资料,甲公司应作以下会计处理:

公司收到受托发行单位交来的现金 = 2 000 000 × 1.2 × (1−3%) = 2 328 000(元)

应记入"资本公积"科目的金额 = 溢价收入−发行手续费 = 2 000 000 × (1.2 − 1) − 2 000 000 × 1.2 × 3% = 328 000(元)

借:银行存款		2 328 000
贷:股本		2 000 000
资本公积——股本溢价		328 000

11.2.2 其他资本公积的会计处理

其他资本公积,是指除资本溢价(或股本溢价)项目以外所形成的资本公积,其中主要包括直接计入所有者权益的利得和损失。

主要包括以下内容:

(1)可供出售金融资产公允价值变动。

(2)企业根据以权益结算的股份支付计划授予职工或其他方的权益工具的公允价值。

(3)现金流量套期中,有效套期工具的公允价值变动。

(4)企业长期股权投资采用权益法核算的,被投资方除净损益以外的其他所有者权益变动引起的长期股权投资账面价值的变动。

(5)自用房地产或存货转换为采用公允价值模式计量的投资性房地产时,投资性房地产转换当日的公允价值大于原账面价值的差额。

11.2.3　资本公积转增资本的会计处理

按照《公司法》的规定,法定公积金(资本公积和盈余公积)转为资本时,所留存的该项公积金不得少于转增前公司注册资本的 25%。经股东大会或类似机构决议,用资本公积转增资本时,应冲减资本公积,同时按照转增前的实收资本(或股本)的结构或比例,将转增的金额记入"实收资本"(或"股本")科目下各所有者的明细分类账。

11.3　留存收益

房地产开发企业投资者投入企业的资金,通过企业开发经营活动,不仅要求保值,而且要求增值,增加盈利。企业的利润总额扣除按照国家规定应交所得税后的税后利润,叫做净利润。净利润可以按照公司章程或有关规定,在企业所有者间进行分配,作为投资的回报。为了约束企业过量分配,以有利于企业持续经营,不断扩大经营规模,并逐步改善职工集体福利,国家规定企业要留有一定的积累,将净利润中一部分留存企业,把其中一部分作为盈余公积金提取,一部分不予分配,作为未分配利润留在企业。在会计中,企业从净利润中提取的盈余公积金和留存的未分配利润,也叫留存收益。

11.3.1　盈余公积

一、盈余公积的有关规定

根据《公司法》等有关法规的规定,企业当年实现的净利润,一般应当按照如下顺序进行分配:

1. 提取法定公积金

公司制企业的法定公积金按照税后利润的 10% 的比例提取(非公司制企业也可按照超过 10% 的比例提取),在计算提取法定盈余公积的基数时,不应包括企业年初未分配利润。公司法定公积金累计额为公司注册资本的 50% 以上时,可以不再提取法定公积金。

公司的法定公积金不足以弥补以前年度亏损的,在提取法定公积金之前,应当先用当年利润弥补亏损。

2. 提取任意公积金

公司从税后利润中提取法定公积金后,经股东会或者股东大会决议,还可以从税后利润中提取任意公积金。非公司制企业经类似权力机构批准也可提取任意盈余公积。

3. 向投资者分配利润或股利

公司弥补亏损和提取公积金后所余税后利润,有限责任公司股东按照实缴的出资比例分取红利,但是,全体股东约定不按照出资比例分取红利的除外;股份有限公司按照股东持有的股份比例分配,但股份有限公司章程规定不按持股比例分配的除外。

股东会、股东大会或者董事会违反规定,在公司弥补亏损和提取法定公积金之前向股东分配利润的,股东必须将违反规定分配的利润退还公司。公司持有的本公司股份不得分配利润。

盈余公积是指企业按照规定从净利润中提取的各种积累资金。公司制企业的盈余公积分为法定盈余公积和任意盈余公积。两者的区别就在于其各自计提的依据不同。前者以国家的法律或行政规章为依据提取;后者则由企业自行决定提取。

企业提取盈余公积主要可以用于以下几个方面:

1. 弥补亏损

企业发生亏损时,应由企业自行弥补。弥补亏损的渠道主要有三条:一是用以后年度税前利润弥补。按照现行制度规定,企业发生亏损时,可以用以后五年内实现的税前利润弥补,即税前利润弥补亏损的期间为五年。二是用以后年度税后利润弥补。企业发生的亏损经过五年期间未弥补足额的尚未弥补的亏损应用所得税后的利润弥补。三是以盈余公积弥补亏损。企业以提取的盈余公积弥补亏损时,应当由公司董事会提议,并经股东大会批准。

2. 转增资本

企业将盈余公积转增资本时,必须经股东大会决议批准。在实际将盈余公积转增资本时,要按股东原有持股比例结转。按照《公司法》的规定,法定公积金(资本公积和盈余公积)转为资本时,所留存的该项公积金不得少于转增前公司注册资本的25%。

企业提取的盈余公积,无论是用于弥补亏损,还是用于转增资本,只不过是在企业所有者权益内部作结构上的调整,比如企业以盈余公积弥补亏损时,实际是减少盈余公积留存的数额,以此抵补未弥补亏损的数额,并不引起企业所有者权益总额的变动;企业以盈余公积转增资本时,也只是减少盈余公积结存的数额,但同时增加企业实收资本或股本的数额,也并不引起所有者权益总额的变动。

3. 扩大企业生产经营

盈余公积的用途,并不是指其实际占用形态,提取盈余公积也并不是单独将这部分资金从企业资金周转过程中抽出。企业盈余公积的结存数,实际只表现为企业所有者权益的组成部分,表明企业生产经营资金的一个来源而已。其形成的资金可能表现为一定的货币资金,也可能表现为一定的实物资产,如存货和固定资产等,随同企业的其他来源所形成的资金进行循环周转,用于企业的生产经营。

二、盈余公积的确认和计量

为了反映盈余公积的形成及使用情况,企业应设置"盈余公积"科目。企业应当分别按"法定盈余公积"、"任意盈余公积"进行明细核算。外商投资企业还应分别"储备基金"、"企业发展基金"进行明细核算。

企业提取盈余公积时,借记"利润分配——提取法定盈余公积"、"利润分配——提取任意盈余公积"科目,贷记"盈余公积——法定盈余公积"、"盈余公积——任意盈余公积"科目。

企业用盈余公积弥补亏损或转增资本时,借记"盈余公积",贷记"利润分配——盈余公积补亏"、"实收资本"或"股本"科目。经股东大会决议,用盈余公积派送新股按派送新股计算的金额,借记"盈余公积"科目,按股票面值和派送新股总数计算的股票面值总额,贷记"股本"科目。

11.3.2　未分配利润

未分配利润是指企业未作分配的一部分税后利润,它有三层含义:一是这部分税后利润没有分配给企业的投资者;二是这部分税后利润没有指定用途;三是包括企业历年累积的未分配利润。

为了反映企业历年累积的未分配利润,在"利润分配"科目中,设置了"未分配利润"、"提取法定盈余公积"、"提取任意盈余公积"、"应付现金股利或利润"、"转作股本的股利"、"盈余公积补亏"等科目进行明细核算。

一、分配股利或利润的会计处理

经股东大会或类似机构决议,分配给股东或投资者的现金股利或利润,借记"利润分配——应付现金股利或利润"科目,贷记"应付股利"科目。经股东大会或类似机构决议,分配给股东的股票股利,应在办理增资手续后,借记"利润分配——转作股本的股利"科目,贷记"股本"科目。

二、期末结转的会计处理

企业期末结转利润时,应将各损益类科目的余额转入"本年利润"科目,结平各损益类科目。结转后"本年利润"的贷方余额为当期实现的净利润,借方余额为当期发生的净亏损。年度终了,企业应将全年实现的净利润,自"本年利润"科目的借方转入"利润分配——未分配利润"科目的贷方。如发生亏损,则作如上相反的分录。

同时,将"利润分配"科目所属的其他明细科目的余额,转入"未分配利润"明细科目。结转后,"未分配利润"明细科目的贷方余额,就是未分配利润的金额;如出现借方余额,则表示未弥补亏损的金额。"利润分配"科目所属的其他明细科目应无余额。

三、弥补亏损的会计处理

企业在生产经营过程中既有可能发生盈利,也有可能出现亏损。企业在当年发生亏损的情况下,与实现利润的情况相同,应当将本年发生的亏损自"本年利润"科目,转入"利润分配——未分配利润"科目,借记"利润分配——未分配利润"科目,贷记"本年利润"科目,结转后"利润分配"科目的借方余额,即为未弥补亏损的数额。然后通过"利润分配"科目核算有关亏损的弥补情况。

由于未弥补亏损形成的时间长短不同等原因,以前年度未弥补亏损有的可以以当年实现的税前利润弥补,有的则须用税后利润弥补。以当年实现的利润弥补以前年度结转的未弥补亏损,不需要进行专门的账务处理。企业应将当年实现的利润自"本年利润"科目,转入"利润分配——未分配利润"科目的贷方,其贷方发生额与"利润分配——未分配利润"的借方余额自然抵补。无论是以税前利润还是以税后利润弥补亏损,其会计处理方法均相同。但是,两者在计算交纳所得税时的处理是不同的。在以税前利润弥补亏损的情况下,其弥补的数额可以抵减当期企业应纳税所得额,而以税后利润弥补的数额,则不能作为纳税所得扣除处理。

【例 11-7】 甲房地产开发公司的股本为 100 000 000 元,每股面值 1 元。2001

年年初未分配利润为贷方 80 000 000 元,2001 年实现净利润 50 000 000 元。

假定公司经批准的 2001 年度利润分配方案为:按照 2001 年实现净利润的 10%提取法定盈余公积,5%提取任意盈余公积,同时向股东按每股 0.2 元派发现金股利,按每 10 股送 3 股的比例派发股票股利。2002 年 3 月 15 日,公司以银行存款支付了全部现金股利,新增股本也已经办理完股权登记和相关增资手续。甲房地产开发公司的会计处理如下:

(1)2001 年度终了时,企业结转本年实现的净利润:

借:本年利润　　　　　　　　　　　　　　　　　50 000 000

　　贷:利润分配——未分配利润　　　　　　　　　　50 000 000

(2)提取法定盈余公积和任意盈余公积:

借:利润分配——提取法定盈余公积　　　　　　　　5 000 000

　　　　　　　——提取任意盈余公积　　　　　　　　2 500 000

　　贷:盈余公积——法定盈余公积　　　　　　　　　5 000 000

　　　　　　　　——任意盈余公积　　　　　　　　　2 500 000

(3)结转“利润分配”的明细科目:

借:利润分配——未分配利润　　　　　　　　　　　7 500 000

　　贷:利润分配——提取法定盈余公积　　　　　　　5 000 000

　　　　　　　　——提取任意盈余公积　　　　　　　2 500 000

甲房地产开发公司 2001 年底“利润分配——未分配利润”科目的余额为:

80 000 000+50 000 000-7 500 000=122 500 000(元)

即贷方余额 122 500 000 元,反映企业的累计未分配利润为 122 500 000 元。

(4)批准发放现金股利:

$$100\ 000\ 000 \times 0.2 = 20\ 000\ 000(元)$$

借:利润分配——应付现金股利　　　　　　　　　　20 000 000

　　贷:应付股利　　　　　　　　　　　　　　　　　20 000 000

2002 年 3 月 15 日,实际发放现金股利:

借:应付股利　　　　　　　　　　　　　　　　　　20 000 000

　　贷:银行存款　　　　　　　　　　　　　　　　　20 000 000

(5)2002 年 3 月 15 日,发放股票股利:

$$100\ 000\ 000 \times 1 \times 30\% = 30\ 000\ 000(元)$$

借:利润分配——转作股本的股利　　　　　　　　　30 000 000

　　贷:股本　　　　　　　　　　　　　　　　　　　30 000 000

思考题

1. 练习实收资本和资本公积的核算方法。

根据下列各题中的经济业务资料,编制有关的会计分录(假设会计主体为股份公司)。

(1)某房地产开发公司委托甲证券公司发行普通股股票 6 000 000 股,每股面值 1 元,双方约定按发行收入的 5% 收取手续费。实际发行价格每股 3.5 元,公司收取证券公司交来的扣除手续费后的款项,股票已全部发售。

(2)公司收到乙公司投资换股的一项固定资产,投出单位账面原价为 400 000元,已提折旧 180 000 元,经评估确认价值为 260 000 元。认购的普通股股票共200 000股,每股面值 1 元。

(3)公司于 4 月 1 日购买了其流通在外的普通股股票 200 000 股,每股 5 元;后于 6 月 20 日以每股 7.5 元再次发行 50 000 股(采用成本法核算)。

(4)公司以一项固定资产向丙公司投资,固定资产账面原价为 300 000 元,已提折旧 96 000 元,经评估确认价值为 230 000 元。该投资采用成本法核算。一年后,对该项投资再次评估,确认价值为 238 000 元。两年后,将该项投资予以转让,取得转让收入共 320 000 元(不考虑税金)。

(5)公司经股东大会决议,将盈余公积 800 000 元转增股本,并按规定程序获准批准。

(6)公司于 5 月 20 日宣告发放现金股利,每股 0.5 元,共计 4 000 000 股普通股,并于 7 月 3 日实际发放了股利。

要求:根据上述资料为各项业务编制会计分录。

2. 练习盈余公积的核算。

(1)某房地产开发公司在 2004 年度共有利润总额 750 万元。

(2)按规定先以本年利润的 50 万元弥补上年度亏损。

(3)将利润总额扣除弥补上年度亏损以后按规定的所得税率 33% 计算应交所得税(假定应税所得与会计利润相同)。

(4)按税后利润的 10% 计提法定盈余公积。

(5)将历年提取法定盈余公积中的 200 万元转作资本金。

要求:根据上述资料编制会计分录。

第 12 章

开发产品成本

12.1 开发产品成本概述

开发产品成本是指房地产开发企业在开发产品过程中所发生的各项费用支出。

为了加强开发产品成本的管理,降低开发过程耗费的活劳动和物化劳动,提高企业经济效益,必须正确核算开发产品的成本,在各个开发环节控制各项费用支出。

12.1.1 开发产品成本的分类

要核算开发产品的成本,必须明确开发产品成本的种类和内容。开发产品成本按其经济用途,可分为如下四类:

1. 土地开发成本

指房地产开发企业开发土地(即建设场地)所发生的各项费用支出。

2. 房屋开发成本

指房地产开发企业开发各种房屋(包括商品房、出租房、代建房等)所发生的各项费用支出。

3. 配套设施开发成本

指房地产开发企业开发能有偿转让的大型配套设施及不能有偿转让,不能直接计入开发产品成本的公共配套设施所发生的各项费用支出。由于房地产开发企业在土地开发和商品房开发建设的过程中,一般承建的公共配套设施有两类。第一类是能有偿转让的大型配套设施,包括:①开发小区内非营业性公共配套设施,如医院、中小学等。②开发小区内营业性公共配套设施,如邮电所、商店等。③开发项目外为居民服务的给排水、供电、供气、交通道路等。第二类是不能有偿转让的公共配套设施,如居委会、托儿所、自行车车棚等。

4. 代建工程开发成本

指房地产开发企业接受委托单位的委托,代为开发除土地、房屋以外其他工程如市政工程等所发生的各项费用支出。

12.1.2 开发产品成本的构成

开发产品成本包括以下六个成本项目：

1. 土地征用及拆迁补偿费或批租地价

因开发房地产而征用土地所发生的各项费用，包括征地费、安置费以及原有建筑物的拆迁补偿费，或采用批租方式取得土地的批租地价。

2. 前期工程费

土地、房屋开发前发生的规划、设计、可行性研究以及水义地质勘察、测绘、场地平整等费用。

3. 基础设施费

土地、房屋开发过程中发生的供水、供电、供气、排污、排洪、通讯、照明、绿化、环卫设施以及道路等基础设施费用。

4. 建筑安装工程费

土地房屋开发项目在开发过程中按建筑安装工程施工图施工所发生的各项建筑安装工程费和设备费。

5. 配套设施费

在开发小区内发生，可计入土地、房屋开发成本的不能有偿转让的公共配套设施费用，如锅炉房、水塔、居委会、派出所、幼儿园、托儿所、消防、自行车车棚、公厕等设施支出。

6. 开发间接费

房地产开发企业内部独立核算单位及开发现场为开发房地产而发生的各项间接费用，包括现场管理机构人员工资、福利费、折旧费、修理费、办公费、水电费、劳动保护费等。

从以上可以看出，构成房地产开发企业产品的开发成本，相当于工业产品的制造成本和建筑安装工程的施工成本。如要计算房地产开发企业产品的完全成本，还要计算开发企业(公司本部)行政管理部门为组织和管理开发经营活动而发生的管理费用、财务费用，以及为销售、出租、转让开发产品而发生的销售费用。管理费用、财务费用和销售费用，也称期间费用。它们绝大部分都是经营期间的费用开支，与开发工程量的关系并不十分密切，如果将期间费用计入开发产品成本，在开发产品开发和销售、出租、转让不同步的情况下,就会增加开发产品的成本。特别是在开发房地产滞销时期,将滞销期间发生的管理费用、财务费用和销售费用计入当期开发产品成本,就会使企业造成大量的潜亏,不能及时反映企业的经营状况。

同时,将期间费用计入开发产品成本,不但要增加核算的工作量,也不利于正确考核企业开发单位的成本水平和成本管理责任。因此,现行会计制度中规定将期间费用计入当期损益,不再计入开发产品成本,也就是说,房地产开发企业开发产品只计算开发成本,不计算完全成本。

12.1.3　开发产品的成本核算对象

开发产品的成本核算对象,是指企业在进行成本核算时,为归集和分配费用而确定的费用承担者。合理确定成本核算对象,是正确组织开发产品成本核算的重要条件。一般来说。房地产开发企业应结合开发工程规模的大小、工期长短及结构类型等因素,确定成本核算的对象。

(1)一般的房屋或土地开发项目,应以每一独立编制的设计概算,或每一独立的施工图预算所列的单项工程作为一个成本核算对象。

(2)同一地点开发、结构类型相同的群体开发项目,如果开、竣工时间相近,又由同一施工队伍施工,可以合并为一个成本核算对象。

(3)对规模较大、工期较长的开发项目,可以结合经济责任制的要求,按开发项目的一定区域或部位划分成本核算对象。

成本核算对象应在开发产品开工之前确定,一经确定就不得随意更改。

12.2　开发间接费用

12.2.1　开发间接费用的构成内容

开发间接费用是指房地产开发企业内部独立核算单位及开发现场管理机构为开发产品而发生的各项间接费用,即在开发现场设置部门组织管理开发产品而发生的,以及不能直接计入各项开发产品成本的各项费用。由于这些费用往往是多项开发产品共同发生的,因而无法将它直接计入某项开发产品成本,而应将其先记入"开发间接费用"账户,然后按照适当分配标准,将其分配计入各项开发产品成本。

为了组织开发间接费用的明细分类核算,分析各项费用增减变动的原因,进一步节约费用开支,开发间接费用应分设如下明细项目进行核算:

1. 职工薪酬

企业在职工在职期间和离职后提供的全部货币性薪酬和非货币性福利,包括提供给职工本人的薪酬,以及提供给职工配偶、子女或其他被赡养人的福利等。

2. 折旧费

开发企业内部独立核算单位使用属于固定资产的房屋、设备、仪器等提取的折旧费。

3. 修理费

开发企业内部独立核算单位使用属于固定资产的房屋、设备、仪器等发生的修理费。

4. 办公费

开发企业内部独立核算单位各管理部门办公用的文具、纸张、印刷、邮电、书报、会议、差旅交通、烧水和集体取暖煤等费用。

5. 水电费

开发企业内部独立核算单位各管理部门耗用的水电费。

6. 劳动保护费

用于开发企业内部独立核算单位职工的劳动保护用品的购置、摊销和修理费,供职工保健用营养品、防暑饮料、洗涤肥皂等物品的购置费或补助费,以及工地上职工洗澡、饮水的燃料费等。

7. 利息支出

开发企业为开发房地产借入资金所发生而不能直接计入某项开发成本的利息支出及相关的手续费,但应冲减使用前暂存银行而发生的利息收入。开发产品完工以后的借款利息,应作为财务费用,计入当期损益。

8. 其他费用

上列各项费用以外的其他开发间接费用支出。

从上述开发间接费用的明细项目中,可以看出它与土地征用及拆迁补偿费、建筑安装工程费等变动费用不同,它属于相对固定的费用,其费用总额并不随着开发产品量的增减而成比例的增减。但就单位开发产品分摊的费用来说,则随着开发产品量的变动而成反比例的变动,即完成开发产品数量增加,单位开发产品分摊的费用随之减少;反之,完成开发产品数量减少,单位开发产品分摊的费用随之增加。因此,超额完成开发任务,就可降低开发成本中的开发间接费用。

12.2.2 开发间接费用的会计处理

开发间接费用的归集,需设置"开发间接费用"科目。房地产开发企业发生的各项开发间接费用,应借记"开发间接费用"账户,贷记"应付职工薪酬"、"累计折旧"、"长期待摊费用"、"银行存款"等科目。

如果房地产开发企业不设置现场管理部门而由企业(即公司本部)定期或不定期地派人到开发现场组织开发活动,其所发生的间接费用,可计入企业的管理费用。

开发间接费用的明细分类核算,一般要按所属内部独立核算单位设置"开发间接费用明细分类账",将发生的开发间接费用按明细项目分栏登记。

【例12-1】 甲房地产开发公司下设开发现场管理部门,该部门2006年5月发生各项费用合计65 408元,其中:职工薪酬19 250元,折旧费21 000元,大修理费7 350元,办公费4 410元,水电费2 478元,劳动保护费5 250元。大修理费、办公费、水电费和劳动保护费已用银行存款支付。另外开发房地产专项借款本月利息支出4 200元,及发生的其他间接费用合计1 470元,已用银行存款支付。

该企业本月开发间接费用归集的会计分录如下:

借:开发间接费用   65 408
  贷:应付职工薪酬   19 250
    累计折旧   21 000
    银行存款   25 158

12.2.3 开发间接费用的分配

每月终了,应对开发间接费用进行分配,按实际发生数计入有关开发产品的成本。开发间接费用的分配方法,企业可根据开发经营的特点自行确定。不论土地开发、房屋开发、配套设施和代建工程,均应分配开发间接费用。为了简化核算手续并防止重复分配,对应计入房屋等开发成本的自用土地和不能有偿转让的配套设施的开发成本,均不分配开发间接费用。这部分开发产品应负担的开发间接费用,可直接分配计入有关房屋开发成本。也就是说,企业内部独立核算单位发生的开发间接费用,可仅对有关开发房屋、投资性房地产、能有偿转让配套设施及代建工程进行分配。

开发间接费用明细分类账所归集的费用,应于月末分配计入各开发成本项目。如果房地产开发企业本月只从事一个开发项目的建设,则可将开发间接费用总额直接结转到该开发项目的开发成本明细账。如果本月从事两个或两个以上开发项目的建设,则应按一定的标准分配计入各开发项目的开发成本,并结转到相应的开发成本明细账。按采用的分配标准不同,开发间接费用可按预算间接费比例法和直接费比例法进行分配。

一、预算间接费比例法

这种分配方法是将实际发生的开发间接费用,按各开发项目预算开发间接费用的比例进行分配的一种方法。其计算公式如下:

分配率＝本月实际发生的开发间接费用÷本月各开发项目预算(计划)开发间接费用总和

某项开发项目应负担的开发间接费用＝该开发项目预算(计划)开发间接费用×分配率

采用这种分配方法,要求开发企业有较为健全的开发成本预算。

二、直接费比例法

这种分配方法是将实际发生的开发间接费用,按各开发项目直接费用的比例进行分配的一种方法。其计算公式如下:

分配率＝本月实际发生的开发间接费用÷本月各开发项目直接费用总和

某开发项目应负担的开发间接费用＝该开发项目直接费用×分配率

【例 12-2】　甲房地产开发公司在 2006 年 10 月共发生开发间接费用 87 360元。应分配开发间接费用的各开发产品实际发生的直接费用共计 1 040 000 元,其中:A 商品房 100 000 元,B 商品房 240 000 元,A 出租房 150 000 元,B 出租房140 000 元,大型配套设施(商店)160 000 元以及商品性土地 250 000 元。

按直接费比例法分配开发间接费如下:

分配率＝87 360/1 040 000＝0.084

A 商品房应分配的开发间接费＝100 000×0.084＝8 400(元)

B 商品房应分配的开发间接费＝240 000×0.084＝20 160(元)

A 出租房应分配的开发间接费＝150 000×0.084＝12 600(元)

B 出租房应分配的开发间接费＝140 000×0.084＝11 760(元)

商店应分配的开发间接费＝160 000×0.084＝13 440(元)

商品性土地应分配的开发间接费＝250 000×0.084＝21 000(元)

可将各开发产品成本分配的开发间接费用记入各开发产品成本核算对象的"开发间接费用"成本项目,并将它记入"开发成本"科目的借方和"开发间接费用"科目的贷方,编制如下分录入账:

借:开发成本——房屋开发成本(A 商品房)   8 400

     ——房屋开发成本(B 商品房)   20 160

     ——房屋开发成本(A 出租房)   12 600

     ——房屋开发成本(B 出租房)   11 760

     ——配套设施开发成本(商店)   13 440

     ——土地开发成本(商品性土地)   21 000

  贷:开发间接费用   87 360

12.3 土地开发成本

12.3.1 土地开发成本核算对象的确定和成本项目的设置

一、土地开发成本核算对象的确定

土地开发也称建设场地开发,是指对土地和地下各种基础设施进行开发建设,包括供水、供电、供热、排水、排污等地下管线的铺设以及地面道路的平整等。土地是一种自然资源,每一块土地因其所在地的水文地质条件、工程地质条件不同以及土地用途的不同,其开发过程会有很大的差别。因此,企业在确定土地开发成本核算对象时,除了应遵照开发成本核算对象的一般原则外,还应结合本企业土地开发项目的具体情况,以有利于成本费用的归集和有利于土地开发成本的及时核算为原则来确定。

(1)对于一般的土地开发,可以每一独立的开发项目即"地块"作为成本核算对象。

(2)对于开发面积较大,工期较长,分区域开发的土地,可以一定区域作为成本核算对象。

二、土地开发成本项目的设置

企业开发的土地,因其设计要求不同,开发的层次、程度和内容都不相同,有的只是进行场地的清理平整,如原有建筑物、障碍物的拆除和土地的平整;有的除了场地平整外,还要进行地下各种管线的铺设、地面道路的建设等。因此,就各个具体的土地开发项目来说,它的开发支出内容是不完全相同的。企业要根据所开发土地的具体情况和会计制度规定的成本项目,设置土地开发项目的成本项目。一般来说,企业对土地开发成本的核算,可设置如下几个成本项目:土地征用及拆迁补偿费;前期工程费;基础设施费;开发间接费。

其中土地征用及拆迁补偿费是指按照城市建设总体规划进行土地开发所发生的土地征用费、耕地占用税、劳动力安置费,及有关地上、地下物拆迁补偿费等。但对拆迁旧建筑物回收的残值应估价入账并冲减有关成本。前期工程费是指土地开发项目前期工程发生的费用,包括规划、设计费,项目可行性研究费,水文、地质勘察、测绘费,场地平整费等。基础设施费是指土地开发过程中发生的各种基础设施费,包括道路、供水、供电、供气、排污、排洪、通讯等设施建设费用。开发间接费指应由商品性土地开发成本负担的开发间接费用。

12.3.2　土地开发成本的会计处理

一、土地开发成本的归集

房地产开发企业开发的土地,按其经济用途可将它分为如下两种:一种是为了转让、出租而开发的商品性土地(也叫商品性建设场地);另一种是为开发商品房、出租房等房屋而开发的自用土地。前者是企业的最终开发产品,其费用支出单独构成土地的开发成本;而后者则是企业的中间开发产品,其费用支出应计入商品房、出租房等有关房屋开发成本。因此,企业对于两种不同类型的建设场地的成本归集,应采用不同的方法。

(1)企业开发商品性建设场地所发生的费用,直接记入"开发成本——土地开发成本"明细账的成本项目中。

(2)企业开发自用建设场地所发生的费用,能够分清负担对象的,直接记入该对象的"开发成本——房屋开发成本"明细账的成本项目中,无需单独核算土地开发成本。

(3)企业开发自用建设场地所发生的费用,如果涉及两个或两个以上成本核算对象的,应先归集其发生的费用,记入"开发成本——土地开发成本"明细账的成本项目中。待土地开发完成投入使用时,再按一定的标准将其分配计入有关房屋建筑物等开发产品成本。为了简化核算手续,对需要分配计入的不能有偿转让的公共配套设施费和开发间接费用,可以直接计入有关商品房、出租房等开发产品成本中去,而不通过"开发成本——土地开发成本"明细账户核算。

二、土地开发成本的会计处理

在"开发成本——土地开发成本"账户核算的土地开发成本,应按月结转,完工后结转成本。对于已完工的土地开发项目的成本,应根据用途采用不同的方法加以结转。

(1)企业为有偿转让而开发的商品性土地,开发完成后,将其实际成本转入"开发产品"账户结转时,借记"开发产品——商品性土地"账户,贷记"开发成本——土地开发成本"账户。

(2)企业自用的建设场地,应在开发完成投入使用时,将其实际成本结转计入有关商品房、出租房等开发产品的成本中。结转时,借记"开发成本——房屋开发成本"账户,贷记"开发成本——土地开发成本"账户。

(3)企业自用的建设场地,开发完成后近期暂不使用的,应将其实际成本先转入"开发产品"账户,即借记"开发产品——自用土地"账户,贷记"开发成本——土地开发成本"账户。当企业再进行房屋开发建设时,再将其土地开发成本自"开发产品"账户转入"开发成本"账户,即借记"开发成本——房屋开发成本"账户,贷记"开发产品——自用土地"账户。

【例12-3】 甲房地产开发公司现有A、B、C三块土地正在开发建设,土地A开发完成后直接用于1号商品房开发项目;土地B开发完成后供2号商品房和3号商品房使用,其中2号商品房使用65%的土地面积,3号商品房使用35%的土地面积。土地C开发完成后将有偿转让。2006年6月发生如下经济业务:

(1)6月2日,用银行存款支付土地征用及拆迁补偿费共计180万元,其中:土地A支付80万元,土地B支付60万元,土地C支付40万元:

借:开发成本——房屋开发成本——1号商品房　　　　　800 000
　　　　　——土地开发成本——土地B　　　　　　　　600 000
　　　　　——土地开发成本——土地C　　　　　　　　400 000
　　贷:银行存款　　　　　　　　　　　　　　　　　1 800 000

(2)6月6日,用银行存款支付前期工程费60 000元,其中水文地质勘探费40 000元,土地A应负担20 000元,土地B应负担15 000元,土地C应负担5 000

元;支付土地开发设计费 20 000 元,土地 A 应负担 10 000 元,土地 B 应负担 5 000 元,土地 C 应负担 5 000 元:

　　借:开发成本——房屋开发成本——1 号商品房　　　　　　　30 000

　　　　——土地开发成本——土地 B　　　　　　　　　　　20 000

　　　　——土地开发成本——土地 C　　　　　　　　　　　10 000

　　　贷:银行存款　　　　　　　　　　　　　　　　　　　　60 000

　　(3)6 月 15 日,由某施工企业承包的基础设施工程已竣工,应付工程款 80 万元,其中:土地 A 应负担 40 万元,土地 B 应负担 20 万元,土地 C 应负担 20 万元:

　　借:开发成本——房屋开发成本——1 号商品房　　　　　　　400 000

　　　　——土地开发成本——土地 B　　　　　　　　　　　200 000

　　　　——土地开发成本——土地 C　　　　　　　　　　　200 000

　　　贷:应付账款——应付工程款　　　　　　　　　　　　　800 000

　　(4)6 月 20 日,土地 A 不能有偿转让的公共设施配套水塔已竣工,实际成本 300 000 元,工程款尚未支付:

　　借:开发成本——房屋开发成本——1 号商品房　　　　　　　300 000

　　　贷:应付账款——应付工程款——1 号商品房　　　　　　　300 000

　　(5)月末,分配开发间接费用 60 000 元,其中:土地 A 负担 22 600 元,土地 B 负担 26 000 元,土地 C 负担 11 400 元:

　　借:开发成本——房屋开发成本——1 号商品房　　　　　　　22 600

　　　　——土地开发成本——土地 B　　　　　　　　　　　26 000

　　　　——土地开发成本——土地 C　　　　　　　　　　　11 400

　　　贷:开发间接费用　　　　　　　　　　　　　　　　　　60 000

　　(6)6 月 30 日,土地开发完成,土地 A 的开发总成本是 1 552 600 元,土地 B 的开发总成本是 846 000 元,土地 C 的开发总成本是 621 400 元。

　　借:开发成本——房屋开发成本——2 号商品房(846 000×65%)

　　　　　　　　　　　　　　　　　　　　　　　　　549 900

　　　　——房屋开发成本——3 号商品房(846 000×35%)

　　　　　　　　　　　　　　　　　　　　　　　　　296 100

　　　贷:开发成本——土地开发成本——土地 B　　　　　　　846 000

　　借:开发产品——土地 C　　　　　　　　　　　　　　　621 400

　　　贷:开发成本——土地开发成本——土地 C　　　　　　　621 400

12.4 配套设施开发成本

12.4.1 配套设施的种类及其支出归集的原则

房地产开发企业开发的配套设施,可以分为如下两类:一类是开发小区内开发不能有偿转让的公共配套设施,如水塔、锅炉房、居委会、派出所、消防、幼托、自行车车棚等;另一类是能有偿转让的城市规划中规定的大型配套设施项目,包括:

(1)开发小区内营业性公共配套设施,如商店、银行、邮局等;

(2)开发小区内非营业性配套设施,如中小学、文化站、医院等;

(3)开发项目外为居民服务的给排水、供电、供气的增容增压、交通道路等。这类配套设施,如果没有投资来源,不能有偿转让,也将它归入第一类中,计入房屋开发成本。

按照现行财务制度规定,城市建设规划中的大型配套设施项目,不得计入商品房成本。因为这些大型配套设施,国家有这方面的投资,或是政府投资,或国家拨款给有关部门再由有关部门出资。但在实际执行过程中,由于城市基础设施的投资体制,无法保证与城市建设综合开发协调一致,作为城市基础设施的投资者,往往在客观上拿不出资金来,有些能拿的也只是其中很少的一部分。因此,开发企业也只得将一些不能有偿转让的大型配套设施发生的支出也计入开发产品成本。

为了正确核算和反映企业开发建设中各种配套设施所发生的支出,并准确地计算房屋开发成本和各种大型配套设施的开发成本,对配套设施支出的归集,可分为如下三种:

(1)对能分清并直接计入某个成本核算对象的第一类配套设施支出,可直接计入有关房屋等开发成本,并在"开发成本——房屋开发成本"科目中归集其发生的支出。

(2)对不能直接计入有关房屋开发成本的第一类配套设施支出,应先在"开发成本——配套设施开发成本"科目进行归集,于开发完成后再按一定标准分配计入有关房屋等开发成本。

(3)对能有偿转让的第二类大型配套设施支出,应在"开发成本——配套设施开发成本"科目中进行归集。

由上可知,在配套设施开发成本中核算的配套设施支出,只包括不能直接计入有关房屋等成本核算对象的第一类配套设施支出和第二类大型配套设施支出。

12.4.2　配套设施开发成本核算对象和成本项目的设置

一般说来,对能有偿转让的大型配套设施项目,应以各配套设施项目作为成本核算对象,以便正确计算各设施的开发成本。对这些配套设施的开发成本应设置如下六个成本项目:

(1)土地征用及拆迁补偿费或批租地价;

(2)前期工程费;

(3)基础设施费;

(4)建筑安装工程费;

(5)配套设施费;

(6)开发间接费。

其中配套设施费项目用以核算分配的其他配套设施费。因为要使这些设施投入运转,有的也需要其他配套设施为其提供服务,所以理应分配为其服务的有关设施的开发成本。

对不能有偿转让、不能直接计入各成本核算对象的各项公共配套设施,如果工程规模较大,可以把各该配套设施作为成本核算对象。如果工程规模不大、与其他项目建设地点较近、开竣工时间相差不多并由同一施工单位施工的,也可考虑将它们合并作为一个成本核算对象,于工程完工算出开发总成本后,按照各该项目的预算成本或计划成本的比例,算出各配套设施的开发成本,再按一定标准,将各配套设施开发成本分配计入有关房屋等开发成本。至于这些配套设施的开发成本,在核算时一般可仅设置如下四个成本项目:

(1)土地征用及拆迁补偿费或批租地价;

(2)前期工程费;

(3)基础设施费;

(4)建筑安装工程费。

由于这些配套设施的支出需由房屋等开发成本负担,为简化核算手续,对这些配套设施可不再分配其他配套设施支出。它本身应负担的开发间接费用,也可直接分配计入有关房屋开发成本。因此,对这些配套设施,在核算时也就可以不必设置配套设施费和开发间接费两个成本项目。

12.4.3　配套设施开发成本的会计处理

企业发生的各项配套设施支出,应在"开发成本——配套设施开发成本"科目进行核算,并按成本核算对象和成本项目进行明细分类核算。对发生的土地征用及拆迁补偿费或批租地价、前期工程费、基础设施费、建筑安装工程费等支出,可直接计入各配套设施开发成本明细分类账的相应成本项目,并记入"开发成本——配套设施开发成本"科目的借方和"银行存款"、"应付账款——应付工程款"等科目的贷方。对能有偿转让大型配套设施分配的其他配套设施支出,应计入各大型配套设施开发成本明细分类账的"配套设施费"项目,并记入"开发成本——配套设施开发成本——××"科目的借方和"开发成本——配套设施开发成本——××"科目的贷方。对能有偿转让大型配套设施分配的开发间接费用,应计入各配套设施开发成本明细分类账的"开发间接费用"项目,并记入"开发成本——配套设施开发成本"科目的借方和"开发间接费用"科目的贷方。

对配套设施与房屋等开发产品不同步开发,或房屋等开发完成等待出售或出租,而配套设施尚未全部完成的,经批准后可按配套设施的预算成本或计划成本,预提配套设施费,将它记入房屋等开发成本明细分类账的"配套设施费"项目,并记入"开发成本——房屋开发成本"等科目的借方和"预提费用"科目的贷方。

因为一个开发小区的开发,时间较长,有的需要几年,开发企业在开发进度安排上,有时先建房屋,后建配套设施。这样,往往会出现房屋已经建成而有的配套设施可能尚未完成,或者是商品房已经销售,而幼托、消防设施等尚未完工的情况。这种房屋开发与配套设施建设的时间差,使得那些已具备使用条件并已出售的房屋应负担的配套设施费,无法按配套设施的实际开发成本进行结转和分配,只能以未完成配套设施的预算成本或计划成本为基数,计算出已出售房屋应负担的数额,用预提方式计入出售房屋等的开发成本。开发产品预提的配套设施费的计算,一般可按以下公式进行:

某项开发产品预提的配套设施费＝该项开发产品预算成本(或计划成本)×配套设施费预提率

配套设施费预提率＝该配套设施的预算成本(或计划成本)÷应负担该配套设

施费各开发产品的预算成本(或计划成本)合计×100%

式中,应负担配套设施费的开发产品一般应包括开发房屋、能有偿转让在开发小区内开发的大型配套设施。

【例 12-4】 某开发小区内幼托设施开发成本应由甲商品房、乙商品房、丙出租房、丁出租房和戊大型配套设施商店负担。由于幼托设施在商品房等完工出售、出租时尚未完工,为了及时结转完工的商品房等成本,应先预提幼托设施的配套设施费并计入商品房等的开发成本。假定各项开发产品和幼托设施的预算成本如下:

甲商品房	800 000 元
乙商品房	1 000 000 元
丙出租房	600 000 元
丁出租房	900 000 元
戊大型配套设施——商店	700 000 元
幼托设施	320 000 元

则:

幼托设施配套设施费预提率=320 000÷(800 000+1 000 000+600 000+900 000+700 000)×100%=8%

各项开发产品预提幼托设施的配套设施费为:

甲商品房 800 000 元×8%=64 000 元

乙商品房 1 000 000 元×8%=80 000 元

丙出租房 600 000 元×8%=48 000 元

丁出租房 900 000 元×8%=72 000 元

戊大型配套设施——商店 700 000 元×8%=56 000 元

按预提率计算各项开发产品的配套设施费时,其与实际支出数的差额,应在配套设施完工时,按预提数的比例,调整增加或减少有关开发产品的成本。

现举例说明配套设施开发成本的核算如下:

【例 12-5】 甲房地产开发公司根据建设规划要求,在开发小区内负责建设一间商店和一座水塔、一所幼托。上述设施均发包给施工企业施工,其中商店建成后,有偿转让给商业部门。水塔和幼托的开发支出按规定计入有关开发产品的成本。水塔与商品房等同步开发,幼托与商品房等不同步开发,其支出经批准采用预提办法。上述各配套设施共发生的有关支出见表 12-1。

表 12-1　　　　　　　　各配套设施费用支出　　　　　　　　单位:元

项目名称	A 商店	B 水塔	C 幼托
支付征地拆迁费	60 000	40 000	40 000
支付承包设计单位前期工程款	40 000	25 000	25 000
应付承包施工企业基础设施工程款	60 000	40 000	40 000
应付承包施工企业建筑安装工程款	180 000	250 000	160 000
分配水塔配套设施费	36 000		
分配开发间接费	54 000		
预提幼托设施配套设施费	42 000		

(1)用银行存款支付征地拆迁费时:

借:开发成本——配套设施开发成本——A 商店　　　　　　60 000

　　　　　　　　　　　　　　——B 水塔　　　　　　40 000

　　　　　　　　　　　　　　——C 幼托　　　　　　40 000

　　贷:银行存款　　　　　　　　　　　　　　　　　140 000

(2)用银行存款支付设计单位前期工程款时:

借:开发成本——配套设施开发成本——A 商店　　　　　　40 000

　　　　　　　　　　　　　　——B 水塔　　　　　　25 000

　　　　　　　　　　　　　　——C 幼托　　　　　　25 000

　　贷:银行存款　　　　　　　　　　　　　　　　　90 000

(3)将应付施工企业基础设施工程款和建筑安装工程款入账时:

借:开发成本——配套设施开发成本——A 商店　　　　　　240 000

　　　　　　　　　　　　　　——B 水塔　　　　　　290 000

　　　　　　　　　　　　　　——C 幼托　　　　　　200 000

　　贷:应付账款——应付工程款　　　　　　　　　　730 000

(4)分配应计入商店配套设施开发成本的开发间接费用时:

借:开发成本——配套设施开发成本——A 商店　　　　　　54 000

　　贷:开发间接费用　　　　　　　　　　　　　　　54 000

(5)预提应由商店配套设施开发成本负担的幼托设施支出时:

借:开发成本——配套设施开发成本——A 商店　　　　　　42 000

　　贷:预提费用——预提配套设施费　　　　　　　　42 000

12.4.4　配套设施开发成本的结转

已完成全部开发过程并经验收的配套设施,应按其不同情况和用途结转其开发成本。

(1)对能有偿转让给有关部门的大型配套设施,如上述商店设施,应在完工验收后将其实际成本自"开发成本——配套设施开发成本"科目的贷方转入"开发产品——配套设施"科目的借方。配套设施有偿转让收入,应作为经营收入处理。

(2)按规定应将其开发成本分配计入商品房等开发产品成本的公共配套设施,如上述水塔设施,在完工验收后,应将其发生的实际开发成本按一定的标准(有关开发产品的实际成本、预算成本或计划成本),分配计入有关房屋和大型配套设施的开发成本。

(3)对用预提方式将配套设施支出计入有关开发产品成本的公共配套设施,如上述幼托设施,应在完工验收后,将其实际发生的开发成本冲减预提的配套设施费。

如预提配套设施费大于或小于实际开发成本,可将其多提数或少提数冲减有关开发产品成本或作追加分配。如有关开发产品已完工并办理竣工决算,可将其差额冲减或追加分配于尚未办理竣工决算的开发产品的成本。

【例 12-6】　承前例,水塔与商店和商品房同步开发,完工验收后,将其发生的实际开发成本 355 000 元按一定的标准分配计入有关房屋和大型配套设施的开发成本。商店和幼托完工验收后,将已完配套设施开发成本进行结转,幼托的预提配套设施费等于其实际开发成本。

(1)水塔设施支出应分配计入商店配套设施和商品房开发成本中,根据表12-1,分配计入商店配套设施开发成本 36 000 元,则分配计入房屋开发成本其余的319 000 元,编制如下分录入账:

借:开发成本——房屋开发成本——商品房　　　　　　　319 000

　　　　——配套设施开发成本——A 商店　　　　　　　36 000

　　贷:开发成本——配套设施开发成本——B 水塔　　　　355 000

(2)针对商店设施在完工验收后,将其实际成本进行结转,形成有偿转让的开发产品,编制如下分录入账:

借:开发产品——配套设施　　　　　　　　　　　　　　472 000

　　贷:开发成本——配套设施开发成本——A 商店　　　　472 000

(3)针对幼托设施在完工验收后,将其实际发生的开发成本冲减预提的配套设

施费,编制如下分录入账:

借:预提费用——预提配套设施费   42 000

 贷:开发成本——配套设施开发成本——C幼托 42 000

12.5 房屋开发成本

12.5.1 开发房屋的种类及其核算对象和成本项目

一、开发房屋的种类及其核算对象

房屋的开发,是房地产开发企业的主要经济业务。开发企业开发的房屋,按其用途可分为如下几类:一是为销售而开发的商品房;二是为出租经营而开发的出租房;三是为安置被拆迁居民周转使用而开发的周转房。另外,有的开发企业还受其他单位的委托,代为开发如职工住宅等代建房。

这些房屋,虽然用途不同,但其所发生的开发费用的性质和用途,都大体相同,在成本核算上也可采用相同的方法。为了既能总括反映房屋开发所发生的支出,又能分门别类地反映企业各类房屋的开发支出,并便于计算开发成本,在会计上除设置"开发成本——房屋开发成本"科目外,还应按开发房屋的性质和用途,分别设置商品房、出租房、周转房、代建房等三级科目,并按各成本核算对象和成本项目进行明细分类核算。

企业在房屋开发过程中发生的各项支出,应按房屋成本核算对象和成本项目进行归集。房屋的成本核算对象,应结合开发地点、用途、结构、装修、层高、施工队伍等因素加以确定。

(1)一般房屋开发项目,以每一独立编制设计概(预)算,或每一独立的施工图预算所列的单项开发工程为成本核算对象。

(2)同一开发地点,结构类型相同的群体开发项目,开竣工时间相近,同一施工队伍施工的,可以合并为一个成本核算对象,于开发完成算得实际开发成本后,再按各个单项工程概(预)算数的比例,计算各幢房屋的开发成本。

(3)对于个别规模较大、工期较长的房屋开发项目,可以结合经济责任制的需要,按房屋开发项目的部位划分成本核算对象。

二、开发房屋成本项目的设置

开发企业对房屋开发成本的核算,应设置如下几个成本项目:

(1)土地征用及拆迁补偿费;

(2)前期工程费;

(3)基础设施费;

(4)建筑安装工程费;

(5)配套设施费;

(6)开发间接费。

其中土地征用及拆迁补偿费是指房屋开发中征用土地所发生的土地征用费、耕地占用税、劳动力安置费,以及有关地上、地下物拆迁补偿费,或批租地价。前期工程费是指房屋开发前期发生的规划设计、项目可行性研究、水文地质勘察、测绘等支出。基础设施费是指房屋开发中各项基础设施发生的支出,包括道路、供水、供电、供气、排污、排洪、照明、绿化、环卫设施等支出。建筑安装工程费是指列入房屋开发项目建筑安装工程施工图预算内的各项费用支出(包括设备费用)。配套设施费是指按规定应计入房屋开发成本不能有偿转让的公共配套设施,如锅炉房、水塔、居委会、派出所、幼托、消防、自行车车棚、公厕等支出。开发间接费是指应由房屋开发成本负担的开发间接费用。

12.5.2　房屋开发成本的会计处理

一、土地征用及拆迁补偿费

房屋开发过程中发生的土地征用及拆迁补偿费或批租地价,能分清成本核算对象的,应直接记入有关房屋开发成本核算对象的"土地征用及拆迁补偿费"成本项目,并记入"开发成本——房屋开发成本"科目的借方和"银行存款"等科目的贷方。

房屋开发过程中发生的自用土地征用及拆迁补偿费,如分不清成本核算对象的,应将其支出先通过"开发成本——自用土地开发成本"科目进行汇集,待土地开发完成投入使用时,再按一定标准将其分配计入有关房屋开发成本核算对象,并记入"开发成本——房屋开发成本"科目的借方和"开发成本——自用土地开发成本"科目的贷方。

房屋开发占用的土地,如属企业综合开发的商品性土地的一部分,则应将其发生的土地征用及拆迁补偿费,先在"开发成本——商品性土地开发成本"科目进行汇集,待土地开发完成投入使用时,再按一定标准将其分配计入有关房屋开发成本核算对象,并记入"开发成本——房屋开发成本"科目的借方和"开发成本——商品性土地开发成本"科目的贷方。如开发完成商品性土地已经转入"开发产品"科目,则在用以建造房屋时,应将其应负担的土地征用及拆迁补偿费计入有关房屋开发成本核算对象,并记入"开发成本——房屋开发成本"科目的借方和"开发产品"科目的贷方。

二、前期工程费

房屋开发过程中发生的规划、设计、可行性研究以及水文地质勘察、测绘、场地平整等各项前期工程支出,能分清成本核算对象的,应直接记入有关房屋开发成本核算对象的"前期工程费"成本项目,并记入"开发成本——房屋开发成本"科目的借方和"银行存款"等科目的贷方。应由两个或两个以上成本核算对象负担的前期工程费,应按一定标准将其分配记入有关房屋开发成本核算对象的"前期工程费"成本项目,并记入"开发成本——房屋开发成本"科目的借方和"银行存款"等科目的贷方。

三、基础设施费

房屋开发过程中发生的供水、供电、供气、排污、排洪、通讯、绿化、环卫设施以及道路等基础设施支出,一般应直接或分配记入有关房屋开发成本核算对象的"基础设施费"成本项目,并记入"开发成本——房屋开发成本"科目的借方和"银行存款"等科目的贷方。如开发完成商品性土地已转入"开发产品"科目,则在用以建造房屋时,应将其应负担的基础设施费(按归类集中结转的还应包括应负担的前期工程费和开发间接费)计入有关房屋开发成本核算对象,并记入"开发成本——房屋开发成本"科目的借方和"开发产品"科目的贷方。

四、建筑安装工程费

房屋开发过程中发生的建筑安装工程支出,应根据工程的不同施工方式,采用不同的核算方法。采用发包方式进行建筑安装工程施工的房屋开发项目,其建筑安装工程支出,应根据企业承付的已完工程价款确定,直接记入有关房屋开发成本核算对象的"建筑安装工程费"成本项目,并记入"开发成本——房屋开发成本"科目的借方和"应付账款——应付工程款"等科目的贷方。如果开发企业对建筑安装工程采用招标方式发包,并将几个工程一并招标发包,则在工程完工结算工程价款时,应按各项工程的预算造价的比例,计算它们的标价即实际建筑安装工程费。

【例 12-7】　甲房地产开发公司将两幢商品房建筑安装工程进行招标,标价为 1 000 000 元,这两幢商品房的预算造价为:

A 商品房	720 000 元
B 商品房	480 000 元
合　计	1 200 000 元

则在工程完工结算工程价款时,应按如下方法计算各幢商品房的实际建筑安装工程费:

某项工程实际建筑安装工程费＝工程标价×(该项工程预算造价÷各项工程预算造价合计)

该例中:

A 商品房:1 000 000 元×(720 000 元÷1 200 000 元)＝600 000 元

B 商品房:1 000 000 元×(480 000 元÷1 200 000 元)＝400 000 元

采用自营方式进行建筑安装工程施工的房屋开发项目,其发生的各项建筑安装工程支出,一般可直接计入有关房屋开发成本核算对象的"建筑安装工程费"成本项目,并记入"开发成本——房屋开发成本"科目的借方和"原材料"、"应付工资"、"银行存款"等科目的贷方。如果开发企业自行施工大型建筑安装工程,可设置"工程施工"科目,用来核算和归集各项建筑安装工程支出。月末将其实际成本转入"开发成本——房屋开发成本"科目,并计入有关房屋开发成本核算对象的"建筑安装工程费"成本项目。

企业用于房屋开发的各项设备,即附属于房屋工程主体的各项设备,应在出库交付安装时,计入有关房屋开发成本核算对象的"建筑安装工程费"成本项目,并记入"开发成本——房屋开发成本"科目的借方和"库存商品"科目的贷方。

五、配套设施费

房屋开发成本应负担的配套设施费是指开发小区内不能有偿转让的公共配套设施支出。在具体核算时,应根据配套设施的建设情况,采用不同的费用归集和核算方法。

(1)配套设施与房屋同步开发,发生的公共配套设施支出,能够分清并可直接计入有关成本核算对象的,直接计入有关房屋开发成本核算对象的"配套设施费"项目,并记入"开发成本——房屋开发成本"科目的借方和"应付账款——应付工程款"等科目的贷方。如果发生的配套设施支出,应由两个或两个以上成本核算对象负担的,应先在"开发成本——配套设施开发成本"科目先行汇集,待配套设施完工时,再按一定标准(如有关项目的预算成本或计划成本),分配计入有关房屋开发成本核算对象的"配套设施费"成本项目,并记入"开发成本——房屋开发成本"科目的借方和"开发成本——配套设施开发成本"科目的贷方。

(2)配套设施与房屋非同步开发,即先开发房屋,后建配套设施。或房屋已开发等待出售或出租,而配套设施尚未全部完成,在结算完工房屋的开发成本时,对应负担的配套设施费,可采取预提的办法。即根据配套设施的预算成本(或计划成本)和采用的分配标准,计算完工房屋应负担的配套设施支出,计入有关房屋开发成本核算对象的"配套设施费"成本项目,并记入"开发成本——房屋开发成本"科目的借方和"预提费用"科目的贷方。预提数与实际支出数的差额,在配套设施完工时调整有关房屋开发成本。

六、开发间接费用

企业内部独立核算单位为开发各种开发产品而发生的各项间接费用,应先通过"开发间接费用"科目进行核算,每月终了,按一定标准分配计入各有关开发产品成本。应由房屋开发成本负担的开发间接费用,应自"开发间接费用"科目的贷方转入"开发成本——房屋开发成本"科目的借方,并计入有关房屋开发成本核算对象的"开发间接费"成本项目。

12.5.3 房屋开发成本核算举例

【例12-8】 甲房地产开发公司在某年度内,共发生了下列有关房屋开发支出见表12-2:

表 12-2 　　　　　　有关房屋开发支出费用明细表 　　　　　单位:元

开发产品号	A	B	C	D
开发产品名称	商品房	商品房	出租房	出租房
支付征地拆迁费	100 000	60 000		
结转自用土地征地拆迁费	80 000	70 000		
应付承包设计单位前期工程费	30 000	30 000	20 000	20 000
应付承包施工企业基础设施工程款	95 000	70 000	75 000	70 000
应付承包施工企业建筑安装工程款	600 000	450 000	400 000	500 000
分配配套设施费(水塔)	85 000	60 000	55 000	60 000
预提配套设施费(幼托)	80 000	70 000	64 000	64 000
分配开发间接费用	80 000	68 000	64 000	60 000

(1)用银行存款支付征地拆迁费时：

借：开发成本——房屋开发成本——A 商品房　　　　　　　100 000

　　　　　　　　　　　　　　——B 商品房　　　　　　　 60 000

　贷：银行存款　　　　　　　　　　　　　　　　　　　 160 000

(2)结转出租房使用土地应负担的自用土地开发成本时：

借：开发成本——房屋开发成本——A 商品房　　　　　　　 80 000

　　　　　　　　　　　　　　——B 商品房　　　　　　　 70 000

　贷：开发成本——自用土地开发成本　　　　　　　　　　 150 000

(3)将应付设计单位前期工程款入账时：

借：开发成本——房屋开发成本——A 商品房　　　　　　　 30 000

　　　　　　　　　　　　　　——B 商品房　　　　　　　 30 000

　　　　　　　　　　　　　　——C 出租房　　　　　　　 20 000

　　　　　　　　　　　　　　——D 出租房　　　　　　　 20 000

　贷：应付账款——应付工程款　　　　　　　　　　　　　 100 000

(4)将应付施工企业基础设施工程款入账时：

借：开发成本——房屋开发成本——A 商品房　　　　　　　 95 000

　　　　　　　　　　　　　　——B 商品房　　　　　　　 70 000

　　　　　　　　　　　　　　——C 出租房　　　　　　　 75 000

　　　　　　　　　　　　　　——D 出租房　　　　　　　 70 000

　贷：应付账款——应付工程款　　　　　　　　　　　　　 310 000

(5)将应付施工企业建筑安装工程款入账时：

借：开发成本——房屋开发成本——A 商品房　　　　　　　600 000

　　　　　　　　　　　　　　——B 商品房　　　　　　　450 000

　　　　　　　　　　　　　　——C 出租房　　　　　　　400 000

　　　　　　　　　　　　　　——D 出租房　　　　　　　500 000

　贷：应付账款——应付工程款　　　　　　　　　　　　 1 950 000

(6)分配应由房屋开发成本负担的水塔配套设施支出时：

借：开发成本——房屋开发成本——A 商品房　　　　　　　 85 000

　　　　　　　　　　　　　　——B 商品房　　　　　　　 60 000

　　　　　　　　　　　　　　——C 出租房　　　　　　　 55 000

　　　　　　　　　　　　　　——D 出租房　　　　　　　 60 000

　贷：开发成本——配套设施开发成本——水塔　　　　　　 260 000

（7）预提应由房屋开发成本负担的幼托设施支出时：

借：开发成本——房屋开发成本——A 商品房   80 000

         ——B 商品房   70 000

         ——C 出租房   64 000

         ——D 出租房   64 000

 贷：预提费用——预提配套设施费   278 000

（8）分配应由房屋开发成本负担的开发间接费用时：

借：开发成本——房屋开发成本——A 商品房   80 000

         ——B 商品房   68 000

         ——C 出租房   64 000

         ——D 出租房   60 000

 贷：开发间接费用   272 000

12.5.4　已完房屋开发成本的结转

  房地产开发企业对已完成开发过程的商品房、代建房、出租房，应在竣工验收以后将其开发成本结转至"开发产品"科目。会计人员应根据房屋开发成本明细分类账记录的完工房屋实际成本，记入"开发产品"科目的借方和"开发成本——房屋开发成本"科目的贷方。"开发产品"科目应按房屋类别分别设置商品房、代建房、出租房等二级科目，并按各成本核算对象进行明细分类核算。

  【例 12-9】　承前例，将完工验收的商品房、出租房的开发成本结转"开发产品"科目的借方，作如下分录入账：

借：开发产品——A 商品房   1 150 000

    ——B 商品房   878 000

    ——C 出租房   678 000

    ——D 出租房   774 000

 贷：开发成本——房屋开发成本——A 商品房   1 150 000

         ——B 商品房   878 000

         ——C 出租房   678 000

         ——D 出租房   774 000

12.6　代建工程开发成本

12.6.1　代建工程的种类及其成本核算的对象和成本项目的设置

代建工程是指开发企业接受委托单位的委托,代为开发的各种工程,包括土地、房屋、市政工程等。由于各种代建工程有着不同的开发特点和内容,在会计上也应根据各类代建工程成本核算的不同特点和要求,采用相应的费用归集和成本核算方法。现行会计制度规定:企业代委托单位开发的土地(即建设场地)、各种房屋所发生的各项支出。应分别通过"开发成本——商品性土地开发成本"和"开发成本——房屋开发成本"科目进行核算,并在这两个科目下分别按土地、房屋成本核算对象和成本项目归集各项支出,进行代建工程项目开发成本的明细分类核算。除土地、房屋以外,企业代委托单位开发的其他工程如市政工程等,其所发生的支出,则应通过"开发成本——代建工程开发成本"科目进行核算。因此,开发企业在"开发成本——代建工程开发成本"科目核算的,仅限于企业接受委托单位委托,代为开发的除土地、房屋以外的其他工程所发生的支出。

代建工程开发成本的核算对象,应根据各项工程实际情况确定。成本项目一般可设置如下几项:土地征用及拆迁补偿费、前期工程费、基础设施费、建筑安装工程费、开发间接费。在实际核算工作中,应根据代建工程支出内容设置使用。

12.6.2　代建工程开发成本的会计处理

开发企业发生的各项代建工程支出和对代建工程分配的开发间接费用,应记入"开发成本——代建工程开发成本"科目的借方和"银行存款"、"应付账款——应付工程款"、"原材料"、"应付职工薪酬"、"开发间接费用"等科目的贷方。同时应按成本核算对象和成本项目分别归类计入各代建工程开发成本明细分类账。代建工程开发成本明细分类账的格式,基本上和房屋开发成本明细分类账相同。

完成全部开发过程并经验收的代建工程,应将其实际开发成本自"开发成本——代建工程开发成本"科目的贷方转入"库存商品"科目的借方,并在将代建工程移交委托代建单位,办妥工程价款结算手续后,将代建工程开发成本自"库存商品"科目的贷方转入"主营业务成本"科目的借方。

【例 12-10】 甲房地产开发公司接受市政工程管理部门的委托,代为扩建开发小区旁边一条道路。扩建过程中,用银行存款支付拆迁补偿费 340 000 元。前期工程费 150 000 元,应付基础设施工程款 560 000 元,分配开发间接费用 70 000元,在发生上列各项扩建工程开发支出和分配开发间接费用时,应编制如下分录入账:

借:开发成本——代建工程开发成本　　　　　　　　　　1 120 000
　贷:银行存款　　　　　　　　　　　　　　　　　　　490 000
　　应付账款——应付工程款　　　　　　　　　　　　560 000
　　开发间接费用　　　　　　　　　　　　　　　　　70 000

道路扩建工程完工并经验收,结转已完工程成本时,应编制如下分录入账:

借:开发产品——代建工程　　　　　　　　　　　　　1 120 000
　贷:开发成本——代建工程开发成本　　　　　　　　1 120 000

思考题

1.简述房地产开发企业开发产品成本的构成内容。

2.某房地产开发企业所属建筑装饰分公司在 2002 年 11 月初,库存材料实际成本为 252 500 元,计划价格成本为 240 000 元。在 11 月份内,共发生了下列各项经济业务:

(1)11 月 2 日,购入材料一批,买价 150 000 元,运杂费 9 000 元,用银行存款支付。该批材料计划价格成本为 160 000 元。

(2)11 月 8 日,购入材料一批,买价 95 000 元,料款暂欠。运杂费 3 500 元,用银行存款支付。该批材料计划价格成本为 100 000 元。

(3)11 月 10 日,用银行存款支付施工机械日常修理费 2 250 元,办公费 1 200元,劳保用品 1 500 元,差旅交通费 1 100 元。

(4)11 月 15 日,用银行存款支付 201 商品房建筑工程土方运输费 3 000 元。

(5)11 月 20 日为下列固定资产计提折旧:

施工机械原值为 500 000 元,月折旧率为 6%;

施工管理用房屋原值为 200 000 元,月折旧率为 2%。

(6)11 月 21 日,为施工机械分摊大修理费 1 500 元,为施工管理用房屋分摊大修理费 200 元。

(7)11 月 30 日,应付本月施工用水电费 3 000 元,施工管理部门用水电费

3 000 元。

(8)11 月 30 日,应付本月工资 60 000 元,其中:

建筑安装工人工资 50 000 元;

施工机械司机工资 5 000 元;

施工管理人员工资 5 000 元。

(9)职工福利费按工资总额的 14% 提取。

(10)11 月 30 日,用银行存款支付各项办公费 1 000 元,差旅交通费 760 元,劳动保护费 1 700 元。

(11)11 月 30 日,汇总本月领料凭证(按计划价格计算)。其中:

201 商品房建筑工程领用材料 200 000 元;

202 商品房建筑工程领用材料 100 000 元;

施工机械领用材料 2 500 元;

施工管理部门领用材料 2 000 元。

计算本月材料成本差异分配率,算出领用材料的成本差异和实际成本,并进行转账。

(12)将建筑安装工人人工费(包括工资和职工福利费)按各项工程用工比例进行分配:

201 商品房建筑工程作业工时为 20 000 工时;

202 商品旁建筑工程作业工时为 10 000 工时。

(13)计算本月机械使用费实际发生数,并按各项工程按台时费计划数计算的机械使用费的比例进行分配:

201 商品房建筑工程按台时费计划数计算的机械使用费为 9 300 元;

202 商品房建筑工程按台时费计划数计算的机械使用费为 6 200 元。

(14)施工中耗用水电费按各项工程用工比例进行分配。

(15)计算本月发生的施工间接费用,并按各项工程的直接费的比例进行分配。

(16)将本月发生的商品房建筑工程的施工成本结转"开发成本"账户。

要求:(1)将各项生产费用记入 201、202 商品房工程施工成本明细分类账,并计算本月发生的实际成本。

(2)为各项经济业务作会计分录。

第13章

收入与利润

13.1 营业收入的确认

13.1.1 营业收入的分类

营业收入是指企业对外销售和转让开发产品和材料、提供劳务、代建工程、出租开发产品以及其他经营活动所取得的收入。营业收入一般分为主营业务收入和其他业务收入：

主营业务收入是指房地产开发企业从事主要经营业务活动所取得的收入。具体包括：土地转让收入、商品房销售收入、配套设施销售收入、代建工程收入和出租开发产品的租金收入等。

其他业务收入是指房地产开发企业从事非主营业务活动所取得的收入。它具有每笔业务金额较小，不经常发生，在企业的全部营业收入中所占的比重较低等特点。具体包括：商品房售后服务收入、材料销售收入、无形资产使用费收入、固定资产出租收入等。

13.1.2 营业收入的确认

一、转让、销售开发产品营业收入的确认

根据企业会计准则的规定，房地产开发企业转让、销售开发产品，必须同时满足以下四个条件才能确认收入。

(1)企业已将商品所有权上的主要风险和报酬转移给购买方。如买方已预付部分商品房价款，企业已开发建设完成，并办妥房屋产权手续、开出发票账单，说明商品房所有权上的主要风险和报酬已转移给了购买方，可以确认营业收入。但如果买方验收时发现房屋有严重的质量问题，拒绝支付余款，要求退换或修理，在双方未达成一致意见之前，房屋所有权上的风险和报酬并未转移，在这种情况下，不能确认营业收入的实现。

(2)企业既没有保留通常与所有权相联系的继续管理权，也没有对已售出的商品实施控制。如房地产开发企业在销售开发产品时签订必须回购协议，或签订有选择性回购协议且回购可能性较大,这表明卖方对售出的开发产品实施控制,买方无权对该商品进行处置。因此,对这种销售行为,不能确认营业收入。但如果企业对售出的开发产品保留了与房产所有权无关的管理权,如物业管理权,由于物业管理权与房产所有权无关,则房产销售成立,可以确认营业收入。

(3)与交易相关的经济利益很可能流入企业。经济利益是指直接或间接流入企业的现金或现金等价物。在销售开发产品的交易中,与交易相关的经济利益即为开发产品的售价,其是否有把握收回,是收入确认的一个重要条件。房地产开发企业在销售开发产品时,如果预计收回价款的可能性不大,即使收入确认的其他条件都满足,也不能确认收入。

通常情况下,"很可能"是指发生的概率超过 50% 的可能性。销售商品的价款能否收回,主要根据企业以前和买方交往的直接经验,或根据其他方面取得的信息,或根据政府的有关政策等进行判断。

实务中,企业售出的商品符合合同或协议规定的要求,并已将发票账单交付买方,买方也承诺付款,即表明销售商品的价款能够收回。如果企业估计价款不能收回的,不确认收入,并应提供可靠的证据;已经收回部分价款的,只将收回的部分确认收入。

(4)相关的收入和成本能够可靠地计量。收入能否可靠地计量,是确认收入的基本前提,收入不能可靠地计量,则无法确认收入。房地产开发企业用预售方式销售房地产,在收到预收款时,虽然当期已发生纳税义务,但因销售的房地产正在开发建设过程中,无法确认相关的成本,因此,也不能确认营业收入。只有待房地产开发完毕,办妥交付手续,可以可靠地计量成本时,才能确认收入。

二、代建工程开发建造收入的确认

房地产开发企业接受委托,为其他单位代建的土地、房屋或其他工程,一般情况下应在工程竣工验收、办妥财产交接手续,并开具"代建工程价款结算账单",经委托单位签证认可后,确认开发建造收入的实现。如果代建工程规模较大、工期较长,在合同结果能够可靠估计的情况下,应按完工进度于每季末确认开发建造收入的实现。如果合同收入的收回存在不确定时,则不应当确认收入。

三、出租开发产品租金收入的确认

房地产开发企业出租开发产品,应在出租合同(或协议)规定日期收取租金后作为收入实现;合同规定的收款日期已到,租用方未付租金的,仍应视为营业收入的实现。但如果估计租金收回的可能性不大,就不应该确认收入。

房地产开发企业的一切营业收入,包括主营业务收入和其他业务收入,都必须在确认时按实际发生的金额入账。企业转让、销售开发产品的收入,应按企业与购买方签订的合同或协议金额确定。现金折扣在实际发生时作为当期理财费用,销售折让在实际发生时冲减当期收入。

13.2 主营业务收入

13.2.1 账户设置

为了总括地核算和监督房地产开发企业主营业务收入的实现情况,以及与主营业务收入有关的成本的结转情况和税金的计算情况,房地产开发企业应设置如下会计科目:

一、"主营业务收入"科目

核算企业对外转让、销售、结算开发产品等所取得的收入。企业实现的上述收入,应按实际价款记账,借记"应收账款"、"银行存款"等科目,贷记本科目。本科目应按经营收入的类别设置明细账,如"土地转让收入"、"商品房销售收入"、"配套设施销售收入"、"代建工程结算收入"等明细科目。

二、"主营业务成本"科目

核算企业对外转让、销售、结算开发产品等应结转的经营成本。月份终了,企业应根据本月已对外转让、销售和结算开发产品的实际成本,借记本科目,贷记"开发产品"、"分期收款开发产品"科目。本科目应按照经营成本的种类设置明细账,如"土地转让成本"、"商品房销售成本"、"配套设施销售成本"、"代建工程结算成本"等明细科目。

三、"营业税金及附加"科目

核算应由当月营业收入负担的营业税金及附加,包括按规定应缴纳的营业税、城市维护建设税、教育费附加和土地增值税等。月份终了,企业按规定计算出应由当月营业收入负担的营业税金及附加,借记本科目,贷记"应交税费"科目。

期末,应将"主营业务收入"科目的余额全部转入"本年利润"贷方,同时将"主营业务成本"、"营业税金及附加"科目的余额转入"本年利润"借方,结转后,以上科目应无余额。

13.2.2 主营业务收入的一般会计处理

一、商品房销售收入

商品房可以整幢出售,也可以分套(单元)出售。分套出售时应明确各套商品房的建筑面积及相应的土地使用权比例。商品房买卖双方达成协议后,应签订《房屋买卖合同》。企业一般是在商品房移交买主,并提交发票结算账单时作为销售实现,将其销售收入记入"银行存款"、"应收账款"等科目的借方和"主营业务收入——商品房销售收入"科目的贷方。月份终了,应将销售房屋的实际开发成本自"开发产品——商品房"科目的贷方结转"主营业务成本——商品房销售成本"科目的借方。

房地产开发企业预售商品房的,必须按照国家法律、法规的规定取得预售许可证后,方可上市交易。预售商品房所得的价款,只能用于相关的工程建设,并作为企业预收账款管理,商品房竣工验收办理移交手续后,再将预收账款转为营业收入。

二、土地转让收入

开发企业开发的商品性土地,可以将土地使用权进行转让。但在向其他单位转让时,必须按照法律和合同的规定,投入相当的资金,完成相应的开发。

土地使用权的转让,应签订转让合同,在合同中载明土地的位置、四周边界和面积、地上附着物、土地用途、建筑物高度、绿化面积、土地转让期限、土地转让金的支付方式和违约责任等。

土地转让的交易方式,可以采用协议、招标、拍卖等方式。土地转让的价格,根据地理位置、经济环境、土地用途、土地转让期限、房地产市场供求等因素决定,并报当地土地管理机关备案。

向其他单位转让的土地,应在移交转让土地、并将发票账单提交买主时,将其转让价格记入"银行存款"、"应收账款"等科目的借方和"主营业务收入——土地转让收入"科目的贷方。

月份终了,应将转让土地的实际开发成本自"开发产品——商品性土地"科目的贷方结转"主营业务成本——土地转让成本"科目的借方。

三、配套设施转让收入

开发企业在房地产开发过程中按照城市建设规划开发的大配套设施如商店、邮局、银行储蓄所等，可以进行有偿转让。对有关单位有偿转让的配套设施，应在办理财产交接手续、并在将配套设施工程价款账单提交有关单位时，按其转让价格记入"银行存款"、"应收账款"等科目的借方和"主营业务收入——配套设施销售收入"科目的贷方。

月份终了，应将转让配套设施的实际开发成本自"开发产品——配套设施"科目的贷方转入"主营业务成本——配套设施销售成本"科目的借方。

开发企业如将开发的大配套设施如商店用于本企业从事第三产业经营用房，应视同自用"固定资产"进行处理，并将用于经营的配套设施的实际开发成本，"库存商品——配套设施"科目的贷方转入"固定资产"科目的借方。

四、代建工程移交收入

房地产开发企业的代建工程包括代建房屋、场地和城市道路、基础设施等市政工程。房地产开发企业接受委托代建房屋及其他工程，不需办理土地使用权过户登记手续。在工程竣工验收办妥交接手续后，按照委托方确认的结算价款，计入营业收入，并结转代建工程相关成本。

房地产开发企业收取的代建工程结算收入，包括代建工程的预算成本和计划利润。按照国家有关规定，代建工程价款结算可以采用以下结算方法：

（1）竣工后一次结算：代建工程（项目）全部建筑安装期限在 12 个月以内，或者工程合同价值在 100 万元以下的，可以实行工程价款每月预支，竣工后一次结算。

（2）分段分期结算：当年开工、当年不能完工的代建工程，应按照工程进度，划分为不同阶段，分段分期结算工程价款。

房地产开发企业的代建工程，一般采用竣工后一次结算办法。企业可向委托（发包）单位预收一定数额的工程款和备料款，预收的工程款，可设置"预收账款——预收工程款"科目核算；预收的备料款，设置"预收账款——预收备料款"科目核算。期末或竣工后结算工程价款时，从应收工程款中扣除。

开发企业代委托单位开发的代建工程，应在工程竣工验收、办理财产交接手续、并将代建工程价款结算账单提交委托单位时，将其工程价款记入"银行存款"、"应收账款"科目的借方和"主营业务收入——代建工程结算收入"科目的贷方。

月份终了，应将移交代建工程的实际开发成本自"开发产品——代建工程"，科目的贷方转入"主营业务成本——代建工程结算成本"科目的借方。

对于已经办理销售、转让和交付手续,而产权尚未移交出去的开发产品,如商品房、配套设施等,企业应设置"代管房产备查簿",进行实物管理,但不得将这部分财产入账。企业在代管房产过程中取得的收入和发生的各项支出,应作"其他业务收入"和"其他业务成本"处理。

【例 13-1】 甲房地产开发公司本期发生如下经济业务:

(1)对外一次收款销售商品房(写字楼)4 套,建筑面积 560 平方米,每平方米售价 5 200 元,价款共计 291.2 万元。房屋已经移交,并将发票账单提交买主,价款收讫存入银行。

借:银行存款　　　　　　　　　　　　　　　2 912 000
　　贷:主营业务收入——商品房销售收入　　　　　2 912 000

(2)销售商品房住宅小区配套设施商店用房 1 套,销售价款 163.3 万元。房屋已经移交,发票已提交买主,同时收到买主开具并承兑的商业汇票。

借:应收票据　　　　　　　　　　　　　　　1 633 000
　　贷:主营业务收入——配套设施销售收入　　　　1 633 000

(3)公司开发的商品性建设场地 A 场地竣工验收合格,根据转让协议,将该场地 6 000 平方米移交市旅游局,协议规定的转让价格为 800 元平方米,交接手续已办妥,款项尚未收到。

借:应收账款　　　　　　　　　　　　　　　4 800 000
　　贷:主营业务收入——土地转让收入　　　　　　4 800 000

(4)以预售方式销售高级公寓两套,建筑面积 700 平方米,售价 12 000 元/平方米,前已按合同规定预收购房款 500 万元。该公寓楼现已建设完工验收合格,公司已将发票账单提交买主,并办妥移交手续,余款收讫存入银行。

①确认已实现营业收入:

借:应收账款　　　　　　　　　　　　　　　8 400 000
　　贷:主营业务收入——商品房销售收入　　　　　8 400 000

②冲转预收订金:

借:预收账款　　　　　　　　　　　　　　　5 000 000
　　贷:应收账款　　　　　　　　　　　　　　　5 000 000

③收到余款:

借：银行存款   3 400 000
  贷：应收账款   3 400 000

【例 13-2】 甲房地产开发公司接受市干道指挥部的委托，代建 50 公里的四环路建设，发生如下经济业务：

(1)收到市干道指挥部按合同规定拨付的建筑用水泥，价值 500 万元：

借：材料采购   5 000 000
  贷：预收账款——预收备料款   5 000 000

(2)按工程实际进度向市干道指挥部预收工程价款 300 万元：

借：银行存款   3 000 000
  贷：预收账款——预收工程款   3 000 000

(3)代建的 50 公里四环路建设工程全部竣工，验收合格，根据代建合同规定，向委托方提交"工程价款结算账单"，结算合同工程价款 1 000 万元：

借：应收账款——应收工程款   10 000 000
  贷：主营业务收入——代建工程结算收入   10 000 000

(4)与市干道指挥部结清代建工程价款，收取余款 200 万元：

借：预收账款——预收工程款   3 000 000
        ——预收备料款   5 000 000
  贷：应收账款——应收工程款   8 000 000
借：银行存款   2 000 000
  贷：应收账款——应收工程款   2 000 000

13.2.3 分期收款销售收入的会计处理

一、分期收款销售核算的原则

房地产开发企业开发的产品，如采用分期收款方式销售，应设置"分期收款开发产品"科目进行核算。当开发产品以分期收款方式销售、办妥分期收款销售合同、移交开发产品时，应将分期收款开发产品的实际开发成本，从"开发产品——商品房"、"开发产品——商品性土地"等科目的贷方转入"分期收款开发产品"的借方。

同时应按销售对象设置明细分类账或卡片或"分期收款开发产品备查簿",详细记录分期收款开发产品的坐落地点、结构、层次、面积、售价、成本、分次收款时间、价款及已收取价款和尚未收取的价款等有关资料。

企业按合同规定的期限分次收取销售价款(包括第一次收款)时,应记入"银行存款"等科目的借方,和"主营业务收入——商品房销售收入"、"主营业务收入——土地转让收入"等科目的贷方。

同时,应结转分期收款开发产品的销售成本,将其从"分期收款开发产品"科目的贷方转入"主营业务成本——商品房销售成本"、"主营业务成本——土地转让成本"等科目的借方。

企业在核算分期收款开发产品时,要注意分期收款开发产品销售成本的结转时间和结转数额。

1.分期收款开发产品销售成本的结转时间

根据会计配比原则,企业营业收入与其相对应的成本、费用应当相互配比,以便正确计算和考核企业的经营成本。因此,采用分期收款办法销售的开发产品,它的销售成本的结转,应与分期收款销售收入实现的时间相一致。分期收款开发产品的应收价款,应按合同规定的收款时间分次转作收入,它的销售成本也应于销售实现时分次进行结转。

2.分期收款开发产品销售成本的结转数额

由于分期收款开发产品的销售收入是分次实现的,因此与销售收入相关联的销售成本也应分次结转。企业当期结转销售成本的数额,一般可根据当期收回的价款(即合同规定当期应收价款数额)占分期收款产品应收价款总额(即全部售价)比例计算。分期收款开发产品应结转销售成本的计算一般可按下列公式进行:

某项分期收款开发产品当期应结转的销售成本＝该项分期收款开发产品总成本×(该项分期收款开发产品当期收回或应收价款÷该项分期收款开发产品应收价款总额)

二、分期收款销售收入的会计处理

【例 13-3】 甲房地产开发公司采用分期收款方式出售给华东印染厂一幢商品房,该商品房实际开发成本为 700 000 元,现以价款 1 000 000 元销售,双方签订的合同规定价款分三次支付:2004 年 10 月移交房屋时支付 50%,计 500 000 元;第二年 10 月支付 30％，计 300 000 元；第三年 10 月支付 20％，计 200 000 元。根据上述资料，企业应编制如下分录入账：

(1) 签订分期收款销售合同将商品房销售给华东印染厂时，应将商品房开发产品成本 700 000 元转入"分期收款开发产品"科目：

借：分期收款开发产品　　　　　　　　　　　　　　　　　　700 000

　　贷：开发产品——商品房　　　　　　　　　　　　　　　　　700 000

(2) 在移交房屋、收到华东印染厂交来第一次 50％的价款计 500 000 元时：

借：银行存款　　　　　　　　　　　　　　　　　　　　　　500 000

　　贷：主营业务收入——商品房销售收入　　　　　　　　　　　500 000

同时结转与上述商品房销售收入相关的销售成本 350 000 元（700 000 × 500 000/1 000 000）时：

借：主营业务成本——商品房销售成本　　　　　　　　　　　350 000

　　贷：分期收款开发产品　　　　　　　　　　　　　　　　　350 000

(3) 第二年 10 月根据分期收款销售合同规定，收取 30％的价款，计 300 000 元时：

借：银行存款　　　　　　　　　　　　　　　　　　　　　　300 000

　　贷：主营业务收入——商品房销售收入　　　　　　　　　　　300 000

同时结转与上述商品房销售收入相关的销售成本 210 000 元（700 000 × 300 000/1 000 000）时：

借：主营业务成本——商品房销售成本　　　　　　　　　　　210 000

　　贷：分期收款开发产品　　　　　　　　　　　　　　　　　210 000

(4) 第三年 10 月根据分期收款销售合同规定，收取 20％的价款，计 200 000 元时：

借：银行存款　　　　　　　　　　　　　　　　　　　　　　200 000

　　贷：主营业务收入——商品房销售收入　　　　　　　　　　　200 000

同时结转与上述商品房销售收入相关的销售成本 140 000 元（700 000 × 200 000/1 000 000）时：

借：主营业务成本——商品房销售成本　　　　　　　　　　　140 000

　　贷：分期收款开发产品　　　　　　　　　　　　　　　　　140 000

13.3 其他业务收入

13.3.1 其他业务收入

房地产开发企业除了开发经营业务外,还有物业管理、材料销售、固定资产出租等业务的,其收入应在"其他业务收入"科目下按业务种类设置"物业管理收入"、"材料销售收入"、"固定资产出租收入"等二级科目进行核算。

开发企业取得的其他业务收入,应于收入实现时及时入账:

(1)物业管理收入,应按与业主签订合同规定的付款日期,及在提供劳务、同时收讫价款或者取得索取价款的凭证时,确认为收入实现。

(2)材料销售收入,应在发出材料、同时收讫料款或者取得索取料款的凭证时,确认为收入实现。

(3)固定资产出租收入,应按出租方与承租方签订的合同或协议规定的承租方付款日期和金额,确认为租金收入实现。合同或协议规定的收款日期已到,承租方未付租金仍应视为租金收入实现。

开发企业实现的其他业务收入,应按实际收到或应收价款时记入"银行存款"、"应收账款"科目的借方和"其他业务收入"科目的贷方。

对于实现的各种其他业务收入,并应记入"物业管理收入"、"材料销售收入"、"固定资产出租收入"等二级科目的借方。

13.3.2 其他业务成本

按照成本、费用配比的原则,开发企业其他业务收入将在各个月份实现收入时入账,并同时将其相关的其他业务成本结转入账。开发企业其他业务发生的成本、费用,应在"其他业务成本"科目下设置"物业管理成本"、"材料销售成本"、"固定资产出租成本"等二级科目进行核算。

【例 13-4】 甲房地产开发公司 2006 年度发生了下列非主营业务:

(1)企业开发建设的某小区商品房销售后,设立了非独立核算的小区物业管理机构。本月发生售后服务支出如下:应付管理服务人员工资 20 000 元,计提职工福利费 2 800 元,办公用房折旧 1 600 元,另用现金支付各项零星费用 1 560 元。

向用户收取当月管理服务费 52 000 元,款项已存入银行。编制会计分录如下:

借:其他业务成本——商品房售后服务支出　　　　　　　25 960

　　贷:应付职工薪酬——工资　　　　　　　　　　　　　20 000

　　　　　　　　——职工福利　　　　　　　　　　　　 2 800

　　　累计折旧　　　　　　　　　　　　　　　　　　　 1 600

　　　现金　　　　　　　　　　　　　　　　　　　　　 1 560

借:银行存款　　　　　　　　　　　　　　　　　　　　 52 000

　　贷:其他业务收入——商品房售后服务收入　　　　　　 52 000

(2)企业将一台起重机出租给外单位使用,租赁合同规定每月租金 12 000 元,月末收到当月租金并存入银行。该台起重机本月计提折旧 7 000 元。编制会计分录如下:

借:银行存款　　　　　　　　　　　　　　　　　　　　 12 000

　　贷:其他业务收入——固定资产出租收入　　　　　　　 12 000

借:其他业务成本——固定资产出租成本　　　　　　　　　 7 000

　　贷:累计折旧　　　　　　　　　　　　　　　　　　　 7 000

(3)月末,按规定计算并结转本月实现的其他业务收入应缴纳的营业税 4 200 元,城市维护建设税 292 元,教育费附加 128 元。编制会计分录如下:

借:营业税金及附加　　　　　　　　　　　　　　　　　　 4 620

　　贷:应交税费——应交营业税　　　　　　　　　　　　 4 200

　　　　　　——应交城市维护建设税　　　　　　　　　　　292

　　　　　　——应交教育费附加　　　　　　　　　　　　　128

13.4　期间费用

13.4.1　销售费用

房地产开发企业的销售费用,是指企业在销售、转让、出租开发产品过程中发生的各项费用,主要包括:

(1)开发产品销售以前的改装修复费、开发产品看护费、水电费、采暖费。

(2)开发产品销售、转让、出租过程中发生的广告宣传费、展览费、代销手续费、销售服务费。

（3）为销售、转让、出租本企业开发产品而专设的销售机构的职工薪酬、折旧费、修理费、差旅费以及其他经费。

企业发生的销售费用，在"销售费用"科目核算，并按费用项目设置明细账，进行明细核算。期末，"销售费用"科目的余额结转"本年利润"科目后无余额。销售费用的核算举例：

【例 13-5】　甲房地产开发公司本月发生销售费用情况及账务处理如下：

（1）公司为出售小区商品房，根据客户需要进行改装，发生改装费 8 万元，款项尚未支付：

借：销售费用　　　　　　　　　　　　　　　　　　　　80 000
　　贷：应付账款　　　　　　　　　　　　　　　　　　　　80 000

（2）为推销商品房，支付广告费 45 万元。

借：销售费用　　　　　　　　　　　　　　　　　　　450 000
　　贷：银行存款　　　　　　　　　　　　　　　　　　　450 000

13.4.2　管理费用

房地产开发企业的管理费用是指企业行政管理部门（公司总部）为组织和管理房地产开发经营活动而发生的各项费用。为了划清开发单位与企业行政管理部门的责任，管理费用不计入开发成本，而作为期间费用直接由企业当期利润补偿。开发企业管理费用包括以下内容：

（1）行政管理部门职工薪酬：指企业行政管理部门即公司总部管理人员的工资、工资性津贴、奖金等，但不包括公司本部医务福利人员、脱产工会人员的工资。

（2）办公费：指企业行政管理部门办公用的文具、纸张、账表、印刷、邮电、书报、会议、水电、烧水和集体取暖用煤等费用。

（3）差旅费：指企业行政管理部门职工因公出差、调动工作（包括随行家属）的差旅费、住勤补助费、市内交通和误餐补助费、上下班交通补贴、职工探亲路费、职工离退休退职一次性路费，以及行政管理部门使用的交通工具的油料、燃料、养路费、牌照费等。

（4）折旧费：指企业行政管理部门使用属于固定资产的房屋、设备等的折旧费。

（5）修理费：指企业行政管理部门使用属于固定资产的房屋、设备等的经常修理和大修理费。

（6）低值易耗品摊销：指企业行政管理部门使用不属于固定资产的设备、器具、家具等低值易耗品及其摊销费。

(7)工会经费：指按照企业全体职工工资总额的一定比例计提拨交给工会使用的经费。

(8)职工教育经费：指企业为职工学习先进技术和提高文化水平，按照企业职工工资总额的一定比例计提而支付的费用。

(9)劳动保险费：指企业支付离退休职工的退休金（包括提取的离退休统筹基金）、价格补贴、医药费（包括企业支付离退休人员参加医疗保险的费用）、易地安家补助费、职工退职金、6个月以上病假人员工资、职工死亡丧葬补助费、抚恤费，及其他按规定支付给离休人员的各项经费。

(10)咨询费：指企业向有关咨询机构进行科学技术、经营管理咨询时支付的费用，包括聘请经济技术顾问、法律顾问等费用。

(11)审计费：指企业聘请中国注册会计师进行查账验资以及进行资产评价等发生的各项费用。

(12)税金：指企业按照规定缴纳的房产税、车船使用税、土地使用税、印花税等。

(13)诉讼费：指企业因起诉或者应诉而发生的各项费用。

(14)技术转让费：指企业使用非专利技术而支付的费用。

(15)研究费用：指企业研究开发新产品、新技术、新工艺所发生的新产品设计费，工艺规程制定费，设备调试费，原材料和半成品的试验费，技术图书资料费，未纳入国家计划的中间试验费，研究人员的工资，研究设备的折旧，与新产品试制、技术研究有关的其他经费，委托其他单位进行的科研试制费及试制失败损失费。

(16)无形资产摊销：指专利权、商标权、土地使用权等无形资产的摊销。

(17)业务招待费：指企业为业务经营的合理需要而支付的招待费用。目前规定在下列限额内据实列支：全年经营收入在1 500万元以下的，不超过年经营收入的5‰；全年经营收入超过1 500万元（含1 500万元）但不足5 000万元的，不超过该部分营业收入的3‰；全年经营收入超过5 000万元（含5 000万元）但不足1亿元的，不超过该部分经营收入的2‰；全年经营收入超过1亿元（含1亿元）的，不超过该部分经营收入的1‰。

(18)开办费：按规定在开始生产经营月份一次计入的开办费。

(19)存货盘亏、毁损、报废（或盘盈）损失：指企业在清查财产过程中查明并按规定程序批准后转销的各种材料、设备等流动资产的盘亏、毁损和报废减去过失人赔偿后的净损失，但不包括应计入营业外支出的存货非常损失。

(20)其他管理费：指上列各项费用以外的其他管理费用，如董事会费、绿化费、排污费等。

企业发生的管理费用,在"管理费用"科目核算,并按费用项目设置明细账,进行明细核算。期末,"管理费用"科目的余额结转"本年利润"科目后无余额。

【例 13-6】　甲房地产开发公司本月发生管理费用情况及账务处理如下:

(1)总经理办公室工作人员报销差旅费 1.2 万元:

借:管理费用　　　　　　　　　　　　　　　　　　　　12 000

　　贷:其他应收款　　　　　　　　　　　　　　　　　　12 000

(2)用支票支付本年度审计费 17 万元:

借:管理费用　　　　　　　　　　　　　　　　　　　170 000

　　贷:银行存款　　　　　　　　　　　　　　　　　　170 000

13.4.3　财务费用

房地产开发企业的财务费用是指企业为筹集开发经营所需资金而发生的各项费用,包括利息净支出、汇兑净损失,以及相关的手续费等。企业应设置"财务费用"科目进行核算。

开发企业因开发产品所发生的借款利息及相关的手续费,在开发产品完工以前,应记入"开发间接费用"科目的借方和"长期借款"、"银行存款"科目的贷方,计入有关开发成本。开发企业因购建固定资产而发生的长期借款利息支出及相关的手续费,在购建固定资产尚未交付使用以前,应记入"固定资产"、"在建工程"科目的借方和"长期借款"、"银行存款"等科目的贷方,计入有关固定资产的价值。开发产品完工以后发生的长期借款利息支出和固定资产购建工程完成交付使用后发生的长期借款的利息支出,应计入财务费用。

与开发房地产和购建固定资产直接有关的长期借款,在使用以前暂存银行而发生的利息收入,在开发产品完工以前和固定资产购建工程交付使用以前发生的,应与相应计入开发成本和固定资产价值的利息支出冲抵,记入"银行存款"科目的借方和"开发间接费用"、"在建工程"科目的贷方。在开发产品完工和固定资产购建工程交付使用以后发生的利息收入,应冲减财务费用。

期末,"财务费用"科目的余额结转"本年利润"科目后无余额。

【例 13-7】　甲房地产开发公司本月发生财务费用情况及账务处理如下:

(1)收到开户行通知,已从企业存款账户扣收银行结算业务手续费 0.5 万元:

借:财务费用　　　　　　　　　　　　　　　　　　　　5 000

　　贷:银行存款　　　　　　　　　　　　　　　　　　　5 000

(2)收到银行通知,企业发生银行存款利息收入 0.7 万元:

借：银行存款 7 000
　贷：财务费用 7 000

13.5　利润与利润分配

13.5.1　房地产开发企业利润的构成

一、房地产开发企业利润总额的组成

房地产开发企业利润总额的组成和计算公式如下：

营业利润＝营业收入－营业成本－营业税金及附加－销售费用－管理费用

－财务费用－资产减值损失＋公允价值变动净收益＋投资净收益

利润总额＝营业利润＋营业外收入－营业外支出

净利润＝利润总额－所得税费用

为了反映房地产开发企业利润总额和净利润的形成情况，企业应设置"本年利润"账户。作为所有者权益类账户，贷方登记期末结转的主营业务收入、其他业务收入、营业外收入和投资净收益；借方登记期末结转的主营业务成本、营业税金及附加、其他业务成本、销售费用、管理费用、财务费用、资产减值损失、营业外支出、投资净损失和所得税费用；年终，企业应将本年收入和支出相抵后结出的本年实现的净收益，从本账户的借方结转到"利润分配"账户的贷方，结出的净亏损从本账户的贷方结转到"利润分配"账户的借方，结转后本账户应无余额。

1. 营业利润

营业利润是企业利润的主要来源。房地产开发企业的营业利润是指房地产开发企业一定时期内从事房地产开发生产经营活动实现的利润，按经营业务的主次可以划分为主营利润和其他业务利润。

主营业务利润是指房地产开发企业从事房地产开发业务所实现的利润。包括土地转让利润、商品房销售利润、配套设施销售利润以及代建工程结构利润等。它在数量上等于主营业务收入净额减去主营业务成本和主营业务应负担的流转税后的余额，通常称为毛利。

其他业务利润是指房地产开发企业因从事房地产开发业务以外的其他业务经营而实现的利润。企业的其他业务收入减去其他业务成本后的差额,即为其他业务利润。包括商品房售后服务利润、材料经营利润、固定资产出租利润和企业从事工业、商业、饮食服务业等多种经营所取得的利润。

2. 公允价值变动净收益

反映房地产开发企业交易性金融资产、交易性金融负债以及采用公允价值模式计量的投资性房地产等公允价值变动形成的应计入当期损益的利得或损失。

3. 投资净收益

投资净收益是指企业投资收益减投资损失的净额。投资收益和投资损失是指企业对外投资所取得的收益或发生的损失。投资收益扣除投资损失后的数额,作为企业利润总额的构成项目。

投资收益包括对外投资分得的利润、股利和债券利息,投资到期收回或者中途转让取得款项多于账面价值的差额,以及按照权益法核算的股票投资、其他投资在被投资单位增加的净利润中所拥有的数额等。

投资损失包括对外投资到期收回或者中途转让取得款项少于账面价值的差额,以及按照权益法核算的股票投资、其他投资在被投资单位减少的净亏损中所分担的数额。

4. 营业外收入

它是指与企业生产经营活动没有直接关系的各项收入。房地产开发企业的营业外收入主要包括:非流动资产处置利得、非货币性资产交换利得、债务重组利得、政府补助、盘盈利得、捐赠利得等。营业外收入应当按照实际发生的金额进行核算。发生营业外收入时,增加企业当期的利润总额。

【例 13-8】 甲房地产开发公司本月发生与营业外收入有关的经济业务及账务处理如下:

(1)经批准,将盘盈设备的净值 14 万元转作营业外收入:

借:待处理财产损溢——待处理固定资产损溢　　　　　　　　140 000

　　贷:营业外收入——固定资产盘盈利得　　　　　　　　　　140 000

(2)收到正方公司支付的捐赠款 2 万元,存入银行:

借:银行存款　　　　　　　　　　　　　　　　　　　　　　20 000

　　贷:营业外收入——捐赠利得　　　　　　　　　　　　　　20 000

（3）月末，结转"营业外收入"科目余额：

借：营业外收入 160 000

　　贷：本年利润 160 000

5.营业外支出

营业外支出是指与企业生产经营活动没有直接关系，但应从企业实现的利润总额中扣除的支出。房地产开发企业的营业外支出主要包括：非流动资产处置损失、非货币性资产交换损失、债务重组损失、公益性捐赠支出、非常损失、盘亏损失等。发生营业外支出时，在相对应的会计期间，冲减企业当期的利润总额。

【例13-9】 甲房地产开发公司本月向希望工程捐款8万元，账务处理如下：

借：营业外支出——捐赠支出 80 000

　　贷：银行存款 80 000

月末结转"营业外支出"科目余额：

借：本年利润 80 000

　　贷：营业外支出 80 000

二、利润总额的形成

房地产开发企业对在开发经营过程中取得的各项收入和发生的各项支出，均应于期末从有关收入类账户和费用类账户结转到"本年利润"账户。结转后，如果"本年利润"贷方发生额大于借方发生额，其差额为本期实现的利润总额；反之，则为本期发生的亏损总额。

为了总括地核算和监督净利润（或亏损）的形成情况，房地产开发企业应设置"本年利润"科目。期末，企业将各收益类科目的余额转入"本年利润"科目的贷方；将各成本、费用类科目的余额转入"本年利润"科目的借方。转账后，"本年利润"科目如为贷方余额，反映本年度自年初开始累计形成的净利润；如为借方余额，反映本年度自年初开始累计形成的净亏损。年度终了，应将"本年利润"科目的全部累计余额转入"利润分配"科目，如为净利润，借记"本年利润"科目，贷记"利润分配"科目；如为净亏损，则编制相反会计分录。年度结账后，"本年利润"科目无余额。

【例13-10】 甲房地产开发公司2006年12月末，各损益类科目的余额见表13-1：

表 13-1　　　　　　**甲房地产开发公司科目余额表**　　　　单位:万元

会计科目	借方余额	贷方余额
主营业务收入		3 200
主营业务成本	2 100	
营业税金及附加	115	
其他业务收入		8
其他业务成本	4.5	
销售费用	33.6	
管理费用	14.4	
财务费用	57	
投资收益		15
营业外收入		16
营业外支出	8	
所得税费用	254.8	

该企业账务处理如下:

(1)月末,将各收益类科目的余额转入"本年利润"科目贷方。

借:主营业务收入	32 000 000
其他业务收入	80 000
投资收益	150 000
营业外收入	160 000
贷:本年利润	32 390 000

(2)将各成本费用类科目余额转入"本年利润"科目借方。

借:本年利润	25 873 000
贷:主营业务成本	21 000 000
营业税金及附加	1 150 000
其他业务成本	45 000
销售费用	336 000
管理费用	144 000
财务费用	570 000
营业外支出	80 000
所得税费用	2 548 000

(3)月末,结转"本年利润"科目的贷方余额 6 517 000 元。

借:本年利润	6 517 000
贷:利润分配——未分配利润	6 517 000

13.5.2 所得税的会计处理

房地产开发企业的利润,要根据国家所得税法的规定计算上交所得税。企业会计准则规定,企业应采用资产负债表债务法核算所得税。

资产负债表债务法是从资产负债表出发,通过比较资产负债表上列示的资产负债,按照企业会计准则规定确定的账面价值与按照税法规定确定的计税基础,对于两者之间的差额区分为应纳税暂时性差异与可抵扣暂时性差异,并确认相关的递延所得税负债与递延所得税资产。

一、所得税会计核算的一般程序

企业采用资产负债表债务法进行所得税核算一般应遵循以下程序:

(1)按照相关企业会计准则的规定,确定资产负债表中除递延所得税负债和递延所得税资产以外的其他资产和负债项目。其中,资产和负债项目的账面价值是指企业按照相关会计准则的规定进行核算后在资产负债表中列示的金额。

(2)按照企业会计准则中对于资产和负债计税基础的确定方法,以适用的税收法规为基础,确定资产负债表中有关资产、负债项目的计税基础。

(3)比较资产、负债的账面价值与其计税基础,对于两者之间存在差异的,分析其性质,除会计准则中规定的特殊情况外,区分为应纳税暂时性差异与可抵扣暂时性差异,确定与应纳税暂时性差异及可抵扣暂时性差异相关的递延所得税负债和递延所得税资产的应有金额,并将该金额与期初递延所得税负债和递延所得税资产的余额相比,确定当期应予进一步确认的递延所得税负债和递延所得税资产的金额或应予转销的金额,作为构成利润表中所得税费用的递延所得税。

(4)确定所得税费用。利润表中的所得税费用包括当期所得税和递延所得税两个组成部分,其中,当期所得税是指当期发生的交易或事项按照适用的税法规定计算确定的当期应缴所得税;递延所得税是当期确认的递延所得税资产和递延所得税负债金额或予以转销的金额的综合结果。

二、暂时性差异

暂时性差异,是指资产或负债的账面价值与其计税基础之间的差额。根据暂时性差异对未来期间应税金额影响的不同,分为应纳税暂时性差异和可抵扣暂时性差异。

1. 应纳税暂时性差异

应纳税暂时性差异,是指在确定未来收回资产或清偿负债期间的应纳税所得额时,将导致产生应税金额的暂时性差异。该差异在未来期间转回时,会增加转回期间的应纳税所得额,在该暂时性差异产生当期,应当确认相关的递延所得税负债。

应纳税暂时性差异通常产生于以下两种情况:

(1)资产的账面价值大于其计税基础

一项资产的账面价值代表的是企业在持续使用及最终出售该项资产时会取得的经济利益的总额,而计税基础代表的是一项资产在未来期间可予税前扣除的总金额。资产的账面价值大于其计税基础,该项资产未来期间产生的经济利益不能全部税前抵扣,两者之间的差额需要缴税,产生应纳税暂时性差异。

(2)负债的账面价值小于其计税基础

一项负债的账面价值为企业预计在未来期间清偿该项负债时的经济利益流出,而计税基础代表的是账面价值在扣除税法规定未来期间允许税前扣除的金额之后的差额。因负债的账面价值与其计税基础不同产生的暂时性差异,实质上是税法规定就该项负债在未来期间可以税前扣除的金额。负债的账面价值小于其计税基础,则意味着就该项负债在未来期间可以税前抵扣的金额为负数,即应在未来期间应纳税所得额的基础上调增,增加应纳税所得额和应缴所得税金额,产生应纳税暂时性差异。

2. 可抵扣暂时性差异

可抵扣暂时性差异,是指在确定未来收回资产或清偿负债期间的应纳税所得额时,将导致产生可抵扣金额的暂时性差异。该差异在未来期间转回时会减少转回期间的应纳税所得额,减少未来期间的应缴所得税。在该暂时性差异产生当期,应当确认相关的递延所得税资产。

应抵扣暂时性差异通常产生于以下两种情况:

(1)资产的账面价值小于其计税基础

从经济含义来看,资产在未来期间产生的经济利益少,按照税法规定允许税前扣除的金额多,则企业在未来期间可以减少应纳税所得额并减少应缴所得税,形成可抵扣暂时性差异。

（2）负债的账面价值大于其计税基础

一项负债的账面价值大于其计税基础，则意味着未来期间按照税法规定构成负债的全部或部分金额可以自未来应税经济利益中扣除，减少未来期间的应纳税所得额和应缴所得税，产生可抵扣暂时性差异。

对于按照税法规定可以结转以后年度的未弥补亏损及税款抵扣，虽不是因资产、负债的账面价值与计税基础不同产生的，但本质上可抵扣亏损和税款抵减，与可抵扣暂时性差异有同样的作用，均能减少未来期间的应纳税所得额，进而减少未来期间的应缴所得额，在会计处理上，视同可抵扣暂时性差异，符合条件的情况下，应确认与其相关的递延所得税资产。

三、计税基础

1. 资产的计税基础

资产的计税基础，是指一项资产在未来期间计税时可予税前扣除的金额。通常情况下，资产在取得时其入账价值与计税基础是相同的，后续计量过程中因企业会计准则规定与税法规定不同，可能造成账面价值与计税基础的差异。

资产在初始确认时，其计税基础一般为取得成本。从所得税角度考虑，某一单项资产产生的所得是指该项资产产生的未来经济利益流入扣除其取得成本之后的金额。一般情况下，税法认定的资产取得成本为购入时实际支付的金额。在资产持续持有过程中，可在未来期间税前扣除的金额是指资产的取得成本减去以前期间按照税法规定已经税前扣除的金额后的余额。

企业应当按照适用的税收法规规定计算确定资产的计税基础。现就有关资产项目计税基础的确定举例说明如下：

（1）固定资产

以各种方式取得的固定资产，初始确认时入账价值基本上是被税法认可的，即取得时其入账价值一般等于计税基础。

固定资产在持有期间进行后续计量时，会计上的基本计量模式是"成本－累计折旧－固定资产减值准备"。会计与税收处理的差异主要来自折旧方法、折旧年限的不同以及固定资产减值准备的提取。在持有固定资产期间，因税法规定对固定资产计提的减值准备不允许税前扣除，所以会造成其账面价值与计税基础的差异。

【例 13-11】 甲房地产开发公司于 2006 年 12 月 20 日取得某项建设用固定资产，原价为 300 万元，使用年限 10 年，会计上采用直线法计提折旧，净残值为零。

假定税法规定采用加速折旧法计提的折旧可予税前扣除,该企业在计税时采用双倍余额递减法计提折旧,净残值为零。2008 年 12 月 31 日,企业估计该项固定资产的可收回金额为 220 万元。

2008 年 12 月 31 日,该项固定资产的账面价值＝300－30×2－20＝220(万元)

该项固定资产的计税基础＝300－300×20％－240×20％＝192(万元)

该项固定资产的账面价值 220 万元与其计税基础 192 万元之间产生的差额 28 万元,意味着企业将于未来期间增加应纳税所得额和应缴所得税,属于应纳税暂时性差异,应确认相关的递延所得税负债。

(2)以公允价值计量且其变动计入当期损益的金融资产

按照企业会计准则的规定,对于以公允价值计量且其变动计入当期损益的金融资产,其于某一会计期末的账面价值为公允价值,如果税法规定按照企业会计准则确认的公允价值变动损益在计税时不予考虑,即有关金融资产在某一会计期末的计税基础为其取得成本,会造成该类金融资产账面价值与其计税基础之间的差异。

【例 13-12】　甲房地产开发公司 2006 年 10 月 20 日自公开市场取得一项权益性投资,支付价款 800 万元,作为交易性金融资产核算。2006 年 12 月 31 日,该项权益性投资的市价为 880 万元。假定税法规定对于交易性金融资产持有期间公允价值的变动不计入应纳税所得额,出售时一并计算应计入应纳税所得额的金额。

企业会计准则规定对于交易性金融资产,在持有期间每个会计期末应以公允价值计量,故该项交易性金融资产的账面价值应为期末市价 880 万元。

因假定税法规定交易性金融资产在持有期间的公允价值变动不计入应纳税所得额。其计税基础在 2006 年 12 月 31 日应维持原取得成本不变,即其计税基础为 800 万元。

该项交易性金融资产的账面价值 880 万元与其计税基础 800 万元之间产生了 80 万元的暂时性差异,该暂时性差异在未来期间转回时会增加未来期间的应纳税所得额,导致企业应缴所得税的增加,为应纳税暂时性差异,应确认相关的递延所得税负债。

2.负债的计税基础

负债的计税基础,是指负债的账面价值减去未来期间计税时按照税法规定可予抵扣的金额。

通常情况下,短期借款、应付票据、应付账款等负债的确认和偿还,不会对当期损益和应纳税所得额产生影响,其计税基础即为账面价值。但在某些情况下,负债的确认可能会影响损益,并影响不同期间的应纳税所得额,使其计税基础与账面价值之间产生差额。比如企业因或有事项确认的预计负债。

现就有关负债计税基础的确定举例说明如下。

(1)预收账款

企业在收到客户预付的款项时,因不符合收入确认条件,会计上将其确认为负债。税法中对于收入的确认原则一般与会计规定相同,即会计上未确认收入时,计税时一般亦不计入应纳税所得额,该部分经济利益在未来期间计税时可予税前扣除的金额为零,计税基础等于账面价值。

如果不符合企业会计准则规定的收入确认条件,但按照税法规定应计入当期应纳税所得额时,有关预收账款的计税基础为零,即因其产生时已经计算应缴所得税,未来期间可全额税前扣除,计税基础为账面价值减去在未来期间可全额税前扣除的金额,即其计税基础为零。

(2)应付职工薪酬

企业会计准则规定,企业为获得职工提供的服务所给予的各种形式的报酬以及其他相关支出均应作为企业的成本费用,在未支付以前确认为负债。税法规定,企业支付给职工的工资薪金性质的支出可以税前列支(外资企业)或按照一定的标准计算的金额准予税前扣除(内资企业)。一般情况下,对于应付职工薪酬,其计税基础为账面价值减去在未来期间可予税前扣除的金额零之间的差额,即账面价值等于计税基础。

【例 13-13】 甲房地产开发公司 2006 年 12 月计入成本费用的职工工资总额为 1 600 万元,至 2006 年 12 月 31 日尚未支付,作为资产负债表中的应付职工薪酬进行核算。假定按照税法规定,当期计入成本费用的 1 600 万元工资支出中,按照计税工资标准的规定,可予税前扣除的金额为 1 200 万元。

按企业会计准则规定,该项应付职工薪酬负债的账面价值为 1 600 万元。

企业实际发生的工资支出 1 600 万元与按照税法规定准予税前扣除的金额 1 200万元之间所产生的 400 万元差额在当期发生,即应进行纳税调整,并且在以后期间不能够再进行税前扣除,该项应付职工薪酬的计税基础=账面价值(1 600万元)-未来期间计算应纳税所得额时按照税法规定可予抵扣的金额=1 600(万元)。

该项负债的账面价值 1 600 万元与其计税基础 1 600 万元相同,不形成暂时性差异。

四、递延所得税资产及递延所得税负债

1. 递延所得税资产的确认和计量

（1）确认递延所得税资产的一般原则

①递延所得税资产的确认应以未来期间可能取得的应纳税所得额为限。因无法取得足够的应纳税所得额而未确认相关的递延所得税资产的,应在会计报表附注中进行披露。

②按照税法规定可以结转以后年度的未弥补亏损和税款抵减,应视同可抵扣暂时性差异处理。

③企业合并中,按照会计规定确定的合并中取得各项可辨认资产、负债的入账价值与其计税基础之间形成的可抵扣暂时性差异的,应确认相应的递延所得税资产,并调整合并中应予确认的商誉等。

④与直接计入所有者权益的交易或事项相关的可抵扣暂时性差异,相应的递延所得税资产应计入所有者权益。如因可供出售金融资产公允价值下降而应确认的递延所得税资产。

某些情况下,如果企业发生的某项交易或事项不是企业合并,并且交易发生时既不影响会计利润也不影响应纳税所得额,且该项交易中产生的资产、负债的初始确认金额与其计税基础不同,产生可抵扣暂时性差异的,企业会计准则中规定在交易或事项发生时不确认相应的递延所得税资产。

（2）递延所得税资产的计量

确认递延所得税资产时,应估计相关可抵扣暂时性差异的转回时间,采用转回期间适用的所得税税率为基础计算确定。无论相关的可抵扣暂时性差异转回期间如何,递延所得税资产均不予折现。

资产负债日,企业应当对递延所得税资产的账面价值进行复核。如果未来期间很可能无法取得足够的应纳税所得税额用以利用递延所得税资产的利益,应当减记递延所得税资产的账面价值。递延所得税资产的账面价值减记后,后续期间根据新的环境和情况判断能够产生足够的应纳税所得额利用可抵扣暂时性差异,使得递延所得税资产包含的经济利益能够实现的,应相应恢复递延所得税资产的账面价值。

2.递延所得税负债的确认和计量

企业在确认因应纳税暂时性差异产生的递延所得税负债时,应遵循以下原则:

除企业会计准则中明确规定可不确认递延所得税负债的情况以外,企业对于所有的应纳税暂时性差异均应确认相关的递延所得税负债。除直接计入所有者权益的交易或事项以及企业合并外,在确认递延所得税负债的同时,应增加利润表中的所得税费用。

递延所得税负债应以相关应纳税暂时性差异转回期间适用的所得税税率计量。在我国,除享受优惠政策的情况以外,企业适用的所得税税率在不同年度之间一般不会发生变化,企业在确认递延所得税负债时,可以采用现行适用税率为基础计算确定,递延所得税负债的确认不要求折现。

五、所得税费用

利润表中的所得税费用由两个部分组成:当期所得税和递延所得税。即:

$$所得税费用＝当期所得税＋递延所得税$$

计入当期损益的所得税费用或收益不包括企业合并和直接在所有者权益中确认的交易或事项产生的所得税影响。与直接计入所有者权益的交易或事项相关的当期所得税和递延所得税,应当计入所有者权益。

1.当期所得税

当期所得税,是指企业按照税法规定计算确定的针对当期发生的交易和事项应缴纳给税务部门的所得税金额,即应缴所得税,以适用的税收法规为基础计算确定。即:

$$当期所得税＝当期应缴所得税$$

企业在确定当期所得税时,对于当期发生的交易或事项,会计处理与税法处理不同的,应在会计利润的基础上,按照适用税收法规的要求进行调整,计算出当期应纳税所得额,按照应纳税所得额与适用所得税税率计算确定当期应缴所得税。

2.递延所得税

递延所得税,是指按照企业会计准则规定应予确认的递延所得税资产和递延所得税负债在期末应有的金额相对于原已确认金额之间的差额,即递延所得税资

产及递延所得税负债的当期发生额,但不包括直接计入所有者权益的交易或事项及企业合并的所得税影响。用公式表示为:

递延所得税＝当期递延所得税负债的增加＋当期递延所得税资产的减少－当期递延所得税负债的减少－当期递延所得税资产的增加

值得注意的是,如果某项交易或事项按照企业会计准则规定应计入所有者权益,由该交易或事项产生的递延所得税资产或递延所得税负债及其变化亦应计入所有者权益,不构成利润表中的递延所得税费用(或收益)。

企业按规定计算的所得税费用应当设置"所得税费用"科目进行总分类核算,该科目按照"当期所得税费用"、"递延所得税费用"进行明细核算。

资产负债表日,企业按照税法计算确定的当期应缴所得税金额,借记"所得税费用——当期所得税费用"科目,贷记"应交税费——应交所得税"科目。根据所得税准则应予确认的递延所得税资产大于"递延所得税资产"科目余额的差额,借记"递延所得税资产"科目,贷记"所得税费用——递延所得税费用"、"资本公积——其他资本公积"等科目;应予确认的递延所得税资产小于"递延所得税资产"科目余额的差额,编制相反的会计分录。

企业应予确认的递延所得税负债的变动,比照上述原则调整"所得税费用——当期所得税费用"、"递延所得税负债"科目及有关科目。

期末,应将"所得税费用"科目的余额转入"本年利润"科目,结转后本科目应无余额。

13.5.3　利润分配的程序

开发企业实现的利润总额,应当先按照国家规定作相应的调整,然后依法缴纳所得税。这里所说的调整,主要是指:

(1)所得税前弥补亏损;

(2)投资收益中已纳税的项目或按照规定需要补缴所得税的项目。

因为按照现行财务制度的规定,企业发生的年度亏损,可以用下一年度的税前利润弥补;下一年度利润不足弥补的,可以在 5 年内延续弥补;5 年内不足弥补的,才用税后利润弥补。所以开发企业实现的年度利润,要先用以弥补以前 5 年内发生的亏损,然后据以计算应纳税所得额。

开发企业交纳所得税后的净利润,一般按照下列顺序分配:

(1)弥补在税前利润弥补亏损之后仍存在的亏损;

(2)提取法定公积金;

(3)提取任意公积金;

(4)向股东分配利润。

利润分配的会计处理参见所有者权益一章中关于留存收益的核算。

思考题

1.练习主营业务收入的核算。

(1)某企业销售某小区住宅共计 2 000 平方米,每平方米售价 2 500 元,成本 2 000 元。按照合同规定,已预收定金 2 000 000 元,现房屋已竣工并办理交接手续,余额已全部收讫并存入银行。应交土地增值税 217 500 元。

(2)企业对外转让已开发完成的土地一块,价值 4 000 000 元,实际开发成本为 2 600 000 元,已办妥交接手续,价款已收讫并存入开户银行。

(3)企业采用分期收款结算方式出售高级公寓一栋,合同规定总价款为 5 000 000 元,分 3 次收取价款:房屋移交时,收取总价款的 50%;第二年收取 30%;第三年收取 20%。该商品房的实际开发成本为 4 000 000 元。

(4)企业开发的一项代建工程业已竣工并办妥交接手续,合同造价 400 000 元,实际开发成本 280 000 元,已提交结算账单,委托方同意付款,但款项尚未收到。

(5)企业已开发完成的房屋对外出租,已签订出租合同并投入使用。该出租房的实际开发成本为 2 000 000 元,月租金 100 000 元,企业按 2‰的月摊销率摊销出租房屋的成本。在租赁期内,企业用银行存款支付房屋维修费 5 000 元。

(6)期末,结转本期发生的主营业务收入。

(7)期末,结转本期发生的主营业务成本。

(8)期末,结转本期发生的营业税金及附加 1 181 000 元。

(9)企业将多余材料一批对外出售,价款 2 000 元已存入银行,该批材料计划成本 1 800 元,应分担的材料成本差异为贷方差异 100 元。

(10)企业出租一台设备,取得租金收入 5 000 元。

(11)按照规定,计算出企业应缴纳的营业税为 7 850 元,城市维护建设税为

549.00 元,教育费附加为 235.50 元。

要求:为各项经济业务编制相关分录。

2.练习利润及其分配的核算。

(1)2004 年 11 月 30 日,宏伟房地产开发企业有关损益类各账户的本年发生额见表 13-2:

表 13-2　　　　宏伟房地产开发企业有关损益类各账户的本年发生额

账户名称	本年累计发生额	
	借方	贷方
主营业务收入		18 000 000
主营业务成本	12 600 000	
销售费用	360 000	
营业税金及附加	948 600	
其他业务收入		905 000
其他业务成本	715 000	
管理费用	640 000	
财务费用	200 000	
投资收益		135 000
营业外收入		5 000
营业外支出	10 000	

(2)2004 年 12 月,该企业发生了下列有关收入、成本、税金、费用等业务,将它们连同 1～11 月份累计发生额,转入"本年利润"账户:

①实现主营业务收入 2 000 000 元。

②实际发生主营业务成本 1 400 000 元。

③实际发生营业费用 40 000 元。

④应交营业税金及附加 105 400 元。

⑤实现其他业务收入 95 000 元。

⑥实际发生其他业务成本 80 000 元。

⑦实际发生管理费用 100 000 元。

⑧实际发生财务费用 15 000 元。

⑨实现投资收益 100 000 元。

⑩实际发生营业外收入 2 000 元。

⑪实际发生营业外支出 2 500 元。

(3)根据 2004 年度实现的利润,按照 33%的税率计算应交所得税(假定本年度税所得与会计利润相同)。

(4)按照税后利润的 10%提取法定盈余公积。

(5)将提取法定盈余公积后的税后利润的 2 000 000 元分配给投资者。

(6)将"利润分配"各二级账户余额转入"未分配利润"二级账户。

要求:(1)计算该企业 2004 年度利润总额、应交所得税、应提法定盈余公积和未分配利润。

(2)为各项经济业务作会计分录。

【第三篇　综合篇】

第14章

财务报告

14.1 财务报告的概述

　　财务报告,是指企业对外提供的反映企业某一特定日期的财务状况和某一会计期间的经营成果、现金流量等会计信息的文件。财务报告包括财务报表和其他应当在财务报告中披露的相关信息和资料。

14.1.1 财务报表的定义和构成

　　财务报表是对企业财务状况、经营成果和现金流量的结构性表述。财务报表至少应当包括下列组成部分:

　　(1)资产负债表;

　　(2)利润表;

　　(3)现金流量表;

　　(4)所有者权益(或股东权益,下同)变动表;

　　(5)附注。

　　财务报表可以按照不同的标准进行分类:

　　(1)按财务报表编报期间的不同,可以分为中期财务报表和年度财务报表。中期财务报表是以短于一个完整会计年度的报告期间为基础编制的财务报表,包括月报、季报和半年报等。

　　(2)按财务报表编报主体的不同,可以分为个别财务报表和合并财务报表。个别财务报表是由企业在自身会计核算基础上对账簿记录进行加工而编制的财务报表,它主要用以反映企业自身的财务状况、经营成果和现金流量情况。合并财务报表是以母公司和子公司组成的企业集团为会计主体,根据母公司和所属子公司的财务报表,由母公司编制的综合反映企业集团财务状况、经营成果及现金流量的财务报表。

14.1.2 财务报表列报的基本要求

　　(1)企业应当以持续经营为基础,根据实际发生的交易和事项,按照企业会计准则的规定进行确认和计量,在此基础上编制财务报表。企业不应以附注披露代替确认和计量。在编制财务报表过程中,企业管理层应当在考虑市场经营风险、企业盈利能力、偿债能力、财务弹性，以及企业管理层改变经营政策的意向等因素的基础上，对企业的持续经营能力进行评价。如果对企业的持续经营能力产生重大怀疑，应当在附注中披露导致对持续经营能力产生重大怀疑的影响因素。企业正式决定或被迫在当期或将在下一个会计期间进行清算或停止营业的，表明其处于非持续经营状态，应当采用其他基础编制财务报表，并在附注中声明财务报表未以持续经营为基础列报，并披露未以持续经营为基础列报的原因和财务报表的编制基础。

（2）财务报表项目的列报应当在各个会计期间保持一致，不得随意变更，但下列情况除外：

①企业会计准则要求改变财务报表项目的列报。

②企业经营业务的性质发生重大变化后，变更财务报表项目的列报能够提供更可靠、更相关的会计信息。

（3）在编制财务报表的过程中，企业应当考虑报表项目的重要性。对于性质或功能不同的项目，如长期股权投资、固定资产等，应当在财务报表中单独列报，但不具有重要性的项目除外；对于性质或功能类似的项目，如库存商品、原材料等，应当予以合并，作为存货项目列报。重要性，是指财务报表某项目的省略或错报会影响使用者据此作出经济决策的，该项目具有重要性。判断项目的重要性，应当从项目的性质和金额大小两个方面予以判断：一方面应当考虑该项目的性质是否属于企业日常活动、是否对企业的财务状况和经营成果具有较大影响等因素；另一方面，判断项目金额大小的重要性，应当通过单项金额占资产总额、负债总额、所有者权益总额、营业收入总额、营业成本总额、净利润等直接相关项目金额的比重加以确定。

（4）财务报表中的资产项目和负债项目的金额、收入项目和费用项目的金额不得相互抵销，但满足抵销条件的除外。

如果金融资产和金融负债同时满足下列条件，应当以相互抵销后的净额在资产负债表内列示：

①企业具有抵销已确认金额的法定权利，且该项法定权利现在是可执行的。抵销的法定权利，主要是指债务人根据相关合同或规定，可以用其欠债权人的金额抵销应收同一债权人债权的权利。例如，从事证券经纪业务的证券公司，可以按照证券交易结算的相关规定，采用净额方式与证券登记公司进行结算。

②企业计划以净额结算，或同时变现该金融资产和清偿该金融负债。例如，甲公司与乙公司有长期合作关系，为简化结算，甲公司和乙公司在合同中明确约定，双方往来款项定期以净额结算（在法律上有效）。这种情况满足金融资产和金融负债相互抵销的条件，应当在资产负债表中以净额列示相关的应收款项或应付款项。

下列两种情况不属于抵销，可以以净额列示：

①资产项目按扣除减值准备后的净额列示,不属于抵销。对资产计提减值准备,表明资产的价值已经发生减损,按扣除减值准备后的净额列示,能够反映资产给企业带来的经济利益,不属于抵销。

②非日常活动产生的损益,以收入扣减费用后的净额列示,不属于抵销。非日常活动的发生具有偶然性,不是企业的经常性活动以及与经常性活动相关的其他活动。非日常活动产生的损益以收入扣减费用后的净额列示,更有利于财务报告使用者的经济决策,不属于抵销。

(5)当期财务报表的列报,至少应当提供所有列报项目上一可比会计期间的比较数据,以及与理解当期财务报表相关的说明,但另有规定的除外。

财务报表项目的列报发生变更的,应当对上期比较数据按照当期的列报要求进行调整,并在附注中披露调整的原因和性质,以及调整的各项目金额。对上期比较数据进行调整不切实可行的,应当在附注中披露不能调整的原因。不切实可行,是指企业在作出所有合理努力后仍然无法采用某项规定。

(6)企业应当在财务报表的显著位置至少披露下列各项:

①编报企业的名称;

②资产负债表日或财务报表涵盖的会计期间;

③人民币金额单位;

④财务报表是合并财务报表的,应当予以标明。

(7)企业至少应当按年编制财务报表。年度财务报表涵盖的期间短于一年的,应当披露年度财务报表的涵盖期间,以及短于一年的原因。

14.2　资产负债表

资产负债表是总括反映企业在某一特定日期(月末、季末、半年末、年末)财务状况的静态会计报表。房地产企业通过编制和分析资产负债表可以提供某一日期资产、负债和所有者权益的全貌,了解企业全部经济资源的分布形态和构成情况,了解企业负债总额及其构成情况,了解企业所有者权益总额及其构成情况。

14.2.1　资产负债表的结构

我国资产负债表采用账户式格式,分为左方和右方,左方列示资产各项目,右方列示负债和所有者权益各项目。资产按其流动性由强到弱依次排列;负债按照

偿还期由短到长依次排列;所有者权益按原始来源进行排列。具体内容见表 14-1:

表 14-1 　　　　　　　　　　　　　　　　资产负债表

编制单位:　　　　　　　　　　2006 年 12 月 31 日　　　　　　　　　　单位:元

资产	期末余额	年初余额	负债和所有者权益	期末余额	年初余额
流动资产:			流动负债:		
货币资金			短期借款		
交易性金融资产			交易性金融负债		
应收票据			应付票据		
应收账款			应付账款		
预付账款			预收账款		
应收利息			应付职工薪酬		
应收股利			应交税费		
其他应收款			应付利息		
存货			应付股利		
一年内到期的非流动资产			其他应付款		
其他流动资产			一年内到期非流动负债		
流动资产合计			其他流动负债		
非流动资产:			流动负债合计		
可供出售金融资产			非流动负债:		
持有至到期投资			长期借款		
长期应收款			应付债券		
长期股权投资			长期应付款		
投资性房地产			专项应付款		
固定资产			预计负债		
在建工程			递延所得税负债		
工程物资			其他非流动负债		
固定资产清理			非流动负债合计		
生产性生物资产			负债合计		
油气资产					
无形资产			所用者权益(或股东权益):		
开发支出			实收资本(或股本)		
商誉			资本公积		
长期待摊费用			减:库存股		
递延所得税资产			盈余公积		
其他非流动资产			未分配利润		
非流动资产合计			所用者权益(或股东权益)合计		
资产总计			负债和所用者权益(或股东权益)总计		

14.2.2 资产负债表的编制方法

一、年初余额栏的填列方法

资产负债表"年初余额"栏内各项数字,应根据上年末资产负债表"期末余额"栏内所列数字填列。如果上年度资产负债表规定的各个项目的名称和内容同本年度不相一致,应对上年年末资产负债表各项目的名称和数字按照本年度的规定进行调整,填入表中"年初余额"栏内。

二、期末余额栏的填列方法

资产负债表"期末余额"栏内各项数字,一般应根据资产、负债和所有者权益类科目的期末余额填列。主要包括以下方式:

1. 根据总账科目余额直接填列

例如,"短期借款"、"固定资产清理"、"应付职工薪酬"、"应收票据"、"应付票据"等项目,可根据总账余额直接填列。

2. 根据有关总账科目余额计算填列

例如,"货币资金"项目,应根据"库存现金"、"银行存款"和"其他货币资金"账户期末余额的合计数填列。

3. 根据有关明细账科目余额计算填列

例如,"应收账款"项目,应根据"应收账款"、"预收账款"账户所属明细账的期末借方余额计算填列;"应付账款"项目,应根据"应付账款"、"预付账款"账户所属明细账的贷方期末余额计算填列。

4. 根据总账科目和明细账科目余额分析计算填列

如"长期借款"项目,应根据"长期借款"总账余额扣除明细账中反映的一年内到期的长期借款部分分析计算填列。

5. 根据总账科目与其备抵科目抵销后的净额填列

如"固定资产"项目根据"固定资产"账户期末余额减去"累计折旧"账户、"固定资产减值准备"账户期末余额后的差额填列;"存货"项目,应根据"材料采购"、"原材料"、"委托加工物资"、"周转材料"、"库存设备"、"开发产品"、"周转房"、"开发成本"、"材料成本差异"、"存货跌价准备"等账户期末借、贷方余额相抵后的差额填列。

三、资产负债表单项的具体填列方法

1. 资产类项目

(1)"货币资金"项目,反映企业库存现金、银行结算户存款、外埠存款、银行汇票存款、银行本票存款等货币资金的合计数。本项目应根据"库存现金"、"银行存款"、"其他货币资金"账户的期末余额合计填列。

(2)"交易性金融资产"项目,反映房地产开发企业持有的以公允价值计量且其变动计入当期损益的金融资产,包括为交易目的所持有的债券投资、股票投资、基金投资、权证投资等金融资产和直接指定为以公允价值计量且其变动计入当期损益的金融资产。根据"交易性金融资产"账户的期末借方余额填列。

(3)"应收票据"项目,反映房地产开发企业收到的未到期收款也未向银行贴现的应收票据,包括商业承兑汇票和银行承兑汇票。根据"应收票据"账户所属各明细账户的期末借方余额填列。已向银行贴现的应收票据不包括在本项目内,已贴现的商业承兑汇票应在本表下端的补充资料内另行反映。

(4)"应收账款"项目,反映房地产开发企业应收的与企业经营业务有关的各种款项。根据"应收账款"账户所属各明细账户的期末借方余额合计数扣减提取的相应坏账准备后的净额填列。如"应收账款"账户所属明细账户期末有贷方余额的,应在"预收账款"项目内填列。

(5)"预付账款"项目,反映房地产开发企业预付给承包单位和供应单位的款项。根据"预付账款"账户所属各明细账户的期末借方余额填列。如"预付账款"账户所属有关明细账户有贷方余额的,应在"应付账款"项目内填列。如"应付账款"账户所属明细账户有借方余额的,也应包括在本项目内。

(6)"应收利息"项目,反映房地产开发企业持有的持有至到期投资、可供出售金融资产等应收取的利息。根据"应收利息"账户的期末借方余额填列。

(7)"应收股利"项目,反映房地产开发企业应收取的现金股利和应收取其他单位分配的利润。根据"应收股利"账户的期末借方余额填列。

(8)"其他应收款"项目,反映房地产开发企业对其他单位和个人的应收和暂付的款项。根据"其他应收款"账户的期末借方余额减去"坏账准备"账户中有关其他应收款计提的坏账准备期末余额后的金额填列。

(9)"存货"项目,反映房地产开发企业期末在库、在用、在途、在建和在加工中

的各项存货的实际成本,包括库存材料、库存设备、低值易耗品、开发成品、分期收款开发产品等。根据"材料采购"、"原材料"、"周转材料"、"库存设备"、"材料成本差异"、"委托加工物资"、"开发产品"、"分期收款开发产品"、"周转房"、"开发成本"等账户的期末借贷方余额相抵后的差额扣减提取的存货跌价准备后的净额填列。

(10)"一年内到期的非流动投资"项目,反映房地产开发企业在本资产负债表日1年内将到期的投资,应根据"持有至到期投资"、"可供出售金融资产"、"长期股权投资"等账户所属各明细账的期末余额分析填列。

(11)"其他流动资产"项目,反映房地产开发企业除以上流动资产项目外的其他流动资产,根据有关账户的期末余额填列。

(12)"可供出售金融资产"项目,反映房地产开发企业持有的可供出售金融资产的价值,包括划分为可供出售的股票投资、债券投资等金融资产。根据"可供出售金融资产"账户所属各明细账户的期末借方余额与相关资产减值准备的余额分析填列。

(13)"持有至到期投资"项目,反映房地产开发企业计划持有至到期、且距本资产负债表日1年以上才到期的投资。本项目应根据"持有至到期投资"账户的期末余额,减去持有至到期投资减值准备数额后的余额分析填列。

(14)"长期应收款"项目,反映房地产开发企业融资租赁产生的应收款项和采用递延方式分期收款、实质上具有融资性质的销售商品和提供劳务等经营活动产生的应收款项。根据"长期应收款"账户的期末借方余额扣减未实现融资收益后的净额填列。

(15)"长期股权投资"项目,反映房地产开发企业不准备在1年内(含1年)变现的各种股权性质的投资的可收回金额。本项目应根据"长期股权投资"账户的期末余额,减去长期股权投资减值准备的净额分析填列。

(16)"投资性房地产"项目,投资性房地产是指企业为赚取租金或资本增值,或两者兼有而持有的房产。本项目应根据"投资性房地产"账户的期末余额,减去投资性房地产累计折旧和投资性房地产减值准备后的净额分析填列。

(17)"固定资产"项目,反映房地产开发企业的各种固定资产(除投资性房地产外)的实际价值。融资租入的固定资产在产权尚未确定前,其原价及已提折旧也包括在内。融资租入固定资产原价还应在本表下端补充资料内另行反映。该项目应根据"固定资产"账户的期末借方余额减去提取的累计折旧和固定资产减值准备后的期末净额填列。

(18)"在建工程"项目,反映房地产开发企业基建、技改等在建工程发生的价值。企业与固定资产有关的后续支出,包括固定资产发生的大修理费用、更新改造支出、房屋的装修费用等满足固定资产准则规定的固定资产确认条件的,也在本项目核算。根据"在建工程"账户的期末借方余额扣减提取的在建工程减值准备后的净额填列。

(19)"工程物资"项目,反映房地产开发企业为在建工程准备的各种物资的价值,包括工程用材料、尚未安装的设备等。根据"工程物资"账户的期末借方余额扣减提取的工程物资减值准备后的净额填列。

(20)"固定资产清理"项目,反映房地产开发企业因出售、毁损、报废等原因转入清理但尚未清理完毕的固定资产净值,与固定资产清理过程中所发生的清理费用和变价收入等各项金额的差额。本项目应根据"固定资产清理"账户的期末借方余额填列;如为贷方余额应以"一"号填列。

(21)"无形资产"项目,反映企业拥有的或控制的没有实物形态的可辨认非货币性资产。无形资产包括专利权、非专利技术、商标权、著作权、土地使用权、特许权等。企业自创的商誉不应当确认为无形资产。本项目应根据"无形资产"账户的期末余额,减去"累计摊销"、"无形资产减值准备"账户期末余额后的金额填列。

(22)"开发支出"项目,反映房地产开发企业自行开发无形资产发生的研发支出中满足资本化条件的支出部分。根据"研发支出——资本化支出"明细账户的期末借方余额填列。

(23)"商誉"项目,反映房地产开发企业在非同一控制下企业合并中取得的商誉价值。根据"商誉"账户的期末余额扣减商誉减值准备后的净额填列。

(24)"长期待摊费用"项目,反映房地产开发企业租入固定资产改良支出及摊销期限在 1 年以上的固定资产修理支出和其他待摊费用。根据"长期待摊费用"账户的期末余额填列。

(25)"递延所得税资产"项目,反映房地产开发企业期末尚未转销的递延所得税款的借方余额。本项目应根据"递延所得税资产"账户的期末贷方余额填列。

(26)"其他非流动资产"项目,反映除以上资产外的其他非流动资产,如企业期末持有的公益性生物资产。该项目应根据有关账户的期末余额填列。如有其他非流动资产价值较大的,应在会计报表附注中披露其内容和金额。

2. 负债类项目

(1)"短期借款"项目,反映房地产开发企业向银行或其他金融机构借入的期限在 1 年以下(含 1 年)的各种借款。本项目应根据"短期借款"账户的期末余额填列。

(2)"交易性金融负债"项目,反映房地产开发企业持有的以公允价值计量且其变动计入当期损益的金融负债和直接指定为以公允价值计量且其变动计入当期损益的金融负债,不包括衍生金融负债。根据"交易性金融负债"账户的期末余额填列。

(3)"应付票据"项目,反映房地产开发企业为抵付货款和工程款而开出、承兑的尚未到期付款的应付票据,包括银行承兑汇票和商业承兑汇票。根据"应付票据"账户的期末余额填列。

(4)"应付账款"项目,反映房地产开发企业购买材料物资或接受劳务供应而应付给供应单位的款项,及因发包工程应付给承包单位的工程价款。根据"应付账款"账户所属各有关明细账户的期末贷方余额合计填列,如"应付账款"账户所属明细账户有借方余额的,在"预付账款"项目内填列。

(5)"预收账款"项目,反映房地产开发企业预收的购房定金和代建工程款。根据"预收账款"账户的期末贷方余额填列。如"预收账款"账户所属明细账户有借方余额的,应在"应收账款"项目内填列;如"应收账款"账户所属明细账户有贷方余额的,也应包括在本项目内。

(6)"应付职工薪酬"项目,反映房地产开发企业为获得职工提供的服务而应给予的各种形式的报酬以及其他相关支出。本项目应根据"应付职工薪酬"账户的期末余额填列。

(7)"应交税费"项目,反映房地产开发企业按照税法规定应交未交的各种税费(多交数以"一"号填列)。根据"应交税费"账户的期末余额填列。

(8)"应付利息"项目,核算房地产开发企业按照合同约定应支付的利息,包括分期付息到期还本的长期借款、企业债券等应支付的利息。根据"应付利息"账户的期末余额填列。

(9)"应付股利"项目,反映房地产开发企业期末应付未付给投资者的现金股利或利润。(多付数以"一"号填列)。根据"应付股利"账户的期末余额填列。

(10)"其他应付款"项目,反映房地产开发企业除应付票据、应付账款、预收账款、应付职工薪酬、应付股利、应付利息、应交税费、长期应付款等经营活动以外的其他各项应付、暂收的款项。根据"其他应付款"账户的期末余额填列。

(11)"一年内到期的非流动负债"项目,反映房地产开发企业的非流动负债各项目中将于1年内到期的长期负债。资产负债表中非流动负债各项目均应根据有关账户期末余额扣除将于1年内到期偿还数后的余额填列。

(12)"其他流动负债"项目,房地产开发企业如有除以上流动负债以外的其他流动负债,应根据有关账户的期末余额,在"其他流动负债"项目单独反映。

(13)"长期借款"项目,反映房地产开发企业从银行或其他金融机构借入的期限在 1 年以上(不含 1 年)的各种借款。本项目应根据"长期借款"账户的期末余额填列。

(14)"应付债券"项目,反映房地产开发企业发行的尚未归还的各种长期债券的本息。本项目应根据"应付债券"账户的期末余额填列。

(15)"长期应付款"项目,反映房地产开发企业期末除长期借款和应付债券以外的其他各种长期应付款。本项目应根据"长期应付款"账户期末余额减去"未确认融资费用"账户的期末余额填列。

(16)"专项应付款"项目,反映房地产开发企业取得的国家指定为资本性投入的具有专项或特定用途的款项,如属于工程项目的资本性拨款等。根据"专项应付款"账户的期末余额填列。

(17)"预计负债"项目,反映房地产开发企业根据或有事项等相关准则确认的各项已预计但尚未清偿的债务,包括对外提供担保、未决诉讼、产品质量保证、重组义务以及固定资产和矿区权益弃置义务等产生的预计负债。根据"预计负债"账户的期末余额填列。

(18)"递延所得税负债"项目,反映房地产开发企业根据所得税准则确认的应纳税暂时性差异产生的所得税负债。根据"递延所得税负债"账户的期末贷方余额填列。

(19)"其他非流动负债"项目,反映房地产开发企业除以上非流动负债项目外的其他非流动负债。根据有关账户的期末余额填列。

3. 所有者权益类项目

(1)"实收资本(或股本)"项目,反映房地产开发企业实际收到投资者投入的资本(或股本)总额。根据"实收资本(或股本)"账户的期末余额填列。

(2)"资本公积"项目,反映房地产开发企业收到投资者出资超出其在注册资本或股本中所占的份额以及直接计入所有者权益的利得和损失等。根据"资本公积"账户的期末余额填列。

(3)"盈余公积"项目,反映房地产开发企业从其净利润中提取的盈余公积。根据"盈余公积"账户的期末余额填列。

(4)"未分配利润"项目,反映房地产开发企业尚未分配的利润。根据"本年利润"账户和"利润分配"账户的余额计算填列。未弥补的亏损,在本项目内以"-"号反映。

【例 14-1】 天华股份有限公司 2006 年 12 月 31 日的资产负债表(年初余额略)及 2007 年 12 月 31 日的科目余额表分别见表 14-2 和表 14-3。假设天华股份有限公司 2007 年度除计提固定资产减值准备导致固定资产账面价值与其计税基础存在可抵扣暂时性差异外其他资产和负债项目的账面价值均等于其计税基础。假定天华公司未来很可能获得足够的应纳税所得额用来抵扣可抵扣暂时性差异,适用的所得税税率为 33%。

表 14-2 　　　　　　　　　　　　**资产负债表**

编制单位:天华股份有限公司　　　　　2006 年 12 月 31 日　　　　　　　　单位:元

资产	期末余额	年初余额	负债和所有者权益	期末余额	年初余额
流动资产:			流动负债:		
货币资金	1 406 300		短期借款	300 000	
交易性金融资产	15 000		交易性金融负债	0	
应收票据	246 000		应付票据	200 000	
应收账款	299 100		应付账款	953 800	
预付账款	100 000		预收账款		
应收利息	0		应付职工薪酬	110 000	
应收股利	0		应交税费	36 600	
其他应收款	5 000		应付利息	1 000	
存货	2 580 000		应付股利		
一年内到期的非流动资产	0		其他应付款	50 000	
其他流动资产	100 000		一年内到期非流动负债	1 000 000	
流动资产合计	4 751 400		其他流动负债		
非流动资产:			流动负债合计	2 651 400	
可供出售金融资产	0		非流动负债:		
持有至到期投资	0		长期借款	600 000	
长期应收款	0		应付债券		
长期股权投资	250 000		长期应付款		
投资性房地产			专项应付款		
固定资产	1 100 000		预计负债	0	
在建工程	1 500 000		递延所得税负债	0	
工程物资	0		其他非流动负债		
固定资产清理	0		非流动负债合计	600 000	
生产性生物资产	0		负债合计	3 251 400	
油气资产	0		股东权益:		
无形资产	600 000		实收资本(或股本)	5 000 000	
开发支出	0		资本公积	0	
商誉	0		减:库存股	0	
长期待摊费用	0		盈余公积	100 000	
递延所得税资产	0		未分配利润	50 000	
其他非流动资产	200 000				
非流动资产合计	3 650 000		股东权益合计	5 150 000	
资产总计	8 401 400		负债和股东权益总计	8 401 400	

表 14-3　　　　　　　　　　　**科目余额表**　　　　　　　　　　单位：元

科目名称	借方余额	科目名称	贷方与余额
库存现金	2 000	短期借款	50 000
银行存款	776 135	应付票据	100 000
其他货币资金	7 300	应付账款	953 800
交易性金融资产	0	其他应付款	50 000
应收票据	66 000	应付职工薪酬	180 000
应收账款	600 000	应交税费	226 731
坏账准备	1 800	应付利息	0
预付账款	100 000	应付股利	32 215.85
其他应收款	5 000	一年内到期的长期负债	0
材料采购	275 000	长期借款	1 160 000
原材料	45 000	股本	5 000 000
周转材料	38 050	盈余公积	124 770.4
库存商品	2 122 400	利润分配（未分配利润）	190 717.75
材料成本差异	4 250		
其他流动资产	100 000		
长期股权投资	250 000		
固定资产	2 401 000		
累计折旧	−170 000		
固定资产减值准备	−30 000		
工程物资	300 000		
在建工程	428 000		
无形资产	600 000		
累计摊销	−60 000		
递延所得税资产	9 900		
其他长期资产	200 000		
合计	8 068 235	合计	8 068 235

根据上述资料，编制天华股份有限公司 2007 年 12 月 31 日的资产负债表，见表 14-4。

表 14-4   **资产负债表**

编制单位:天华股份有限公司   2007 年 12 月 31 日   单位:元

资产	期末余额	年初余额	负债和所有者权益 (或股东收益)	期末余额	年初余额
流动资产:			流动负债:		
货币资金	785 435	1 406 300	短期借款	50 000	300 000
交易性金融资产	0	15 000	交易性金融负债	0	0
应收票据	66 000	246 000	应付票据	100 000	200 000
应收账款	598 200	299 100	应付账款	953 800	953 800
预付账款	100 000	100 000	预收账款	0	0
应收利息	0	0	应付职工薪酬	180 000	110 000
应收股利	0	0	应交税费	226 731	36 600
其他应收款	5 000	5 000	应付利息	0	1 000
存货	2 484 700	2 580 000	应付股利	32 215.85	0
一年内到期的非流动资产	0	0	其他应付款	50 000	50 000
其他流动资产	100 000	100 000	一年内到期非流动负债	0	1 000 000
流动资产合计	4 139 335	4 751 400	其他流动负债	0	0
非流动资产:			流动负债合计	1 592 746.85	2 651 400
可供出售金融资产	0	0	非流动负债:		
持有至到期投资	0	0	长期借款	1 160 000	600 000
长期应收款	0	0	应付债券	0	0
长期股权投资	250 000	250 000	长期应付款	0	0
投资性房地产	0	0	专项应付款	0	0
固定资产	2 201 000	1 100 000	预计负债	0	0
在建工程	428 000	1 500 000	递延所得税负债	0	0
工程物资	300 000	0	其他非流动负债	0	0
固定资产清理	0	0	非流动负债合计	1 160 000	600 000
生产性生物资产	0	0	负债合计	2 752 746.85	3 251 400
油气资产	0		股东权益:		
无形资产	540 000	600 000	实收资本(或股本)	500 000	5 000 000
开发支出	0	0	资本公积	0	0
商誉	0	0	减:库存股	0	0
长期待摊费用	0	0	盈余公积	124 770.4	100 000
递延所得税资产	9 900	0	未分配利润	190 717.75	50 000
其他非流动资产	200 000	200 000	所有者权益 (或股东权益)合计	5 315 484.15	5 150 000
非流动资产合计	3 928 900	3 650 0000			
资产总计	8 068 235	8 401 400	负债和所有者权益 (或股东权益)总计	8 068 235	8 401 400

14.3　利润表

利润表是反映房地产开发企业在一定会计期间的经营成果的会计报表。利润表的列报必须充分反映企业经营业绩的主要来源和构成,有助于使用者判断净利润的质量及其风险,有助于使用者预测净利润的持续性,从而作出正确的决策。通过利润表,可以反映企业一定会计期间的收入实现情况,如实现的营业收入有多少、实现的投资收益有多少、实现的营业外收入有多少等等;可以反映一定会计期间的费用耗费情况,如耗费的营业成本有多少、营业税费有多少、销售费用、管理费用、财务费用各有多少、营业外支出有多少等等;可以反映企业生产经营活动的成果,即净利润的实现情况,据以判断资本保值、增值情况。

14.3.1　利润表的结构

目前比较普遍的利润表的结构有单步式利润表和多步式利润表两种。单步式利润表是指将当其所有的收入项目列在一起,然后将所有的费用项目列在一起,收入项目与费用项目相互抵减,即得出当期净损益。多步式利润表是指将当期所有收入、费用、支出项目分别按照一定的标准加以归类,按利润表形成的主要环节列示一些中间指标,如:营业利润、利润总额、净利润,分步计算当期净损益。在我国,企业利润表采用的是多步式结构,主要包括以下五个方面的内容:

一、营业收入

营业收入由主营业务收入和其他业务收入组成。

二、营业利润

营业收入减去营业成本(主营业务成本、其他业务成本)、营业税金及附加、销售费用、管理费用、财务费用、资产减值损失,加上公允价值变动收益、投资收益,即为营业利润。

三、利润总额

营业利润加上营业外收入,减去营业外支出,即为利润总额。

四、净利润

利润总额减去所得税费用,即为净利润。

五、每股收益

每股收益包括基本每股收益和稀释每股收益两项指标。

利润表的基本格式见表14-5:

表 14-5   利润表

编制单位: 2007 年   单位:元

项　目	本期金额	上期金额
一、营业收入		
减:营业成本		
营业税金及附加		
销售费用		
管理费用		
财务费用		
资产减值损失		
加:公允价值变动收益(损失以"－"号填列)		
投资收益(损失以"－"号填列)		
二、营业利润		
加:营业外收入		
减:营业外支出		
其中:非流动资产处置净损失		
三、利润总额(亏损以"－"号填列)		
减:所得税费用		
四、净利润(净亏损以"－"号填列)		
五、每股收益		
(一)基本每股收益		
(二)稀释每股收益		

14.3.2　利润表的编制方法

一、上期金额栏的填列方法

利润表"上期金额"栏内各项数字,应根据上年该期利润表"本期金额"栏内所列数字填列。如果上年该期利润表规定的各个项目的名称和内容同本期不相一致,应对上年该期利润表各项目的名称和数字按本期的规定进行调整,填入利润表"上期金额"栏内。

二、本期金额栏的填列方法

利润表"本期金额"栏内各项数字一般应根据损益类科目的发生额分析填列。

三、利润表各项目的内容及其填列方法

(1)"营业收入"项目,反映企业通过房地产经营活动,或提供劳务,或进行其他业务活动所取得的收入。本项目应根据"主营业务收入"、"其他业务收入"等账户的发生额分析填列。

(2)"营业成本"项目,反映企业在房地产经营活动,或提供劳务,或进行其他业务活动中所发生的成本。本项目应根据"主营业务成本"、"其他业务成本"等账户的发生额分析填列。

(3)"营业税金及附加"项目,反映企业应负担的税金,主要包括营业税、消费税、城市维护建设税、资源税、土地增值税和教育费附加等。本项目应根据"营业税金及附加"账户的发生额分析填列。注意企业收到的先征后返的消费税、营业税等原记入本项目的各种税金,应于收到当期按照实际收到的金额冲减本期的营业税金。

(4)"销售费用"项目,反映企业在房地产经营业务过程中发生的费用以及设置销售机构而发生的费用,包括住宿费、装卸费、包装费、保险费、展览费和广告费。本项目应根据"销售费用"账户的发生额分析填列。

(5)"管理费用"项目,反映企业为组织和管理房地产经营活动而发生的各项费用,包括企业的董事会和行政管理部门在企业经营管理过程中发生的,或者应由企业统一负担的公司经费(包括行政管理部门职工工资、办公费和差旅费、修理费、低值易耗品摊销、修理费等)、工会经费、待业保险费、劳动保险费、董事会费(包括董事会成员津贴、会议费和差旅费等)、聘请中介机构费、咨询费(含顾问费)、诉讼费、业务招待费、房产税、车船税、土地使用税、印花税、技术转让费、矿产资源补偿费、无形资产摊销、职工教育经费、研究与开发费、排污费、存货盘亏或盘盈等。本项目应根据"管理费用"账户的发生额分析填列。

(6)"财务费用"项目,反映企业筹集房地产经营所需要的资金而发生的费用,包括利息支出(减利息收入)、汇兑损益(减汇兑收益)以及相关的手续费等。为购建固定资产的专门借款所发生的借款费用,在固定资产达到预定可使用状态前按

规定应予资本化的部分,不包括在本项目的核算范围内。本项目应根据"财务费用"账户的发生额分析填列。

(7)"资产减值损失"项目,反映因资产的回收金额低于账面价值而发生的损失。本项目应根据资产减值损失的本期发生额填列。

(8)"公允价值变动收益"项目,反映因资产公允价值变动而形成利得或损失。本项目应根据"公允价值变动损益"账户的发生额分析额填列;如为公允价值变动损失,以"-"号填列。

(9)"投资收益"项目,反映企业以各种方式对外投资所得的收益或发生的损失。本项目应根据"投资收益"账户的发生额分析填列;如为投资损失,以"-"号填列。

(10)"营业外收入"项目,反映房地产开发企业发生的与其经营活动无直接关系的各项收入,主要包括处置非流动资产利得、非货币性资产交换利得、债务重组利得、罚没利得、政府补助利得等。根据"营业外收入"账户的发生额分析填列。

(11)"营业外支出"项目,反映房地产开发企业发生的与其经营活动无直接关系的各项净支出,包括处置非流动资产损失、非货币性资产交换损失、债务重组损失、罚款支出、捐赠支出、非常损失等。根据"营业外支出"账户的发生额分析填列。

(12)"所得税费用"项目,反映企业按规定应从本期损益中扣减的所得税。本项目应根据"所得税"账户的发生额分析填列。

(13)"基本每股收益"和"稀释每股收益"项目,应由房地产开发企业根据每股收益准则的规定计算的金额填列。

【例 14-2】 天华股份有限公司 2007 年度有关损益类科目本年累计发生净额见表 14-6。

表 14-6　　　天华股份有限公司损益类科目 2007 年度累计发生净额　　　单位:元

科目名称	借方发生额	贷方发生额
主营业务收入		1 250 000
主营业务成本	750 000	
营业税金及附加	2 000	
销售费用	20 000	
管理费用	157 100	
财务费用	41 500	
资产减值损失	30 900	
投资收益		31 500
营业外收入		50 000
营业外支出	19 700	
所得税费用	112 596	

根据上述资料,编制天华股份有限公司 2007 年度利润表,见表 14-7。

表 14-7　　　　　　　　　　　利润表

编制单位:天华股份有限公司　　　　　2007 年　　　　　　　　　　单位:元

项　目	本期金额	上期金额(略)
一、营业收入	1 250 000	
减:营业成本	750 000	
营业税金及附加	2 000	
销售费用	20 000	
管理费用	157 100	
财务费用	41 500	
资产减值损失	30 900	
加:公允价值变动收益(损失以"-"号填列)	0	
投资收益(损失以"-"号填列)	31 500	
其中:对联营企业和合营企业的投资收益	0	
二、营业利润(亏损以"-"号填列)	280 000	
加:营业外收入	50 000	
减:营业外支出	19 700	
其中:非流动资产处置损失	(略)	
三、利润总额(亏损总额以"-"号填列)	310 300	
减:所得税费用	112 596	
四、净利润(净亏损以"-"号填列)	197 704	
五、每项收益:	(略)	
(一)基本每股收益		
(二)稀释每股收益		

14.4　现金流量表

14.4.1　现金流量表的结构

一、现金流量表的概念

现金流量表是反映企业在一定会计期间现金和现金等价物(以下统称现金)流入和流出的会计报表。现金流量表是以现金为基础编制的,这里的现金是指企业的库存现金、可以随时用于支付的存款,以及现金等价物。具体包括:

1. 库存现金

库存现金是指存放在企业，可以随时用于支付的现金。它与"库存现金"科目包含的内容一致。

2. 银行存款

银行存款是指企业存放在金融企业、可以随时支用的存款。企业存放在金融企业的款项中不能随时用于支付的定期存款，不作为现金流量表的现金，但提前通知金融企业便可支取的定期存款，则包括在现金流量表的现金范围中。

3. 其他货币资金

其他货币资金是指企业存放在金融企业、可以随时支用的，具有特定用途的资金，包括外埠存款、银行汇票存款、银行本票存款、信用证存款、信用卡存款等。

4. 现金等价物

现金等价物是指企业持有的期限短、流动性强、易于转换为已知金额的现金、价值变动风险很小的投资。如3个月或更短时间内的短期债券投资等就是现金等价物。例如，企业2007年2月1日购入2004年3月1日发行的3年期债券，购买时还有1个月到期，这项短期投资应视为现金等价物。哪些短期投资应视为现金等价物，应根据其定义确定。企业确定现金等价物的范围，是确定现金等价物的会计政策，应在会计报表附注中披露，并一贯性地保持这种划分标准。一旦改变了划分标准，应视为会计政策的变更。

二、现金流量的分类

现金流量是指一定会计期间现金的流入和流出。现金流量表首先对企业的现金流量进行合理的分类。依据企业经济活动的性质，房地产开发企业在一定时期内产生的现金流量一般可以分为三类，即经营活动产生的现金流量、投资活动产生的现金流量和筹资活动产生的现金流量。

1. 经营活动产生的现金流量

经营活动是指企业投资活动和筹资活动以外的所有交易和事项。就房地产开发企业来说，经营活动主要包括：销售商品房屋、转让土地、提供劳务、出租房屋、发包工程、征用和批租土地、购买设备材料、接受劳务、缴纳税款等等。

2. 投资活动产生的现金流量

投资活动是指企业长期资产的购建和不包括在现金等价物范围内的投资及其

处置活动。其中,长期资产是指固定资产、在建固定资产工程、无形资产、其他资产等持有期限在 1 年或超过 1 年的一个营业周期以上的资产。投资活动主要包括取得或收回投资,购建和处置固定资产、无形资产和其他长期资产等。作为现金等价物的投资属于现金内部的变动,不包括在投资活动现金流量中,如购买 3 个月或更短时间内到期的债券等。通过投资活动产生的现金流量,可以分析企业的投资活动获取现金的能力,以及投资活动现金流量对企业现金流量净额的影响程度。

3. 筹资活动产生的现金流量

筹资活动是导致房地产开发企业资本及债务规模和构成发生变化的活动。包括房地产开发企业向投资者筹集资金引起实收资本(股本)、资本公积发生增减变化的活动以及房地产开发企业向债权人筹集资金引起债务规模发生变化的活动。表现为吸收投资所收到的现金、发行短期和长期应付债券收到的现金、向金融企业借入短期和长期借款收到的现金等现金流入以及分配股利或利润或偿付利息所支付的现金、支付融资租入固定资产租赁费所支付的现金等现金流出。现金流量表的结构也正是按照此分类得来的。

现金流量表的格式见表 14-8 和表 14-9:

表 14-8　　　　　　　　　　现金流量表

编制单位:　　　　　　　　　　2007 年　　　　　　　　　　单位:元

项目	本期金额	上期金额
一、经营活动产生的现金流量		
销售商品、提供劳务收到现金		
收到的税费返还		
收到其他与经营有关的现金		
经营活动现金流入小计		
购买商品、接受劳务支付的现金		
支付给职工以及为职工支付的现金		
支付的各项税费		
支付的其他与经营有关的现金		
经营活动现金流出小计		
经营活动产生的现金流量净额		
二、投资活动产生的现金流量		
收回投资所收到的现金		
取得投资收益所收到的现金		

（续表）

项目	本期金额	上期金额
处置固定资产、无形资产和其他长期资产收回的现金净额		
处置子公司及其他营业单位收到的现金净额		
收到其他与投资活动有关的现金		
投资活动现金流入小计		
购建固定资产、无形资产和其他长期资产所支付的现金		
投资所支付的现金		
取得子公司及其他营业单位支付的现金净额		
投资活动现金流出小计		
投资活动产生的现金流量净额		
三、筹资活动产生的现金流量		
吸收投资收到的现金		
取得借款收到的现金		
收到的其他与筹资活动有关的现金		
筹资活动现金流入小计		
偿还债务支付的现金		
分配股利、利润和偿付利息支付的现金		
支付的其他与筹资活动有关的现金		
筹资活动现金流出小计		
筹资活动产生现金流量净额		
四、汇率变动对现金及现金等价物的影响		
五、现金及现金等价物净增加额		
加：期初现金及现金等价物余额		
六、期末现金及现金等价物余额		

表 14-9   **现金流量表补充资料**

补充资料	本期金额	上期金额
1.将净利润调整为经营活动的现金流量：		
净利润		
加：资产减值准备		
固定资产折旧、油气资产折耗、生产性生物资产折旧		
无形资产摊销		
长期待摊费用摊销		
处置固定资产、无形资产和其他长期资产损失（收益以"－"号填列）		
固定资产报废损失（收益以"－"号填列）		
公允价值变动损失（收益以"－"号填列）		
财务费用（收益以"－"号填列）		

（续表）

补充资料	本期金额	上期金额
投资损失（收益以"－"号填列）		
递延所得税资产减少（增加以"－"号填列）		
递延所得税负债增加（减少以"－"号填列）		
存货的减少（增加以"－"号填列）		
经营性应收项目的减少（增加以"－"号填列）		
经营性应付项目的增加（减少以"－"号填列）		
其他		
经营活动产生的现金流量净额		
2.不涉及现金收支的重大投资和筹资活动		
债务转为股本		
一年内到期的可转换债券		
融资租入固定资产		
3.现金及现金等价物净变动情况：		
现金的期末余额		
减：现金的期初余额		
加：现金等价物的期末余额		
减：现金等价物的期初余额		
现金及等价物净增加额		

14.4.2　现金流量表的编制方法

编制现金流量表时,填列经营活动现金流量的方法有两种:一是直接法;二是间接法。

所谓直接法,是指通过现金收入和支出的主要项目反映来自企业经营活动的现金流量。在实务中,一般是以利润表或损益表中的营业收入为起算点,调整与经营活动各项目有关的增减变动,然后分别计算出经营活动的现金流量。

所谓间接法,是指以本期净利润为起算点,调整不涉及现金的收入、费用、营业外收支以及应收应付等项目的增减变动,据以计算并列示经营活动的现金流量。

在现行会计准则中,要求企业按照直接法编制现金流量表,并在补充资料中披露按间接法将净利润调节为经营活动现金流量的信息。

房地产开发企业现金流量表按照经营活动产生的现金流量、投资活动产生的现金流量、筹资活动产生的现金流量分别反映。

一、经营活动产生的现金流量的编制方法

(1)"销售商品、提供劳务收到的现金"项目,反映企业本期销售商品、提供劳务收到的现金,以及前期销售商品、提供劳务本期收到的现金(包括销售收入和应向购买者收取的增值税销项税额)和本期预收的款项,减去本期销售本期退回的商品和前期销售本期退回的商品支付的现金。企业销售材料和代购代销业务收到的现金,也在本项目中反映。

(2)"收到的税费返还"项目,反映企业收到返还的增值税、营业税、所得税、消费税、关税和教育费附加返还款等各种税费。

(3)"收到其他与经营活动有关的现金"项目,反映企业收到的罚款收入、经营租赁收到的租金等其他与经营活动有关的现金流入,金额较大的应当单独列示。

(4)"购买商品、接受劳务支付的现金"项目,反映企业本期购买商品、接受劳务实际支付的现金(包括增值税进项税额),以及本期支付前期购买商品、接受劳务的未付款项和本期预付款项,减去本期发生的购货退回收到的现金。

(5)"支付给职工以及为职工支付的现金"项目,反映企业本期实际支付给职工的工资、奖金、各种津贴和补贴等职工薪酬,但是应由在建工程、无形资产负担的职工薪酬以及支付的离退休人员的职工薪酬除外。

(6)"支付的各项税费"项目,反映企业本期发生并支付的、本期支付以前各期发生的以及预交的教育费附加、矿产资源补偿费、印花税、房产税、土地增值税、车船税、预交的营业税等税费。计入固定资产价值、实际支付的耕地占用税、本期退回的增值税、所得税等除外。

(7)"支付的其他与经营活动有关的现金"项目,反映企业支付的罚款支出、支付的差旅费、业务招待费、保险费、经营租赁支付的现金等其他与经营活动有关的现金流出,金额较大的应当单独列示。

二、投资活动产生现金流量的编制方法

(1)"收回投资收到的现金"项目,反映企业出售、转让或到期收回除现金等价物以外的交易性金融资产、长期股权投资而收到的现金,以及收回长期债权投资本金而收到的现金,但长期债权投资收回的利息除外。

(2)"取得投资收益收到的现金"项目,反映企业因股权性投资而分得的现金股利,从子公司、联营企业或合营企业分回利润而收到的现金,以及因债权性投资而取得的现金利息收入,但股票股利除外。

(3)"处置固定资产、无形资产和其他长期资产收回的现金净额"项目,反映企

业出售、报废固定资产、无形资产和其他长期资产所取得的现金(包括因资产毁损而收到的保险赔偿收入),减去为处置这些资产而支付的有关费用后的净额,但现金净额为负数的除外。

(4)"处置子公司及其他营业单位收到的现金净额"项目,反映企业处置子公司及其他营业单位所取得的现金减去相关处置费用后的净额。

(5)"购建固定资产、无形资产和其他长期资产支付的现金"项目,反映企业购买、建造固定资产、取得无形资产和其他长期资产所支付的现金及增值税款、支付的应由在建工程和无形资产负担的职工薪酬现金支出,但为购建固定资产而发生的借款利息资本化部分、融资租入固定资产所支付的租赁费除外。

(6)"投资支付的现金"项目,反映企业取得的除现金等价物以外的权益性投资和债权性投资所支付的现金以及支付的佣金、手续费等附加费用。

(7)"取得子公司及其他营业单位支付的现金净额"项目,反映企业购买子公司及其他营业单位购买出价中以现金支付的部分,减去子公司或其他营业单位持有的现金和现金等价物后的净额。

(8)"收到其他与投资活动有关的现金"、"支付其他与投资活动有关的现金"项目,反映企业除上述(1)至(7)各项目外收到或支付的其他与投资活动有关的现金流入或流出,金额较大的应当单独列示。

三、筹资活动产生的现金流量的编制方法

(1)"吸收投资收到的现金"项目,反映企业以发行股票、债券等方式筹集资金实际收到的款项,减去直接支付给金融企业的佣金、手续费、宣传费、印刷费等发行费用后的净额。

(2)"取得借款收到的现金"项目,反映企业举借各种短期、长期借款而收到的现金。

(3)"偿还债务支付的现金"项目,反映企业以现金偿还债务的本金。

(4)"分配股利、利润或偿付利息支付的现金"项目,反映企业实际支付的现金股利、支付给其他投资单位的利润或用现金支付的借款利息、债券利息。

(5)"收到其他与筹资活动有关的现金"、"支付其他与筹资活动有关的现金"项目,反映企业除上述(1)至(4)项目外,收到或支付的其他与筹资活动有关的现金流入或流出,包括以发行股票、债券等方式筹集资金而由企业直接支付的审计和咨询等费用、为购建固定资产而发生的借款利息资本化部分、融资租入固定资产所支付的租赁费、以分期付款方式购建固定资产以后各期支付的现金等。

四、"汇率变动对现金的影响额"项目的编制方法

（1）企业外币现金流量及境外子公司的现金流量折算为记账本位币时，所采用的现金流量发生日的即期汇率或按照系统合理的方法确定的、与现金流量发生日即期汇率近似的汇率折算的金额；

（2）"现金及现金等价物净增加额"中外币现金净增加额按期末汇率折算的金额。

五、补充资料的编制方法

企业应当采用间接法在现金流量表附注披露将净利润调节为经营活动现金流量的信息。间接法，是指以净利润为起算点，调整不涉及现金的收入、费用、营业外收支等有关项目，剔除投资活动、筹资活动对现金流量的影响，据此计算出经营活动产生的现金流量。

1."将净利润调节为经营活动的现金流量"各项目。

（1）"资产减值准备"项目，反映企业本期计提的坏账准备、存货跌价准备、长期股权投资减值准备、持有至到期投资减值准备、投资性房地产减值准备、固定资产减值准备、在建工程减值准备、无形资产减值准备、商誉减值准备、生产性生物资产减值准备、油气资产减值准备等资产减值准备。

（2）"固定资产折旧"、"油气资产折耗"、"生产性生物资产折旧"项目，分别反映企业本期计提的固定资产折旧、油气资产折耗、生产性生物资产折旧。

（3）"无形资产摊销"、"长期待摊费用摊销"项目，分别反映企业本期计提的无形资产摊销、长期待摊费用摊销。

（4）"处置固定资产、无形资产和其他长期资产的损失"项目，反映企业本期处置固定资产、无形资产和其他长期资产发生的损益。

（5）"公允价值变动损失"项目，反映企业持有的金融资产、金融负债以及采用公允价值计量模式的投资性房地产的公允价值变动损益。

（6）"财务费用"项目，反映企业利润表"财务费用"项目的金额。

（7）"投资损失"项目，反映企业利润表"投资收益"项目的金额。

（8）"递延所得税资产减少"项目，反映企业资产负债表"递延所得税资产"项目的期初余额与期末余额的差额。

（9）"递延所得税负债增加"项目，反映企业资产负债表"递延所得税负债"项目的期初余额与期末余额的差额。

（10）"存货的减少"项目，反映企业资产负债表"存货"项目的期初余额与期末

余额的差额。

(11)"经营性应收项目的减少"项目,反映企业本期经营性应收项目(包括应收票据、应收账款、预付账款和其他应收款中与经营活动有关的部分及应收的增值税销项税额等)的期初余额与期末余额的差额。

(12)"经营性应付项目的增加"项目,反映企业本期经营性应付项目(包括应付票据、应付账款、预收账款、应付职工薪酬、应交税费、应付利息、应付股利、其他应付款中与经营活动有关的部分及应付的增值税进项税额等)的期初余额与期末余额的差额。

2."不涉及现金收支的投资和筹资活动",反映企业一定期间内影响资产或负债但不形成该期现金收支的所有投资和筹资活动的信息:

(1)"债务转为资本"项目,反映企业本期转为资本的债务金额。

(2)"1年内到期的可转换公司债券"项目,反映企业1年内到期的可转换公司债券的本息。

(3)"融资租入固定资产"项目,反映企业本期融资租入固定资产的最低租赁付款额扣除应分期计入利息费用的未确认融资费用的净额。

(4)"现金及现金等价物净增加额"与现金流量表中的"现金及现金等价物净增加额"项目的金额应当相等。

【例14-3】　沿用【例14-1】和【例14-2】的资料,天华股份有限公司其他相关资料如下:

1.2006年度利润表有关项目的明细资料如下:

(1)管理费用的组成:职工薪酬17 100元,无形资产摊销60 000元,折旧费20 000元。支付其他费用60 000元。

(2)财务费用的组成:计提借款利息11 500元,支付应收票据(银行承兑汇票)贴现利息30 000元。

(3)资产减值损失的组成:计提坏账准备900元,计提固定资产减值准备30 000元。上年年末坏账准备余额为900元。

(4)投资收益的组成:收到股息收入30 000元,与本金一起收回的交易性股票投资收益500元,自公允价值变动损益结转投资收益1 000元。

(5)营业外收入的组成:处置固定资产净收益50 000元(其所处置固定资产原价为400 000元,累计折旧为150 000元,收到处置收入300 000元)。假定不考虑与固定资产处置有关的税费。

(6)营业外支出的组成:报废固定资产净损失19 700元(其所报废固定资产原价为200 000元,累计折旧为180 000元,支付清理费用500元,收到残值收入800元)。

（7）所得税费用的组成：当期所得税费用 122 496 元，递延所得税收益 9 900 元。除上述项目外，利润表中的销售费用 20 000 元至期末已经支付。

2.资产负债表有关项目的明细资料如下：

（1）本期收回交易性股票投资本金 15 000 元、公允价值变动 1 000 元，同时实现投资收益 500 元。

（2）存货中生产成本、制造费用的组成：职工薪酬 324 900 元。折旧费 80 000 元。

（3）应交税费的组成：本期增值税进项税额 42 466 元，增值税销项税额 212 500 元，已交增值税 100 000 元；应交所得税期末余额为 20 097 元，应交所得税期初余额为 0；应交税费期末数中应由在建工程负担的部分为 100 000 元。

（4）应付职工薪酬的期初数无应付在建工程人员的部分，本期支付在建工程人员职工薪酬 200 000 元。应付职工薪酬的期末数中应付在建工程人员的部分为 28 000 元。

（5）应付利息均为短期借款利息，其中本期计提利息 11 500 元，支付利息 12 500 元。

（6）本期用现金购买固定资产 101 000 元，购买工程物资 300 000 元。

（7）本期用现金偿还短期借款 250 000 元。偿还一年内到期的长期借款 1 000 000 元；借入长期借款 560 000 元。

根据以上资料，采用分析填列的方法，编制天华股份有限公司 2007 年度的现金流量表。

1.天华股份有限公司 2007 年度现金流量表各项目金额，分析确定如下：

（1）销售商品、提供劳务收到的现金＝主营业务收入＋应交税费（应交增值税——销项税额）＋（应收账款年初余额－应收账款期末余额）＋（应收票据年初余额－应收票据期末余额）－当期计提的坏账准备－票据贴现的利息＝1 250 000＋212 500＋（299 100－598 200）＋（246 000－66 000）－900－30 000＝1 312 500（元）

（2）购买商品、接受劳务支付的现金＝主营业务成本＋应交税费（应交增值税——进项税额）－（存货年初余额－存货期末余额）＋（应付账款年初余额－应付账款期末余额）＋（应付票据年初余额－应付票据期末余额）＋（预付账款期末余额－预付账款年初余额）－当期列入生产成本、制造费用的职工薪酬－当期列入生产成本、制造费用的折旧费和固定资产修理费＝750 000＋42 466－（2 580 000－2 484 700）＋（953 800－953 800）＋（200 000－100 000）＋（100 000－100 000）－324 900－80 000＝392 266（元）

（3）支付给职工以及为职工支付的现金＝生产成本、制造费用、管理费用中职工薪酬＋(应付职工薪酬年初余额－应付职工薪酬期末余额)－[应付职工薪酬(在建工程)年初余额－应付职工薪酬(在建工程)期末余额]＝324 900＋17 100＋(110 000－180 000)－(0－28 000)＝300 000(元)

(4)支付的各项税费＝当期所得税费用＋营业税金及附加＋应交税费(应交增值税——已交税金)－(应交所得税期末余额－应交所得税期初余额)＝122 496＋2 000＋100 000－(20 097－0)＝204 399(元)

(5)支付其他与经营活动有关的现金＝其他管理费用＋销售费用＝60 000＋20 000＝80 000(元)

(6)收回投资收到的现金＝交易性金融资产贷方发生额＋与交易性金融资产一起收回的投资收益＝16 000＋500＝16 500(元)

(7)取得投资收益所收到的现金＝收到的股息收入＝30 000(元)

(8)处置固定资产收回的现金净额＝300 000＋(800－500)＝300 300(元)

(9)购建固定资产支付的现金＝用现金购买的固定资产、工程物资＋支付给在建工程人员的薪酬＝101 000＋300 000＋200 000＝601 000(元)

(10)取得借款所收到的现金＝560 000(元)

(11)偿还债务支付的现金＝250 000＋1 000 000＝1 250 000(元)

(12)偿还利息支付的现金＝12 500(元)

2.将净利润调节为经营活动现金流量各项目计算分析如下:

(1)资产减值准备＝900＋30 000＝30 900(元)

(2)固定资产折旧＝20 000＋80 000＝100 000(元)

(3)无形资产摊销＝60 000(元)

(4)处置固定资产、无形资产和其他长期资产的损失(减:收益)＝－50 000(元)

(5)固定资产报废损失＝19 700(元)

(6)财务费用＝11 500(元)

(7)投资损失(减:收益)＝－31 500(元)

(8)递延所得税资产减少＝0－9 900＝－9 900(元)

(9)存货的减少＝2 580 000－2 484 700＝95 300(元)

(10)经营性应收项目的减少＝(246 000－66 000)＋(299 100＋900－598 200－1 800)＝－120 000(元)

(11)经营性应付项目的增加＝(100 000－200 000)＋(100 000－100 000)＋[(180 000－28 000)－110 000]＋[(226 731－100 000)－36 600]＝32 131(元)

3.根据上述数据,编制现金流量表(表14-10)及其补充资料(表14-11)。

表 14-10   **现金流量表**

编制单位：天华股份有限公司   2007 年   单位：元

项目	本期金额	上期金额
一、经营活动产生的现金流量：		略
销售商品、提供劳务收到的现金	1 312 500	
收到的税费返还	0	
收到其他与经营活动有关的现金	0	
经营活动现金流入小计	1 312 500	
购买商品、接受劳务支付的现金	392 266	
支付给职工以及为职工支付的现金	300 000	
支付的各项税费	204 399	
支付其他与经营活动有关的现金	80 000	
经营活动现金流出小计	976 665	
经营活动产生的现金流量净额	335 835	
二、投资活动产生的现金流量：		
收回投资收到的现金	16 500	
取得投资收益收到的现金	30 000	
处置固定资产、无形资产和其他长期资产收回的现金净额	300 300	
处置子公司及其他营业单位收到的现金净额	0	
收到其他与投资活动有关的现金	0	
投资活动现金流入小计	346 800	
购建固定资产、无形资产和其他长期资产支付的现金	601 000	
投资支付的现金	0	
取得子公司及其他营业单位支付的现金净额	0	
支付其他与投资活动有关的现金	0	
投资活动现金流出小计	601 000	
投资活动产生的现金流量净额	−254 200	
三、筹资活动产生的现金流量：		
吸收投资收到的现金	0	
取得借款收到的现金	560 000	
收到其他与筹资活动有关的现金	0	
筹资活动现金流入小计	560 000	
偿还债务支付的现金	1 250 000	
分配股利、利润或偿付利息支付的现金	12 500	
支付其他与筹资活动有关的现金	0	
筹资活动现金流出小计	1 262 500	
筹资活动产生的现金流量净额	−702 500	
四、汇率变动对现金及现金等价物的影响	0	
五、现金及现金等价物净增加额	−620 865	
加：期初现金及现金等价物余额	1 406 300	
六、期末现金及现金等价物余额	785 435	

表 14-11　　　　　　　　　　现金流量补充资料

补充资料	本期金额	上期金额
1.将净利润调节为经营活动现金流量：		略 *
净利润	197 704	
加：资产减值准备	30 900	
固定资产折旧、油气资产折耗、生产性生物资产折旧	100 000	
无形资产摊销	60 000	
长期待摊费用摊销	0	
处置固定资产、无形资产和其他长期资产的损失（收益以"一"号填列）	−50 000	
固定资产报废损失（收益以"一"号填列）	19 700	
公允价值变动损失（收益以"一"号填列）	0	
财务费用（收益以"一"号填列）	11 500	
投资损失（收益以"一"号填列）	−31 500	
递延所得税资产减少（增加以"一"号填列）	−9 900	
递延所得税负债增加（减少以"一"号填列）	0	
存货的减少（增加以"一"号填列）	95 300	
经营性应收项目的减少（增加以"一"号填列）	−120 000	
经营性应付项目的增加（减少以"一"号填列）	32 131	
其他	0	
经营活动产生的现金流量净额	335 835	
2.不涉及现金收支的重大投资和筹资活动：		
债务转为资本	0	
一年内到期的可转换公司债券	0	
融资租入固定资产	0	
3.现金及现金等价物净变动情况：		
现金的期末余额	785 435	
减：现金的期初余额	1 406 300	
加：现金等价物的期末余额	0	
减：现金等价物的期初余额	0	
现金及现金等价物净增加额	−620 865	

14.5　所有者权益(股东权益)增减变动表

14.5.1　所有者权益(股东权益)变动表的内容和结构

所有者权益(股东权益)增减变动表是房地产(股份制房地产)开发企业资产负债表的附表,用以说明资产负债表所有者权益(股东权益)各组成部分当期增减变动情况的报表。当期损益、直接计入所有者权益(股东权益)的利得和损失以及与所有者(股东)的资本交易导致的所有者权益(股东权益)的变动应当分别列示。该表中,企业至少应当单独列示反映下列信息的项目:

(1)净利润;

(2)直接计入所有者权益(股东权益)的利得和损失项目及其总额;

(3)会计政策变更和差错更正的累积影响金额;

(4)所有者(股东)投入资本和向股东分配利润;

(5)提取的盈余公积;

(6)实收资本或股本、资本公积、盈余公积、未分配利润的期初和期末余额及其调节情况。

房地产开发企业所有者权益(股东权益)增减变动表的格式列示见表 14-12:

表 14-12　　　　　　　　　**所有者权益(股东权益)变动表**

编制单位:　　　　　　　　　　年度　　　　　　　　　　单位:元

项　目	本年金额					上年金额				
	实收资本(或股本)	资本公积	减:库存股	盈余公积	未分配利润	所有者权益(股东权益)合计	实收资本(或股本)	资本公积	减:库存股	盈余公积	未分配利润	所有者权益(股东权益)合计
一、上年年末余额											
加:会计政策变更											
前期差错更正											
二、本年年初余额											
三、本年增减变动金额(减少以"一"号填列)											
(一)净利润											
(二)直接计入所有者(股东)权益的利得或损失											
1.可供出售金融资产公允价值变动净额											
2.权益法下被投资单位其他股东权益变动的影响											
3.与计入所有者权益项目相关的所得税影响											
4.其他											
上述(一)和(二)小计											
(三)投资者投入和减少资本											
1.投资者投入资本											
2.股份支付计入股东权益的金额											
3.其他											

（续表）

项　目	本年金额						上年金额					
	实收资本（或股本）	资本公积	减：库存股	盈余公积	未分配利润	所有者权益（股东权益）合计	实收资本（或股本）	资本公积	减：库存股	盈余公积	未分配利润	所有者权益（股东权益）合计
（四）利润分配												
1.提取盈余公积												
2.对所有者（或股东）的分配												
3.其他												
（五）所有者（或股东）权益内部结转												
1.资本公积转增资本（或股本）												
2.盈余公积转增资本（或股本）												
3.盈余公积弥补亏损												
4.其他												
四、本年年末余额												

14.5.2　所有者权益（股东权益）变动表的填列方法

（1）"上年年末余额"项目,反映企业上年资产负债表中实收资本（或股本）、资本公积、库存股、盈余公积、未分配利润的年末余额。

（2）"会计政策变更"项目、"前期差错更正"项目,分别反映企业采用追溯调整法处理的会计政策变更的累积影响金额和采用追溯重述法处理的会计差错更正的累积影响金额。

（3）"本年增减变动金额"项目

第一,"净利润"项目,反映企业当年实现的净利润（或净亏损）金额。

第二,"直接计入所有者（股东）权益的利得或损失"项目,反映企业当年直接计入所有者权益的利得或损失金额。

①"可供出售金融资产公允价值变动净额"项目,反映企业持有的可供出售金额资产当年公允价值变动的金额。

②"权益法下被投资单位其他股东权益变动的影响"项目,反映企业对按照权益法核算的长期股权投资,在被投资单位除当年实现的净损益以外其他所有者权益当年变动中应享有的份额。

③"与计入所有者权益项目相关的所得税影响"项目,反映企业根据《企业会计准则第 18 号——所得税》规定应计入所有者权益项目的当年所得税影响金额。

第三,"投资者投入和减少资本"项目,反映企业当年所有者投入的资本和减少的资本。

①"投资者投入资本"项目,反映企业接受投资者投入资本形成的实收资本(或股本)和资本溢价(或股本溢价)。

②"股份支付计入股东权益的金额"项目,反映企业处于等待期中的权益结算的股份支付当年计入资本公积的金额。

第四,"利润分配"项目,反映企业当年的利润分配金额。

①"提取盈余公积"项目,反映企业按照规定提取的盈余公积。

②"对所有者(或股东)的分配"项目,反映对所有者(或股东)分配的利润(或股利)金额。

第五,"所有者(或股东)权益内部结转"项目,反映企业构成所有者权益的组成部分之间的增减变动情况。

①"资本公积转增股本"项目,反映企业以资本公积转增资本或股本的金额。

②"盈余公积转增股本"项目,反映企业盈余公积转增资本或股本的金额。

③"盈余公积弥补亏损"项目,反映企业以盈余公积弥补亏损的金额。

【例 14-4】 沿用【例 14-1】、【例 14-2】和【例 14-3】的资料,天华股份有限公司其他相关资料为:提取盈余公积 24 770.4 元,向投资者分配现金股利 32 215.85 元。

根据上述资料,天华股份有限公司编制 2007 年度的所有者权益变动表见表14-13。

表 14-13 所有者权益变动表

编制单位:天华股份有限公司　　　　　　2007 年度　　　　　　单位:元

项 目	本年金额						上年金额					
	实收资本(或股本)	资本公积	减:库存股	盈余公积	未分配利润	所有者权益(股东权益)合计	实收资本(或股本)	资本公积	减:库存股	盈余公积	未分配利润	所有者权益(股东权益)合计
一、上年年末余额	5 000 000	0	0	100 000	50 000	5 150 000						
加:会计政策变更												
前期差错更正												
二、本年年初余额	5 000 000	0	0	100 000	50 000	5 150 000						

（续表）

项　目	本年金额						上年金额					
	实收资本(或股本)	资本公积	减:库存股	盈余公积	未分配利润	所有者权益(股东权益)合计	实收资本(或股本)	资本公积	减:库存股	盈余公积	未分配利润	所有者权益(股东权益)合计
三、本年增减变动金额(减少以"一"号填列)												
(一)净利润					197 704	197 704						
(二)直接计入所有者(股东)权益的利得或损失												
1.可供出售金融资产公允价值变动净额												
2.权益法下被投资单位其他股东权益变动的影响												
3.与计入所有者权益项目相关的所得税影响												
4.其他												
上述(一)和(二)小计												
(三)投资者投入和减少资本												
1.投资者投入资本												
2.股份支付计入股东权益的金额												
3.其他												
(四)利润分配												
1.提取盈余公积				24 770.40	−24 770.40							
2.对所有者(或股东)的分配					−32 215.85	−32 215.85						
3.其他												
(五)所有者(或股东)权益内部结转												
1.资本公积转增资本(或股本)												
2.盈余公积转增资本(或股本)												
3.盈余公积弥补亏损												
4.其他												
四、本年年末余额	5 000 000	0	0	124 770.4	190 717.75	5 315 488.15						

14.6　成本报表

房地产开发企业除了编制以上各节所述的会计报表外,还应根据企业本身管理上的需要,编制诸如在建开发产品成本表、已完开发产品成本表等成本报表。

14.6.1　在建开发产品成本表

在建开发产品成本表是反映房地产开发企业或企业所属内部独立核算开发分公司年末在建开发产品的实际开发成本的成本报表,也是年末资产负债表资产方"存货"项目下"在建开发产品"的明细报表,用以考核企业年末各项在建开发产品资金占用情况,了解企业各项开发产品的实际开发成本,检查各项开发产品开发成本的构成。在建开发产品成本表的格式列示见表 14-14。

为了反映各项开发产品开发成本的构成,本表应采用棋盘式结构,纵向各栏反映年末尚处于在建过程开发产品的类别和项目;横向各行反映年末各类各项开发产品的开发成本。

在编制本表时,应按开发产品的类别和项目逐行填列。开发产品的类别,一般应分:商品性土地、自用土地、商品房、出租房、周转房、配套设施、代建工程等。在开发期内尚未确定其具体用途的房屋,均可在商品房一类反映。开发产品的项目,一般应以开发产品成本核算对象为依据。

本表一般应设置项目开工日期、计划开发面积、计划开发总成本、年初开发成本、本年发生开发成本、年末累计开发成本等栏。

"开工日期"栏填列在建开发产品的实际开工日期。

"计划开发面积"栏反映各项开发产品的计划开发面积。土地开发项目为场地面积,房屋等开发项目为建筑面积,根据批准的开发产品开发计划确定的开发面积填列。

"计划开发总成本"栏根据企业制定的有关开发产品成本计划或预算填列。

"年初开发成本"栏根据上年本表"年末累计开发成本"栏数字填列。

"本年发生开发成本"栏所属"土地征用及拆迁补偿费或批租地价"、"前期工程费"、"基础设施费"、"建筑安装工程费"、"配套设施费"、"开发间接费用"和"合计"

各栏,分别反映各项在建开发产品本年实际发生的土地征用及拆迁补偿费或批租地价、前期工程费、基础设施费、建筑安装工程费及应负担的配套设施费、开发间接费用和开发成本合计,根据按开发产品设置的开发成本明细分类账各成本项目的本年发生额分类分项填列。

"年末累计开发成本"栏反映各项在建开发产品本年年末累计实际成本,根据按开发产品设置的开发成本明细分类账的年末余额分类分项填列。本栏数字应等于"年初开发成本"与"本年发生开发成本"合计数之和,本栏合计数应与年末资产负债表资产方"在建开发产品"项目期末数核对相符,见表 14-14。

表 14-14   **在建开发产品成本表**

编制单位: 2006 年度   单位:元

开发产品类别及项目名称	开工日期	计划开发面积(平方米)	计划开发总成本	年初开发成本	本年开发成本							年末累计开发成本
					土地征用及拆迁补偿费或批租地价	前期工程费	基础设施费	建筑安装费	配套设施费	开发间接费用	合计	
商品性土地												
105	2005.11.10	5 000	1 360 000	750 000		102 000	258 000			25 200	385 200	1 135 200
商品房												
211	2005.10.5	2 000	1 480 000	599 200			104 000	456 000	60 000	43 400	693 400	1 262 600
212	2006.6.8	2 100	1 550 000		620 000	54 000	76 000			52 500	802 500	802 500
				(以	下	从	略)					
总计			2 056 000	843 000	200 000	438 000	456 000	60 000	148 000	214 500	4 201 000

14.6.2 已完开发产品成本表

已完开发产品成本表是反映房地产开发企业或企业所属内部独立核算开发分公司在本年度内已完成全部开发过程、并已验收合格的开发产品的实际开发成本的成本报表。它是用以了解和检查在年度内已完开发产品的成本水平及成本构成情况,考核开发产品成本计划或预算的执行结果。已完工开发产品成本表的格式列示见表 14-15。

为了反映各项开发产品开发成本的构成,本表也应采用棋盘式的结构,纵向各栏应按开发产品的类别和项目填列,反映当年已经完工的各类、各项开发产品,横向各行按开发产品的成本项目和开竣工日期、开发面积、计划成本等设置,反映各项已完开发产品的实际成本及其构成等情况。填列本表的开发产品,应以开发产品成本核算对象为依据,并只限于本年完成全部开发过程、并已验收合格、合乎设计标准、可以按照合同规定的条件移交购房、用地单位,或委托单位,或者可作商品房对外销售、出租房对外出租、周转房周转使用的开发产品。

本表"开工日期"和"竣工日期"栏填列已完工开发产品的实际开工日期和实际竣工日期。

"实际开发面积"栏反映已完工开发产品的实际开发面积,土地开发项目填列场地面积,房屋等开发项目填列建筑面积。

"计划开发成本"栏根据企业制定的有关开发产品成本计划或预算填列。由于现行制度规定开发产品成本只计算开发过程中发生的开发成本,不计算开发产品在经营过程中发生的包括销售费用、管理费用、财务费用在内的完全成本。因此,表列的开发产品的计划成本的计算口径亦应是开发成本。如果计划、预算成本的计算口径不是开发成本,包括有项目借款利息等财务费用,则在填列时应加以剔除,以便对比分析。

"本年开发成本"栏所属"土地征用及拆迁补偿费或批租地价"、"前期工程费"、"基础设施费"、"建筑安装工程费"、"配套设施费"、"开发间接费用"和"合计"各栏,分别反映各项已完工开发产品自开工至完工时为止实际发生的土地征用及拆迁补偿费或批租地价、前期工程费、基础设施费、建筑安装工程费、配套设施费、开发间接费用和开发成本合计。根据已完工开发产品开发成本明细分类账各成本项目的累计发生额及其合计数填列,见表 14-15。

表 14-15　　　　　　　　　　已完成开发产品成本表

编制单位:　　　　　　　　　　　　2006 年度　　　　　　　　　　单位:元

开发产品类别及项目名称	开工日期	竣工日期	实际开发面积(平方米)	计划开发成本	本年开发成本					
					土地征用及拆迁补偿费或批租地价	前期工程费	基础设施费	建筑安装费	配套设施费	开发间接费用	合计
商品性土地										
103	2005.8.11	2006.10.8	5 000	1 675 000	955 000	145 000	235 000		170 150	100 000	1 605 150
商品房										
205	2005.10.8	2006.8.15	2 000	1 500 000	550 000	50 150	101 250	625 000	96 250	95 000	1 517 650
206	2006.1.12	2006.12.24	2 100	1 550 000	562 500	52 500	103 750	637 500	100 000	97 500	1 553 750
总计				4 725 000	2 067 500	247 650	440 000	1 262 500	366 400	292 500	4 676 550

14.7　附　注

14.7.1　附注的主要内容

附注是对资产负债表、利润表、现金流量表和所有者权益变动表等报表中列示项目的文字描述或明细资料，以及对未能在这些报表中列示项目的说明等。附注是财务报表的重要组成部分，附注应当按照如下顺序披露有关内容：

一、企业的基本情况

1. 企业注册地、组织形式和总部地址。
2. 企业的业务性质和主要经营活动。
3. 母公司以及集团最终母公司的名称。
4. 财务报告的批准报出者和财务报告批准报出日。

二、财务报表的编制基础

1. 会计年度。
2. 记账本位币。
3. 会计计量所运用的计量基础。
4. 现金及现金等价物的构成。

三、遵循企业会计准则的声明

企业应当明确说明编制的财务报表符合企业会计准则的要求，真实、公允地反映了企业的财务状况、经营成果和现金流量等有关信息。

四、重要会计政策和会计估计

企业应当披露采用的重要会计政策和会计估计，不重要的会计政策和会计估计可以不披露。在披露重要会计政策和会计估计时，应当披露重要会计政策的确定依据和财务报表项目的计量基础，以及会计估计中所采用的关键假设和不确定因素。

五、会计政策和会计估计变更以及差错更正的说明

企业应当按照《企业会计准则第 28 号——会计政策、会计估计变更和差错更正》及其应用指南的规定，披露会计政策和会计估计变更以及差错更正的有关情况。

六、报表重要项目的说明

企业对报表重要项目的说明，应当按照资产负债表、利润表、现金流量表、所有者权益变动表及其项目列示的顺序，采用文字和数字描述相结合的方式进行披露。报表重要项目的明细金额合计，应当与报表项目金额相衔接。

1. 交易性金融资产

企业应当披露交易性金融资产的构成及期初、期末公允价值等信息。

2. 应收款项

企业应当披露应收款项的账龄结构和客户类别以及期初、期末账面余额等信息。

3. 存货

企业应当披露下列信息：

(1)各类存货的期初和期末账面价值；

(2)确定发出存货成本所采用的方法；

(3)存货可变现净值的确定依据，存货跌价准备的计提方法，当期计提的存货跌价准备的金额，当期转回的存货跌价准备的金额，以及计提和转回的有关情况；

(4)用于担保的存货账面价值。

4. 可供出售金融资产

企业应当披露可供出售金融资产的构成以及期初、期末公允价值等信息。

5. 持有至到期投资

企业应当披露持有至到期投资的构成及期初、期末账面余额等信息。

6. 长期股权投资

企业应当披露下列信息：

(1)子公司、合营企业和联营企业清单，包括企业名称、注册地、业务性质、投资企业的持股比例和表决权比例；

(2)合营企业和联营企业当期的主要财务信息,包括资产、负债、收入、费用等合计金额;

(3)被投资单位向投资企业转移资金的能力受到严格限制的情况;

(4)当期及累计未确认的投资损失金额;

(5)与对子公司、合营企业及联营企业投资相关的或有负债。

7. 投资性房地产

企业应当披露下列信息:

(1)投资性房地产的种类、金额和计量模式;

(2)采用成本模式的,投资性房地产的折旧或摊销,以及减值准备的计提情况;

(3)采用公允价值模式的,公允价值的确定依据和方法,以及公允价值变动对损益的影响;

(4)房地产转换情况、理由,以及对损益或所有者权益的影响;

(5)当期处置的投资性房地产及其对损益的影响。

8. 固定资产

企业应当披露下列信息:

(1)固定资产的确认条件、分类、计量基础和折旧方法;

(2)各类固定资产的使用寿命、预计净残值和折旧率;

(3)各类固定资产的期初和期末原价、累计折旧额及固定资产减值准备累计金额;

(4)当期确认的折旧费用;

(5)对固定资产所有权的限制及其金额和用于担保的固定资产账面价值;

(6)准备处置的固定资产名称、账面价值、公允价值、预计处置费用和预计处置时间等。

9. 无形资产

企业应当披露下列信息:

(1)无形资产的期初和期末账面余额、累计摊销额及减值准备累计金额;

(2)使用寿命有限的无形资产,其使用寿命的估计情况;使用寿命不确定的无形资产,其使用寿命不确定的判断依据;

(3)无形资产的摊销方法;

(4)用于担保的无形资产账面价值、当期摊销额等情况;

(5)计入当期损益和确认为无形资产的研究开发支出金额。

10. 交易性金融负债

企业应当披露交易性金融负债的构成以及期初、期末公允价值等信息。

11. 职工薪酬

企业应当披露下列信息：

(1)应当支付给职工的工资、奖金、津贴和补贴，及其期末应付未付金额；

(2)应当为职工缴纳的医疗保险费、养老保险费、失业保险费、工伤保险费和生育保险费等社会保险费，及其期末应付未付金额；

(3)应当为职工缴存的住房公积金，及其期末应付未付金额；

(4)为职工提供的非货币性福利，及其计算依据；

(5)应当支付的因解除劳动关系给予的补偿，及其期末应付未付金额；

(6)其他职工薪酬。

12. 应交税费

企业应当披露应交税费的构成及期初、期末账面余额等信息。

13. 短期借款和长期借款

企业应当披露短期借款、长期借款的构成及期初、期末账面余额等信息。

对于期末逾期借款，应分别按贷款单位、借款金额、逾期时间、年利率、逾期未偿还原因和预期还款期等进行披露。

14. 应付债券

企业应当披露应付债券的构成及期初、期末账面余额等信息。

15. 长期应付款

企业应当披露长期应付款的构成及期初、期末账面余额等信息。

16. 营业收入

企业应当披露营业收入的构成及本期、上期发生额等信息。

17. 公允价值变动收益

企业应当披露公允价值变动收益的来源及本期、上期发生额等信息。

18. 投资收益

企业应当披露投资收益的来源及本期、上期发生额等信息。

19. 减值损失

企业应当披露各项资产的减值损失及本期、上期发生额等信息。

20. 营业外收入

企业应当披露营业外收入的构成及本期、上期发生额等信息。

21. 营业外支出

企业应当披露营业外支出的构成及本期、上期发生额等信息。

22. 所得税

企业应当披露下列信息：

(1)所得税费用(收益)的主要组成部分；

(2)所得税费用(收益)与会计利润关系的说明；

(3)未确认递延所得税资产的可抵扣暂时性差异、可抵扣亏损的金额(如果存在到期日,还应披露到期日)；

(4)对每一类暂时性差异和可抵扣亏损,在列报期间确认的递延所得税资产或递延所得税负债的金额,确认递延所得税资产的依据；

(5)未确认递延所得税负债的,与对子公司、联营企业及合营企业投资相关的暂时性差异金额。

23. 政府补助

企业应当披露下列信息：

(1)政府补助的种类及金额；

(2)计入当期损益的政府补助金额；

(3)本期返还的政府补助金额及原因。

24. 非货币性资产交换

企业应当披露下列信息：

(1)换入资产、换出资产的类别；

(2)换入资产成本的确定方式；

(3)换入资产、换出资产的公允价值及换出资产的账面价值。

25. 股份支付

企业应当披露下列信息：

(1)当期授予、行权和失效的各项权益工具总额；

(2)期末发行在外股份期权或其他权益工具行权价的范围和合同剩余期限；

（3）当期行权的股份期权或其他权益工具以其行权日价格计算的加权平均价格；

（4）股份支付交易对当期财务状况和经营成果的影响。

26. 债务重组

债权人应当披露下列信息：

（1）债务重组方式；

（2）确认的债务重组损失总额；

（3）债权转为股份所导致的投资增加额及该投资占债务人股份总额的比例；

（4）或有应收金额。

（5）债务重组中受让的非现金资产的公允价值、由债权转成的股份的公允价值和修改其他债务条件后债权的公允价值的确定方法及依据。

债务人应当披露下列信息：

（1）债务重组方式；

（2）确认的债务重组利得总额；

（3）将债务转为资本所导致的股本（或者实收资本）增加额；

（4）或有应付金额；

（5）债务重组中转让的非现金资产的公允价值、由债务转成的股份的公允价值和修改其他债务条件后债务的公允价值的确定方法及依据。

27. 借款费用

企业应当披露下列信息：

（1）当期资本化的借款费用金额；

（2）当期用于计算确定借款费用资本化金额的资本化率。

28. 外币折算

企业应当披露下列信息：

（1）计入当期损益的汇兑差额；

（2）处置境外经营业务对外币财务报表折算差额的影响。

29. 企业合并

企业合并发生当期的期末，合并方应当披露与同一控制下企业合并有关的下列信息：

（1）参与合并企业的基本情况；

（2）属于同一控制下企业合并的判断依据；

(3)合并日的确定依据;

(4)以支付现金、转让非现金资产以及承担债务作为合并对价的,所支付对价在合并日的账面价值;以发行权益性证券作为合并对价的,合并中发行权益性证券的数量及定价原则,以及参与合并各方交换有表决权股份的比例;

(5)被合并方的资产、负债在上一会计期间资产负债表日及合并日的账面价值;被合并方自合并当期期初至合并日的收入、净利润、现金流量等情况;

(6)合并合同或协议约定将承担被合并方或有负债的情况;

(7)被合并方采用的会计政策与合并方不一致所作调整的情况说明;

(8)合并后已处置或准备处置被合并方资产、负债的账面价值、处置价格等。

企业合并发生当期的期末,购买方应当披露与非同一控制下企业合并有关的下列信息:

(1)参与合并企业的基本情况;

(2)购买日的确定依据;

(3)合并成本的构成及其账面价值、公允价值及公允价值的确定方法;

(4)被购买方各项可辨认资产、负债在上一会计期间资产负债表日及购买日的账面价值和公允价值;

(5)合并合同或协议约定将承担被购买方或有负债的情况;

(6)被购买方自购买日起至报告期期末的收入、净利润和现金流量等情况;

(7)商誉的金额及其确定方法;

(8)因合并成本小于合并中取得的被购买方可辨认净资产公允价值的份额而计入当期损益的金额;

(9)合并后已处置或准备处置被购买方资产、负债的账面价值、处置价格等。

30. 或有事项

企业应当披露下列信息:

(1)预计负债。

①预计负债的种类、形成原因以及经济利益流出不确定性的说明。

②各类预计负债的期初、期末余额和本期变动情况。

③与预计负债有关的预期补偿金额和本期已确认的预期补偿金额。

(2)或有负债(不包括有极小的可能导致经济利益流出企业的或有负债)。

①或有负债的种类及其形成原因,包括未决诉讼、未决仲裁、对外提供担保等形成的或有负债。

②经济利益流出不确定性的说明。

③或有负债预计产生的财务影响,以及获得补偿的可能性;无法预计的,应当说明原因。

(3)企业通常不应当披露或有资产,但或有资产很可能会给企业带来经济利益的,应当披露其形成的原因、预计产生的财务影响等。

(4)在涉及未决诉讼、未决仲裁的情况下,按相关规定披露全部或部分信息预期对企业造成重大不利影响的,企业无须披露这些信息,但应当披露该未决诉讼、未决仲裁的性质,以及没有披露这些信息的事实和原因。

31. 资产负债表日后事项

企业应当披露下列信息:

(1)每项重要的资产负债表日后非调整事项的性质、内容,及其对财务状况和经营成果的影响。无法作出估计的,应当说明原因。

(2)资产负债表日后,企业利润分配方案中拟分配的以及经审议批准宣告发放的股利或利润。

七、其他需要说明的重要事项

这主要包括或有和承诺事项、关联方关系及其交易等。

14.7.2 其他应当在财务报告中披露的相关信息和资料

其他应当在财务报告中披露的相关信息和资料是用文字和数字补充说明在会计报表及其附注中不能反映的企业财务状况的书面报告,相似于股份制房地产开发企业中期报告、年度报告中的经营情况的回顾、主要财务指标、重要事项披露等部分的内容。

一、房地产企业的开发经营情况

在分析说明房地产开发企业财务状况时,首先应将企业本年房地产经营收入,已开发完成房屋、土地面积,尚未销售、出租、转让已开发完成房屋、土地面积,在开发房屋、土地面积,正在征用、批租土地面积等指标的实际完成数与计划数比较,说明计划完成的程度及其原因,并对财务指标的影响进行分析。同时还可通过本年实际完成数与上年或以前若干年度的相应指标的实际完成数比较,来分析企业的发展趋势及尚可进一步挖掘的潜力。

在常规房地产开发经营环境下,还要说明正在征用、批租土地面积,在开发房屋、土地面积,已开发完成房屋、土地面积,和已销售、出租、转让房屋、土地面积之间的比例是否协调。因为只有在本年度做好土地征用、批租的准备工作,才能保证下一年度有一定的土地开发面积;只有在本年度有一定的土地、房屋开发面积,才能保证以后年度有一定数量可供销售、出租、转让的商品房、出租房和商品性土地,保证以后年度有一定的房地产经营收入。

由于房地产的开发经营,很大程度上取决于国家宏观经济形势、金融政策、房地产市场有效需求以及税收政策等,如果上述房地产开发经营环境发生重大变化,正在或将要对企业的财务状况和经营成果产生较大影响时,也应加以说明。

二、企业利润完成情况和盈利能力

(1)根据损益表或利润表中的主要项目本年实际数与上年实际数及计划数的对比,分析构成利润总额的各个项目的增减变动对利润总额的影响,对影响利润完成有较大影响的项目,应分析其产生滑坡的原因。

(2)计算房地产经营收入利润率,评价企业房地产经营收入的盈利水平。房地产经营收入利润率是指以房地产经营利润与房地产经营收入对比的比率,说明房地产开发的获利能力。它的计算公式为:

$$房地产经营利润率＝房地产经营利润/房地产经营收入×100\%$$

企业的房地产经营利润率如高于同行业其他房地产开发企业,说明企业在房地产市场销售、出租、转让房屋、土地时,在价格上有较强的竞争实力,在降低价格上有较大的空间。

(3)计算营业收入利润率,评价企业营业收入的盈利水平。营业收入利润率是指以利润总额与营业收入(包括房地产经营收入与其他业务收入)对比的比率,即每元营业收入能够获得的利润。它的计算公式为:

$$营业收入利润率＝利润总额/(房地产经营收入＋其他业务收入)×100\%$$

企业的营业收入利润率越高,说明企业总体盈利水平越高,投资者权益越有保障。

(4)计算净资产收益率,评价投资者投入企业资本的获利能力。它是指企业净利润(即税后利润)与资本总额(即所有者权益或净资产)的比率,即每元资本所能获得的净利润。它的计算公式为:

$$净资产收益率＝净利润/资本总额×100\%$$

对企业投资者来说,净资产收益率越高,说明投资收益越多,投资者的风险越小,值得投资。对企业经营者来说,如果净资产收益率高于债务资金成本率,则适度负债经营对投资者来说是有利的;反之,如果净资产收益率低于债务资金成本率,则过高的负债经营就将损害投资者的利益,并使企业利润滑坡,处于困境。

(5)计算总资产报酬率,评价企业运用全部资产的获利能力。它是指企业利润总额加利息支出与资产平均总额的比率。它的计算公式为:

$$总资产报酬率＝(利润总额＋利息支出)/资产平均总额×100\%$$
$$资产平均总额＝(期初资产总额＋期末资产总额)/2×100\%$$

利息支出包括银行存款利息、企业应付债券利息等。

在计算总资产报酬率的分子中,除利润总额外,还要加上利息支出,是由于企业的资产,有的是用投资者的资金购建的,有的是用向债权人借入的资金购建的,而后者是要支付利息的。按照现行财务制度的规定,利息支出列作当期损益从实现的利润中扣除。但这笔利息支出,也是企业利用资产的经济效益,只有将它与本期利润一起计算,才能使不同资金构成的企业的总资产报酬率具有可比性,能够全面反映企业全部资产的获利能力。

(6)股份制房地产开发企业,还应计算每股收益,即每股净利润。它的计算公式为:

$$每股收益＝净利润/股份总额$$

如果房地产开发企业发行有优先股股票的,则要计算普通股每股收益。因为优先股的股利是按事前约定的股利支付的。普通股分享的利润是扣除优先股股利后的净利润,它的计算公式为:

$$普通股每股收益＝(净利润－优先股股利)/普通股股份总数$$

每股收益与上市公司股票股价的比率,即为购买股票的投资收益率。每股收益除以股票股价,即市盈率。这些指标,都用以直接或间接地说明企业的盈利能力。

三、企业资本保值增值能力

(1)计算资本保值增值率,评价投资者投入企业资本的完整性和安全性。资本保值增值率是指企业期末所有者(股东)权益总额与期初所有者(股东)权益总额的比率。它的计算公式为:

$$资本保值增值率＝期末所有者(股东)权益总额/期初所有者(股东)权益总额×100\%$$

由于所有者(股东)权益总额归投资者所有,期末所有者(股东)权益总额大于期初所有者(股东)权益总额,资本保值增值率大于 100%,表示资本增值。期末所有者(股东)权益总额等于期初所有者(股东)权益总额,资本保值增值率等于100%,表示资本保值。将资本保值增值率和资本利润率指标结合使用,能反映投资者(股东)权益或利益的保障程度。

(2)股份制房地产开发企业,要计算每股净资产和调整后的每股净资产,说明每股平均享有的净资产。

每股净资产是指以企业期末股东权益除以期末普通股股份总数而得的商,调整后的每股净资产是指以企业期末股东权益减去 3 年以上的应收账款、待摊费用、待处理财产净损失、递延资产的净权益,除以期末普通股股份总数而得的商。它们的计算公式为:

$$每股净资产 = 期末股东权益 / 期末普通股股份总数$$
$$调整后的每股净资产 = (期末股东权益 - 3 年以上应收账款 - 待摊费用$$
$$- 待处理财产净损失 - 递延资产) / 期末普通股股份总数$$

除了计算每股净资产外,所以还要计算调整后的每股净资产,是因为企业的资产很多,但从流动性和变现价值来看,是各不相同的,其中有一部分是"不良资产",实际是费用或损失,它们是没有变现价值或者是市场价值极低的。例如长期待摊费用,虽然也在资产行列中,但只能在今后陆续分期摊入成本、费用,而不能流动和变现的。3 年以上账龄的应收账款,只能作为坏账损失注销,是不大可能收回来的。待处理财产净损失,是因盘亏、毁损、报废等已经损失了的财产,只是未查明损失的原因而在等待处理中,其结果,大多是将其损失记入营业外支出或管理费用中,是无法挽回的损失,对投资人来说,已是毫无意义的了。把它们从股东权益中减掉,使计算的每股净资产更实在可靠,质量更高。将期末每股净资产、调整后的每股净资产与期初每股净资产、调整后的每股净资产比较,就可了解资产的保值增值情况,如每股净资产逐年增加,说明企业的发展前景较好,股东权益能够得到保障,有利于投资者长期投资。当然也要结合股本扩张情况加以分析对比。因为如果股本扩张了,每股净资产就会被摊薄。

四、企业资产负债水平和偿债能力

(1)计算资产负债率,观察企业总资产中举债筹资的比重,评价借入资金的安全程度。

资产负债率又称负债比率。它是指企业负债总额与资产总额的比率，即每元资产中有多少属于债权人提供的资金。其计算公式为：

$$资产负债率＝负债总额/资产总额×100\%$$

对债权人来说，企业资产负债率越低，说明债权人资金的"安全边际"越高，越有物质保障。因为企业在清算时，资产变现所得可能低于账面价值，而所有者一般只承担有限责任，该比率越高，债权人越可能蒙受损失。

对经营者和投资者来说，企业资产负债率较高，意味着负债经营能力较强，在企业资本利润率或投资收益率高于债务资金成本率的情况下，带来的财务杠杆利益越大，能提高资本利润率，但财务风险也越大。若企业经营不善，利润滑坡，过度负债经营，就将遭到财务杠杆的惩罚，导致降低资本利润率，甚至使企业资不抵债而破产。因此，对资本利润率低于债务利率的房地产开发企业，应尽可能减少负债，降低资产负债率，特别在房地产业不景气时。

(2)计算流动比率和速动比率，分析企业偿还短期债务的能力。

流动比率是指流动资产与流动负债的比率。它的计算公式为：

$$流动比率＝流动资产/流动负债×100\%$$

用流动比率来衡量资产流动性的大小，当然要求企业的流动资产在清偿流动负债以后还有财力应付日常开发经营活动中其他资金的需要。所以对债权人来说，此项比率越高越好。因为比率越高，债权越有保障。但在实际上，流动资产中开发产品常因房产市场不景气等原因而影响其流动。因此，流动比率只能作为理论上衡量企业短期债务偿还能力的比率，不能据以说明企业的现实偿债能力。这个比率一般要求保持在200％左右，即1元的流动负债至少有2元的流动资产作保障。

速动比率是指速动资产与流动负债的比率。所谓速动资产，是指从全部流动资产中扣除存货和预付账款等预付费用后的流动资产，主要包括货币资金、交易性金融资产、应收票据、应收账款、其他应收款等。速动比率是衡量企业在某一时点上可快速变现资产偿付到期短期债务的能力。它的计算公式为：

$$速动比率＝速动资产/流动负债×100\%$$

其中：

$$速动资产＝流动资产－存货－预付账款等预付费用$$

速动比率一般要求保持在 100％ 左右,因为此时的速动比率表示:即使不处理存货,仅出售有价证券、收回应收账款加上货币资金,也能偿付到期短期债务。

(3)计算存货周转率、已完开发产品周转率和应收账款周转率,分析企业流动资金的周转速度和使用效率。

存货周转率是指房地产经营成本和其他业务成本与存货(包括在库、在用、在途、在建和在加工中的库存材料、库存设备、低值易耗品、委托加工材料、开发产品、分期收款开发产品、出租开发产品、周转房、在建开发产品)平均余额的比率。它的计算公式为:

$$存货周转率＝营业成本/存货平均余额$$

其中:

$$存货平均余额＝(期初存货余额＋期末存货余额)÷2$$

存货周转率高,说明企业存货周转速度快,能以占用较少的流动资金开发完成并销售、转让较多的房地产开发产品,使债务偿还有保障。

已完开发产品周转率是指房地产经营成本与已完开发产品平均余额的比率。它的计算公式为:

$$已完开发产品周转率＝房地产经营成本/已完开发产品平均余额×100％$$

其中:

$$已完开发产品平均余额＝(期初已完开发产品余额＋期末已完开发产品余额)÷2$$

已完开发产品包括已完开发土地、房屋、配套设施、代建工程、分期收款开发产品、出租开发产品和周转房。已完开发产品周转率高,表明企业开发产品符合市场需求能够及时销售、出租、转让出去,使企业获得较好的经济效益;如果低,说明已完开发产品滞销,应分析滞销的原因及哪些开发产品滞销,如属高级公寓、办公楼等滞销,应提出调整开发产品结构的建议,多开发一些符合房产市场需要的产品。

应收账款周转率又称收账比率,是指企业房地产经营收入和其他业务收入与应收账款平均余额的比率。它的计算公式为:

$$应收账款周转率＝营业收入/应收账款平均余额×100％$$
$$应收账款平均余额＝(期初应收账款余额＋期末应收账款余额)÷2$$

应收账款周转率越高,说明企业结算资金占用越少,收账速度越快,营运能力越强。

对坏账损失较多的房地产开发企业,还可计算应收账款损失率。应收账款损失率是说明企业的坏账损失与应收账款余额的比率,即每元应收账款要发生多少坏账损失。它的计算公式如下:

$$应收账款损失率=坏账损失/应收账款平均余额\times100\%$$

应收账款损失率如高于行业规定提取坏账准备的比例,应分析说明其发生坏账损失的原因。

上述存货周转率、已完开发产品周转率和应收账款周转率是对资产负债率、流动比率、速动比率的补充。如果企业资产负债率偏高,短期支付能力不强,但只要存货周转率、已完开发产品周转率和应收账款周转率高,已完开发产品能够及时销售、应收账款能够及时回笼,到期债务的偿还还是有保障的。

五、开发产品成本降低情况

房地产开发企业的产品,一般只有各个开发项目的计划成本或预算成本,没有各个年度在建开发产品的计划成本或预算成本。因此,只能对年度已完开发产品计算其成本降低额和降低率,对成本计划或预算完成情况进行总的评价,然后再按各个开发项目分析其成本降低的原因。已完开发产品成本降低额和降低率的计算公式如下:

$$已完开发产品成本降低额=已完开发产品计划成本(或预算成本)-已完开发产品实际成本$$

$$已完开发产品成本降低率=已完开发产品成本降低额/已完开发产品计划成本(或预算成本)\times100\%$$

思考题

1.什么叫财务报告?房地产开发企业的财务报告包括哪些内容?

2.资产负债表的结构有什么特点?利润表的结构有什么特点?

3.什么叫现金流量?现金流量表的内容包括哪些?为什么要编制现金流量表?

4.某企业2006年12月底各账户期末余额如下:

账户名称	借方余额	账户名称	贷方余额
库存现金	350	短期借款	41 000
银行存款	76 700	应付账款	4 050
应收账款	7 000	其他应付款	8 700
其他应收款	750	应付职工薪酬	7 000
原材料	349 800	应付票据	4 100
开发成本	36 000	应交税费	39 670
开发产品	50 400	累计折旧	230 500
长期股权投资	7 500	本年利润	158 765
固定资产	628 500	实收资本	721 000
利润分配	95 785	盈余公积	38 000
合计	1 252 785	合计	1 252 785

相关明细资料如下：

各损益账户累计发生额有："主营业务收入"1 144 900元，"主营业务成本"944 280元，"营业税金及附加"64 320 元，"销售费用"14 600元，"其他业务收入"45 000元，"其他业务成本"35 000 元，"营业外收入"800元，"营业外支出"5 000元，"管理费用"20 800元，"财务费用"6 200元。

要求：(1)根据资料编制资产负债表。

(2)根据资料编制利润表。

参考文献

[1] 中华人民共和国财政部.企业会计准则.北京:经济科学出版社,2006

[2] 中华人民共和国财政部.企业会计准则——应用指南.北京:中国财政经济出版社,2006

[3] 中华人民共和国财政部.企业会计制度.北京:经济科学出版社,2001

[4] 中华人民共和国财政部会计司.企业会计制度讲解.北京:中国财政经济出版社,2001

[5] 财政部会计资格评价中心.全国会计专业技术资格考试辅导教材中级会计资格中级会计实务.北京:经济科学出版社,2007

[6] 中国注册会计师协会.会计.北京:中国财政经济出版社,2007

[7] 冯浩.房地产开发企业会计.北京:高等教育出版社,2007

[8] 吴粒,等.房地产开发企业会计.大连:大连理工大学出版社,2006

[9] 孙晓璐.新企业准则房地产开发企业会计实务与涉税避税操作技巧.北京:企业管理出版社,2007

[10] 李姝,梅丹.房地产开发企业会计实务.上海:立信会计出版社,2006

[11] 董力为,等.企业会计准则解析与应用.北京:企业管理出版社,2007

[12] 冯浩.会计学.北京:高等教育出版社,2005

[13] 王玉红.房地产开发企业会计.大连:东北财经大学出版社,2005

[14] 方芳,等.房地产开发企业会计.上海:上海财经大学出版社,2004

[15] 姚梅炎.房地产开发企业会计财务会计实务.北京:中国财政经济出版社,2005

[16] 高红波.轻松做房地产会计.广州:广东经济出版社,2005

[17] 俞文青.房地产开发企业会计.上海:立信会计出版社,2005

[18] 俞文青.施工企业会计.上海:立信会计出版社,2003

[19] 徐文丽.房地产开发企业会计.上海:立信会计出版社,2005

[20] 王明吉,等.房地产开发企业会计.大连:东北财经大学出版社,2006

[21] 徐文丽.房地产开发企业会计习题与答案.上海:立信会计出版社,2005